外贸企业出口退（免）税常见错误解析100例

周朝勇◎著

中国海关出版社

图书在版编目（CIP）数据

外贸企业出口退（免）税常见错误解析100例 / 周朝勇著．—北京：中国海关出版社，2013.1

（“乐贸”系列丛书）

ISBN 978-7-80165-933-0

Ⅰ.①外…　Ⅱ.①周…　Ⅲ.①外贸企业—出口退税—案例—中国 ②外贸企业—出口税—税收减免—案例—中国　Ⅳ.①F812.423

中国版本图书馆CIP数据核字（2012）第316978号

外贸企业出口退（免）税常见错误解析100例

WAIMAO QIYE CHUKOU TUI（MIAN）SHUI CHANGJIAN CUOWU JIEXI 100 LI

作　　者：周朝勇
策划编辑：马　超
责任编辑：刘　倩　钟　刘
责任监制：王岫岩
出版发行：中国海关出版社
社　　址：北京市朝阳区东四环南路甲1号　　　邮政编码：100023
网　　址：www.hgcbs.com.cn；www.hgbookvip.com
编 辑 部：01065194242-7554（电话）　　　01065194234（传真）
发 行 部：01065194221/4238/4246（电话）　　　01065194233（传真）
社办书店：01065195616/5127（电话/传真）　　　01065194262/63（邮购电话）
　　　　　北京市建国门内大街6号海关总署东配楼一层
印　　刷：北京京都六环印刷厂　　　经　　销：新华书店
开　　本：710mm×1000mm　1/16
印　　张：22.5　　　字　　数：438千字
版　　次：2013年2月第1版
印　　次：2013年2月第1次印刷
书　　号：ISBN　978-7-80165-933-0
定　　价：49.80元

前　言

我国著名外科学家、医学教育家、中国科学院院士裘法祖曾为《临床误诊误治》杂志创刊十周年题词："在误诊中求真理，从误治中得教训。"人非圣贤，孰能无过。出口退税管理工作中也存在许多"误诊误治"。出口企业的外贸业务人员由于不熟悉出口退税政策，往往未按规定进行业务操作，从而不能申报办理出口退税，致使企业遭受经济损失；新办出口企业办税员由于不知道出口退税基本知识，往往出现一些常识性的错误，致使企业遭受经济损失；长期办理出口退税的办税人员由于受习惯思维的影响，往往没有认真钻研出口退税政策规定，从而犯一些原本不应该犯的错误，致使企业遭受经济损失；对同一个出口业务问题，不同地方的税务机关或者同一地方不同级次的税务机关也会由于各自的理解不同，往往采取不同的甚至相反的处理办法，从而致使企业遭受经济损失。要有效防范出口退税管理工作中出现的问题，就迫切需要对出口退税常见错误案例进行系统的全面的整理和分析，以供出口企业学习和借鉴。

为此，笔者收集整理外贸企业退（免）税常见的错误案例100个，每个案例由五部分组成：1. 常见案例，对案例做简要介绍；2. 政策规定，引用案例适用的相关政策规定；3. 分析诊断，根据政策规定详细分析案例中问题的产生原因；4. 触类旁通，对常见案例举一反三，对类似业务做延伸介绍，帮助读者拓展视野，增长出口退税的业务知识；5. 注意要点，用一句话总结所应吸取的经验和教训。

本书解析的案例内容系统全面，包括出口退（免）税基础、外贸企业退（免）税、特殊退（免）税、会计处理、出口退（免）税日常管理五个方面。需要说明的是，外贸企业的会计处理基础和退（免）税日常管理与生产企业具有较强的通用性，由于篇幅限制，笔者在本书的姊妹篇《生产企业出口退（免）税常见错误解析115例》中未予反映，该部分内容可供生产企业参考。

需要指出的是，《财政部国家税务总局关于出口货物劳务增值税和消费税政策的通知》（财税〔2012〕39号）、《国家税务总局关于发布〈出口货物劳务增值税和消费税管理办法〉的公告》（国家税务总局公告2012年第24号）均从2012年7月1日起执行。《国家外汇管理局、海关总署、国家税务总局关于货物贸易外汇管理制度改革的公告》（国家外汇管理局公告2012年第1号）自2012年8月1

日起执行。这三个文件对以前的出口退税政策规定作了重要调整。因而本书针对与《生产企业出口退（免）税常见错误解析 115 例》类似的 10 个案例，根据出口退税最新政策规定重新进行解析。同时，本书在编写过程中将部分案例发生的时间改编在出口退税调整政策以后，以帮助读者更好地学习新的出口退税政策规定。

本书主要解析由于出口企业过失造成的错误案例，对于出口骗税案例则不在本书解析范围之内。案例不仅来源于作者所在省、市，还来源于全国各地的咨询案例和出口退（免）税问题处理案例。

本书解析案例引用的是财政部国家税务总局截至 2012 年 9 月底以前的有效的税收政策规定。本书适用于全国所有出口企业的财务人员、办税人员、外贸业务员，同时也适合税务人员、注册税务师、注册会计师、商务、海关、外汇管理、进出口检验、财政、审计等部门人员阅读。

由于作者水平所限，思虑不周，时间仓促，再加上出口退（免）税政策规定还处在不断地调整与完善之中，书中内容难免有遗漏和差错，恳请读者不吝批评指正，联系邮箱：mygszhouchaoyong@ sina. com。

周朝勇

2012 年 9 月

目　录 CONTENTS

第一章　出口退（免）税基础

一、购进货物自己组装出口≠适用免退税办法

常见案例

某外贸公司具有增值税一般纳税人资格，其营业执照和税务登记证的经营范围均为油罐车出口，主管税务机关在办理出口退（免）税认定时确认其适用免退税办法，该公司据此办理出口油罐车的免退税申报。2012 年 9 月，市国税局审核退税时发现该公司出口报关单上的货物是油罐车，而增值税专用发票上的名称分别为车体和油罐。经调查得知，该公司为了节约成本，分别向两个商家进货，向一家采购车体，向另一家采购油罐，该公司自己组装成油罐车出口，因此出现上述疑点。市国税局审核确认该公司不属于单纯的购销业务，出口油罐车不得适用免退税办法，而应当适用免抵退税办法，因而不予办理该批货物的出口退（免）税。

政策规定

适用增值税退（免）税政策的出口货物劳务，按照下列规定实行增值税免抵退税或免退税办法。

（一）免抵退税办法。生产企业出口自产货物和视同自产货物及对外提供加工修理修配劳务，以及列名生产企业出口非自产货物，免征增值税，相应的进项税额抵减应纳增值税额（不包括适用增值税即征即退、先征后退政策的应纳增值税额），未抵减完的部分予以退还。

（二）免退税办法。不具有生产能力的出口企业（以下称外贸企业）或其他单位出口货物劳务，免征增值税，相应的进项税额予以退还。

政策依据：《财政部国家税务总局关于出口货物劳务增值税和消费税政策的通知》（财税〔2012〕39 号）

执行日期：2012 年 7 月 1 日

分析诊断

外贸企业或其他单位出口货物劳务，实行增值税免退税办法，也就是免征出口销售环节增值税，出口货物相应的进项税额予以退还。一般来说，外贸企业出口货物适用免退税办法。结合上述案例，该公司工商登记、税务登记与实际经营情况不一致，其业务不仅有购进货物和出口销售货物，而且还有对购进货物的加工行为，那么其实质上就是生产销售产品的行为，因而公司出口货物就应当适用免抵退税办法，而不应当适用免退税办法。由此可见，该公司的做法是错误的，市国税局审核不予办理出口退（免）税的做法明显是正确的。

触类旁通

为解决类似上述案例中的问题，外贸公司可以将组装环节设立一个单独核算的分支机构，将公司购进的车体和油罐委托公司单独核算的分支机构加工后收回再出口。虽然外贸企业购进货物自己加工再出口销售不能适用免退税方法，但是，外贸公司购进货物委托其他企业加工后收回的，由于负责加工的企业本身不具备生产能力，因而仍然可以按照规定适用免退税办法。

如果外贸公司长期从事上述业务，那么该外贸公司实质从事的就是生产加工产品的业务，该公司虽然不能适用免退税办法，但仍然可以依照生产企业的相关规定适用免抵退税办法。

注意要点

不具有生产能力的出口企业或其他单位出口货物劳务，实行增值税免退税办法。

二、增值税一般纳税人资格取得前出口货物≠适用免退税办法

常见案例

某贸易公司 2012 年 6 月 28 日成立并取得营业执照和商务局的进出口经营权登记，2012 年 7 月 10 日办理税务登记，同时向国税局申请一般纳税人资格和办理出口退（免）税认定，国税局于 7 月 25 日审批增值税一般纳税人资格，一般纳税人资格的生效时间是 2012 年 8 月 1 日（因为税务征管软件只能确认从次月 1

日才可以录入）。该公司在2012年7月10日采购一批出口货物，分两次出口报关完毕（报关单出口日期分别为7月25日和8月5日），与报关单相对应，该公司分别取得7月25日和8月5日开具的增值税专用发票，2012年8月15日在税务机关办理了认证手续，依照规定取得出口货物报关单（出口退税专用）。9月份该公司在办理出口退税申报时，被税务机关告知这两批出口货物不予办理退税，理由是2012年7月该公司属于小规模纳税企业，而小规模纳税企业采购出口货物实行增值税免税办法，不能实行免退税办法。

政策规定

适用增值税退（免）税政策的出口货物劳务，按照下列规定实行增值税免抵退税或免退税办法。

（一）免抵退税办法。生产企业出口自产货物和视同自产货物及对外提供加工修理修配劳务，以及列名生产企业出口非自产货物，免征增值税，相应的进项税额抵减应纳增值税额（不包括适用增值税即征即退、先征后退政策的应纳增值税额），未抵减完的部分予以退还。

（二）免退税办法。不具有生产能力的出口企业（以下称外贸企业）或其他单位出口货物劳务，免征增值税，相应的进项税额予以退还。

政策依据：《财政部国家税务总局关于出口货物劳务增值税和消费税政策的通知》（财税〔2012〕39号）

执行日期：2012年7月1日

适用增值税免税政策的出口货物劳务，是指：

1. 出口企业或其他单位出口规定的货物，具体是指：

（1）增值税小规模纳税人出口的货物。

……

政策依据：《财政部国家税务总局关于出口货物劳务增值税和消费税政策的通知》（财税〔2012〕39号）

执行日期：2012年7月1日

分析诊断

出口货物适用增值税政策有退（免）税、征税和免税三种情形。退（免）税方法又有免抵退税和免退税两种。具体某项出口货物究竟适用哪种增值税政策，需要综合考虑以下四个因素：

一是出口货物退税率。如果出口货物退税率为零，且特殊商品标志标识栏为1，那么出口货物属于禁止出口或出口不退税货物，出口货物无论由何种出口企业出口，都适用增值税征税政策而不得适用增值税退（免）税或免税政策；如果出口货物退税率为零，且特殊商品标志标识栏为2，那么出口货物属于免税，出口货物无论由何种出口企业出口，均适用增值税免税政策，而不得适用增值税退（免）税政策；如果出口货物退税率不为零，那么将根据出口企业的情况确定出口货物适用的增值税政策。

二是出口企业的增值税纳税人身份。如果增值税一般纳税人出口退税率不为零的货物，适用增值税退（免）税政策；如果增值税小规模纳税人出口退税率不为零的货物，则适用增值税免税政策。

三是出口贸易方式。具有增值税一般纳税人资格的出口企业，只有采用能够退税的方式出口货物，才能适用增值税退（免）税政策，否则将依照规定适用增值税免税政策和增值税征税政策。

四是出口企业的类型。如果具有增值税一般纳税人资格的生产企业，出口退税率不为零的货物，将适用增值税免抵退税政策；如果具有增值税一般纳税人资格的外贸企业，出口退税率不为零的货物，将适用增值税免退税政策。

结合上述案例，贸易公司在增值税小规模纳税人资格期间（即2012年8月1日以前）出口的货物应按免征增值税政策免征增值税，即使其出口的货物已经取得增值税专用发票也不得按免退税办法计算办理出口退（免）税；相应地，公司在增值税一般纳税人期间（即2012年8月1日以后）出口的货物应按免退税办法计算办理出口退（免）税，即使其货物在2012年7月10日采购，但是其发票取得时间是增值税一般纳税人资格期间，货物出口报关日期也在增值税一般纳税人资格期间，因而，该公司2012年8月5日报关出口的货物应当按免退税办法计算申报出口退（免）税，税务机关也应当依照规定予以审核审批。由此可见，贸易公司将在增值税小规模纳税人资格期间的出口货物申报办理出口退（免）税的做法是错误的，主管税务机关对该贸易公司在增值税一般纳税人资格期间出口货物不予办理出口退（免）税的做法也是错误的。

触类旁通

商贸型增值税一般纳税人资格取得前出口的应征消费税货物，不能申报办理退消费税。

商贸型增值税一般纳税人资格取得前购进货物取得的增值税专用发票，不得申报抵扣进项税额，也不得用于申报退税。

生产型增值税一般纳税人资格取得前出口的货物免征增值税，取得增值税一般纳税人资格后依照免抵退税办法计算办理出口退（免）增值税。

生产型增值税纳税人出口应征消费税的货物，只要依照规定适用增值税退（免）税政策，其出口销售环节就能免征消费税，如果属于购进出口的货物，退还前一环节对其已征的消费税。

出口企业或其他单位退（免）税认定之前的出口货物劳务，在办理退（免）税认定后，可按规定适用增值税退（免）税或免税及消费税退（免）税政策。但是，如果认定之前出口企业属于增值税小规模纳税人的，仍然不得适用增值税退（免）税和消费税退（免）税政策。

注意要点

增值税一般纳税人资格取得前出口货物只能依照规定适用增值税免税政策。

三、出口退税率调整执行时间≠报关单注明的出口日期

常见案例

某生产型出口企业原定于 2007 年 6 月 30 日出口一批服装货物，结果船晚开了，7 月 1 日才开船离港，按照《财政部、国家税务总局关于调低部分商品出口退税率的通知》（财税〔2007〕90 号）文件规定，服装的出口退税率从 2007 年 7 月 1 日调低到 11%。该企业以货物在 6 月 30 日装船为由，在 7 月份申报所属期 6 月份退（免）税时，将出口日期录入为 2007 年 6 月 30 日。主管税务机关在审核时要求该企业按规定确定出口日期和适用的退税率。

政策规定

以上商品出口退税率调整自 2007 年 7 月 1 日起执行。具体执行时间，以海关“出口货物报关单（出口退税专用）”上注明的出口日期为准。

出口企业在 2007 年 7 月 1 日之前已经签订的涉及取消出口退税的船舶出口合同，在 2007 年 7 月 20 日之前持出口合同（正本和副本）到主管出口退税的税务机关登记备案的，准予仍按原出口退税率执行完毕。对在 2007 年 7 月 20 日之前未办理备案手续的，一律按取消出口退税执行。

有对外承包工程资质的出口企业在 2007 年 7 月 1 日之前已经中标的长期对外承包工程或已经签订价格不能更改的长期对外承包工程合同所涉及的出口设备和建材，凡在 2007 年 7 月 20 日之前持有效中标证明（正本和副本）或已经签订的

长期对外承包工程合同（正本和副本）及工程概算清单，到主管出口退税的税务机关登记备案的，准予仍按原出口退税率执行完毕。对在 2007 年 7 月 20 日之前未办理备案手续的，一律按调整后的出口退税率执行。

政策依据：《财政部、国家税务总局关于调低部分商品出口退税率的通知》（财税〔2007〕90 号）

执行日期：2007 年 7 月 1 日

分析诊断

《中华人民共和国海关进出口货物报关单填制规范》（海关总署公告 2008 年第 52 号）明确指出，出口日期是指运载所申报货物的运输工具办结出境手续的日期。无实际进出境的报关单填报办理申报手续的日期，以海关接受申报的日期为准。办结出口手续的日期一般是指货物实际离境日期，即装载出口货物的船舶、飞机、火车等运输工具实际离境的日期，而非货物的申报日期和装船日期。根据出口退税调整的政策规定，出口退税率调整的执行起始日期一般都是以出口货物报关单（出口退税专用）注明的出口日期为准，一般与货物出口的申报日期、装船日期、出口退（免）税的申报日期等其他日期无关。结合上述案例，该企业为了高套出口退税率，将出口货物装船日期作为出口日期申报，主管税务机关审核发现要求企业改正。该企业擅自改动出口日期的做法明显是错误的，主管税务机关的做法是正确的。

触类旁通

1. 出口报关单注明的出口日期与货物离港出境的日期不一致

由于出口报关单上注明的出口日期是指运载所申报货物的运输工具办结出境手续的日期，因而出口日期与货物离港出境的日期不能完全画等号，如果货物离港出境后办理出境手续日期延长，那么报关单上注明的出口日期就可能晚于货物离港出境的日期。例如，2006 年 9 月 15 日起开始国家下调退税率，以 9 月 15 日为界。某公司有批货是 9 月 14 日的船就开了，这样的话报关单的出口日期应该是 9 月 14 日，但 10 月 19 日公司拿到核销单和报关单的时候才发现报关单注明的出口日期是 9 月 16 日，企业原认为出口日期应该是 9 月 14 日，正好在下调退税率日期之前，所以企业没有到税务机关备案，现在拿到报关单因为超过备案期限也无法到税务局备案了。这样，仅仅因为报关单上注明的出口日期晚了离港出境日期两天，使企业遭受了很大的经济损失。

2. 出口退税率调整执行时间问题

根据国家税务总局发布《出口货物劳务增值税和消费税管理办法》的公告（国家税务总局公告2012年第24号）规定，增值税退税率有调整的，其执行时间：

1）属于向海关报关出口的货物，以出口货物报关单上注明的出口日期为准；属于非报关出口销售的货物，以出口发票或普通发票的开具时间为准。

2）保税区内出口企业或其他单位出口的货物以及经保税区出口的货物，以货物离境时海关出具的出境货物备案清单上注明的出口日期为准。

注意要点

出口退税率调整的执行时间一般以出口货物报关单（出口退税专用）上注明的出口日期为准。

四、自2012年8月1日起报关出口货物不再收汇核销≠自2012年8月1日起申报办理出口退（免）税不提供收汇核销单

常见案例

某公司是具有增值税一般纳税人资格的外贸企业，属于出口退（免）税申报时必须提供收汇核销单的出口企业。该公司办税员从网站上看到《国家外汇管理局 海关总署 国家税务总局关于货物贸易外汇管理制度改革的公告》（国家外汇管理局公告2012年第1号），从2012年8月1日起取消出口收汇核销单，企业不再办理出口收汇核销手续，出口企业申报出口退税时，不再提供纸质出口收汇核销单。据此，该公司办税员2012年8月份办理2012年6月份报关出口货物的退（免）税申报时就不再提供出口收汇核销单，税务机关审核后通知办税员：该笔出口货物已经收汇核销，仍要按照以前的规定提供出口收汇核销单，否则，税务机关不予受理出口退（免）税申报。

政策规定

根据《国家外汇管理局 海关总署 国家税务总局关于货物贸易外汇管理制度改革的公告》（国家外汇管理局公告2012年第1号），自2012年8月1日起，在全国实施货物贸易外汇管理制度改革。现就改革全国推广后有关出口退税问

题通知如下：

一、出口退税申报、审核规定

自2012年8月1日起报关出口的货物（以出口货物报关单〈出口退税专用〉海关注明的出口日期为准，下同），企业申报出口退（免）税时，无须向税务部门提供出口收汇核销单；税务部门审核出口退税时，不再审核出口收汇核销单及相应的电子核销信息。

二、改革前后政策衔接规定

2012年8月1日前报关出口的货物，截止到7月31日未到出口收汇核销期限但已核销的以及已到出口收汇核销期限的，均按改革前的出口退税有关规定办理。

2012年8月1日前报关出口的货物，截止到7月31日未到出口收汇核销期限且未核销的，比照第一条规定办理出口退税。

出口收汇已核销信息以国家外汇管理局分支局于2012年8月31日前传送给税务部门的为准。

本条规定不适用改革试点地区。

三、出口退税审核系统升级事宜

按照《国家税务总局办公厅关于出口退税审核系统V9.40等版本升级的通知》（国税办发〔2012〕5号）有关要求完成系统升级工作，参考升级补丁相关文档和本通知规定的改革时间在出口退税审核系统设置启用时间。

四、其他有关规定

出口退税与货物贸易外汇管理制度改革相关的其他事宜，按照《国家税务总局关于货物贸易外汇管理制度改革试点后有关出口退税问题的通知》（国税函〔2011〕643号）执行。

五、此前与本通知相抵触的规定停止执行

政策依据：《国家税务总局关于货物贸易外汇管理制度改革全国推广后有关出口退税问题的通知》（国税函〔2012〕340号）

执行日期：2012年8月1日

分析诊断

自2012年8月1日起，我国全面实施货物贸易外汇管理制度改革，企业不再办理出口收汇核销手续。出口企业申报出口退税时，不再提供纸质出口收汇核销单。但是对2012年8月1日前报关出口的货物，截止到7月31日未到出口收汇核销期限但已核销的以及已到出口收汇核销期限的，均按改革前的出口退税有关规定办理。结合上述案例，该公司办税员把2012年8月1日以前报关出口已收汇核销的出口货物错误地按 2012 年 8 月 1 日以前报关出口未到收汇核销期限未收汇核销的出口货物执行政策，错误地认为自 2012 年 8 月 1 日起报关出口货物不再收汇核销等同于自 2012 年 8 月 1 日起申报办理出口退（免）税不提供收汇核销单，可见其做法是明显错误的，主管税务机关的做法是明显正确的。

触类旁通

《国家外汇管理局 海关总署 国家税务总局关于货物贸易外汇管理制度改革的公告》（国家外汇管理局公告 2012 年第 1 号）规定，自 2012 年 8 月 1 日起在全国实施货物贸易外汇管理制度改革，全面取消出口收汇核销单，企业不再办理出口收汇核销手续。相应地，出口企业退（免）税管理方式会发生重大变化，作为出口企业应当重点关注以下 8 个问题。

1. 出口企业退（免）税申报时不提供收汇核销单的范围

国家税务总局发布的《出口货物劳务增值税和消费税管理办法》公告（国家税务总局公告 2012 年第 24 号）规定，出口企业有下列情形之一的，自发生之日起 2 年内，申报出口退（免）税时，必须提供出口收汇核销单：

1）纳税信用等级评定为 C 级或 D 级的；

2）未在规定期限内办理出口退（免）税资格认定的；

3）财务会计制度不健全、日常申报出口退（免）税时多次出现错误的；

4）首次申报办理出口退（免）税的；

5）有偷税、逃避追缴欠税、骗取出口退税、抗税、虚开增值税专用发票或农产品收购发票、接受虚开增值税专用发票（善意取得虚开增值税专用发票除外）等涉税违法行为的。

出口企业不存在上述 5 种情形的，包括因改制、改组以及合并、分立等原因新设立并重新办理出口退（免）税资格认定且原出口企业不存在上述所列情形，并经省级税务机关批准的，在申报出口退（免）税时，可暂不提供出口收汇核销单。但须在出口退（免）税申报截止之日前，收齐并提供按月依申报明细表顺序装订成册的出口收汇核销单。

根据国家外汇管理局公告 2012 年第 1 号规定，自 2012 年 8 月 1 日起报关出口的货物（以出口货物报关单〈出口退税专用〉注明的出口日期为准，下同），出口企业申报出口退税时，不再提供核销单；税务局参考外汇局提供的企业出口收汇信息和分类情况，依据相关规定，审核企业出口退税。

2012 年 8 月 1 日前报关出口的货物，截至 7 月 31 日未到出口收汇核销期限且未核销的，按上述规定办理出口退税。

因此，无论是否具有上述5种情形，自2012年8月1日起报关出口的货物和2012年8月1日前报关出口但截至7月31日未到出口收汇核销期限且未核销的出口货物，出口企业出口货物退（免）税申报时均不需提供出口收汇核销单，同时出口退（免）税申报办理后也不需提供出口收汇核销单。

2. 出口退（免）税申报时仍需提供出口收汇核销单的范围

按照国家外汇管理局公告2012年第1号规定，2012年8月1日前报关出口的货物，截至7月31日未到出口收汇核销期限但已核销的以及已到出口收汇核销期限的，均按改革前的出口退税有关规定办理，即对出口退（免）税申报时必须提供出口收汇核销单的出口企业，在出口退（免）税时必须依照规定提供收汇核销单；对出口退（免）税申报时可暂不提供出口收汇核销单的出口企业必须在规定期限内提供出口收汇核销单。

值得注意的是，这里的出口收汇核销期限不是指出口企业在退（免）税申报办理后提供出口收汇核销单的期限（出口货物报关之日起210日），而是按照国家外汇管理局印发的《出口收汇核销管理办法》（汇发〔2003〕91号）规定的出口收汇核销期限，即出口单位出口货物后到外汇局进行出口收汇核销报告期限（在不迟于预计收汇日期起30天内）。

3. 审核出口收汇核销单电子信息问题

（1）需要办理出口收汇核销的出口企业

1）提供纸质出口收汇核销单出口企业。

对按照规定提供纸质出口收汇核销单的出口企业，依照规定出口退（免）税申报时必须提供出口收汇核销单的，税务机关在审核企业退（免）税时要依照规定审核出口收汇核销单电子信息；依照规定出口退（免）税申报时可暂不提供收汇核销单的，税务机关要在收齐纸质收汇核销单的同时审核出口收汇核销单电子信息。

2）免予提供纸质收汇核销单的出口企业。

对免予提供纸质收汇核销单的出口企业，依照规定出口退（免）税申报时必须提供出口收汇核销单的，税务机关在审核企业退（免）税时要依照规定审核出口收汇核销单电子信息；依照规定出口退（免）税申报时可暂不提供收汇核销单的，税务机关要在规定期限内审核出口收汇核销单电子信息。

（2）不办理出口收汇核销的出口企业

1）实施货物贸易外汇管理制度改革的出口企业。

按照规定，对出口企业自2012年8月1日起报关出口的货物和2012年8月1日前报关出口但截至7月31日未到出口收汇核销期限且未核销的货物，税务机关在审核出口退（免）税时不审核出口收汇核销单电子信息。

2）跨境贸易人民币结算出口货物退（免）税申报。

根据《国家税务总局关于跨境贸易人民币结算试点企业评审以及出口货物退（免）税有关事项的通知》（国税函〔2010〕303号）规定，试点企业申报办理跨境贸易人民币结算方式出口货物退（免）税时，不必提供出口收汇核销单，但应单独向主管税务机关申报，如与其他出口货物一并申报，应在申报表中对跨境贸易人民币结算出口货物报关单进行标注。同时，试点地区税务机关受理跨境贸易人民币结算方式出口货物退（免）税后，不再审核出口收汇核销单及进行相关信息的对比，出口退税审核系统中产生的有关出口收汇核销单疑点可以人工挑过。

在实施货物贸易外汇管理制度改革后，出口企业跨境贸易人民币结算出口货物，在申报表中相应也就不需要单独标注。

4. 出口企业远期收汇问题

国家税务总局发布的《出口货物劳务增值税和消费税管理办法》（国家税务总局公告2012年第24号）规定，属于远期收汇且未超过在外汇管理部门远期收汇备案的预计收汇日期的出口货物劳务，提供远期收汇备案证明申请退（免）税的，出口企业和其他单位应在预计收汇日期起30天内向主管税务机关提供出口收汇核销单（出口退税联）。逾期未提供的，或免予提供纸质出口收汇核销单的试点地区的税务机关收到外汇管理部门传输的收汇核销电子数据的“核销日期”超过预计收汇日期起30天的，主管税务机关不再办理相关出口退（免）税，已办理出口退（免）税的，由税务机关按有关规定追回已退（免）税款。

但是，实施货物贸易外汇管理制度改革后，出口企业远期收汇出口的货物，出口退（免）税申报时也就不需要提供外汇管理局出具的远期收汇备案证明，远期收汇后也不需要向主管税务机关提供出口收汇核销单。

5. 出口企业逾期收汇核销问题

国家外汇管理局公告2012年第1号规定，2012年8月1日前报关出口的货物，截至7月31日已到出口收汇核销期限的，企业应不迟于7月31日办理出口收汇核销手续。自8月1日起，外汇局不再办理出口收汇核销手续，不再出具出口收汇核销单。企业确需外汇局出具相关收汇证明的，外汇局参照原出口收汇核销监管有关规定进行个案处理。因此出口企业7月31日前出口已超过出口收汇期的货物，如果在8月1日以后逾期收汇的，可以依照规定报请外汇管理局按个案处理出具出口收汇核销单，否则，将不得申报办理出口退（免）税，已办理的出口退（免）税将依照规定予以追缴。

6. 出口企业其他收汇凭证问题

（1）保税区内的出口企业

《出口货物劳务增值税和消费税管理办法》规定，保税区内出口企业申报退（免）税时应提供结汇水单。但是，实施货物贸易外汇管理制度改革后，保税区内出口企业申报退（免）税时就不再需要提供结汇水单。

（2）边境贸易和小额贸易

《出口货物劳务增值税和消费税管理办法》规定，边境地区一般贸易或边境小额贸易项下以人民币结算的从所在省（自治区）的边境口岸出口到接壤毗邻国家，并采取银行转账人民币结算方式的出口货物，生产企业、外贸企业申报退（免）税时，除分别按规定提供资料外，还应提供人民币结算的银行入账单，银行入账单应与外汇管理部门出具的出口收汇核销单相匹配。确有困难不能提供银行入账单的，可提供签注“人民币核销”的出口收汇核销单。

但是，实施货物贸易外汇管理制度改革后，边境地区出口企业一般贸易或边境小额贸易项下以人民币结算的从所在省（自治区）的边境口岸出口到接壤毗邻国家的货物，将取消出口收汇核销单，具体出口退（免）税办法需要国家税务总局另行明确。

（3）取消补办出口收汇单证明

《出口货物劳务增值税和消费税管理办法》规定了申请开具补办出口收汇核销单证明的要求，但是，实施货物贸易外汇管理制度改革后，出口企业将不需要补办出口收汇单证明。

7. 出口样品展品未收汇问题

《出口货物劳务增值税和消费税管理办法》实施后，《国家税务总局关于出口退税若干问题的通知》（国税发〔2000〕165 号）废止，被废止的文件第五条规定：“出口企业报关出口的样品、展品，如出口企业最终在境外将其销售并收汇的，准予凭出口样品、展品的出口货物报送单（出口退税联）、出口收汇核销单（出口退税联）以及其他规定的退税凭证办理退税。”因此，实施货物贸易外汇管理制度改革后，出口企业出口样品展品，只要属于出口销售货物的范围符合出口退（免）税的条件，就可以依照规定申报办理出口退（免）税。

8. 废止逾期收汇核销退（免）税的政策

《出口货物劳务增值税和消费税管理办法》规定，境外单位、个人推迟支付货款或不能支付货款的出口货物劳务，及出口企业以差额结汇方式进行结汇的进料加工出口货物，凡外汇管理部门出具出口收汇核销单的（免予提供纸质出口收汇核销单的试点地区的税务机关收到外汇管理部门传输的收汇核销电子数据），出口企业和其他单位可按现行有关规定申报退（免）税。

《国家税务总局关于出口企业延期提供出口收汇核销单有关问题的通知》（国税函〔2010〕89 号）规定，对出口企业受 2008 年以来国际金融危机影响，逾期取得出口收汇核销单的，税务机关可在对出口企业其他退税单证、信息审核无误后予以办理出口货物退（免）税。同时规定，试行申报出口退税免予提供纸质出口收汇核销单的出口企业，因网上核销系统、信息传输等原因致使出口企业逾期收汇核销的，税务机关经审核无误后可按有关规定办理出口货物退（免）税。

但是实施货物贸易外汇管理制度改革后，上述两个关于逾期收汇核销退（免）税的政策规定也将会相应废止。

注意要点

出口企业2012年8月1日前报关出口的货物，截止到7月31日未到出口收汇核销期限但已核销的以及已到出口收汇核销期限的，均按改革前的出口退税有关规定办理。

五、未认证增值税专用发票≠能申报办理出口退（免）税

常见案例

某外贸公司属于增值税一般纳税人，2008年3月向税务机关申报一批出口货物的退（免）税，税务机关一直未审核审批退（免）税。2008年7月22日，该公司办税员到主管税务机关了解得知，该批出口货物取得的增值税专用发票没有认证，而现在已经过了认证期限，不能申报办理出口退税。

政策规定

一、出口企业向税务机关主管出口退税的部门（以下简称退税部门）申报出口货物退（免）税时，在提供有关出口货物退（免）税申报表及相关资料时，应同时附送下列纸质凭证：

（一）实行“免、抵、退”税管理办法的生产企业提供出口货物的出口发票，外贸企业提供购进出口货物的增值税专用发票或普通发票。

凡外贸企业购进的出口货物，外贸企业应在购进货物后按规定及时要求供货企业开具增值税专用发票或普通发票；其购进货物开具的增值税专用发票属增值税防伪税控系统开具的，退税部门应要求外贸企业自开票之日起30日内办理认证手续。

（二）出口货物报关单（出口退税专用）。

（三）出口收汇核销单。

对外贸企业自一般纳税人购进出口的货物，外贸企业向退税部门申报出口货物退（免）税时，不再提供“税收（出口货物专用）缴款书”或“出口货物完税分割单”（具体规定另行通知）；但对外贸企业购进出口的消费税应税货物和自小规模纳税人购进出口的货物等其他尚未纳入增值税防伪税控系统管理的货物，还须提供“税收（出口货物专用）缴款书”或“出口货物完税分割单”。

对出口企业以委托出口、援外出口、对外承包工程、境外带料加工装配业务等特殊方式出口的货物，出口企业向退税部门申报上述出口货物的退（免）税时，还须提供现行有关出口货物退（免）税规定要求的其他相关凭证。

六、退税部门受理申报后，在审核时应使用增值税专用发票稽核、协查信息审核出口退（免）税。未收到增值税专用发票稽核、协查信息的，退税部门可先使用专用发票认证信息审核办理出口企业的出口货物退（免）税，但必须及时用相关稽核、协查信息进行复核；对复核有误的，要及时追回已退（免）税款。

有本通知第二条所述情形之一的出口企业，自发生之日起两年内，退税部门必须使用增值税专用发票稽核、协查信息审核该企业的出口货物退（免）税。

政策依据：《国家税务总局关于出口货物退（免）税管理有关问题的通知》（国税发〔2004〕64号）

执行日期：2004年6月1日

分析诊断

外贸企业出口货物免退税实行单票对应法，申报出口退（免）税增值税时必须把出口货物报关单与相应的出口货物增值税专用发票一一对应。因而增值税专用发票是外贸企业申报出口退（免）税的重要单证之一。但是，外贸企业取得出口货物的增值税专用发票，还必须在规定期限内办理认证手续，只有在规定期限内认证相符的出口货物增值税专用发票，增值税防伪税控系统才有该份专用发票的认证信息和交叉稽核信息，税务机关也才能依照规定审核审批出口货物退（免）税。结合上述案例，该公司虽然依照规定取得了出口货物的增值税专用发票，也依照规定申报出口退（免）税，但是未依照规定办理增值税专用发票的认证手续，主管税务机关则不能受理出口退（免）税申报，也不能审核审批出口退（免）税。

触类旁通

增值税专用发票认证管理

根据国家税务总局修订的《增值税专用发票使用规定》（国税发〔2006〕156号）的规定，用于抵扣增值税进项税额和申报办理出口退税的增值税专用发票应经税务机关认证相符（国家税务总局另有规定的除外）。认证相符的专用发票应作为购买方的记账凭证，不得退还销售方。

这里所称认证，是税务机关通过防伪税控系统对专用发票所列数据的识别、确认。

这里所称认证相符，是指纳税人识别号无误，专用发票所列密文解译后与明文一致。

1）经认证，有下列情形之一的，不得作为增值税进项税额的抵扣凭证，税务机关退还原件，购买方可要求销售方重新开具专用发票。

①无法认证。

所称无法认证，是指专用发票所列密文或者明文不能辨认，无法产生认证结果。

②纳税人识别号认证不符。

所称纳税人识别号认证不符，是指专用发票所列购买方纳税人识别号有误。

③专用发票代码、号码认证不符。

所称专用发票代码、号码认证不符，是指专用发票所列密文解译后与明文的代码或者号码不一致。

2）经认证，有下列情形之一的，暂不得作为增值税进项税额的抵扣凭证，税务机关扣留原件，查明原因，分别情况进行处理。

①重复认证。

所称重复认证，是指已经认证相符的同一张专用发票再次认证。

②密文有误。

所称密文有误，是指专用发票所列密文无法解译。

③认证不符。

所称认证不符，是指纳税人识别号有误，或者专用发票所列密文解译后与明文不一致。

④列为失控专用发票。

所称列为失控专用发票，是指认证时的专用发票已被登记为失控专用发票。

3）一般纳税人丢失已开具专用发票的发票联和抵扣联，如果丢失前已认证相符的，购买方凭销售方提供的相应专用发票记账联复印件及销售方所在地主管税务机关出具的“丢失增值税专用发票已报税证明单”，经购买方主管税务机关审核同意后，可作为增值税进项税额的抵扣凭证；如果丢失前未认证的，购买方凭销售方提供的相应专用发票记账联复印件到主管税务机关进行认证，认证相符的凭该专用发票记账联复印件及销售方所在地主管税务机关出具的“丢失增值税专用发票已报税证明单”，经购买方主管税务机关审核同意后，可作为增值税进项税额的抵扣凭证。

一般纳税人丢失已开具专用发票的抵扣联，如果丢失前已认证相符的，可使用专用发票的发票联复印件留存备查；如果丢失前未认证的，可使用专用发票的发票联到主管税务机关认证，专用发票的发票联复印件留存备查。

一般纳税人丢失已开具专用发票的发票联，可将专用发票的抵扣联作为记账凭证，专用发票的抵扣联复印件留存备查。

4）专用发票的抵扣联无法认证的，可使用专用发票的发票联到主管税务机关认证。专用发票的发票联复印件留存备查。

注意要点

外贸企业购进出口货物取得的增值税专用发票，应按规定办理增值税专用发票的认证手续。

六、出口应税消费品未取得专用缴款书≠能申报退消费税

常见案例

某外贸企业属于增值税一般纳税人，2010 年 9 月 30 日首次外购一批轮胎出口，购进货物时取得增值税专用发票，从出口退税率文库查询得知外贸企业出口轮胎还能申请退消费税，该企业办税人员向税务机关咨询得知申请退消费税还需提供生产企业缴纳这批货物消费税的缴款书。因此，该企业办税人员向供货企业索要消费税缴款书，由于事先生产企业并不知道这批轮胎要出口到国外，所以未向税务机关申请开具出口货物消费税专用缴款书，只好把当月申报缴纳消费税的一般通用缴款书转交给该外贸企业，该企业向税务机关申报办理出口退增值税和消费税。税务机关经过初步审核通知该企业，其申报退消费税取得的是一般通用的缴款书，不是出口货物专用缴款书，不得申请退消费税，因此不予受理该企业的申报资料。

政策规定

一、出口企业向税务机关主管出口退税的部门（以下简称退税部门）申报出口货物退（免）税时，在提供有关出口货物退（免）税申报表及相关资料时，应同时附送下列纸质凭证：

（一）实行“免、抵、退”税管理办法的生产企业提供出口货物的出口发票，外贸企业提供购进出口货物的增值税专用发票或普通发票。

凡外贸企业购进的出口货物，外贸企业应在购进货物后按规定及时要求供货企业开具增值税专用发票或普通发票；其购进货物开具的增值税专用发票属增值税防伪税控系统开具的，退税部门应要求外贸企业自开票之日起30日内办理认证手续。

（二）出口货物报关单（出口退税专用）。

（三）出口收汇核销单。

对外贸企业自一般纳税人购进出口的货物，外贸企业向退税部门申报出口货物退（免）税时，不再提供“税收（出口货物专用）缴款书”或“出口货物完税分割单”（具体规定另行通知）；但对外贸企业购进出口的消费税应税货物和自小规模纳税人购进出口的货物等其他尚未纳入增值税防伪税控系统管理的货物，还须提供“税收（出口货物专用）缴款书”或“出口货物完税分割单”。

政策依据：《国家税务总局关于出口货物退（免）税管理有关问题的通知》（国税发〔2004〕64号）

执行日期：2004年6月1日

分析诊断

外贸企业出口应税消费品按照规定可以退还消费税，按照现行操作的模式，申报退还消费税与退（免）增值税一并申报，而消费税税收（出口货物专用）缴款书就是外贸企业申报退还消费税的重要单证之一。消费税税收（出口货物专用）缴款书不同于一般的通用缴款书，它是出口这批应税消费品在生产环节已经缴纳消费税的凭据之一。结合上述案例，生产企业没有就这批出口货物申请开具消费税税收（出口货物专用）缴款书，外贸企业仅取得生产企业当月申报缴纳消费税的一般通用缴款书，这不符合出口退还消费税的相关规定，因此税务机关作出不予受理外贸企业退消费税的决定无疑是正确的。

触类旁通

外贸企业出口应税消费品申报退消费税前的注意事项：

（1）查询出口货物是否属于应退消费税商品

外贸企业在出口货物之前，要将货物的海关商品码与出口退税商品代码进行分析比较，查询该商品代码在出口退税率文库中的税种栏的标志，如是“V”则仅计征增值税，如是“C”则同时计征消费税，如是空则无税。如果货物同时计征消费税，则还要查看货物是从量计征、从价计征还是复合计征方法。如果出口退税率文库显示内容与实际税收征管不一致，则应及时向主管退税机关反映，避免退税申报时出现麻烦。

（2）取得消费税税收（出口货物专用）缴款书

如果外贸企业直接从生产企业购进应税消费品出口，则应要求生产企业直接开具这批出口货物的消费税税收（出口货物专用）缴款书，并及时取得消费税税收（出口货物专用）缴款书。

如果外贸企业从商品流通企业购进应税消费品出口，则应要求供货企业凭消费税税收（出口货物专用）缴款书到当地税务机关开具分割单，并及时取得这批出口货物的分割单或完税证明。

（3）核对消费税税收（出口货物专用）缴款书内容

外贸企业取得消费税税收（出口货物专用）缴款书或出口货物完税分割单，应当核对货物名称与出口货物名称是否一致，核对计征消费税办法与出口退税率文库是否一致，核对法定税率与出口退税率文库是否一致，检查税务、国库（经收处）印章是否齐全、字迹是否清晰。

（4）符合出口退消费税的条件

根据《财政部国家税务总局关于出口货物劳务增值税和消费税政策的通知》（财税〔2012〕39号）的规定，自2012年7月1日起，出口企业出口或视同出口适用增值税退（免）税的货物，免征消费税，如果属于购进出口的货物，退还前一环节对其已征的消费税。出口企业出口或视同出口适用增值税免税政策的货物，免征消费税，但不退还其以前环节已征的消费税，且不允许在内销应税消费品应纳消费税款中抵扣。出口企业出口或视同出口适用增值税征税政策的货物，应按规定缴纳消费税，不退还其以前环节已征的消费税，且不允许在内销应税消费品应纳消费税款中抵扣。因此，外贸企业出口应税消费品，只有适用增值税免退税政策，才能申报办理出口退消费税。

注意要点

外贸企业出口应税消费品未按规定取得消费税税收（出口货物专用）缴款书，不得申报退消费税。

七、从国外进口再直接出口货物≠不能申报出口退（免）税

常见案例

某外贸企业，具有增值税一般纳税人资格，出口退（免）税实行免退税办法。2012 年 7 月 5 日，该企业从国外以一般贸易方式进口一批甲醇，通过海关报关，已经缴纳进口环节增值税，2012 年 8 月 10 日后欲再出口到其他国家，甲醇出口退税率 13%。该企业按照规定收齐出口报关单，由于没有增值税专用发票，因而提供与增值税专用发票相同功能的海关完税凭证，向主管税务机关申报办理免退税。主管税务机关受理申报资料审核后答复该企业办税员，外贸企业只有采购国内货物方可享受出口退税，因而该企业申报的免退税不符合出口退税的基本规定，所以不予办理这批甲醇的出口退税。

政策规定

出口企业向税务机关主管出口退税的部门（以下简称退税部门）申报出口货物退（免）税时，在提供有关出口货物退（免）税申报表及相关资料时，应同时附送下列纸质凭证：

（一）实行“免、抵、退”税管理办法的生产企业提供出口货物的出口发票，外贸企业提供购进出口货物的增值税专用发票或普通发票。

凡外贸企业购进的出口货物，外贸企业应在购进货物后按规定及时要求供货企业开具增值税专用发票或普通发票；其购进货物开具的增值税专用发票属增值税防伪税控系统开具的，退税部门应要求外贸企业自开票之日起30 日内办理认证手续。

（二）出口货物报关单（出口退税专用）。

（三）出口收汇核销单。

对外贸企业自一般纳税人购进出口的货物，外贸企业向退税部门申报出口货物退（免）税时，不再提供“税收（出口货物专用）缴款书”或“出口货物完税分割单”（具体规定另行通知）；但对外贸企业购进出口的消费税应税货

物和自小规模纳税人购进出口的货物等其他尚未纳入增值税防伪税控系统管理的货物，还须提供“税收（出口货物专用）缴款书”或“出口货物完税分割单”。

对出口企业以委托出口、援外出口、对外承包工程、境外带料加工装配业务等特殊方式出口的货物，出口企业向退税部门申报上述出口货物的退（免）税时，还须提供现行有关出口货物退（免）税规定要求的其他相关凭证。

政策依据：《国家税务总局关于出口货物退（免）税管理有关问题的通知》（国税发〔2004〕64 号）

执行日期：2004 年 6 月 1 日

（四）外贸企业出口货物（委托加工修理修配货物除外）增值税退（免）税的计税依据，为购进出口货物的增值税专用发票注明的金额或海关进口增值税专用缴款书注明的完税价格。

政策依据：《财政部国家税务总局关于出口货物劳务增值税和消费税政策的通知》（财税〔2012〕39 号）

执行日期：2012 年 7 月 1 日

分析诊断

外贸企业申报办理出口退增值税必须同时提供两单一票，即必须提供出口货物报关单（出口退税专用）、出口收汇核销单退税联和增值税专用发票，这两单一票缺一不可，否则，主管税务机关一般不予受理外贸企业的免退税申报。但是，自 2012 年 7 月 1 日起，外贸企业进口货物直接出口取得海关进口增值税专用缴款书也可以申报出口退税。自 2012 年 8 月 1 日起报关出口货物取消出口收汇核销单。因此自 2012 年 8 月 1 日起外贸企业办理出口退（免）税申报必须同时提供“一单一票”，即出口货物报关单（出口退税专用）、增值税专用发票（或海关进口增值税专用缴款书）。结合上述案例，该企业 2012 年 7 月 5 日从国外进口货物 8 月 10 日再出口，符合调整后出口退（免）税政策的规定，而主管税务机关却错误地适用调整以前已经作废的出口退（免）税政策规定，对公司从国外进口再直接出口货物不予办理出口退（免）税。由此可见，主管税务机关的做法是错误的。

触类旁通

根据《财政部国家税务总局关于出口货物劳务增值税和消费税政策的通

知》（财税［2012］39号）和《出口货物劳务增值税和消费税管理办法》（国家税务总局公告2012年第24号）的规定，外贸企业进口货物直接出口可申报退税的情形有以下五种：

1）外贸企业进口再直接出口货物（委托加工修理修配货物除外），增值税退（免）税的计税依据为海关进口增值税专用缴款书注明的完税价格。

2）出口企业出口进项税额未计算抵扣的已使用过的进口设备，增值税退（免）税的计税依据＝海关进口增值税专用缴款书注明的完税价格×已使用过的设备固定资产净值÷已使用过的设备原值

已使用过的设备固定资产净值＝已使用过的设备原值－已使用过的设备已提累计折旧

这里所称已使用过的设备，是指出口企业根据财务会计制度已经计提折旧的固定资产。

3）免税品经营企业销售的进口货物增值税退（免）税的计税依据，为购进货物的海关进口增值税专用缴款书注明的完税价格。

4）外贸企业中标销售进口的机电产品增值税退（免）税的计税依据为购进货物海关进口增值税专用缴款书注明的完税价格。

5）进口直接出口货物的消费税应退税额的计税依据，按购进出口货物的海关进口消费税专用缴款书确定。

注意要点

自2012年7月1日起，外贸企业进口货物直接出口，取得海关进口增值税专用缴款书后可以申报出口退税。

八、政策调整后的出口退（免）税申报期限≠政策调整前的出口退（免）税申报期限

常见案例

某企业是具有增值税一般纳税人资格的外贸企业，属于出口退（免）税申报时必须可暂不提供收汇核销单的出口企业。2011年8月19日该企业出口一批货物，2011年12月10日才取得出口货物报关单（出口退税专用），2012年1月15日取得出口收汇核销单。该企业办税员知道，出口货物退（免）税的申报期限是自货物报关出口之日（以出口货物报关单〈出口退税专用〉上注明的

出口日期为准）起90天之内，而这批货物出口报关单注明的出口日期是2011年8月20日，按90天计算出口退（免）税申报的截止期限应该是2011年11月18日，而取得出口货物报关单（出口退税专用）时已经超过出口退（免）税的截止期限，已经不能申报办理出口退（免）税，即使申报税务机关也将不予受理。因此，办税员未向主管税务机关办理免退税的申报手续，因而主动依照规定视同内销缴纳增值税。2012年7月，该企业办税员未认真学习国家税务总局发布的《出口货物劳务增值税和消费税管理办法》（国家税务总局公告2012年第24号），当月未依照规定补办免退税申报手续。

政策规定

一、外贸企业在2008年1月1日后申报出口退税的，申报出口退税的截止期限调整为，货物报关出口之日（以出口货物报关单〈出口退税专用〉上注明的出口日期为准）起90天后第一个增值税纳税申报期截止之日。

二、外贸企业确有特殊原因在本通知第一条规定期限内无法申报出口退税的，按现行有关规定申请办理延期申报手续。外贸企业申请开具“代理出口货物证明”仍按现行有关规定执行。

三、此前的规定与本通知有抵触的，以本通知为准。

政策依据：《国家税务总局关于外贸企业申报出口退税期限问题的通知》（国税函〔2007〕1150号）

执行日期：2008年1月1日

企业应在货物报关出口之日次月起至次年4月30日前的各增值税纳税申报期内，收齐有关凭证，向主管税务机关办理出口货物增值税、消费税免退税申报。经主管税务机关批准的，企业在增值税纳税申报期以外的其他时间也可办理免退税申报。逾期的，企业不得申报免退税。

政策依据：《国家税务总局关于发布〈出口货物劳务增值税和消费税管理办法〉的公告》（国家税务总局公告2012年第24号）

执行日期：2012年7月1日

本办法第四、五、六、七条中关于退（免）税申报期限的规定，第九条第（二）项第三款的出口货物的免税申报期限的规定，以及第十条第（一）项中关于申请开具代理出口货物证明期限的规定，自2011年1月1日起开始执行。2011年的出口货物劳务，退（免）税申报期限、第九条第（二）项第三款的出口货物的免税申报期限、第十条第（一）项申请开具代理出口货物证明的期限，第十一条第（七）项第二款规定的期限延长3个月。

本办法其他规定自2012年7月1日开始执行。起始日期：属于向海关报关出口的货物劳务，以出口货物报关单上注明的出口日期为准；属于非报关出口销售的货物，以出口发票（外销发票）或普通发票的开具时间为准；属于保税区内出口企业或其他单位出口的货物以及经保税区出口的货物，以货物离境时海关出具的出境货物备案清单上注明的出口日期为准。

政策依据：《国家税务总局关于发布〈出口货物劳务增值税和消费税管理办法〉的公告》（国家税务总局公告2012年第24号）

执行日期：2012年7月1日

分析诊断

按以前的规定，外贸企业出口货物退（免）税申报的截止期限是货物报关出口之日（以出口货物报关单〈出口退税专用〉上注明的出口日期为准）起90天后第一个增值税纳税申报期截止之日。按照国家税务总局公告2012年第24号的规定，外贸企业出口货物退（免）税申报的截止期限是货物报关出口之日次月起至次年4月30日前的各增值税纳税申报期内，同时规定2011年1月1日起出口货物的出口退（免）税申报期限适用新规定，并且将2011年出口货物的退（免）税申报期限延长3个月。结合上述案例，该企业2011年8月20日出口货物，12月20日才取得出口货物报关单（出口退税专用）。按以前的政策规定，公司这笔出口货物已经超过出口退（免）税申报截止期限，应当视同内销征税，这样处理无疑是正确的。但是按照国家税务总局公告2012年第24号的规定，这笔出口货物的退（免）税申报期限是2012年7月的增值税纳税申报期内，也就是说，该企业可以在2012年7月补办出口退（免）税申报，遗憾的是，该企业办税员未认真学习国家税务总局公告2012年第24号，当月未依照规定补办免退税申报手续。由此可见，该企业应当补办而未及时补办出口退（免）税申报的做法是错误的。

触类旁通

《国家税务总局关于发布〈出口货物劳务增值税和消费税管理办法〉的公告》（国家税务总局公告2012年第24号）对出口货物退（免）税申报截止期限作出具体规定，现将新旧相关规定予以逐项比较，详见表1－1。

表 1-1　出口货物退（免）税申报截止期限的新旧政策比较

国家税务总局公告 2012 年第 24 号规定	以前相关规定	比较结果
生产企业应在货物报关出口之日（以出口货物报关单〈出口退税专用〉上的出口日期为准，下同）次月起至次年 4 月 30 日前的各增值税纳税申报期内收齐有关凭证，向主管税务机关申报办理出口货物增值税免抵退税及消费税退税。逾期的，企业不得申报免抵退税。	《国家税务总局关于出口货物退（免）税管理有关问题的通知》（国税发〔2004〕64 号）第三条规定：出口企业应在货物报关出口之日（以出口货物报关单〈出口退税专用〉上注明的出口日期为准，下同）起 90 日内，向退税部门申报办理出口货物退（免）税手续。逾期不申报的，除另有规定者和确有特殊原因经地市级以上税务机关批准者外，不再受理该笔出口货物的退（免）税申报。对中标机电产品和外商投资企业购买国产设备等其他视同出口的货物，应自购买产品开具增值税专用发票的开票之日起 90 日内，向退税部门申报办理出口货物退（免）税手续。2004 年 5 月 31 日前报关出口货物的申报日期，截止到 2004 年 9 月 30 日。第八条规定：对出口企业出口货物纸质退税凭证丢失或内容填写有误，按有关规定可以补办或更改的，出口企业可在本通知第三条规定的申报期限内，向退税部门提出延期办理出口货物退（免）税申报的申请，经批准后，可延期 3 个月申报。	调整二项：一是将出口货物增值税免抵退税及消费税退税的申报期限调整为货物报关出口之日（以出口货物报关单〈出口退税专用〉上的出口日期为准）次月起至次年 4 月 30 日前的各增值税纳税申报期内；二是取消延期申报审批的规定。
	《国家税务总局关于出口货物退（免）税管理有关问题的补充通知》（国税发〔2004〕113 号）第二条规定：生产企业出口货物未按国税发〔2004〕64 号文件第三条规定在报关出口 90 日内申报办理退（免）税手续的，如果其到期之日超过了当月的“免、抵、退”税申报期，税务机关可暂不按国税发〔2004〕64 号文件第七条规定视同内销货物予以征税。但生产企业应当在次月“免、抵、退”税申报期内申报“免、抵、退”税，如仍未申报，税务机关应当视同内销货物予以征税。	
	《国家税务总局关于出口企业未在规定期限内申报出口货物退（免）税有关问题的通知》（国税发〔2004〕68 号）第四条规定：对出口企业提出延期申报出口货物退（免）税的，主管税务机关退税部门除按国税发〔2004〕64 号文件第三条规定和《国家税务总局关于出口货物退（免）税管理有关问题的补充通知》（国税发〔2004〕113 号）第一条规定执行外，出口企业提出书面合理理由的，可经地市以上（含地市）税务机关核准后，在核准的期限内申报办理退（免）税。	

续表

国家税务总局公告2012年第24号规定	以前相关规定	比较结果
外贸企业应在货物报关出口之日次月起至次年4月30日前的各增值税纳税申报期内，收齐有关凭证，向主管税务机关办理出口货物增值税、消费税免退税申报。	《国家税务总局关于出口货物退（免）税管理有关问题的通知》（国税发〔2004〕64号）第三条规定：出口企业应在货物报关出口之日（以出口货物报关单〈出口退税专用〉上注明的出口日期为准，下同）起90日内，向退税部门申报办理出口货物退（免）税手续。逾期不申报的，除另有规定者和确有特殊原因经地市级以上税务机关批准者外，不再受理该笔出口货物的退（免）税申报。对中标机电产品和外商投资企业购买国产设备等其他视同出口的货物，应自购买产品开具增值税专用发票的开票之日起90日内，向退税部门申报办理出口货物退（免）税手续。2004年5月31日前报关出口货物的申报日期，截止到2004年9月30日。第八条规定：对出口企业出口货物纸质退税凭证丢失或内容填写有误，按有关规定可以补办或更改的，出口企业可在本通知第三条规定的申报期限内，向退税部门提出延期办理出口货物退（免）税申报的申请，经批准后，可延期3个月申报。 《国家税务总局关于出口企业未在规定期限内申报出口货物退（免）税有关问题的通知》（国税发〔2004〕68号）第四条规定：对出口企业提出延期申报出口货物退（免）税的，主管税务机关退税部门除按国税发〔2004〕64号文件第三条规定和《国家税务总局关于出口货物退（免）税管理有关问题的补充通知》（国税发〔2004〕113号）第一条规定执行外，出口企业提出书面合理理由的，可经地市以上（含地市）税务机关核准后，在核准的期限内申报办理退（免）税。 《国家税务总局关于外贸企业申报出口退税期限问题的通知》（国税函〔2007〕1150号）规定：一、外贸企业在2008年1月1日后申报出口退税的，申报出口退税的截止期限调整为，货物报关出口之日（以出口货物报关单〈出口退税专用〉上注明的出口日期为准）起90天后第一个增值税纳税申报期截止之日。二、外贸企业确有特殊原因在本通知第一条规定期限内无法申报出口退税的，按现行有关规定申请办理延期申报手续。	调整二项：一是将出口退税申报期限调整为货物报关出口之日次月起至次年4月30日前的各增值税纳税申报期内。二是取消延期申报审批的规定。

续表

国家税务总局公告 2012年第24号规定	以前相关规定	比较结果
报关进入特殊区域并销售给特殊区域内单位或境外单位、个人的货物，特殊区域外的生产企业或外贸企业的退（免）税申报分别按本办法第四、五条的规定办理。 其他视同出口货物和对外提供加工修理修配劳务，属于报关出口的，为报关出口之日起，属于非报关出口销售的，为出口发票或普通发票开具之日起，出口企业或其他单位应在次月至次年4月30日前的各增值税纳税申报期内申报退（免）税。逾期的，出口企业或其他单位不得申报退（免）税。	《国家税务总局关于出口货物退（免）税管理有关问题的通知》（国税发〔2004〕64号）第三条规定：出口企业应在货物报关出口之日（以出口货物报关单〈出口退税专用〉上注明的出口日期为准，下同）起90日内，向退税部门申报办理出口货物退（免）税手续。逾期不申报的，除另有规定者和确有特殊原因经地市级以上税务机关批准者外，不再受理该笔出口货物的退（免）税申报。对中标机电产品和外商投资企业购买国产设备等其他视同出口的货物，应自购买产品开具增值税专用发票的开票之日起90日内，向退税部门申报办理出口货物退（免）税手续。2004年5月31日前报关出口货物的申报日期，截止到2004年9月30日。第八条规定：对出口企业出口货物纸质退税凭证丢失或内容填写有误，按有关规定可以补办或更改的，出口企业可在本通知第三条规定的申报期限内，向退税部门提出延期办理出口货物退（免）税申报的申请，经批准后，可延期3个月申报。	统一将其他视同出口货物和对外提供加工修理修配劳务的出口退（免）税申报期限调整为次月至次年4月30日前的各增值税纳税申报期内（属于报关出口的，为报关出口之日起；属于非报关出口销售的，为出口发票或普通发票开具之日起）；将中标机电产品退（免）税申报期限计算的起始日期由购买产品开具增法税专用发票的开票之日调整为销售产品开具普通发票的开具之日；取消延期申报的规定。
	《国家税务总局关于出口货物退（免）税管理有关问题的补充通知》（国税发〔2004〕113号）第二条规定：生产企业出口货物未按国税发〔2004〕64号文件第三条规定在报关出口90日内申报办理退（免）税手续的，如果其到期之日超过了当月的“免、抵、退”税申报期，税务机关可暂不按国税发〔2004〕64号文件第七条规定视同内销货物予以征税。但生产企业应当在次月“免、抵、退”税申报期内申报“免、抵、退”税，如仍未申报，税务机关应当视同内销货物予以征税。	
	《国家税务总局关于出口企业未在规定期限内申报出口货物退（免）税有关问题的通知》（国税发〔2004〕68号）第四条规定：对出口企业提出延期申报出口货物退（免）税的，主管税务机关退税部门除按国税发〔2004〕64号文件第三条规定和《国家税务总局关于出口货物退（免）税管理有关问题的补充通知》（国税发〔2004〕113号）第一条规定执行外，出口企业提出书面合理理由的，可经地市以上（含地市）税务机关核准后，在核准的期限内申报办理退（免）税。	

续表

国家税务总局公告2012年第24号规定	以前相关规定	比较结果
报关进入特殊区域并销售给特殊区域内单位或境外单位、个人的货物，特殊区域外的生产企业或外贸企业的退（免）税申报分别按本办法第四、五条的规定办理。 其他视同出口货物和对外提供加工修理修配劳务，属于报关出口的，为报关出口之日起，属于非报关出口销售的，为出口发票或普通发票开具之日起，出口企业或其他单位应在次月至次年4月30日前的各增值税纳税申报期内申报退（免）税。逾期的，出口企业或其他单位不得申报退（免）税。	《国家税务总局关于外贸企业申报出口退税期限问题的通知》（国税函〔2007〕1150号）规定：一、外贸企业在2008年1月1日后申报出口退税的，申报出口退税的截止期限调整为，货物报关出口之日（以出口货物报关单〈出口退税专用〉上注明的出口日期为准）起90天后第一个增值税纳税申报期截止之日。二、外贸企业确有特殊原因在本通知第一条规定期限内无法申报出口退税的，按现行有关规定申请办理延期申报手续。 《财政部、国家税务总局关于海洋工程结构物增值税实行退税的通知》（财税〔2003〕46号）规定：国内生产企业销售的海洋工程结构物产品在财务上作销售后，持开具的普通发票、购销合同等凭证，向当地主管税务机关申报办理“免、抵、退”税手续。 《财政部国家税务总局关于国内航空供应公司向国外航空公司销售航空食品有关退（免）税问题的通知》（财税〔2002〕112号）规定：对国内航空供应公司生产并销售给国外航空公司的航空食品，视同出口货物，按照《财政部 国家税务总局关于进一步推进出口货物实行免抵退税办法的通知》（财税〔2002〕7号）的有关规定，实行“免、抵、退”税管理。	统一将其他视同出口货物和对外提供加工修理修配劳务的出口退（免）税申报期限调整为次月至次年4月30日前的各增值税纳税申报期内（属于报关出口的，为报关出口之日起；属于非报关出口销售的，为出口发票或普通发票开具之日起）；将中标机电产品退（免）税申报期限计算的起始日期由购买产品开具增法税专用发票的开票之日调整为销售产品开具普通发票的开具之日；同时取消延期申报的规定。
输入特殊区域的水电气，由购买水电气的特殊区域内的生产企业申报退税。企业应在购进货物增值税专用发票的开具之日次月起至次年4月30日前的各增值税纳税申报期内向主管税务机关申报退税。逾期的，企业不得申报退税。	《国家税务总局关于出口加工区耗用水、电、气准予退税的通知》（国税发〔2002〕116）规定：区内企业须按季填报《出口加工区内生产企业耗用水、电、气退税申报表》，并附送下列凭证向主管出口退税的税务机关申报办理退税手续。	将按季申报退税调整为在购进货物增值税专用发票的开具之日次月起至次年4月30日前的各增值税纳税申报期内办理申报。

续表

国家税务总局公告2012年第24号规定	以前相关规定	比较结果
运入保税区的货物，如果属于出口企业销售给境外单位、个人，境外单位、个人将其存放在保税区内的仓储企业，离境时由仓储企业办理报关手续，海关在其全部离境后，签发进入保税区的出口货物报关单的，保税区外的生产企业和外贸企业申报退（免）税时，除分别提供本办法第四、五条规定的资料外，还须提供仓储企业的出境货物备案清单。确定申报退（免）税期限的出口日期以最后一批出境货物备案清单上的出口日期为准。	《国家税务总局关于出口退税若干问题的通知》（国税发〔2000〕165号）第一条规定：保税区外的出口企业销售给外商的出口货物，如外商将货物存放在保税区内的仓储企业，离境时由仓储企业办理报关手续的，保税区外的出口企业可凭货物进入保税区的出口货物报关单（出口退税专用联）、仓储企业的出口备案清单及其他规定的凭证，向税务机关申请办理退税。保税区海关须在上述货物全部离境后，方可签发货物进入保税区的出口货物报关单（出口退税专用联）。 《国家税务总局关于经保税区出口货物申报出口退（免）税有关问题的批复》（国税函〔2005〕255号）指出：国家税务总局关于出口退税若干问题的通知》（国税发〔2000〕165号）第一条规定，保税区外的出口企业经保税区销售给外商的货物，保税区海关须在货物全部离境后方可签发货物进入保税区的出口货物报关单（出口退税专用）。根据这一规定，保税区海关在货物离境后根据货物进入保税区的日期签发出口货物报关单（出口退税专用），可能造成出口企业申报退税时超过退税申报期而无法退（免）税的问题。为解决这一问题，总局决定对符合国税发〔2000〕165号文件第一条规定的出口货物，出口企业可以最后一批出口货物的备案清单上海关注明的出口日期为准申报退（免）税。	与以前规定基本相同。
出口企业和其他单位出口的在2008年12月31日以前购进的设备、2009年1月1日以后购进但按照有关规定不得抵扣进项税额的设备、非增值税纳税人购进的设备，以及营业税改征增值税试点地区的出口企业和其他单位出口在本企业试点以前购进的设备，如果属于未计算抵扣进项税额的已使用过的设备，均实行增值税免退税办法。出口企业和其他单位应在货物报关出口之日次月起至次年4月30日前的各增值税纳税申报期内，向主管税务机关单独申报退税。逾期的，出口企业和其他单位不得申报退税。	《国家税务总局关于印发〈旧设备出口退（免）税暂行办法〉的通知》（国税发〔2008〕16号）第十条规定：出口企业出口旧设备后，须在规定的出口退（免）税申报期内，向主管税务机关申报旧设备的出口退（免）税。	调整出口已使用过的设备退税申报的截止期限为货物报关出口之日次月起至次年4月30日前的各增值税纳税申报期内。

注意要点

自2011年1月1日起出口货物退（免）税申报的截止期限是货物报关出口之日次月起至次年4月30日前的各增值税纳税申报期内。

九、每月出口退（免）税申报期限≠每月增值税纳税申报期限

常见案例

某公司是具有增值税一般纳税人资格的外贸企业。2012年7月20日，该公司办税员按照以往的惯例，收集齐全相关单证向主管税务机关办理出口货物免退税申报，主管税务机关告知公司办税员：未经批准的外贸企业不能超过增值税纳税申报期限办理出口退（免）税申报，因而主管税务机关不予受理该公司的出口退（免）税申报。

政策规定

一、外贸企业在2008年1月1日后申报出口退税的，申报出口退税的截止期限调整为，货物报关出口之日（以出口货物报关单〈出口退税专用〉上注明的出口日期为准）起90天后第一个增值税纳税申报期截止之日。

二、外贸企业确有特殊原因在本通知第一条规定期限内无法申报出口退税的，按现行有关规定申请办理延期申报手续。外贸企业申请开具“代理出口货物证明”仍按现行有关规定执行。

三、此前的规定与本通知有抵触的，以本通知为准。

政策依据：《国家税务总局关于外贸企业申报出口退税期限问题的通知》（国税函〔2007〕1150号）

执行日期：2008年1月1日

企业应在货物报关出口之日次月起至次年4月30日前的各增值税纳税申报期内，收齐有关凭证，向主管税务机关办理出口货物增值税、消费税免退税申报。经主管税务机关批准的，企业在增值税纳税申报期以外的其他时间也可办理免退税申报。逾期的，企业不得申报免退税。

经主管税务机关批准的，企业在增值税纳税申报期以外的其他时间也可办理免退税申报。逾期的，企业不得申报免退税。

政策依据：《国家税务总局关于发布〈出口货物劳务增值税和消费税管理办法〉的公告》（国家税务总局公告2012年第24号）

执行日期：2012年7月1日

分析诊断

关于外贸企业出口退（免）税申报期限，以前只规定申报的截止期限，并没有规定每月申报的期限，因而按照以前的政策规定，外贸企业只要在截止申报期限以内，每个月随时都能办理出口退（免）税申报，而不受增值税申报期限的限制。目前按照调整后的出口退（免）税政策，从2012年7月1日起，外贸企业出口退（免）税申报不仅必须在申报截止期限内，而且还必须在增值税纳税申报期限内办理，如果确有需要的，经主管税务机关批准，企业在增值税纳税申报期以外的其他时间也可办理免退税申报。结合上述案例，该公司在出口退（免）税政策调整后仍然按以前的规定超过当月增值税纳税申报期限办理出口退（免）税申报，同时又没有经主管税务机关批准同意，因而主管税务机关不予受理公司的出口退（免）税申报。由此可见，该公司的做法是错误的，主管税务机关的做法无疑是正确的。

触类旁通

外贸企业在增值税纳税申报期限内办理出口退（免）税申报，这是出口退（免）税政策规定调整的一个内容，直接涉及外贸企业出口退（免）税申报办理。

1）外贸企业出口货物只有在规定的截止退（免）税申报期限内才能办理出口退（免）税申报。例如，某外贸公司2012年10月出口货物，只能在2013年4月以前的各增值税纳税申报期限内才能办理出口退（免）税申报，如果在2012年4月以后，即使在增值税纳税申报期限内，但是出口货物由于超过退（免）税申报截止期限，因而也不能办理出口退（免）税申报。

2）外贸企业在出口退（免）税申报截止期限内的出口货物只有在增值税纳税申报期限内才能办理退（免）税申报。例如，某外贸公司2012年10月出口货物，在2013年4月以前的各增值税纳税申报期限内都能办理退（免）税申报，但在2013年4月以前的各增值税纳税申报期限以外的时间却不能办理退（免）税申报。

3）外贸企业在增值税纳税申报期限内依照规定办理出口退（免）税申报不受批次的影响。外贸企业免退税实行单票对应法，是按出口货物报关单与出口货物进项专用发票（或海关进口增值税缴款书）逐一对应的，因而外贸企业在增值税纳税申报期限内办理退（免）税申报，并不意味着外贸企业在增值税纳税申报期限内只能申报办理一次退（免）税，而是可以办理多次或多批次的退（免）税。

4）增值税纳税申报期限依照规定延长则相应延长出口退（免）税申报期限。

根据《国家税务总局关于调整增值税纳税申报有关事项的通知》（国税函〔2008〕1075号）和《增值税一般纳税人纳税申报办法》（国税发〔2003〕53号）规定，纳税人应按月进行纳税申报，申报期为次月1日起至15日止，遇最后一日为法定节假日的，顺延1日；在每月1日至15日内有连续3日以上法定休假日的，按休假日天数顺延。因此，只要依照规定延长增值税纳税申报期限，那么就相应延长出口退（免）税申报期限。

5）经主管税务机关批准的，企业在增值税纳税申报期以外的其他时间也可办理免退税申报。

经主管税务机关批准，企业在增值税纳税申报期以外的其他时间也可办理免退税申报。例如，某外贸公司2012年10月出口货物，在2013年4月以前的各增值税纳税申报期限内都能办理退（免）税申报，但是经过主管税务机关批准，外贸企业在2013年4月以前的各增值税纳税申报期限以外的时间也能办理退（免）税申报。

值得注意的是，国家税务总局公告2012年第24号取消了延长出口退（免）税截止申报期限审批的规定，因此这里主管税务机关批准的，仅是在出口退（免）税截止申报期限内的各增值税纳税申报期以外的其他时间办理退（免）税，而不是延长退（免）税申报截止期限。例如，某外贸公司2012年10月出口货物，如果经过主管税务机关批准，外贸企业在2013年4月以前的各增值税纳税申报期限以外的时间就能办理退（免）税申报，但是在2013年5月以后增值税纳税申报期限以内和以外都不得办理退（免）税申报。

注意要点

从2012年7月1日起，外贸企业出口退（免）税申报不仅须在申报截止期限内，而且还须在增值税纳税申报期限内办理。

十、税务机关可以先使用认证信息审核出口退（免）税≠税务机关必须先使用认证信息审核出口退（免）税

常见案例

在2010年某省国税局组织的出口退税管理情况的检查中，检查组发现某市国

税局对所有的无论新办还是经营多年的外贸企业都使用增值税专用发票交叉稽核信息审核出口退（免）税，于是检查组根据《国家税务总局关于出口货物退（免）税管理有关问题的通知》（国税发〔2004〕64号）对当地退税机关提出改正的意见。该市国税局退税部门解释道：一方面国税发〔2004〕64号文件第六条规定应使用增值税专用发票的稽核协查信息审核出口退税，在无增值税专用发票的稽核协查信息时可使用增值税专用发票的认证信息，并没有强行要求使用增值税专用发票的认证信息审核退税，为严格外贸企业出口退税的审核，降低骗税风险，未执行用增值税专用发票的认证信息审核事后比对稽核协查信息的办法；另一方面由于退税部门从事出口退税的人员较少，外贸企业出口业务量较大，专用发票认证信息事后手工核对工作量相应也就较大，限于人手的不足所以该局一直按照增值税专用发票的稽核协查信息进行电子审核。

政策规定

二、出口企业在申报出口货物退（免）税时，应提供出口收汇核销单，但对尚未到期结汇的，也可不提供出口收汇核销单，退税部门按照现行出口货物退（免）税管理的有关规定审核办理退（免）税手续。

出口企业须在货物报关出口之日（以出口货物报关单〈出口退税专用〉上注明的出口日期为准）起180天内，向所在地主管退税部门提供出口收汇核销单（远期收汇除外）。经退税部门审核，对审核有误和出口企业到期仍未提供出口收汇核销单的，出口货物已退（免）税款一律追回；未办理退（免）税的，不再办理退（免）税。

但有下列情形之一的，自发生之日起两年内，出口企业申报出口货物退（免）税时，必须提供出口收汇核销单：

（一）纳税信用等级评定为C级或D级；

（二）未在规定期限内办理出口退（免）税登记的；

（三）财务会计制度不健全，日常申报出口货物退（免）税时多次出现错误或不准确情况的；

（四）办理出口退（免）税登记不满一年的；

（五）有偷税、逃避追缴欠税、骗取出口退税、抗税、虚开增值税专用发票等涉税违法行为记录的；

（六）有违反税收法律、法规及出口退（免）税管理规定其他行为的。

六、退税部门受理申报后，在审核时应使用增值税专用发票稽核、协查信息审核出口退（免）税。未收到增值税专用发票稽核、协查信息的，退税部门可先使用专用发票认证信息审核办理出口企业的出口货物退（免）税，但必须及时用相关稽核、协查信息进行复核；对复核有误的，要及时追回已退（免）税款。

有本通知第二条所述情形之一的出口企业，自发生之日起两年内，退税部门必须使用增值税专用发票稽核、协查信息审核该企业的出口货物退（免）税。

政策依据：《国家税务总局关于出口货物退（免）税管理有关问题的通知》（国税发〔2004〕64号）

执行日期：2004年6月1日

分析诊断

由于增值税专用发票认证信息和交叉稽核信息的用途不同，税务机关收到的时间不同，因而税务机关审核外贸企业出口退（免）税时是用认证信息还是交叉稽核协查信息，将直接关系到出口企业退（免）税办理的速度。如果先用认证信息审核退税后用交叉稽核协查信息复核，出口企业退税速度将会快很多；如果直接用交叉稽核协查信息审核退税，出口企业退税的速度将会慢很多。按照国税发〔2004〕64号文件的规定，对属于出口退（免）税申报时可暂不提供收汇核销单的外贸企业，税务机关未收到增值税专用发票稽核、协查信息的，退税部门可先使用专用发票认证信息审核办理出口企业的出口货物退（免）税，但必须及时用相关稽核、协查信息进行复核；对复核有误的，要及时追回已退（免）税款。这里“可”的主体是税务机关退税部门，不是出口企业，因此这是税务机关的权利。这里“可”并不等于“必须”，“可”就是可以这样也可以不这样，这属于税务机关的自由裁量权。也就是说，对属于出口退（免）税申报时可暂不提供收汇核销单的外贸企业，税务机关既可以先用认证信息审核退税后用交叉稽核协查信息复核，也可以直接用交叉稽核协查信息审核退税。结合上述案例，某市国税局从退税人员的实际情况和防范风险的需要出发，对所有外贸企业均使用交叉稽核协查信息审核退税，也是符合现行出口退（免）税规定的，无疑其做法也是正确的，而某省国税局检查组却把“可”等同于“必须”，把税务机关的权利混同于税务机关的义务，由此可见，某省国税局检查组的做法是错误的。

触类旁通

1. 新办外贸企业无增值税专用发票交叉稽核信息

例如，某新办外贸公司，从2007年8月份第一笔出口退税，到2008年12月已经快30万元了，因为没有增值税专用发票交叉稽核信息，到2008年12月4日一笔也没退下来。

2. 先用增值税认证信息审核退税后复核时无交叉稽核信息

例如，在 2006 年某省组织的出口退税管理情况的检查中，某市有一户外贸企业在 2006 年共有 397 份增值税发票未在出口退税传输系统中收到稽核信息。

3. 新办外贸企业管理类别的调整

按照《国家税务总局关于出口货物退（免）税管理有关问题的补充通知》（国税发〔2004〕113 号）文件的规定，新办外贸企业自首次申报办理出口退（免）税之日起两年内在申报出口货物退（免）税时，必须提供出口收汇核销单；两年期满，又没有国税发〔2004〕64 号文件第二条规定的六种情形的，出口退（免）税申报时可暂不提供收汇核销单，税务机关可先用增值税专用发票认证信息审核退税后用交叉稽核信息复核。

4. 使用增值税专用发票认证电子信息办理出口退税后的处理

退税机关使用增值税专用发票认证信息审核办理外贸企业（包括机电产品中标企业，下同）退税后三个月内，应将该笔退税的增值税专用发票认证信息与按规定取得的总局下传的增值税专用发票稽核、协查信息进行比对，比对不符的按下列规定处理：

1）凡退税机关在审核中发现出口企业提供的专用发票属于协查有误发票信息或增值税专用发票认证信息与稽核、协查信息中相符发票、协查无误发票信息比对不符的，一律不予退税，已经办理退税的一律追回该笔出口货物已退税款。

2）对于审核中发现没有专用发票电子信息或核对不符的（如属于出口企业申报数据有误的退回出口企业修改后重新申报），退税机关暂不予退税。具体处理程序如下：

①依照《国家税务总局关于使用增值税专用发票信息审核出口退税有关问题的补充通知》（国税函〔2004〕862 号）规定将审核疑点数据分为两种类型：无信息和核对不符。类型定义明确如下：

a. 无信息：某外贸企业代码信息可在国家税务总局内部办公业务网出口退税单证支持网站（http：//130. 9. 1. 116/ckts）查询中查到，且该企业提供的增值税专用发票在认证通过之后 60 天内仍未收到总局下发的增值税专用发票稽核结果数据。

b. 核对不符：企业办理退税时申报的增值税专用发票信息与稽核、协查信息中相符发票或协查无误发票信息核对不符，将企业申报的发票信息作为审核疑点数据上传。

②各省局信息中心必须通过出口退税用专用发票稽核结果数据传输系统中上传数据汇总功能，将本区域内的审核疑点数据和特准退税企业增值税专用发票申报数据汇总上传。

③总局相关数据处理流程。

总局每月将上月 16 日至本月 15 日各地通过出口退税用专用发票稽核结果数

据传输系统上传的审核疑点数据和特准退税企业增值税专用发票申报数据进行汇总，并进行以下处理。

a. 将对汇总数据中不符合本文件第四条类型定义和总局增值税专用发票稽核结果数据库中不存在的审核疑点数据进行清理，发回上传地。

b. 对疑点类型为“无信息”的数据，总局将进行分析，对未下发的发票数据进行补发，对已下发的数据进行补发。

c. 疑点类型为“核对不符”的数据，用各地上传的认证信息与总局增值税专用发票稽核结果数据库相应数据进行比对，如果确实不符，移送总局进出口税收管理司进行处理；如相符，对该条发票数据进行补发。

5. 注意事项

《国家外汇管理局、海关总署、国家税务总局关于货物贸易外汇管理制度改革的公告》（国家外汇管理局公告 2012 年第 1 号）规定，自 2012 年 8 月 1 日起在全国实施货物贸易外汇管理制度改革，全面取消出口收汇核销单，企业不再办理出口收汇核销手续。虽然出口企业申报出口退税时，不再提供出口收汇核销单，但是《国家税务总局关于出口货物退（免）税管理有关问题的通知》（国税发〔2004〕64 号）的第六条的规定目前仍然有效。

注意要点

税务机关可以先使用增值税专用发票认证信息审核出口退（免）税不等同于税务机关必须先使用增值税专用发票认证信息审核出口退（免）税。

十一、无消费税专用缴款书电子信息≠税务机关审核通过出口退（免）税申报

常见案例

某外贸公司具有增值税一般纳税人资格，属于出口退（免）税申报时必须提供收汇核销单的出口企业。2010 年 6 月，该公司出口一批酒精，取得出口货物报关单（出口退税专用）、出口收汇核销单、增值税专用发票和出口货物消费税专用缴款书，已经于 8 月份办理出口退（免）税申报，但是增值税和消费税的退税款一直没有办下来。2010 年 12 月到税务局查询才得知，该批出口货物报关单电子信息、收汇核销单电子信息、增值税专用发票交叉稽核信息都齐全，只是没有出口货物消费税缴款书的电子信息，经询问酒精生产企业得知，

对方税务机关确认已经上传此笔专用税票信息。于是该外贸公司办税员向市国税局退税部门咨询，得到如下答复：酒精属于消费税产品，申报退消费税按规定必须提供消费税专用缴款书，在退税时税务机关对专用税票信息进行比对，只有比对通过的才能退税。

政策规定

第十三条 在对申报的出口货物退（免）税凭证、资料进行人工审核后，税务机关应当使用出口货物退（免）税电子化管理系统进行计算机审核，将出口商申报出口货物退（免）税提供的电子数据、凭证、资料与国家税务总局及有关部门传递的出口货物报关单、出口收汇核销单、代理出口证明、增值税专用发票、消费税税收（出口货物专用）缴款书等电子信息进行核对。审核、核对重点是：

（一）出口报关单电子信息。出口报关单的海关编号、出口日期、商品代码、出口数量及离岸价等项目是否与电子信息核对相符。

（二）代理出口证明电子信息。代理出口证明的编号、商品代码、出口日期、出口离岸价等项目是否与电子信息核对相符。

（三）出口收汇核销单电子信息。出口收汇核销单号码等项目是否与电子信息核对相符。

（四）出口退税率文库。出口商申报出口退（免）税的货物是否属于可退税货物，申报的退税率与出口退税率文库中的退税率是否一致。

（五）增值税专用发票电子信息。增值税专用发票的开票日期、金额、税额、购货方及销售方的纳税人识别号、发票代码、发票号码是否与增值税专用发票电子信息核对相符。

在核对增值税专用发票时应使用增值税专用发票稽核、协查信息。暂未收到增值税专用发票稽核、协查信息的，税务机关可先使用增值税专用发票认证信息，但必须及时用相关稽核、协查信息进行复核；对复核有误的，要及时追回已退（免）税款。

（六）消费税税收（出口货物专用）缴款书电子信息。消费税税收（出口货物专用）缴款书的号码、购货企业海关代码、计税金额、实缴税额、税率（额）等项目是否与电子信息核对相符。

政策依据：《国家税务总局关于印发〈出口货物退（免）税管理办法（试行）〉的通知》（国税发〔2005〕51 号）

执行日期：2005 年 5 月 1 日

分析诊断

按照出口退（免）税管理办法的规定，税务机关审核外贸企业出口货物退增值税，除依照规定进行人工审核外，还应当审核出口报关单信息、出口收汇核销单信息、增值税专用发票信息。税务机关审核外贸企业出口货物退消费税，除增值税退税须审核前述信息外，还应当审核出口货物消费税专用缴款书的电子信息。只有规定电子信息齐全审核无误的，才能办理出口退税。但是，如果只有出口货物消费税专用缴款书电子信息不齐，税务机关仍然可以审核通过出口货物退增值税。结合上述案例，外贸公司出口货物报关单信息、收汇核销单信息和增值税专用发票交叉稽核信息齐全，只是消费税专用缴款书电子信息不齐，税务机关应当先审核通过出口货物增值税退税，待消费税专用缴款书电子信息齐全后再审核通过出口货物消费税退税申报。因此可见，税务机关的做法是错误的，市国税机关退税部门的答复也是不准确的。

触类旁通

消费税税收（出口货物专用）缴款书电子信息管理

（1）使用消费税税收（出口货物专用）缴款书电子信息的范围

依照《国家税务总局关于出口货物专用税票电子信息审核有关问题的通知》（国税函〔2003〕1392号）的规定，对外贸企业出口应退消费税货物申报退消费税的，主管出口退税的税务机关应将消费税税收（出口货物专用）缴款书与总局下发的电子信息进行审核，审核无误后，方可按规定办理退税。

（2）消费税税收（出口货物专用）缴款书电子信息的上传和下发

依据《国家税务总局关于出口退税用电子信息传输系统升级工作的通知》（国税发〔2004〕1343号）的规定，专用税票电子信息的上传和下发流程如下：

1）地市局退税业务部门每月三次于1、11、21日前将上述数据的电子信息上传到同级信息中心，业务部门对数据的准确性和完整性负责。

2）地市局信息中心负责将以上数据于当月2、12、22日前通过MQ上传省局信息中心。地市上报文件时统一放在指定的MQ发送目录下。

3）省局信息中心负责将以上数据汇总后于2、12、22日晚6：00前通过MQ上传总局信息中心。汇总和上传操作由本系统的相关后台应用自动处理，省局只要设定相关类型数据定时上传调度的间隔和时间即可。

4）总局信息中心负责将以上数据按数据类型分类汇总，并于3、13、23日8：00前进行清分下发。

5）各省局信息中心负责核实总局清分下发的数据情况，并通过 MQ 清分下发至各地市级信息中心。清分工作由本系统的相关后台应用实时自动处理。

6）各地市局信息中心及时将接收的数据传递到同级退税部门。下发到地市的文件统一放在指定的 MQ 接收目录下。

（3）使用消费税税收（出口货物专用）缴款书电子信息

根据国家税务总局印发《出口货物退（免）税管理办法（试行）》（国税发〔2005〕51 号）的规定，审核消费税税收（出口货物专用）缴款书电子信息主要是审核消费税税收（出口货物专用）缴款书的号码、购货企业海关代码、计税金额、实缴税额、税率（额）等项目是否与电子信息核对相符，只有相符的才能办理出口退税。

注意要点

税务机关审核外贸企业出口货物退消费税，除增值税退税须审核的电子信息外，还应当审核出口货物消费税专用缴款书的电子信息。

十二、出口货物单证信息齐全≠税务机关应当审核通过出口退（免）税

常见案例

某外贸公司于 2010 年 1 月被批准成为增值税一般纳税人，当年出口销售约 500 万元，申报出口退税 30 万元，2011 年销售 5 000 万元，申报出口退税 300 万元，主管税务机关认为出口增长大，必须检查后才能办理出口退税，但到 2011 年 8 月税务机关还未检查完毕，一直未办理出口退税，致使该公司难以运作。因此该公司办税员向市国税局退税部门反映，声称主管税务机关行政不作为。市国税局退税部门答复：对增长幅度太大，出口退税预警评估异常的，退税应该慎重一些，但应及时了解增长原因，确认没有问题后应及时办理退税。

政策规定

第十四条 税务机关在审核中，发现的不符合规定的申报凭证、资料，税务机关应通知出口商进行调整或重新申报；对在计算机审核中发现的疑点，应当严格按照有关规定处理；对出口商申报的出口货物退（免）税凭证、资料有疑问的，

应分别以下情况处理：

（一）凡对出口商申报的出口货物退（免）税凭证、资料无电子信息或核对不符的，应及时按照规定进行核查。

（二）凡对出口货物报关单（出口退税专用）、出口收汇核销单等纸质凭证有疑问的，应向相关部门发函核实。

（三）凡对防伪税控系统开具的增值税专用发票（抵扣联）有疑问的，应向同级税务稽查部门提出申请，通过税务系统增值税专用发票协查系统进行核查。

（四）对出口商申报出口货物的货源、纳税、供货企业经营状况等情况有疑问的，税务机关应按国家税务总局有关规定进行发函调查，或向同级税务稽查部门提出申请，由税务稽查部门按有关规定进行调查，并依据回函或调查情况进行处理。

第二十条 税务机关应建立出口货物退（免）税评估机制和监控机制，强化出口货物退（免）税管理，防止骗税案件的发生。

政策依据：《国家税务总局关于印发〈出口货物退（免）税管理办法（试行）〉的通知》（国税发〔2005〕51 号）

执行日期：2005 年 5 月 1 日

六、在退税评估中发现的异常问题，按以下原则处理：

（一）对评估中发现的异常问题，经发函、约谈、实地调查等程序认定事实清楚，不具有涉嫌骗税、偷税及其他需移交稽查部门查处情形的，可提请并督促出口企业自行改正；应给予行政处罚的，按规定程序和权限实施行政处罚。

（二）对评估中发现的异常问题不能认定清楚，或出口企业拒绝自行改正，或发现出口企业有涉嫌骗税、偷税及其他需移交稽查部门查处情形的，未办理退（免）税的应暂停办理，已办理的要按照征管法的有关规定责成出口企业提供担保或者采取税收保全措施，并要按有关规定移交税务稽查部门查处。对出口退税管理部门移交稽查部门查处的案件，稽查部门要按有关规定将处理结果及时向退税部门反馈。

政策依据：《国家税务总局关于加强出口货物退（免）税评估工作的通知》（国税发〔2007〕4 号）

执行日期：2007 年 1 月 20 日

分析诊断

出口货物必备的单证资料不齐全，或者出口货物相关电子信息不齐全，税务机关都不能审核通过出口企业的退（免）税。相反地，出口货物的单证资料齐全同时相关电子信息也齐全，并不等于税务机关就必然要审核通过出口企业的退（免）税申报。对于出口退（免）税审核中出现的疑点，税务机关必须调查核实无误才能审核通过出口退（免）税。税务机关调查核实的方式有多种，既有税收函调，也有退税评估，还有实地调查，经调查核实出口企业涉嫌骗取出口退税的，还须移交税务稽查机构进行查处。结合上述案例，外贸公司出口货物虽然单证信息齐全，但出口额和申报的出口退税增长都特别大，税务机关对出口增长特别大的出口货物需要进行实地调查，调查核实无误后才能办理出口退税。从这一点上来说，主管税务机关的做法和市国税局的答复是正确的，但是，实地调查核实消除疑点后应当立即办理出口退税，如果涉嫌骗取出口退税的，应当移交税务稽查机构进行查处，而不应当在相当长的时间内不作出调查结论，致使出口企业产生怨言，从这一点上来说，主管税务机关的做法有不当之处。

触类旁通

1. 出口货物税收函调的范围

（1）要求出口企业填报自查表的范围

根据国家税务总局《出口货物税收函调管理办法》（国家税务总局公告2010年第11号发布）的规定，主管出口退税的税务机关（以下简称退税机关），对出口企业申报的出口退（免）税有下列情形之一的，应要求出口企业填报“外贸企业出口业务自查表”或“生产企业出口业务自查表”，并分析有关内容。

1）出口业务涉及国家税务总局预警信息，包括国家税务总局预警出口企业、国家税务总局预警供货企业、国家税务总局预警出口商品等。

2）税务系统内部提供涉嫌骗取出口退税线索的。

3）税务系统以外部门提供涉嫌骗取出口退税线索的。

4）出口企业及供货企业均属关注企业，且出口关注商品的。

5）关注企业首次出口关注商品的。

6）出口企业首次从关注企业购进关注商品出口的。

7）有下列情形，且出口企业盖有公章的书面理由不充分的：

①出口货物换汇成本高于合理上限的。

②出口关注商品，且关注商品出口数量月度增幅超过20%或出口单价与上次申报相比超过10%。

③出口关注商品，且关注商品进货单价与上次申报相比超过10%。

④跨境贸易人民币结算业务经分析异常的。

8）退税机关认为需要调查的其他情况，比如发现供货企业所在地、货物启运地、报关口岸、离境口岸、出口国别、运输方式等内容二项或多项之间明显有悖常理，首次出口非传统商品且属跨大类商品出口企业无充分的盖有公章的书面理由的等。

（2）发出税收函调

退税机关经对“外贸企业出口业务自查表”或“生产企业出口业务自查表”分析核查后未发现明显疑点的，可根据审核、审批程序办理出口退税；核查后不能排除明显疑点的，应通过函调系统向出口货物供货企业所在地县以上税务机关发函调查，并依据复函情况按规定进行处理。未收到复函前，对于尚未办理的出口退税，暂不办理。

对需要函调的业务，由出口企业所在地县以上税务机关主管局长审批后进行发函调查。

（3）可不按规定核查也可不发函调查的情况

1）函调未发现问题，回函一年内从同一供货企业购进同类商品的出口业务。

2）出口企业从同一供货企业购货，月出口申报退税额不超过10万元的。但出口企业从多家供货企业购进出口业务有第五条所列疑点的除外。

3）出口到中国香港、中国澳门、中国台湾、东南亚国家、陆路毗邻国家以及海关特殊监管区域以外的国家和地区（不包括通过上述国家和地区转口），且出口商品不属于价值较高、退税率高、体积较小或重量较轻的商品，也没有将不退税或低退税率货物申报为高退税率货物商品代码疑点的。

4）使用税务机关代开的发票申报出口退税的。

5）进料加工出口业务。

6）核查过程中出口企业自愿放弃并自愿收回出口退（免）税申报的。

税务机关在核查过程中疑点特别异常的不受上述条件限制。

2. 收到复函的处理

1）复函确认供货企业存在下列情况之一的，不得办理出口退税，对已办理出口退税的，应将出口退税款追回。按规定需要征税的，应予征税。需要立案查处的，退税部门应及时按照有关规定，将有关资料移交稽查部门立案查处。

①供货企业销售该批货物开出的增值税专用发票为虚开发票。

②供货企业销售货物属自行生产的，其生产设备、工具不能生产该种货物，或该企业不具备该批货物产能的。

③供货企业销售该批非自产货物的购进业务不真实。

④供货企业销售该批货物为委托加工产品，其委托加工业务不真实。

⑤供货企业被注销或被认定为非正常户后开出增值税专用发票的。

⑥供货企业实际销售的货物与增值税专用发票所列货物不一致的，或出口企业从供货企业采购的货物与其实际出口货物不一致的。

⑦其他按规定不予办理出口退税的情况。

有上述情形之一的，退税机关应将该出口企业 1 年内从同一供货企业购进货物，以及从其他供货企业购进同类商品的其他尚未函调的出口业务作为有疑点的业务进行函调。未收到复函前，对于尚未办理出口退税的，暂不办理；已办理退税的，应按照该复函所涉及退税额暂扣该企业其他已审核通过的应退税款，无其他应退税款或应退税款小于该复函所涉及退税额，可由出口企业提供差额部分的担保。收到复函后，按照本办法第十五条规定进行处理。

2）复函确认供货企业存在下列疑点之一的，暂缓办理出口退税，对已办理出口退税的，应按照该复函所涉及退税额暂扣该企业其他已审核通过的应退税款，无其他应退税款或应退税款小于该复函所涉及退税额，可由出口企业提供差额部分的担保。待复函税务机关再次复函排除相应疑点后，方可办理出口退税。

①供货企业销售该批货物开出的增值税专用发票为涉嫌虚开发票。

②供货企业销售该批自产货物，复函的具体情况说明中提出其生产能力存在疑点的。

③供货企业销售该批非自产货物，复函的具体情况说明中提出其购进业务存在疑点的。

④供货企业销售的货物为委托加工产品，复函的具体情况说明中提出其委托加工业务存在疑点的。

⑤其他按规定或复函机关认为需要进一步核查的情况。

3）根据复函，结合退税部门对出口企业核查的情况仍存在下列疑点之一的，暂缓办理出口退税，已办理退税的，应按照该复函所涉及退税额暂扣该企业其他已审核通过的应退税款，无其他应退税款或应退税款小于该复函所涉及退税额，可由出口企业提供差额部分的担保。待排除相应疑点后，方可办理出口退税。

①存在或涉嫌存在《国家税务总局 商务部关于进一步规范外贸出口经营秩序切实加强出口货物退（免）税管理的通知》（国税发〔2006〕24 号）第二条规定的七种不予办理出口退税情况之一的。

②供货企业存在将货物发往非购货方地址或非该批出口业务出口口岸，且无盖有公章的书面合理原因的。

③有关国内进货、出口收汇、付款、国内外运输费用凭证及相关合同不齐全无合理理由或内容及逻辑存在明显疑点的情况。

④该批出口货物已收汇，但供货企业实际收到货款及税款与应收货款及税款比率低于 85% 且无盖有公章的书面合理原因的。

⑤出口货物非购买方付款占应收款比率 15% 以上且无盖有公章的书面合理原因的。

⑥存在其他暂时无法排除的明显疑点的情况。

4）复函确认供货企业存在下列疑点之一，退税部门对出口企业核查也存在明显疑点的，暂缓办理出口退税，待复函税务机关再次复函排除相应疑点后，方可办理出口退税。

①供货企业被认定为非正常户，至复函日止仍欠缴增值税的，或被调查商品为消费税应税货物仍欠消费税税款的，且欠缴税款大于等于应退税款。

②经税务机关实地核查，供货企业查无下落，导致复函税务机关无法核实有关情况。

③供货企业被认定为非正常户之前3个月内开具增值税专用发票但该企业未接受核查。

5）不存在上述第1）、2）、3）、4）项所述情况，为正常业务复函。退税机关应根据出口退税审核、审批相关规定办理出口退税。

6）复函内容存在上述第2）、3）、4）项所述情况之一的，退税机关应将该出口企业1年内从同一供货企业购进货物，以及从其他供货企业购进同类商品的其他尚未函调的出口业务作为有疑点的业务进行函调。未收到复函前，对于尚未办理的出口退税，暂不办理。收到复函后，按照上述规定进行处理。

注意要点

对于出口退（免）税审核中出现的疑点，税务机关必须调查核实无误才能审核通过出口退（免）税。

十三、审批通过出口退（免）税≠应当办理出口退（免）税

常见案例

某外贸公司属于增值税一般纳税人，2011年12月份申报出口退（免）税，由于单证信息齐全，审核中也没有出现人工不能挑过的疑点，税务机关依照规定审核审批出口退税。该公司办税员凭税务机关签批的出口退税申报表到主管税务机关办税服务厅申请开具“收入退还书”，请求办理出口退税事宜。但办税服务厅工作人员告知办税员，本月没有出口退税指标，尚不能办理出口退税。办税员十分不解，认为该公司出口退税申报已经审核审批通过，税务机关就应当立即为企业办理出口退税手续。

政策规定

第十六条 出口货物退（免）税应当由设区的市、自治州以上（含本级）税

务机关根据审核结果按照有关规定进行审批。

税务机关在审批后应当按照有关规定办理退库或调库手续。

第十八条 税务机关应做好出口货物退（免）税计划及其执行情况的分析、上报工作。税务机关必须在国家税务总局下达的出口退（免）税计划内办理退库和调库。

政策依据：《国家税务总局关于印发〈出口货物退（免）税管理办法（试行）〉的通知》（国税发〔2005〕51 号）

执行日期：2005 年 5 月 1 日

分析诊断

税务机关审核通过的出口退（免）税，还必须有财政资金作保障。财政资金通过出口退（免）税指标的方式下达。也就是说，即使税务机关依照规定审核通过出口退（免）税，如果出口退（免）税指标不足的话，出口企业也不能立即办理出口退税和免抵税款的调库。结合上述案例，外贸公司依照规定已经税务机关审核审批出口退（免）税，但由于出口退税指标不足，税务机关暂停办理出口退税也是正确的。由此可见，案例中公司办税员的理解是错误的。

触类旁通

1. 出口退（免）税审批的管理

（1）出口退（免）税审批的一般规定

根据国家税务总局印发《出口货物退（免）税管理办法（试行）》（国税发〔2005〕51 号）的规定，出口货物退（免）税应当由设区的市、自治州以上（含本级）税务机关根据审核结果按照有关规定进行审批。

（2）生产企业出口退（免）税审批的一般规定

根据国家税务总局印发的《生产企业出口货物“免、抵、退”税管理操作规程》（试行）（国税发〔2002〕11 号）的规定，退税部门每月 15 日前受理生产企业上月的“免、抵、退”税申报后，应于月底前审核完毕并报送地、市级退税机关审批。

（3）出口退（免）税审批权下放试点

根据《国家税务总局关于开展下放出口货物退（免）税审批权限试点工作的通知》（国税函〔2006〕502 号）和《国家税务总局关于下放出口货物退（免）税审批权限试点工作要求的通知》（国税函〔2006〕891 号）的规定，总局决定开展下放出口货物退（免）税审批权限的试点工作。

1）审批权下放的概念和条件。

下放出口货物退（免）税审批权限是指将出口货物退（免）税审批权限由设区的市、自治州以上（含本级）税务机关（以下简称市级税务机关）下放到县（区、旗、县级市，下同）级税务机关。下放的条件是县级税务机关出口退税额达到一定规模、成立了专门出口退税管理机构或有专职出口退税管理人员，且岗位的配置符合监督制约的要求。

2）试点范围。

①生产企业审批权下放试点范围。

a. 浙江省、江苏省为省级试点单位。在试点省份中除少数不具备条件的市外，一般都应纳入试点范围，具体下放生产企业出口货物退（免）税的审批权限试点范围由省国家税务局确定。

b. 为积累经验，做好下一步推广工作，其他省份（省、自治区，下同）可以结合本地区的实际情况，选择1到2个市进行下放生产企业的审批权限试点。一些不具备条件的省份可以暂不进行试点。

c. 审批权限下放的县应符合成立专门的出口退税管理机构或从事出口退税管理的专职人员在2人以上的条件。

进行试点的市如有所辖的县不能达到上述条件的，仍由市级税务机关进行审批。

②外贸企业审批权下放试点范围。

浙江、江苏、广东、山东四省可选择1到2个同时具备以下条件的县，下放外贸企业出口退税审批权限。其他省份暂不进行外贸企业审批权下放的试点。

a. 所管辖外贸企业在10户以上；

b. 所管辖外贸企业年出口额总和在1亿美元以上；

c. 成立了专门的出口退税管理机构或从事出口退税管理专职人员在5人以上。

③各直辖市、计划单列市暂不进行审批权下放试点。

2. 已经审核审批但依照规定不能立即办理出口退税的情形

根据《国家税务总局关于发布〈营业税改征增值税试点地区适用增值税零税率应税服务免抵退税管理办法（暂行）〉的公告》（2012年第13号）文件规定，新发生零税率应税服务的零税率应税服务提供者（以下简称新零税率应税服务提供者），自发生首笔零税率应税服务之日（国际运输企业以提单载明的日期为准，对外提供研发、设计服务企业以收款凭证载明日期的月份为准）起6个月内提供的零税率应税服务，按月分别计算免抵税额和应退税额。税务机关对6个月内各月审核无误的应退税额在当月暂不办理退库，在第7个月将各月累计审核无误的应退税额一次性办理退库。自第7个月起，新零税率应税服务提供者提供的零税率应税服务，实行按月申报办理免抵退税。

值得注意的是，《国家税务总局关于发布〈出口货物劳务增值税和消费税管理办法〉的公告》（国家税务总局公告 2012 年第 24 号）出台后，《国家税务总局关于出口货物退（免）税若干问题的通知》（国税发〔2006〕102 号）废止，相应也就废止了退税审核期为 12 个月的新发生出口业务的企业和小型出口企业不能按月办理出口退税的规定。

3. 出口退（免）税办理

（1）出口退（免）税办理的一般规定

根据国家税务总局印发《出口货物退（免）税管理办法（试行）》（国税发〔2005〕51 号）的规定，税务机关在审批后应当按照有关规定办理退库或调库手续。

（2）生产企业出口退（免）税办理的特殊规定

根据国家税务总局印发的《生产企业出口货物“免、抵、退”税管理操作规程》（试行）（国税发〔2002〕11 号）的规定，退税机关按规定审批后，应及时将审批结果反馈退税部门。对需要办理退税的，由税务机关在国家下达的出口退税指标内开具“收入退还书”并办理退库手续；对需要免抵调库的，由退税机关在国家下达的出口退税指标内出具“生产企业出口货物免、抵、退税审批通知单”给征税机关，同时抄送财政部驻各地财政监察专员办事处。征税机关应在接到“生产企业出口货物免、抵、退税审批通知单”的当月，以正式文件通知同级国库办理调库手续。

（3）出口退（免）税的财政预算管理

根据《国家税务总局中国人民银行关于出口退税负担机制调整后有关预算管理问题的通知》（财预〔2005〕438 号）的规定，各地区出口货物退消费税，全部由中央财政负担；从 2005 年 1 月 1 日（以审批退税日期为准）起，各地区出口货物退增值税（含出口货物“免、抵”增值税税额，下同）中属于基数部分的退税额，继续由中央财政负担；超基数部分的退税额，由中央和地方原按 75∶25 比例分担改按 92.5∶7.5 的比例分担。各地区出口退税基数维持经国务院批准核定的数额不变。

注意要点

已审核审批的出口退（免）税申报并不等同于应当立即办理出口退（免）税。

十四、已办理出口退（免）税≠不能收回

常见案例

某外贸公司具有增值税一般纳税人资格，属于出口退（免）税申报时可暂不提供收汇核销单的出口企业。2011 年 10 月，该公司接到主管税务机关通知：该公司 2010 年 2 月份出口一批货物，逾期未收汇核销，按照规定应当收回这批货物已办理的出口退税 15 万余元，并应当按照规定视同内销征税。该公司法定代表人十分不解，已经按照规定申报并经税务机关审核审批同意办理了出口退税，怎么又要收回出口退税？

政策规定

二、出口企业在申报出口货物退（免）税时，应提供出口收汇核销单，但对尚未到期结汇的，也可不提供出口收汇核销单，退税部门按照现行出口货物退（免）税管理的有关规定审核办理退（免）税手续。

出口企业须在货物报关出口之日（以出口货物报关单〈出口退税专用〉上注明的出口日期为准）起 180 天内，向所在地主管退税部门提供出口收汇核销单（远期收汇除外）。经退税部门审核，对审核有误和出口企业到期仍未提供出口收汇核销单的，出口货物已退（免）税款一律追回；未办理退（免）税的，不再办理退（免）税。

但对有下列情形之一的，自发生之日起两年内，出口企业申报出口货物退（免）税时，必须提供出口收汇核销单：

（一）纳税信用等级评定为 C 级或 D 级；

（二）未在规定期限内办理出口退（免）税登记的；

（三）财务会计制度不健全，日常申报出口货物退（免）税时多次出现错误或不准确情况的；

（四）办理出口退（免）税登记不满一年的；

（五）有偷税、逃避追缴欠税、骗取出口退税、抗税、虚开增值税专用发票等涉税违法行为记录的；

（六）有违反税收法律、法规及出口退（免）税管理规定其他行为的。

政策依据：《国家税务总局关于出口货物退（免）税管理有关问题的通知》（国税发〔2004〕64 号）

执行日期：2004 年 6 月 1 日

一、《国家税务总局关于出口货物退（免）税管理有关问题的通知》（国税发〔2004〕64 号）第二条第二款中关于出口企业在申报出口货物退（免）税时，向主管退税部门提供出口收汇核销单（远期收汇除外）的期限由 180 天内调整为自货物报关出口之日（以出口货物报关单〈出口退税专用〉上注明的出口日期为准，下同）起 210 天内。

二、对于各地试行申报出口退税免予提供纸质出口收汇核销单的出口企业，由《国家税务总局 国家外汇管理局关于山东等五地试行申报出口退税免予提供纸质出口收汇核销单的通知》（国税发〔2006〕188 号）第四条中规定“核销日期”超过出口货物报关单（出口退税专用）上注明的“出口日期”180 天（远期结汇除外）调整为 210 天。

三、《国家税务总局关于印发〈增值税小规模纳税人出口货物免税管理办法（暂行）〉的通知》（国税发〔2007〕123 号）第六条中规定，增值税小规模纳税人在货物报关出口之日起 180 天内提供出口收汇核销单（出口退税专用）调整为 210 天内。

四、《国家税务总局关于出口货物退（免）税若干问题的通知》（国税发〔2006〕102 号）第四条中规定，代理出口企业须在货物报关之日起 180 天内向签发代理出口证明的税务机关提供出口收汇核销单（远期收汇除外）调整为 210 天内。

五、现行出口退税审核系统可通过修改系统设置参数的方式调整出口收汇核销单信息对审时限，请各地按本通知要求自行调整。

政策依据：《国家税务总局关于出口企业提供出口收汇核销单期限有关问题的通知》（国税发〔2008〕47 号）

执行日期：2008 年 6 月 1 日

一、出口企业出口的下列货物，除另有规定者外，视同内销货物计提销项税额或征收增值税。

（一）国家明确规定不予退（免）增值税的货物；

（二）出口企业未在规定期限内申报退（免）税的货物；

（三）出口企业虽已申报退（免）税但未在规定期限内向税务机关补齐有关凭证的货物；

（四）出口企业未在规定期限内申报开具“代理出口货物证明”的货物；

（五）生产企业出口的除四类视同自产产品以外的其他外购货物。

二、对出口企业按本通知第一条规定计算缴纳增值税、消费税的出口货物，不再办理退税。对已计算免抵退税的，生产企业应在申报纳税当月冲减调整免抵退税额；对已办理出口退税的，外贸企业应在申报纳税当月向税务机关补缴已退税款。

政策依据：《国家税务总局关于出口货物退（免）税若干问题的通知》（国税发〔2006〕102号）

执行日期：2006年7月1日

分析诊断

已办理出口退（免）税不等同于不能追缴已办理的出口退（免）税。审核审批办理出口退（免）税即使符合有关规定条件和程序，但是，如果出口企业在办理出口退（免）税之前或之后出现规定情形的，税务机关仍然可以依照规定收回已办理的出口退（免）税。结合上述案例，外贸公司虽然已经按照规定申报办理了出口退税，但是不能在规定的期限内提供收汇核销单，依照规定税务机关应当收回已办理的出口退税，并依照规定视同内销征税。由此可见，税务机关的处理是正确的，企业法定代表人的理解是错误的。

触类旁通

出口货物应当依照规定追缴退（免）税的18种情形：

1）根据《国家税务总局关于发布〈出口货物劳务增值税和消费税管理办法〉的公告》（国家税务总局公告2012年第24号）和《国家外汇管理局、海关总署、国家税务总局关于货物贸易外汇管理制度改革的公告》（国家外汇管理局公告2012年第1号）的规定，对出口退（免）税申报时可暂不提供收汇核销单的出口企业，2012年8月1日前报关出口的货物，截至7月31日未到出口收汇核销期限但已核销的以及已到出口收汇核销期限的，对事后提供收汇核销单审核有误和出口企业到期仍未提供出口收汇核销单的，出口货物已退（免）税款一律追回。

2）根据《国家税务总局国家外汇管理局关于试行申报出口退税免予提供纸质出口收汇核销单的通知》（国税函〔2005〕1051号）和《国家外汇管理局、海关总署、国家税务总局关于货物贸易外汇管理制度改革的公告》（国家外汇管理局公告2012年第1号）的规定，对出口退（免）税申报时可暂不提供收汇核销单的免予提供纸质收汇核销单的出口企业，2012年8月1日前报关出口的货物，截至7月31日未到出口收汇核销期限但已核销的以及已到出口收汇核销期限的，对事后提供收汇核销单信息审核有误和出口企业到期仍未提供出口收汇核销单信息的，又不能在规定期限内提供“核销证明”或“核销证明”内容不符的，出口货物已退（免）税款予以追回。

3）根据《国家税务总局关于发布〈出口货物劳务增值税和消费税管理办法〉的公告》（国家税务总局公告2012年第24号）和《国家外汇管理局、海关总署、国家税务总局关于货物贸易外汇管理制度改革的公告》（国家外汇管理局公告2012年第1号）的规定，对出口退（免）税申报时可暂不提供收汇核销单的出口企业，2012年8月1日前报关出口的货物，截至7月31日未到出口远期收汇核销期限但已核销的以及已到出口远期收汇核销期限的，逾期未向主管税务机关提供出口收汇核销单（出口退税联）的，或免予提供纸质出口收汇核销单的试点地区的税务机关收到外汇管理部门传输的收汇核销电子数据的“核销日期”超过预计收汇日期起30天的，主管税务机关不再办理相关出口退（免）税，已办理出口退（免）税的，由税务机关按有关规定追回已退（免）税款。

4）根据《国家税务总局关于出口货物退（免）税管理有关问题的通知》（国税发〔2004〕64号）的规定，退税部门受理出口退（免）税申报时可暂不提供收汇核销单的外贸企业出口退税申报后，在审核时应使用增值税专用发票稽核、协查信息审核出口退（免）税，未收到增值税专用发票稽核、协查信息的，退税部门可先使用专用发票认证信息审核办理出口企业的出口货物退（免）税，但必须及时用相关稽核、协查信息进行复核；对复核有误的，要及时追回已退（免）税款。

5）根据国家税务总局关于发布《出口货物税收函调管理办法》的公告（国家税务总局公告2010年第11号）的规定，复函确认供货企业存在下列情况之一的，不得办理出口退税，对已办理出口退税的，应将出口退税款追回。按规定需要征税的，应予征税。需要立案查处的，退税部门应及时按照有关规定，将有关资料移交稽查部门立案查处。

①供货企业销售该批货物开出的增值税专用发票为虚开发票。

②供货企业销售货物属自行生产的，其生产设备、工具不能生产该种货物，或该企业不具备该批货物产能的。

③供货企业销售该批非自产货物的购进业务不真实。

④供货企业销售该批货物为委托加工产品，其委托加工业务不真实。

⑤供货企业被注销或被认定为非正常户后开出增值税专用发票的。

⑥供货企业实际销售的货物与增值税专用发票所列货物不一致的，或出口企业从供货企业采购的货物与其实际出口货物不一致的。

⑦其他按规定不予办理出口退税的情况。

6）根据增值税暂行条例的规定，出口货物办理退税后发生退货或者退关的，纳税人应当依法补缴已退的税款。

7）根据消费税暂行条例实施细则的规定，出口的应税消费品办理退税后，发生退关，或者国外退货进口时予以免税的，报关出口者必须及时向其所在地主管税务机关申报补缴已退的消费税税款。纳税人直接出品的应税消费品办理免税后，发生退关或国外退货，进口时予以免税的，经所在地主管税务机关批准，可暂不办理补税，待其转为国内销售时，再向其主管税务机关申报补缴消费税。

8）根据《国家税务总局关于出口船舶、大型成套机电设备有关退（免）税问题的通知》（国税发〔2004〕79号）的规定，实行先退税后核销办法的生产企业出口的船舶、大型成套机电设备，在其退税凭证尚未收集齐全的情况下，可凭出口合同、销售明细账等资料，向主管出口退税的税务机关（以下简称退税部门）办理免抵退税申报。退税部门可据此按照现行出口退（免）税管理的有关规定办理免抵退税的审核、审批手续。企业在退税凭证收集齐全后，应及时向所在地退税部门提供，退税部门应对企业的退税凭证，包括纸制凭证（如出口货物报关单、出口收汇核销单）和相关电子信息，进行逐笔复审。复审无误的，予以核销已免抵退税款。复审有误的，多免抵退税的予以追回，少免抵退税的予以补齐。企业超过出口合同约定的时间未收汇核销的，退税部门对已免抵退税款一律追回，并通知企业主管征税机关按内销货物征税。

9）根据国税函〔2004〕1365号、国税发〔2006〕111号、国税发〔2008〕121号的规定，已办理退税的国产设备的5年监管期，以税务机关开具该国产设备的“收入退还书”上的日期为起始日期开始计算。在监管期内，外商投资企业须将已退税设备有关存放区域、固定资产核算账册凭证编码的资料及设备的数码照片报主管税务机关备查；主管税务机关要定期检查该国产设备的运营情况，如在监管期内企业性质变更为内资企业，发生转让、赠送等设备所有权转移行为，或者发生出租、再投资等按政策规定应补税情形的要依法予以补税。

10）根据《研发机构采购国产设备退税管理办法》（国家税务总局公告2011年第73号）规定，研发机构已退税的国产设备，由主管退税税务机关进行监管，监管期为5年。监管期的起始时间以增值税专用发票开具日期为准。监管期内发生设备所有权转移行为或移作他用等行为的，研发机构必须向主管退税税务机关补缴已退税款。

11）根据《融资租赁船舶出口退税管理办法》（国税发〔2010〕52号）的规定，凡采取先期留购方式实行分批退税的，租赁期满后，融资租赁企业于90日内向主管退税税务机关办理退税核销手续，对于逾期未办理退税核销手续以及核销资料不齐备的，主管退税的税务机关应追缴已退税款；对承租期未满而发生退租的，主管税务机关应追缴已退税款，同时按当期活期存款利率收取利息，收取利息的计息时间由税款退付转讫之日起到补缴税款入库之日止。

12）根据《国家税务总局关于发布〈天津东疆保税港区融资租赁货物出口退税管理办法〉的公告》（国家税务总局公告2012年第39号）的规定，对承租期未满而发生退租的融资租赁货物，融资租赁出租方应及时主动向主管退税税务机关报告，并按下列规定补缴已退税款：

①对上述融资租赁出口货物再复进口时，主管退税税务机关应按规定追缴融资租赁出租方的已退税款，并对融资租赁出口货物出具货物已补税或未退税证明。

②对融资租赁海洋工程结构物发生退租的，主管退税税务机关应按规定追缴融资租赁出租方的已退税款。

13）根据《财政部海关总署国家税务总局关于在上海试行启运港退税政策的通知》（财税〔2012〕14号）和《国家税务总局关于发布〈启运港退（免）税管理办法〉的公告》（国家税务总局公告2012年第44号）的规定，对已办理出口退税手续的货物，自启运日起2个月内未办理结关核销手续的，视为未实际出口货物，应追缴已退税款，不再享受启运港退税政策。税务机关对复核数据中涉及撤销报关单数据和未到达数据的，根据现行规定追缴已（免）退税款或进行调整处理；对复核数据中涉及自启运日起2个月内未办理结关核销手续、未收到正常结关数据的报关单数据（以下称逾期未结关数据），根据现行规定追缴已退（免）税款或进行调整处理，不再享受启运港退税政策。

14）根据《财政部国家税务总局关于出口货物劳务增值税和消费税政策的通知》（财税〔2012〕39号）的规定，出口企业和其他单位未在规定期限内申报出口退（免）税或申报开具"代理出口货物证明"，以及已申报增值税退（免）税却未在规定期限内向税务机关补齐增值税退（免）税凭证的，出口货物若已办理退（免）税的，在申报免税前，外贸企业及没有生产能力的其他单位须补缴已退税款；生产企业按规定调整申报数据或全额补缴原免抵退税款。

15）根据《财政部国家税务总局关于出口货物劳务增值税和消费税政策的通知》（财税〔2012〕39号）的规定，发生增值税、消费税不应退税或免税但已实际退税或免税的，出口企业和其他单位应当补缴已退或已免税款。

16）根据《财政部国家税务总局关于出口货物劳务增值税和消费税政策的通知》（财税〔2012〕39号）的规定，出口企业和其他单位出口应税消费品未在规定期限内申报出口退（免）税或申报开具"代理出口货物证明"，以及已申报增值税退（免）税却未在规定期限内向税务机关补齐增值税退（免）税凭证的，出口应税消费品若已退还其以前环节已征的消费税的，应当依照规定追缴已退的消费税，而且出口企业以前环节已征的消费税不允许在内销应税消费品应纳消费税款中抵扣。

17）根据《财政部国家税务总局关于出口货物劳务增值税和消费税政策的通

知》（财税〔2012〕39 号）的规定，出口货物有下列情形之一的，应当适用征收增值税政策，已经办理退（免）税的应当予以追缴。

①出口企业出口或视同出口财政部和国家税务总局根据国务院决定明确的取消出口退（免）税的货物（不包括来料加工复出口货物、中标机电产品、列名原材料、输入特殊区域的水电气、海洋工程结构物）。

②出口企业或其他单位销售给特殊区域内的生活消费用品和交通运输工具。

③出口企业或其他单位因骗取出口退税被税务机关停止办理增值税退（免）税期间出口的货物。

④出口企业或其他单位提供虚假备案单证的货物。

⑤出口企业或其他单位增值税退（免）税凭证有伪造或内容不实的货物。

⑥出口企业或其他单位具有以下情形之一的出口货物劳务：

a. 将空白的出口货物报关单、出口收汇核销单等退（免）税凭证交由除签有委托合同的货代公司、报关行，或由境外进口方指定的货代公司（提供合同约定或者其他相关证明）以外的其他单位或个人使用的。

b. 以自营名义出口，其出口业务实质上是由本企业及其投资的企业以外的单位或个人借该出口企业名义操作完成的。

c. 以自营名义出口，其出口的同一批货物既签订购货合同，又签订代理出口合同（或协议）的。

d. 出口货物在海关验放后，自己或委托货代承运人对该笔货物的海运提单或其他运输单据等上的品名、规格等进行修改，造成出口货物报关单与海运提单或其他运输单据有关内容不符的。

e. 以自营名义出口，但不承担出口货物的质量、收款或退税风险之一的，即出口货物发生质量问题不承担购买方的索赔责任的（合同中有约定质量责任承担者除外），不承担未按期收款导致不能核销的责任的（合同中有约定收款责任承担者除外）；不承担因申报出口退（免）税的资料、单证等出现问题造成不退税责任的。

f. 未实质参与出口经营活动、接受并从事由中间人介绍的其他出口业务，但仍以自营名义出口的。

18）根据《出口货物退（免）税管理办法（试行）》（国税发〔2005〕51 号）的规定，出口商以假报出口或其他欺骗手段骗取国家出口退税款的，税务机关应当按照《中华人民共和国税收征收管理法》第六十六条规定处理，即由税务机关追缴其骗取的退税款，并处骗取税款一倍以上五倍以下的罚款；构成犯罪的，依法追究刑事责任。对骗取国家出口退税款的，税务机关可以在规定期间内停止为其办理出口退税。

值得注意的是，有两种情形出口货物不得适用免征增值税政策，而应当依照规定适用征收增值税政策。

①依照《财政部国家税务总局关于出口货物劳务增值税和消费税政策的通知》（财税〔2012〕39 号）和《国家税务总局关于发布〈出口货物劳务增值税和消费税管理办法〉的公告》（国家税务总局公告 2012 年第 24 号）的规定，出口企业或其他单位未在国家税务总局规定期限内申报免税核销以及经主管税务机关审核不予免税核销的出口卷烟，不得适用免征增值税政策，而应按规定缴纳增值税、消费税。

②依照《财政部国家税务总局关于出口货物劳务增值税和消费税政策的通知》（财税〔2012〕39 号）规定，出口企业或其他单位出口货物劳务适用免税政策的，除特殊区域内企业出口的特殊区域内货物、出口企业或其他单位视同出口的免征增值税的货物劳务外，如果未按规定申报免税，应视同内销货物和加工修理修配劳务征收增值税、消费税。

注意要点

已办理出口退（免）税不等同于不能追缴已办理的出口退（免）税。

十五、收回已办理的出口退（免）税≠不能再次申报办理出口退（免）税

常见案例

某公司具有增值税一般纳税人资格，属于出口退（免）税申报时可暂不提供收汇核销单的外贸企业。2008 年 9 月 12 日，该公司报关出口一笔货物，按规定申报审批办理出口退税。因金融危机，2009 年 6 月 15 日国外客户才支付货款，该批出口货物才收汇核销，因收汇核销时间超过 210 天，按照政策规定税务机关已收回该批出口货物已办理的出口退税，并依照规定责令公司视同内销征税。2010 年 8 月 26 日，该公司办税员从国家税务总局网上看见国税函〔2010〕89 号（文件名称：国家税务总局关于出口企业延期提供出口收汇核销单有关问题的通知），于是又向主管税务机关申请办理 2008 年 9 月 12 日报关出口货物的退（免）税，主管税务机关答复企业：不能重新申请退税。

政策规定

近据一些地区反映，受国际金融危机影响，部分出口企业出现逾期收汇核销的问题，为缓解企业资金压力，帮助企业解决实际困难，经研究，现将有关事项

通知如下：

一、对出口企业受2008年以来国际金融危机影响，逾期取得出口收汇核销单的，税务机关可在对出口企业其他退税单证、信息审核无误后予以办理出口货物退（免）税。

二、试行申报出口退税免予提供纸质出口收汇核销单的出口企业，因网上核销系统、信息传输等原因致使出口企业逾期收汇核销的，税务机关经审核无误后可按有关规定办理出口货物退（免）税。

政策依据：《国家税务总局关于出口企业延期提供出口收汇核销单有关问题的通知》（国税函〔2010〕89号）

执行日期：2008年1月1日

分析诊断

出口退（免）税审批办理后如果发生规定情形，税务机关应当依照规定收回已办理的出口退（免）税。但是，收回已办理的出口退（免）税并不等于出口企业就永远不能再申报办理已收回的出口退（免）税。按照以前政策规定，出口企业逾期未提供收汇核销单或虽提供收汇核销单但超过规定期限的，税务机关都应当收回已办理的出口退（免）税，并依照规定视同内销征税。2008年国际金融危机以来，许多出口企业出现逾期收汇核销问题。为了解决虽收汇核销但超过规定期限的问题，国家税务总局下发国税函〔2010〕89号文件规定：对出口企业受2008年以来国际金融危机影响，逾期取得出口收汇核销单的，税务机关可在对出口企业其他退税单证、信息审核无误后予以办理出口货物退（免）税。当然，逾期未收汇核销的，仍然应当依照规定收回已办理的出口退（免）税并视同内销征税。结合上述案例，该公司出口货物日期是2008年9月12日，属于国税函〔2010〕89号文件规定的适用范围。该公司在2009年6月15日因收汇核销时间超过210天，税务机关收回该批出口货物已办理的出口退税并责令公司视同内销征税，按照当时的政策来看，税务机关这样处理完全是正确的。但是按照国税函〔2010〕89号文件规定，该企业出口货物逾期收汇核销仍然可以办理出口退（免）税，而税务机关却不予办理出口退（免）税，因而税务机关的做法明显是错误的。

触类旁通

追溯适用出口退（免）税调整政策规定

国税函〔2010〕89号文件下发日期是2010年3月2日，但是该文件却追溯适用2008年以来逾期收汇核销的出口货物，如果出口货物由于逾期收汇核销已追缴出口退（免）税，并视同内销征税的，可以依照规定冲减内销征税，并依照规定补办退（免）税申报。与该文件相似的是，《财政部国家税务总局关于出口货物劳务增值税和消费税政策的通知》（财税〔2012〕39号）和《国家税务总局关于发布〈出口货物劳务增值税和消费税管理办法〉的公告》（国家税务总局公告2012年第24号）也对追溯适用出口退（免）税政策作出明确规定。

（1）追溯适用调整后的退（免）税政策规定依据

1）按照财税〔2012〕39号文件第十一条规定，该文件中下列规定自2011年1月1日起执行。除此以外，其他规定均自2012年7月1日起实施。

①第一条第（二）项关于国内航空供应公司生产销售给国内和国外航空公司国际航班的航空食品适用增值税退（免）税政策。

②第六条第（一）项关于国家批准设立的免税店销售的免税货物适用增值税免税政策的有关规定。

③第六条第（一）项出口企业或其他单位未按规定申报或未补齐增值税退（免）税凭证的出口货物劳务适用增值税免税政策有关规定，这里出口货物劳务具体指以下货物：

a. 未在国家税务总局规定的期限内申报增值税退（免）税的出口货物劳务。

b. 未在规定期限内申报开具“代理出口货物证明”的出口货物劳务。

c. 已申报增值税退（免）税，却未在国家税务总局规定的期限内向税务机关补齐增值税退（免）税凭证的出口货物劳务。

④第九条第（二）项关于国家批准的免税品经营企业销售给免税店的进口免税货物适用增值税免税政策的有关规定。

2）按照国家税务总局公告2012年第24号第十四条的规定，该公告中下列规定的退（免）税申报期限自2011年1月1日起开始执行。

①第四条生产企业出口货物免抵退税的申报。

②第五条外贸企业出口货物免退税申报。

③第六条出口企业和其他单位出口的视同出口货物及对外提供加工修理修配劳务的退（免）税申报。

④第七条出口货物劳务退（免）税其他申报要求，主要有输入特殊区域的水电气退税申报、运入保税区货物出口退（免）税申报、出口企业和其他单位出口未计算抵扣进项税额的已使用过设备免退税申报。

⑤第九条第（二）项第三款的出口货物的免税申报期限的规定，即出口企业和其他单位未在规定期限内申报出口退（免）税或申报开具“代理出口货物证明”，以及已申报增值税退（免）税，却未在规定期限内向税务机关补齐增值税退（免）税凭证的，如果在申报退（免）税截止期限前已确定要实行增值税免税

政策的，出口企业和其他单位可在确定免税的次月的增值税纳税申报期，按前款规定的手续向主管税务机关申报免税。

⑥第十条第（一）项中关于申请开具代理出口货物证明期限的规定，即委托出口的货物，受托方须自货物报关出口之日起至次年4月15日前，向主管税务机关申请开具“代理出口货物证明”，并将其及时转交委托方，逾期的，受托方不得申报开具“代理出口货物证明”。

3）国家税务总局公告2012年第24号第十四条还规定，2011年出口货物劳务的下列期限延长3个月。

①退（免）税申报期限。

②出口企业和其他单位未在规定期限内申报出口退（免）税或申报开具“代理出口货物证明”以及已申报增值税退（免）税却未在规定期限内向税务机关补齐增值税退（免）税凭证的免税申报期限。

③申请开具代理出口货物证明的期限。

④出口企业或其他单位对本年度的出口货物劳务剔除已申报增值税退（免）税、免税、已按内销征收增值税消费税，以及已开具代理出口证明的出口货物劳务后的余额申报缴纳增值税消费税的期限延长3个月。

4）期限的起始日期。

国家税务总局公告2012年第24号第十四条还规定，属于向海关报关出口的货物劳务，以出口货物报关单上注明的出口日期为准；属于非报关出口销售的货物，以出口发票（外销发票）或普通发票的开具时间为准；属于保税区内出口企业或其他单位出口的货物以及经保税区出口的货物，以货物离境时海关出具的出境货物备案清单上注明的出口日期为准。

（2）出口企业追溯适用出口退（免）税调整政策的注意事项

1）全面清理2011年以来出口货物劳务适用的退（免）税政策。

出口企业应当把2011年以来出口货物劳务适用的增值税政策进行全面清理，重点清理2011年以来至2012年6月30日止出口货物劳务未适用退（免）税的货物，重点清理以下内容：

①以前适用征税政策调整后适用退税政策的货物劳务，如国内航空供应公司生产销售给国内航空公司国际航班的航空食品。

②以前适用征税政策调整后适用免税政策的货物，如国家批准设立的免税店销售的货物，出口企业或其他单位未按规定申报或未补齐增值税退（免）税凭证的出口货物劳务；国家批准的免税品经营企业销售给免税店的进口免税货物。

对上述出口退（免）税政策调整追溯适用出口退税或出口免税的货物，出口企业应当在调整后的出口退（免）税申报期限内及时向主管税务机关申报办理免抵退税或出口免税申报，避免遭受不必要的经济损失。

2）追溯适用出口退（免）税申报期限规定。

对按照以前规定超过出口退（免）税申报期限或申请开具代理出口货物证明期限未能申报出口退（免）税或开具代理出口货物证明的货物劳务，出口企业应当进行全面清理，按照追溯适用的规定，在调整后的出口退（免）税申报期限内或申请开具代理证明期限内及时向主管税务机关申报办理免抵退税或出口免税申报或开具代理出口货物证明，避免遭受不必要的经济损失。

出口企业和其他单位未在规定期限内申报出口退（免）税或申报开具“代理出口货物证明”，以及已申报增值税退（免）税，却未在规定期限内向税务机关补齐增值税退（免）税凭证的，如果在申报退（免）税截止期限前已确定要实行增值税免税政策的，出口企业和其他单位可在确定免税的次月的增值税纳税申报期，向主管税务机关申报出口免税。

3）不要错过延长的 3 个月期限。

按照规定，2011 年出口货物劳务的退（免）税申报期限延长 3 个月，也就是说 2011 年出口货物劳务的退（免）税申报期限由 2012 年 4 月 30 日前的各增值税纳税申报期延长到 2012 年 7 月 31 日前的各增值税纳税申报期，如果出口企业在 2012 年 7 月 31 日前仍然未按照调整后的政策规定办理 2011 年度出口货物的退税申报，出口企业就不得享受出口退税优惠。

按照规定，2011 年委托出口货物申请开具代理出口货物证明的期限延长 3 个月，也就是说 2011 年委托出口货物申请开具代理出口货物证明的期限由 2012 年 4 月 15 日之前延长到 2012 年 7 月 15 日之前，如果出口企业在 2012 年 7 月 15 日前仍然未按照调整后的政策规定申请开具 2011 年度出口货物的委托代理证明，出口企业就不得更丧失申请开具代理出口货物证明的资格。

如果出口企业和其他单位 2011 年出口货物未在规定期限内申报出口退（免）税或申报开具“代理出口货物证明”以及已申报增值税退（免）税却未在规定期限内向税务机关补齐增值税退（免）税凭证的免税申报期限，出口企业在 2012 年 8 月份的增值税纳税申报期内可以依照规定办理出口货物免税申报，如果出口企业逾期未办理出口免税申报的，将依照规定视同内销货物征税。

4）出口货物劳务年度视同内销征税申报

按照国家税务总局公告 2012 年第 24 号第十一条第（七）项的规定，出口企业或其他单位对本年度的出口货物劳务，剔除已申报增值税退（免）税、免税，已按内销征收增值税、消费税，以及已开具代理出口证明的出口货物劳务后的余额，除内销免税货物按前款规定执行外，须在次年 6 月份的增值税纳税申报期内申报缴纳增值税、消费税。

按照国家税务总局公告 2012 年第 24 号第十四条的规定，2011 年出口货物劳务的上述增值税纳税申报期限延长 3 个月，即出口企业或其他单位对 2011 年度的出口货物劳务，剔除已申报增值税退（免）税、免税，已按内销征收增值税、消费税，以及已开具代理出口证明的出口货物劳务后的余额，除内销免税货物按前款规定执行外，须在 2012 年 9 月份的增值税纳税申报期内申报缴纳增值税、消费税。逾期未依照规定申报缴纳增值税消费税，主管税务机关将依照有关规定进行处理。

注意要点

可以追溯适用出口退（免）税政策的，依照以前规定已经追缴的退（免）税，依照新政策可以重新申报办理出口退（免）税。

第二章　外贸企业出口退（免）税

第一节　外贸企业出口退（免）税基础

一、随同货物出口的包装物≠能申报办理出口退税

常见案例

某外贸公司具有增值税一般纳税人资格，出口退（免）税实行免退税办法。该公司2007年6月份购进一批货物（散装），同时购进包装纸箱并依照规定取得增值税专用发票，公司聘请临时人员对该批货物进行包装后出口，包装箱不单独计价，出口报关单上只体现出口货物的名称和商品编码，没有注明包装物的名称和商品编码。该公司出口货物所用的包装物能否申报退税，如果能申报退税，那么退税率是否适用出口货物的退税率？对此，该公司办税员在2007年9月26日咨询某省国税局进出口税收管理处，得到答复：能申报办理出口退税，在做包装物的退税进货明细录入时，商品码应录入其出口成品或主产品的商品码，进货数量均输“0”，金额按照购进包装纸箱时取得的增值税专用发票上注明的金额录入。

政策规定

接中国集装箱工业协会《关于解决国际海运集装箱出口报关、材料核销问题的函》（中集协〔1997〕12号）称，由于新造集装箱是在需方指定堆场交货结算，在其出口时不是作为一般货物报关，而是作为包装物和运输工具随货物一起出口。海关以集装箱送至堆场并验核相关单据后，办理核销并签发出口退税专用报关单，因无法填写运输工具名称、航次和离境日期，税务机关不办理退税。因此，中国集装箱协会要求对出口集装箱报关单的出具及退税问题予以解决。经研究，考虑到集装箱出口方式的特殊性，现对企业生产出口集装箱办理退税有关问题明确如下：

一、自1998年1月1日起，海关对用于出口的新造集装箱，在生产企业按规定运抵指定堆场并持有关单证办理报关和出口核销手续后，可签发出口退税专用报关单。报关单不填写运输工具名称、航次和离境日期，仅注明堆场名称。

二、生产企业所在地主管出口退税的税务机关凭海关签发的上述出口退税专用报关单和其他退税凭证，按现行有关规定办理集装箱退税手续。

三、对1998年以前已出口的集装箱，企业可持有关单证一次性向所在地海关提出申请，海关审核后签发出口退税专用报关单。企业持该报关单和其他退税凭证向所在地主管出口退税的税务机关办理退税。企业向海关申请办理1998年以前已出口集装箱退税专用报关单时间截止到1998年10月30日。

政策依据：《国家税务总局、海关总署关于出口集装箱有关退税问题的通知》（国税发〔1998〕48号）

执行日期：1998年1月1日

外贸企业委托加工出口产品，应按原料的退税率和加工费的退税率分别计算应退税款，加工费的退税率按出口产品的退税率确定。

政策依据：《国家税务总局关于印发〈出口货物退（免）税若干问题的具体规定〉的通知》（国税发〔1999〕101号）

执行日期：文到之日起执行

出口企业向税务机关主管出口退税的部门（以下简称退税部门）申报出口货物退（免）税时，在提供有关出口货物退（免）税申报表及相关资料时，应同时附送下列纸质凭证：

（一）实行"免、抵、退"税管理办法的生产企业提供出口货物的出口发票，外贸企业提供购进出口货物的增值税专用发票或普通发票。

凡外贸企业购进的出口货物，外贸企业应在购进货物后按规定及时要求供货企业开具增值税专用发票或普通发票；其购进货物开具的增值税专用发票属增值税防伪税控系统开具的，退税部门应要求外贸企业自开票之日起30日内办理认证手续。

（二）出口货物报关单（出口退税专用）。

（三）出口收汇核销单。

政策依据：《国家税务总局关于出口货物退（免）税管理有关问题的通知》（国税发〔2004〕64号）

执行日期：2004年6月1日

分析诊断

外贸企业出口货物所耗用的包装物，不能等同于外贸企业委托加工收回出口货物。按当时政策规定，外贸企业委托加工出口货物，必须符合委托加工的要求，即必须有委托加工协议，必须支付加工费，必须取得加工费的增值税专用发票。外贸企业出口货物所耗用的包装物，如果单独报关，有出口货物报关单（出口退税专用），有收汇核销单，有规定的增值税专用发票，那么出口货物所耗用的包装物就能申报办理出口退税。否则，就不能申报办理出口退税。结合上述案例，该公司出口货物所耗用的包装物未单独计价，也未单独报关，未取得出口货物报关单，不符合出口退税申报的规定条件；而税务机关却把出口货物所耗用的包装物视同外贸企业委托加工支付的加工费，按照出口货物的退税率办理出口退税，由此可见，案例中税务机关的答复明显是错误的。

触类旁通

1. 类似问题

（1）出口货物所耗用的包装物视同委托加工所耗用的辅助材料

例如，某公司从事国内外贸易，购进货物后需重新包装再出口，出口货物所耗用的包装物未单独计价，也未单独报关，某市国税局退税部门 2009 年 11 月 30 日错误答复：对于包装物在报关单上单独注明包装物出口商品代码的，应视为包装物单独出口，应按包装物对应的商品代码退税；包装物为随同产品出口，报关单上没有单独注明且能随产品出口的，则应该按照委托加工办理，包装物视为委托加工的一种材料，分别按照包装物或成品退税率办理退税，若不能证明包装物与成品同时出口的，不予办理退税，如果可以退税，在申报系统中，包装物按包装物的商品代码录入，且备注栏内注明“WT”。

（2）出口货物所耗用的其他材料未单独报关出口

例如，某鞋类外贸企业 2011 年 5 月 6 日出口鞋子上挂的吊牌是公司提供给工厂的，由包装公司开具增值税专用发票给该公司，吊牌不单独报关，也不单独计价，吊牌虽然能取得增值税专用发票，但是无法取得相应报关单和收汇核销单，因而也不能申报出口退税。

2. 解决出口货物所耗包装物不能退税问题的建议

外贸企业出口货物所耗包装物或其他材料，单独计价，单独报关，取得包装物或其他材料的出口货物报关单（出口退税专用）、收汇核销单和增值税专用发票，可以依照规定申报办理出口退税。

包装物或其他材料由供货企业采购包装，将包装物或其他材料的价格包含在供货企业开具的增值税专用发票里，这样，外贸企业出口货物所耗用包装物或其他材料也通过出口货物申报办理了出口退税。

根据《财政部国家税务总局关于出口货物劳务增值税和消费税政策的通知》（财税〔2012〕39号）关于外贸企业委托加工收回货物出口退（免）税的规定，外贸企业外购货物确需自己包装出口的，可以在企业内部成立一个包装部门，包装部门单独核算，外贸企业购进货物后作价销售给公司内部的包装部门进行包装，包装部门开具含包装原材料的加工费的增值税专用发票给外贸企业。这样，外贸企业出口货物所耗用的包装物或其他材料就可以享受出口退税。当然，包装部门应当按照规定抵扣购进包装物的进项税额，也应当依照规定申报缴纳增值税。

注意要点

外贸企业出口货物所耗用的包装物，没有单独报关出口的不能申报出口退（免）税。

二、从即征即退的生产企业购进货物出口≠不能申报办理出口退税

常见案例

某公司是具有增值税一般纳税人资格的外贸企业，出口退（免）税实行免退税办法，2010年6月28日，该公司从外地一家福利企业（福利企业有残疾人员工，享受一定的税收优惠）购入货物出口，福利企业开具17%的增值税发票给该公司。该公司按照规定申报出口退税，主管税务机关审核后发现该公司从福利企业购进货物出口，属于关注信息。主管税务机关发函调查确认后通知该公司，从享受了税收优惠的福利企业购货出口的，不允许申报出口退税，因此，这笔出口货物不予办理出口退税。

政策规定

第二条　出口商自营或委托出口的货物，除另有规定者外，可在货物报关出口并在财务上做销售核算后，凭有关凭证报送所在地国家税务局（以下简称税务

机关）批准退还或免征其增值税、消费税。

本办法所述出口商包括对外贸易经营者、没有出口经营资格委托出口的生产企业、特定退（免）税的企业和人员。

上述对外贸易经营者是指依法办理工商登记或者其他执业手续，经商务部及其授权单位赋予出口经营资格的从事对外贸易经营活动的法人、其他组织或者个人。其中，个人（包括外国人）是指注册登记为个体工商户、个人独资企业或合伙企业。

上述特定退（免）税的企业和人员是指按国家有关规定可以申请出口货物退（免）税的企业和人员。

第十四条 税务机关在审核中，发现的不符合规定的申报凭证、资料，税务机关应通知出口商进行调整或重新申报；对在计算机审核中发现的疑点，应当严格按照有关规定处理；对出口商申报的出口货物退（免）税凭证、资料有疑问的，应分别以下情况处理：

（一）凡对出口商申报的出口货物退（免）税凭证、资料无电子信息或核对不符的，应及时按照规定进行核查。

（二）凡对出口货物报关单（出口退税专用）、出口收汇核销单等纸质凭证有疑问的，应向相关部门发函核实。

（三）凡对防伪税控系统开具的增值税专用发票（抵扣联）有疑问的，应向同级税务稽查部门提出申请，通过税务系统增值税专用发票协查系统进行核查。

（四）对出口商申报出口货物的货源、纳税、供货企业经营状况等情况有疑问的，税务机关应按国家税务总局有关规定进行发函调查，或向同级税务稽查部门提出申请，由税务稽查部门按有关规定进行调查，并依据回函或调查情况进行处理。

政策依据：《国家税务总局关于印发〈出口货物退（免）税管理办法（试行）〉的通知》（国税发〔2005〕51号）

执行日期：2005年7月1日

一、对安置残疾人单位的增值税和营业税政策

对安置残疾人的单位，实行由税务机关按单位实际安置残疾人的人数，限额即征即退增值税或减征营业税的办法。

（一）实际安置的每位残疾人每年可退还的增值税或减征的营业税的具体限额，由县级以上税务机关根据单位所在区县（含县级市、旗，下同）适用的经省（含自治区、直辖市、计划单列市，下同）级人民政府批准的最低工资标准的6倍确定，但最高不得超过每人每年3.5万元。

（二）主管国税机关应按月退还增值税，本月已缴增值税额不足退还的，可

在本年度（指纳税年度，下同）内以前月份已缴增值税扣除已退增值税的余额中退还，仍不足退还的可结转本年度内以后月份退还。主管地税机关应按月减征营业税，本月应交营业税不足减征的，可结转本年度内以后月份减征，但不得从以前月份已缴营业税中退还。

（三）上述增值税优惠政策仅适用于生产销售货物或提供加工、修理修配劳务取得的收入占增值税业务和营业税业务收入之和达到50%的单位，但不适用于上述单位生产销售消费税应税货物和直接销售外购货物（包括商品批发和零售）以及销售委托外单位加工的货物取得的收入。上述营业税优惠政策仅适用于提供“服务业”税目（广告业除外）取得的收入占增值税业务和营业税业务收入之和达到50%的单位，但不适用于上述单位提供广告业劳务以及不属于“服务业”税目的营业税应税劳务取得的收入。

单位应当分别核算上述享受税收优惠政策和不得享受税收优惠政策业务的销售收入或营业收入，不能分别核算的，不得享受本通知规定的增值税或营业税优惠政策。

政策依据：《财政部国家税务总局关于促进残疾人就业税收优惠政策的通知》（财税〔2007〕92号）

执行日期：2007年7月1日

分析诊断

按正常理解，出口退税退的是出口货物在购货环节已纳的增值税和消费税，如果出口货物在购货环节未纳增值税和消费税，则出口货物不应当退税。作为民政福利企业享受即征即退政策，也就是福利企业依照规定缴纳增值税，税务机关依照规定退还其已经缴纳的增值税。如果外贸企业从民政福利企业购进货物出口享受出口退税，那么，对民政福利企业生产的货物，国家就退还了两次增值税。为了解决这个问题，国税发〔1994〕155号、财税字〔2000〕35号均规定，民政福利工业生产企业销售给外贸企业或其他企业出口的货物不适用先征后返还增值税的办法。但是，财税〔2007〕92号文件废止了上述规定，变更税收优惠办法，即对安置残疾人的单位实行由税务机关按单位实际安置残疾人的人数限额即征即退增值税或减征营业税的办法。因此，对外贸企业从福利企业购进货物出口是否不予退税，或者对福利企业生产销售给外贸企业出口的货物是否享受即征即退优惠，国家税务总局到目前为止没有明确的规定。结合上述案例，该公司从福利企业购进货物出口，如果增值税专用发票是真实的，货源是真实的，福利企业纳税是真实的，那么，只要符合出口退（免）税的条件，就能办理出口退税的。但是，税务机关却凭着自己的理解，对公司从福利企业购进货物出口符合退（免）

税条件的，在没有政策依据的情况下擅自决定不予退（免）税，其做法是错误的。

触类旁通

对外贸企业从增值税即征即退企业或先征后返企业购进货物出口，税务机关要严格审核。《国家税务总局货物和劳务税司关于加强防范骗取出口退税工作有关情况的通报》（货便函〔2008〕165 号）指出：陕西省西安市国税局在审核一户出口企业申报的金表壳出口退税资料过程中发现疑点较多，并依据《国家税务总局关于加强含金成分产品出口退（免）税管理的通知》（国税函〔2005〕1211 号）对该企业申报退税暂缓办理出口退税。同时供货的河南两家公司的主管税务机关对供货情况进行调查。该企业出口贵金属表壳业务具有较多疑点，表壳的原材料从上海期货交易所购进，根据《财政部、国家税务总局关于黄金税收政策问题的通知》（财税字〔2002〕142 号）第二条"黄金交易所会员单位通过黄金交易所销售标准黄金……发生实物交割的，由税务机关按照实际成交价格代开增值税专用发票，并实行增值税即征即退的政策"，可能存在未纳税货物申请办理退税的问题，陕西省西安市国税局已建议立即移交稽查部门立案查处。

1. 出口退税审核关注信息管理

国家税务总局印发的《出口退税审核关注信息管理办法》（国税发〔2011〕22 号）明确：出口退税审核关注信息是指税务机关在出口退税管理工作中为准确核实企业报关出口货物及出口货物在国内纳税等情况的真实性而设置的有关信息，包括税务系统内部及海关、质检、人民银行、外汇管理、公安、财政、商务等外部有关信息。

出口退税审核关注信息按照关注级别依次分为国家税务总局预警信息、税务系统内部及外部提供的涉嫌骗税线索关注信息、一般关注信息。

1）国家税务总局预警信息有国家税务总局预警出口企业信息、国家税务总局预警供货企业信息、国家税务总局预警出口商品信息。

①国家税务总局预警出口企业信息是指经各级税务机关检查确定为骗取出口退税、偷税、虚开或接受虚开发票（含增值税专用发票、农产品收购发票等）导致少缴增值税并达到一定严重程度的及有关执法部门查处涉及虚假报关、报验、违反出口收入管理规定等问题并达到一定严重程度的出口企业信息，享受增值税优惠政策如即征即退（不含民政福利企业）、超税负返还等和享受财政部门先征后返政策并经各级税务机关检查确定为骗取出口退税、偷税、虚开或接受虚开发票（含增值税专用发票、农产品收购发票等）导致少缴增值税的出口企业信息，税务机关已查处重大违法违规案件的违法违规责任人以企业法定代表人身份注册

的其他出口企业信息（包括税务机关已认定为非正常户的企业法定代表人以其身份注册的其他出口企业信息、多次短期内注销税务登记的企业法定代表人以其身份注册的其他出口企业信息）。

②国家税务总局预警供货企业信息是指经各级税务机关检查确定为偷税、虚开或接受虚开发票（含增值税专用发票、农产品收购发票等）导致少缴增值税并达到一定严重程度的供货企业信息；享受增值税优惠政策如即征即退（不含民政福利企业）、超税负返还等和享受财政部门先征后返政策并经各级税务机关检查确定为骗取出口退税、偷税、虚开或接受虚开发票（含增值税专用发票、农产品收购发票等）导致少缴增值税的供货企业信息；税务机关已查处重大违法违规案件的违法违规责任人以企业法定代表人身份注册的其他供货企业信息（包括税务机关已认定为非正常户的企业法定代表人以其身份注册的其他供货企业信息、多次短期内注销税务登记的企业法定代表人以其身份注册的其他供货企业信息）。

③国家税务总局预警出口商品信息是指经各级税务机关检查确定为发生较多骗取出口退税的商品信息，已发现或有关方面提供较多具有重大嫌疑涉嫌骗取出口退税的商品信息。

2）税务系统内部及外部提供的涉嫌骗税线索关注信息有税务系统内部提供的涉嫌骗税线索的出口企业信息、税务系统内部提供的涉嫌骗税线索的供货企业信息、税务系统内部提供的涉嫌骗税线索的出口商品信息、税务系统外部提供的涉嫌骗税线索的出口企业信息、税务系统外部提供的涉嫌骗税线索的供货企业信息及税务系统外部提供的涉嫌骗税线索的出口商品信息。

3）一般关注信息有关注出口企业信息、关注供货企业信息、关注出口商品信息、关注出口口岸信息、关注出口国别（地区）信息及关注出口贸易方式等信息。

①关注出口企业信息分为 A、B、C、D、E5 类。A 类是指经各级税务机关检查确定为骗取出口退税、偷税、虚开或接受虚开发票（含增值税专用发票、农产品收购发票等）导致少缴增值税及有关执法部门查处涉及虚假报关、报验、违反出口收入管理规定等问题，但未达到国家税务总局预警出口企业标准的出口企业信息。B 类是指各级税务机关在涉税审核或检查中发现具有重大嫌疑涉嫌偷税、骗税、涉嫌虚开或涉嫌接受虚开发票（含增值税专用发票、农产品收购发票等）导致少缴增值税的出口企业信息。C 类是指偷、骗税企业法定代表人注册的其他出口企业信息。D 类是指虚开或接受虚开增值税发票（含增值税专用发票、农产品收购发票等）导致少缴增值税企业法定代表人注册的其他出口企业信息。E 类是指经营 2 年内注销企业法定代表人注册的其他出口企业信息。

②关注供货企业（系指所有发生违反本文所列增值税及出口退税等违法违规行为的增值税一般纳税人，不论是否实际发生过向出口企业供货业务）信息分为

A、B、C、D、E、F6类。A类是指经各级税务机关检查确定为偷税、虚开或接受虚开发票（含增值税专用发票、农产品收购发票等）导致少缴增值税，但未达到国家税务总局预警供货企业标准的企业信息。B类是指各级税务机关在涉税检查中发现具有重大嫌疑涉嫌偷税、涉嫌虚开或涉嫌接受虚开发票（含增值税专用发票、农产品收购发票等）导致少缴增值税企业信息。C类是指偷、骗税企业法定代表人注册的其他企业信息。D类是指虚开或接受虚开增值税发票（含增值税专用发票、农产品收购发票等）导致少缴增值税企业法定代表人注册的其他企业信息。E类是指经营2年内注销企业法定代表人注册的其他企业信息。F类是指享受增值税优惠政策如即征即退（不含民政福利企业）、超税负返还等和享受财政部门先征后返的企业信息（出口退税审核过程中发现供货资金流、货物流有异常情况的）。

③关注出口商品信息是指根据骗取出口退税案例分析、出口退税宏观分析及预警监控系统分析等情况确定的出口商品信息。分为A、B、C、D、E、F、G、H8类。A类为单价较高、退税率高且重量较轻或体积较小的贵重商品信息。B类为单价较高、退税率高且消费者购买一般不要增值税专用发票的耐用商品信息。C类为单价较高、退税率高且消费者购买一般不要增值税专用发票的日用商品信息。D类为单价较高的农产品及其部分制品（经过一两道环节加工）商品信息。E类为零退税率商品可能申报有退税率的商品信息。F类为低退税率商品可能申报高退税率的商品信息。G类为享受增值税优惠政策的商品及其部分制品（经过一两道环节加工）信息。H类为其他出口退税异常商品信息。

④关注出口口岸信息指根据骗取出口退税案例分析、出口退税宏观分析及预警监控系统分析及税务系统内外部提供涉嫌出口骗税的出口货物较为集中的报关或离境出口口岸信息。

⑤关注出口国别（地区）信息是指根据骗取出口退税案例分析、出口退税宏观分析及预警监控系统分析及税务系统内外部提供涉嫌出口骗税的出口货物较为集中的出口国别（地区）信息。

⑥关注出口贸易方式信息指根据骗取出口退税案例分析、出口退税宏观分析及预警监控系统分析及税务系统内外部提供涉嫌出口骗税的出口贸易方式信息。

2. 出口退税审核中发现关注信息的处理

根据国家税务总局发布的《出口货物税收函调管理办法》（国家税务总局公告2010年第11号）的规定，对出口企业申报的出口退（免）税涉及国家税务总局预警信息，包括国家税务总局预警出口企业、国家税务总局预警供货企业、国家税务总局预警出口商品等；或者出口企业及供货企业均属关注企业，且出口关注商品的；或者关注企业首次出口关注商品的；或者出口企业首次从关注企业购进关注商品出口的。主管出口退税的税务机关应要求出口企业填报“外贸企业出口业务自查表”并分析有关内容。退税机关经对“外贸企业出口业务自查表”分析核查后未发现明显疑点的，可根据审核、审批程序办理出口退税；核查后不能排除明显疑点的，应通过函调系统向出口货物供货企业所在地县以上税务机关发函调查，并依据复函情况按规定进行处理。

注意要点

外贸企业从增值税即征即退企业或先征后返企业购进货物出口，只要符合退（免）税条件，都可以申报办理出口退税。

三、售后服务报关出口货物≠能申报出口退（免）税

常见案例

某公司是出口小型机械的外贸企业，具有增值税一般纳税人资格。按国外客户要求，该公司承诺零配件三包期一年、半年不等。2012 年 7 月，该公司用于出口货物售后三包的配件依照规定取得出口报关单（出口退税专用），但是用于三包的零配件不单独作价，不再向国外客户收取货款，因而其出口贸易方式为“3100 无代价抵偿”，当然该公司购买零配件依照规定取得增值税专用发票。对于出口用于售后三包服务的零配件能否申报办理出口退税呢？该公司办税员咨询市国税局退税部门得到答复：对于用于售后三包出口的配件，在取消出口收汇核销单的情况下，可以依照规定申报办理出口退（免）税。

政策规定

（一）出口企业出口货物。

本通知所称出口企业，是指依法办理工商登记、税务登记、对外贸易经营者备案登记，自营或委托出口货物的单位或个体工商户，以及依法办理工商登记、税务登记但未办理对外贸易经营者备案登记，委托出口货物的生产企业。

本通知所称出口货物，是指向海关报关后实际离境并销售给境外单位或个人的货物，分为自营出口货物和委托出口货物两类。

本通知所称生产企业，是指具有生产能力（包括加工修理修配能力）的单位或个体工商户。

（二）出口企业或其他单位视同出口货物。具体是指：

1. 出口企业对外援助、对外承包、境外投资的出口货物。

2. 出口企业经海关报关进入国家批准的出口加工区、保税物流园区、保税港区、综合保税区、珠澳跨境工业区（珠海园区）、中哈霍尔果斯国际边境合作中心（中方配套区域）、保税物流中心（B型）（以下统称特殊区域）并销售给特殊区域内单位或境外单位、个人的货物。

3. 免税品经营企业销售的货物［国家规定不允许经营和限制出口的货物（见附件1）、卷烟和超出免税品经营企业“企业法人营业执照”规定经营范围的货物除外］。具体是指：（1）中国免税品（集团）有限责任公司向海关报关运入海关监管仓库，专供其经国家批准设立的统一经营、统一组织进货、统一制定零售价格、统一管理的免税店销售的货物；（2）国家批准的除中国免税品（集团）有限责任公司外的免税品经营企业，向海关报关运入海关监管仓库，专供其所属的首都机场口岸海关隔离区内的免税店销售的货物；（3）国家批准的除中国免税品（集团）有限责任公司外的免税品经营企业所属的上海虹桥、浦东机场海关隔离区内的免税店销售的货物。

4. 出口企业或其他单位销售给用于国际金融组织或外国政府贷款国际招标建设项目的中标机电产品（以下称中标机电产品）。上述中标机电产品，包括外国企业中标再分包给出口企业或其他单位的机电产品。

5. 生产企业向海上石油天然气开采企业销售的自产的海洋工程结构物。

6. 出口企业或其他单位销售给国际运输企业用于国际运输工具上的货物。上述规定暂仅适用于外轮供应公司、远洋运输供应公司销售给外轮、远洋国轮的货物，国内航空供应公司生产销售给国内和国外航空公司国际航班的航空食品。

7. 出口企业或其他单位销售给特殊区域内生产企业生产耗用且不向海关报关而输入特殊区域的水（包括蒸汽）、电力、燃气（以下称输入特殊区域的水电气）。

除本通知及财政部和国家税务总局另有规定外，视同出口货物适用出口货物的各项规定。

政策依据：《财政部国家税务总局关于出口货物劳务增值税和消费税政策的通知》（财税〔2012〕39号）

执行日期：2012年7月1日

分析诊断

适用增值税退（免）税政策的出口货物包括出口货物和视同出口货物，出口货物是指向海关报关后实际离境并销售给境外单位或个人的货物，分为自营出口货物和委托出口货物两类。视同出口货物包括报关出口离境未作销售的货物、报关出口销售未离境的货物和未报关出口未离境作销售的货物，对视同出口货物的范围，财税〔2012〕39号列举了7大类。结合上述案例，该公司报关出口离境的货物未作销售，但同时又不属于视同出口货物的范围，因而其不能申报办理出口退（免）税。可是市国税局退税部门以取消提供出口收汇核销单为依据认定售后三包出口货物能够申报办理出口退（免）税，可见其答复和处理是错误的。

触类旁通

1. 生产企业出口货物用于售后三包服务

生产企业出口货物用于售后三包服务，如果未收汇未作销售处理仍然不能申报办理免抵退税；如果收汇并作销售处理的，还应当看出口货物是否属于自产产品，如果是非自产产品的，还应当符合非自产货物出口视同自产产品出口退（免）税条件，否则，即使收汇作销售处理也不能申报办理免抵退税申报。

2. 外贸企业用于内销货物三包服务零配件的处理

内销产品在保修期间出现问题免费为客户提供维修服务，那么免费维修消耗的材料或免费更换的配件是否要作进项税额转出或视同销售呢？2010年3月15日国家税务总局纳税服务司答复：

根据《中华人民共和国增值税暂行条例》第十条规定，用于非增值税应税项目、免征增值税项目、集体福利或者个人消费的购进货物或者应税劳务的进项税额不得从销项税额中抵扣。

另外根据《中华人民共和国增值税暂行条例实施细则》第四条规定，单位或个体经营者的下列行为，视同销售货物：（1）将货物交付他人代销；（2）销售代销货物；（3）设有两个以上机构并实行统一核算的纳税人，将货物从一个机构移送其他机构用于销售，但相关机构设在同一县（市）的除外；（4）将自产或委托加工的货物用于非应税项目；（5）将自产、委托加工或购买的货物作为投资，提供给其他单位或个体经营者；（6）将自产、委托加工或购买的货物分配给股东或投资者；（7）将自产、委托加工的货物用于集体福利或个人消费；（8）将自产、委托加工或购买的货物无偿赠送他人。

根据上述规定，产品在保修期内出现问题，进行免费维修消耗的材料或免费更换的配件，属于用于增值税应税项目，不须作进项税额转出处理。另外，由于保修期内免费保修业务是作为销售合同的一部分，有关收入实际已经在销售时获得，该公司已就销售额缴纳了税款，免费保修时无须再缴纳增值税，维修领用零件也不需视同销售缴纳增值税。

3. 出口货物不能申报办理出口退（免）税的贸易方式

下列贸易方式出口的货物不符合出口退（免）税条件，不得申报办理退（免）税，详见表2-1。

表2-1 出口货物不能申报办理出口退（免）税的贸易方式

监管方式代码	监管方式代码简称	监管方式代码全称
0139	旅游购物商品	用于旅游者五万美元以下的出口小批量订货
0200	料件放弃	主动放弃交由海关处理的来料或进料加工料件
0214	来料加工	来料加工装配贸易进口料件及加工出口货物
0245	来料料件内销	来料加工料件转内销
0255	来料深加工	来料深加工结转货物
0258	来料余料结转	来料加工余料结转
0265	来料料件复出	来料加工复运出境的原进口料件
0300	来料料件退换	来料加工料件退换
0400	成品放弃	主动放弃交由海关处理的来料及进料加工成品
0444	保区进料成品	按成品征税的保税区进料加工成品转内销货物
0445	保区来料成品	按成品征税的保税区来料加工成品转内销货物
0446	加工设备内销	加工贸易免税进口设备转内销
0456	加工设备结转	加工贸易免税进口设备结转
0466	加工设备退运	加工贸易免税进口设备退运出境
0500	减免设备结转	用于监管年限内减免税设备的结转
0544	保区进料料件	按料件征税的保税区进料加工成品转内销货物
0545	保区来料料件	按料件征税的保税区来料加工成品转内销货物
0642	进料以产顶进	进料加工成品以产顶进
0644	进料料件内销	进料加工料件转内销
0654	进料深加工	进料深加工结转货物
0657	进料余料结转	进料加工余料结转
0664	进料料件复出	进料加工复运出境的原进口料件
0700	进料料件退换	进料加工料件退换
0815	低值辅料	低值辅料

续表

监管方式代码	监管方式代码简称	监管方式代码全称
0844	进料边角料内销	进料加工项下边角料转内销
0845	来料边角料内销	来料加工项下边角料内销
0864	进料边角料复出	进料加工项下边角料复出口
0865	来料边角料复出	来料加工项下边角料复出口
1139	国轮油物料	中国籍运输工具境内添加的保税油料、物料
1215	保税工厂	保税工厂
1233	保税仓库货物	保税仓库进出境货物
1427	出料加工	出料加工
1500	租赁不满一年	租期不满一年的租赁贸易货物
1523	租赁贸易	租期在一年及以上的租赁贸易货物
1741	免税品	免税品
1831	外汇商品	免税外汇商品
2939	陈列样品	驻华商业机构不复运出口的进口陈列样品
3039	货样广告品 B	无经营权单位进出口的货样广告品
3100	无代价抵偿	无代价抵偿进出口货物
3339	其他进出口免费	其他进出口免费提供货物
3410	承包工程进口	对外承包工程进口物资
3511	援助物资	国家和国际组织无偿援助物资
3611	无偿军援	无偿军援
3612	捐赠物资	进出口捐赠物资
3910	军事装备	军事装备
4039	对台小额	对台小额贸易
4139	对台小额商品交易	进入对台小额商品交易专用市场的货物
4200	驻外机构运回	我驻外机构运回旧公用物品
4239	驻外机构购进	我驻外机构境外购买运回国的公务用品
4400	来料成品退换	来料加工成品退换
4500	直接退运	直接退运
4539	进口溢误卸	进口溢卸、误卸货物

续表

监管方式代码	监管方式代码简称	监管方式代码全称
4561	退运货物	因质量不符、延误交货等原因退运进出境货物
5010	出口加工区研发货	出口加工区与境外之间进出的研发货物
5015	区内加工货物	加工区内企业从境外进口料件及加工出口成品
5361	区内设备退运	加工区内设备退运境外
6033	物流中心进出境货	保税物流中心与境外之间进出仓储货物
9600	内贸货物跨境运输	内贸货物跨境运输
9639	海关处理货物	海关变卖处理的超期未报货物，走私违规货物
9700	后续补税	无原始报关单的后续补税
9739	其他贸易	其他贸易
9800	租赁征税	租赁期一年及以上的租赁贸易货物的租金
9839	留赠转卖物品	外交机构转售境内或国际活动留赠放弃特批货

注：本表来源于《国家税务总局关于做好出口货物报关单扩大数据项应用工作的通知》（国税函〔2009〕316号）。

注意要点

出口货物劳务必须适用增值税退（免）税政策，才能依照规定申报办理出口退（免）税。

四、向小规模纳税人购进货物出口≠出口退税率文库中的退税率

常见案例

某外贸公司具有增值税一般纳税人资格，2008年1月，该公司出口销售一批服装，服装出口退税率为17%。2008年1月份出口报关单FOB价是USD39 000，此票报关单关联的进项增值税发票有两张：一张进项增值税发票开票时间是2007年12月，计税金额是￥185 185元，票面税率是17%，这是向增值税一般纳税人购进服装取得的增值税专用发票；另一张进项增值税发票计税金额是￥39 730元，票面税率是6%，这是向增值税小规模纳税人购进服装由税务机关代开的增值税专用发票。2008年2月该公司均按17%的出口退税率向主管税务机关申报出口退

税。主管税务机关经过审核通知该公司，向小规模纳税人购进货物出口的服装不能按17%的出口退税率申报出口退税，而应当按6%的征收率申报出口退税。

政策规定

出口企业从小规模纳税人购进货物出口准予退税的，凡财税〔2003〕222号文件规定出口退税率为5%的货物，按5%的退税率执行；凡财税〔2003〕222号文件规定出口退税率高于5%的货物，一律按6%的退税率执行。

政策依据：《财政部国家税务总局关于调整出口货物退税率的补充通知》（财税〔2003〕238号）

执行日期：2004年1月1日

从属于增值税小规模纳税人的商贸公司购进的货物出口，按增值税专用发票上注明的征收率计算办理退税。

政策依据：《国家税务总局关于调整凭普通发票退税政策的通知》（国税函〔2005〕248号）

执行日期：2005年4月1日

分析诊断

从理论上讲，出口退税是货物报关出口销售后退还其已经缴纳的增值税和消费税。增值税小规模纳税人是按征收率计算缴纳增值税的，如果外贸企业向小规模纳税人购进货物，如果按出口货物退税率计算申报出口退税，往往就会出现退还增值税超过已经缴纳增值税的问题，这样就不符合出口退税最基本的原则。为此，《财政部国家税务总局关于调整出口货物退税率的补充通知》（财税〔2003〕238号）和《国家税务总局关于调整凭普通发票退税政策的通知》（国税函〔2005〕248号）对外贸企业从小规模纳税人购进货物出口退税的问题作出明确规定。结合上述案例，虽然出口货物退税率为17%，但是，该公司却是向增值税小规模纳税人购进货物出口，因而不能按照货物的退税率17%申报出口退税，只能依照6%的征收率申报出口退税。

触类旁通

1）依照修订后增值税暂行条例的规定，小规模纳税人增值税的征收率为3%，因此，从2009年1月1日起，外贸企业从小规模纳税人购进的货物，只能依照3%的出口退税率申报出口退税；如果外贸企业在2008年12月31日以前从小规模纳税人购进货物，在2009年1月1日以后出口，则只能依照（财税〔2003〕238号和国税函〔2005〕248号的规定申报出口退税。

2）外贸企业从小规模纳税人购进货物出口退税的前提是出口货物应当退税并且退税率大于或等于征收率，如果出口货物退税率小于征收率的，则依照出口退税率申报办理退税；如果出口货物免税或不予退（免）税，即使取得增值税专用发票也不得申报出口退税。

《财政部国家税务总局关于出口货物劳务增值税和消费税政策的通知》（财税〔2012〕39号）对外贸企业购进按简易办法征税的出口货物和从小规模纳税人购进的出口货物适用退税率作出了明确规定，现将新旧规定予以比较，详见表2－2。

表2－2 外贸企业购进按简易办法征税的出口货物和从小规模纳税人购进的出口货物适用退税率的新旧政策比较

<table>
<tr><th>财税〔2012〕39号规定</th><th>以前相关规定</th><th>比较结果</th></tr>
<tr><td rowspan="2">外贸企业购进按简易办法征税的出口货物、从小规模纳税人购进的出口货物，其退税率分别为简易办法实际执行的征收率、小规模纳税人征收率。上述出口货物取得增值税专用发票的，退税率按照增值税专用发票上的税率和出口货物退税率孰低的原则确定。</td><td>《财政部国家税务总局关于调整出口货物退税率的补充通知》（财税〔2003〕238号）规定：出口企业从小规模纳税人购进货物出口准予退税的，凡财税〔2003〕222号文件规定出口退税率为5%的货物，按5%的退税率执行；凡财税〔2003〕222号文件规定出口退税率高于5%的货物，一律按6%的退税率执行。</td><td rowspan="2">调整二项内容：一是明确外贸企业购进按简易办法征税出口货物适用的退税率；二是明确外贸企业购进按简易办法征税的出口货物、从小规模纳税人购进的出口货物，其退税率按照增值税专用发票上的税率和出口货物退税率孰低的原则确定。</td></tr>
<tr><td>《国家税务总局关于调整凭普通发票退税政策的通知》（国税函〔2005〕248号）规定：从属于增值税小规模纳税人的商贸公司购进的货物出口，按增值税专用发票上注明的征收率计算办理退税。</td></tr>
</table>

注意要点

外贸企业购进按简易办法征税的出口货物、从小规模纳税人购进的出口货物，出口货物的退税率按照增值税专用发票上的税率和出口货物退税率孰低的原则确定。

五、适用不同退税率的出口货物未分别核算申报≠从高适用出口退税率

常见案例

2001年6月20日，某市国税局《关于辽宁某集团公司申请办理退税的报告的批复》（某国税进函〔2001〕24号）指出：根据《国家税务总局关于印发〈出口货物退（免）税若干问题的具体规定〉的通知》（国税发〔1999〕101号）文件有关规定的精神，“外贸企业委托加工出口产品，应按原料的退税率和加工费的退税率分别计算应退税款，加工费的退税率按出口产品的退税率确定”。根据实际业务情况，从辽宁某集团公司报告可以分析出，辽宁某集团公司不能完整将成品与原料区分，故按照总局文件规定，退税率从低，全部按照15%的退税率退税，辽宁某集团公司将纺织品的成品与原料混合在一起申报退税，且不能将成品与原料完整分开，故不同意辽宁某集团公司要求成品按17%的退税率、原料按15%的退税率。辽宁某集团公司报告所涉及的业务，一律按15%的退税率退税，并且，2000年与此有相同情况的业务也照此办理。

政策规定

企业应将不同税率的货物分开核算和申报，凡划分不清适用税率的，一律从低适用税率计算。

政策依据：《国家税务总局关于印发〈出口货物退（免）税管理办法〉的通知》（国税发〔1994〕31号）

执行日期：1994年1月1日

外贸企业委托加工出口产品，应按原料的退税率和加工费的退税率分别计算应退税款，加工费的退税率按出口产品的退税率确定。

政策依据：《国家税务总局关于印发〈出口货物退（免）税若干问题的具体规定〉的通知》（国税发〔1999〕101号）

执行日期：文到之日起执行

分析诊断

出口货物退税率不同，其计算申报的出口退（免）税额也相应不同。如果出口企业不分别核算和申报不同出口退税率的出口货物，就很容易混淆不同出口退税率货物的出口销售额和进项税额，从而容易虚报和多报出口退（免）税款。因而现行政策规定，企业应将不同出口退税率的货物分开核算和申报，凡划分不清适用出口退税率的，一律从低适用出口退税率计算。结合上述案例，该集团公司委托加工出口产品，却将纺织品的成品与原料混合在一起申报退税，且不能将成品与原料完整分开，因此当地国税局按当时的政策规定通知公司一律从低按 15% 的退税率申报办理出口退税。由此可见，税务机关的做法是正确的。

触类旁通

1）《财政部国家税务总局关于出口货物劳务增值税和消费税政策的通知》（财税〔2012〕39 号）对适用不同退税率出口货物劳务管理提出新的要求，现将新旧规定比较，详见表 2 – 3。

表 2 – 3　适用不同退税率出口货物劳务管理规定的新旧政策比较

财税〔2012〕39 号规定	以前相关规定	比较结果
适用不同退税率的货物劳务，应分开报关、核算并申报退（免）税，未分开报关、核算或划分不清的，从低适用退税率。	《国家税务总局关于印发〈出口货物退（免）税管理办法〉的通知》（国税发〔1994〕31 号）第十条规定：企业应将不同税率的货物分开核算和申报，凡划分不清适用税率的，一律从低适用税率计算。	一是适用范围在以前货物的基础上增加劳务；二是适用不同退税率货物劳务在以前分开核算、分开申报的基础上增加分开报关的要求。

2）出口企业出口适用不同退税率的货物劳务，分开报关、分开核算和分开申报应当全部具备，才能分开适用不同退税率。不得仅分开报关而不分开核算申报，也不得仅分开核算而不分开报关申报，还不得仅分开申报而不分开报关核算，否则将从低适用出口退税率。

3）出口企业出口的货物劳务有免税、退税和不予退（免）税的，应当应当分开报关、分开核算、分开申报，否则按照从低适用税率计算的规定，将全部不予退（免）税。

4）外贸企业必须分开报关、分开核算和分开申报不同出口退税率的货物。对生产企业来说，出口货物适用退税率不同的，也应当分开核算和申报。小规模纳税人出口货物有免税和不予退（免）税，也应当分开核算和申报。

注意要点

出口企业出口适用不同退税率的货物劳务，应分开报关、核算并申报退（免）税，未分开报关、核算或划分不清的，从低适用退税率。

六、出口货物进货折让≠按原进货金额申报出口退（免）税

常见案例

某公司是具有增值税一般纳税人资格的外贸企业，属于出口退（免）税申报时可不提供收汇核销单的出口企业。2012 年 7 月，该公司购进一批货物出口，依照规定取得出口货物报关单和增值税专用发票，2011 年 8 月申报办理这批货物的出口退税。2012 年 9 月，该公司收到货款时，国外客户反映出口货物存在质量问题，经双方协商国外客户少支付 3% 的货款作为质量赔偿。该公司收汇核销后与此批货物的供应商交涉，供应商同意此批货物折让 3% 的货款，并开具相应红字增值税专用发票给公司。由于此批货物已经申报办理出口退税，因此该公司办税员对取得的红字增值税专用发票未作处理。2012 年 9 月 25 日主管税务机关发现后，要求该公司缴回相应多办理的出口退税。

政策规定

1. 外贸企业出口委托加工修理修配货物以外的货物：

增值税应退税额 = 增值税退（免）税计税依据 × 出口货物退税率

政策依据：《财政部国家税务总局关于出口货物劳务增值税和消费税政策的通知》（财税〔2012〕39 号）

执行日期：2012 年 7 月 1 日

（四）外贸企业出口货物（委托加工修理修配货物除外）增值税退（免）税的计税依据，为购进出口货物的增值税专用发票注明的金额或海关进口增值税专用缴

款书注明的完税价格。

政策依据：《财政部国家税务总局关于出口货物劳务增值税和消费税政策的通知》（财税〔2012〕39号）

执行日期：2012年7月1日

分析诊断

外贸企业出口退税实行免退税办法，具体按照单票对应法计算出口退税，也就是说，外贸企业出口退税是按照出口货物的进项金额与出口退税率计算的。如果外贸企业出口货物的进项金额发生折让折扣，那么，作为外贸企业出口退税计算依据的进项金额也就相应要作调整。结合上述案例，该公司出口货物因质量问题发生进货折让，那么应当按照折让后的进项金额申报出口退税。在出口退税已经申报办理的情况下，应当相应冲减或缴回进货折让金额部分的出口退税。由此可见，该公司的做法明显是错误的，主管税务机关的做法无疑是正确的。

触类旁通

1. 因累计购买货物出口达到一定数量的进货折让问题

根据《国家税务总局关于纳税人折扣折让行为开具红字增值税专用发票问题的通知》（国税函〔2006〕1279号）规定，纳税人销售货物并向购买方开具增值税专用发票后，由于购货方在一定时期内累计购买货物达到一定数量，或者由于市场价格下降等原因，销货方给予购货方相应的价格优惠或补偿等折扣、折让行为，销货方可按现行《增值税专用发票使用规定》的有关规定开具红字增值税专用发票。

根据上述规定，对购货方在一定时期内因累计购买货物达到一定数量而取得销货方给予的补偿款，可由购货方向其主管税务机关申请“开具红字增值税专用发票通知单”转交销货方，销货方凭该通知单开具红字专用发票，内销货物的购货方依据该通知单所列增值税税额从当期增值税进项税额中转出。

因此，作为外贸企业的购货方，如果因为累计购买货物出口达到一定数量，或者因为市场价格下降等原因，供货方开具给外贸企业的红字增值税专用发票，应当依照规定冲减或缴回进货折让金额相应的出口退税。

值得注意的是，外贸企业应当分清进货折让金额相对应的货物名称、相应时间。因为不同出口货物的退税率各不相同，相同出口货物在不同时间的退税率可能也不相同。如果进货折让金额不能在各种出口货物间明确区分的，可以按照不同出口销售额的比例或者其他合理方法进行划分。如果出口货物退税率有调整的，应当把进货折让金额按照不同时间段的出口销售额或其他合理方法进行划分。

2. 境外一般贸易方式进口货物发生进货折让问题

例如，某公司 2010 年 1 月以一般贸易方式进口一批货物，已经缴纳进口环节增值税，并且已经申报抵扣进项税额。2 月境外商家给该公司退款 2%，那么原进口抵扣的进项税额是否需要按照进货折让比例做转出呢？对此问题，《国家税务总局关于纳税人进口货物增值税进项税额抵扣有关问题的通知》（国税函〔2007〕350 号）中明确，纳税人进口货物取得的合法海关完税凭证，是计算增值税进项税额的唯一依据，其价格差额部分以及从境外供应商取得的退还或返还的资金，不作为进项税额转出处理。

值得注意的是，外贸公司以一般贸易方式从境外进口货物直接出口的，按照财税〔2012〕39 号文件的规定可以申报办理出口退（免）税。如果外贸公司从境外供应商取得的退还或返还资金，也不得冲减或追缴其相应的出口退税额。

注意要点

外贸企业出口退税是按照出口货物的进项金额与出口退税率计算的。

七、承接国外修理修配业务委托生产企业进行修理修配收回后出口的应退税额≠按生产企业开具修理修配增值税专用发票所列税额计算的应退税额

常见案例

某省国家税务局 2010 年 8 月 12 日在《关于外贸企业承接对外修理修配业务退税问题的批复》（国税函〔2010〕254 号）中明确："根据《国家税务总局关于印发〈出口货物退（免）税管理办法〉的通知》（国税发〔1994〕31 号）第十六条第二款规定精神，对外贸企业承接国外修理修配业务委托生产企业进行修理修配收回后出口的，其应退税额按照生产企业修理修配增值税专用发票所列税额计算。"

政策规定

十六、生产企业承接国外修理修配业务，应在修理修配的货物复出境后，向当地主管出口退税的税务机关报送"出口货物退（免）税申报表"，同时提供已用于修理修配的零部件、原材料等的购货增值税专用发票和货物出库单、修理修配发票、修理修配货物复出境报关单、外汇收入凭证。其应退税额按照零部件、原材料等增

值税专用发票和货物出库单计算。

外贸企业承接国外修理修配业务后委托生产企业修理修配的，在修理修配的货物复出境后，应单独填报“出口货物退（免）税申报表”，同时提供生产企业开具的修理修配增值税专用发票，外贸企业开给外方的修理修配发票、修理修配货物复出境报关单、外汇收入凭证。其应退税额按照生产企业修理修配增值税专用发票所列税额计算。

政策依据：《国家税务总局关于印发〈出口货物退（免）税管理办法〉的通知》（国税发〔1994〕31号）

执行日期：1994年1月1日

五、承接对外修理修配业务的企业，申请办理修理修配收入的退（免）税手续时，须提供其与外商签署的修理修配合同及其他规定的凭证，不再提供出口收汇核销单（出口退税专用）。修理修配收入以出口货物报关单（出口退税专用）上注明的加工费和材料费之和为准，退税率按被修理修配货物的出口退税率执行。

政策依据：《财政部国家税务总局关于出口货物退（免）税若干具体问题的通知》（财税〔2004〕116号）

执行日期：2004年1月1日

分析诊断

外贸企业承接国外修理修配业务委托生产企业进行修理修配收回后出口的，其应退税额不能按照生产企业修理修配增值税专用发票所列税额计算，而应当按照生产企业修理修配增值税专用发票所列进项金额与被修理修配货物的退税率计算。案例中某省国家税务局只引用国税发〔1994〕31号文件，而未引用财税〔2004〕116号文件关于“退税率按被修理修配货物的出口退税率执行”的规定，就直接明确：“对外贸企业承接国外修理修配业务委托生产企业进行修理修配收回后出口的，其应退税额按照生产企业修理修配增值税专用发票所列税额计算。”可见，该批复是明显错误的。

触类旁通

《财政部国家税务总局关于出口货物劳务增值税和消费税政策的通知》（财税〔2012〕39号）对外贸企业承接国外修理修配业务出口退（免）税政策规定进行调整，现将新旧规定逐项比较，详见表2－4。

表2-4 外贸企业承接国外修理修配业务出口退（免）税新旧政策比较

<table>
<tr><th>财税〔2012〕39号规定</th><th>以前规定</th><th>比较结果</th></tr>
<tr><td>出口企业委托修理修配货物，其修理修配费用的退税率，为出口货物的退税率。</td><td rowspan="3">《国家税务总局关于印发〈出口货物退（免）税管理办法〉的通知》（国税发〔1994〕31号）第十六条规定：生产企业承接国外修理修配业务，应在修理修配的货物复出境后，向当地主管出口退税的税务机关报送《出口货物退（免）税申报表》，同时提供已用于修理修配的零部件、原材料等的购货增值税专用发票和货物出库单、修理修配发票、修理修配货物复出境报关单、外汇收入凭证。其应退税额按照零部件、原材料等增值税专用发票和货物出库单计算。
同时还规定：外贸企业承接国外修理修配业务后委托生产企业修理修配的，在修理修配的货物复出境后，应单独填报“出口货物退（免）税申报表”，同时提供生产企业开具的修理修配增值税专用发票，外贸企业开给外方的修理修配发票、修理修配货物复出境报关单、外汇收入凭证。其应退税额按照生产企业修理修配增值税专用发票所列税额计算。
《财政部国家税务总局关于出口货物退（免）税若干具体问题的通知》（财税〔2004〕116号）第五条规定：修理修配收入以出口货物报关单（出口退税专用）上注明的加工费和材料费之和为准，退税率按被修理修配货物的出口退税率执行。</td><td>调整内容：将以前分别按原材料和加工费分别适用退税率的办法调整为统一适用出口货物的退税率。</td></tr>
<tr><td>外贸企业出口委托修理修配货物增值税退（免）税的计税依据，为修理修配费用增值税专用发票注明的金额。外贸企业应将修理修配使用的原材料（进料加工海关保税进口料件除外）作价销售给受托修理修配的生产企业，受托修理修配的生产企业应将原材料成本并入修理修配费用开具发票。</td><td>调整四项内容：一是将外贸企业委托修理修配按原材料和加工费分别计算出口退税调整为统一按加工费（含原材料）计算出口退税；二是外贸企业购买的原材料（进料加工海关保税进口料件除外）必须作价销售给受托修理的生产企业，受托生产企业将原材料成本（不含保税进口料件）并入修理修配费用开具发票；三是外贸企业保税进口料件委托修理修配，不得将保税进口料件作价销售给受托修理的生产企业，但应将购买的其他原材料作价销售给其他修理修配企业，受托生产企业将其他原材料（不含保税进口料件）成本并入加工修理修配费用开具发票；四是统一委托修理修配出口货物退税的计算依据。</td></tr>
<tr><td>外贸企业出口委托修理修配货物：出口委托修理修配货物的增值税应退税额=委托修理修配的增值税退（免）税计税依据×出口货物退税率</td><td>调整二项内容：一是统一按受托修理修配生产企业开具的增值税专用发票金额计算出口退税。二是将外贸企业委托修理修配按原材料和加工费分别按原材料退税率和出口货物退税率计算出口退税改为统一按出口货物退税率计算出口退税。</td></tr>
</table>

注意要点

外贸企业承接国外修理修配业务，委托生产企业进行修理修配收回后出口的，其应退税额应当按照生产企业修理修配增值税专用发票所列进项金额（含原材料的进项金额）与被修理修配货物的退税率计算。

八、出口应税消费品放弃退消费税≠不能申报办理退增值税

常见案例

某汽车销售公司属于具有增值税一般纳税人资格的外贸企业，2010 年 2 月，该公司从汽车生产厂家购买一批汽车出口，汽车厂家已经按照规定缴纳消费税，并向汽车销售公司提供出口货物消费税专用缴款书和增值税专用发票，汽车销售公司依照规定在 2010 年 3 月申报办理这批出口汽车增值税和消费税退税。主管税务机关依照规定受理汽车公司申报资料后一直未按照规定进行审核，因而汽车销售公司一直未能办理这批出口汽车的增值税和消费税的退税。该公司办税员 2010 年 7 月向主管税务机关咨询后得知，出口退税审核系统中一直没有这批出口汽车已缴消费税专用缴款书的电子信息，因而主管税务机关无法审核办理出口退税。办税员通过汽车厂家向当地主管税务机关咨询得知，这笔消费税专用缴款书电子信息已经按照规定上传。办税员请求主管税务机关退税部门查询后，得知出口退税审核系统中仍然没有这笔消费税专用缴款书电子信息。在这种情况下，该汽车销售公司向主管税务机关提出放弃这笔出口汽车退的消费税，直接审核办理退这笔出口汽车的增值税。主管税务机关答复：外贸企业出口应税消费品的增值税和消费税应当同时办理，不能单独办理增值税退税。

政策规定

第十三条 在对申报的出口货物退（免）税凭证、资料进行人工审核后，税务机关应当使用出口货物退（免）税电子化管理系统进行计算机审核，将出口商申报出口货物退（免）税提供的电子数据、凭证、资料与国家税务总局及有关部门传递的出口货物报关单、出口收汇核销单、代理出口证明、增值税专用发票、消费税税收（出口货物专用）缴款书等电子信息进行核对。审核、核对重点是：

（一）出口报关单电子信息。出口报关单的海关编号、出口日期、商品代码、出口数量及离岸价等项目是否与电子信息核对相符。

（二）代理出口证明电子信息。代理出口证明的编号、商品代码、出口日期、出口离岸价等项目是否与电子信息核对相符。

（三）出口收汇核销单电子信息。出口收汇核销单号码等项目是否与电子信息核对相符。

（四）出口退税率文库。出口商申报出口退（免）税的货物是否属于可退税货物，申报的退税率与出口退税率文库中的退税率是否一致。

（五）增值税专用发票电子信息。增值税专用发票的开票日期、金额、税额、购货方及销售方的纳税人识别号、发票代码、发票号码是否与增值税专用发票电子信息核对相符。

在核对增值税专用发票时应使用增值税专用发票稽核、协查信息。暂未收到增值税专用发票稽核、协查信息的，税务机关可先使用增值税专用发票认证信息，但必须及时用相关稽核、协查信息进行复核；对复核有误的，要及时追回已退（免）税款。

（六）消费税税收（出口货物专用）缴款书电子信息。消费税税收（出口货物专用）缴款书的号码、购货企业海关代码、计税金额、实缴税额、税率（额）等项目是否与电子信息核对相符。

第十四条 税务机关在审核中，发现的不符合规定的申报凭证、资料，税务机关应通知出口商进行调整或重新申报；对在计算机审核中发现的疑点，应当严格按照有关规定处理；对出口商申报的出口货物退（免）税凭证、资料有疑问的，应分别以下情况处理：

（一）凡对出口商申报的出口货物退（免）税凭证、资料无电子信息或核对不符的，应及时按照规定进行核查。

（二）凡对出口货物报关单（出口退税专用）、出口收汇核销单等纸质凭证有疑问的，应向相关部门发函核实。

（三）凡对防伪税控系统开具的增值税专用发票（抵扣联）有疑问的，应向同级税务稽查部门提出申请，通过税务系统增值税专用发票协查系统进行核查。

（四）对出口商申报出口货物的货源、纳税、供货企业经营状况等情况有疑问的，税务机关应按国家税务总局有关规定进行发函调查，或向同级税务稽查部门提出申请，由税务稽查部门按有关规定进行调查，并依据回函或调查情况进行处理。

政策依据：《国家税务总局关于印发〈出口货物退（免）税管理办法（试行）〉的通知》（国税发〔2005〕51 号）

执行日期：2005 年 5 月 1 日

分析诊断

外贸企业出口应税消费品，在审核出口退增值税规定资料的电子信息的基础上，主管税务机关还应当审核出口货物消费税专用缴款书及其电子信息无误后才能办理出口退消费税。外贸企业出口应税消费品如果没有出口货物消费税专用缴款书电子信息，主管税务机关不能审核办理退消费税。但是，如果外贸企业退增值税的凭证资料和相关电子信息齐全，主管税务机关仍然可以审核办理退增值税的手续。结合上述案例，汽车销售公司在出口汽车消费税专用缴款书电子信息不齐的情况下，主动放弃退消费税，只要求退增值税，在出口货物退增值税手续齐全相关电子信息审核无误的情况下，主管税务机关应当依照规定审核办理出口退增值税的手续，当然，出口退税审核系统将会出现相关疑点，主管税务机关在审核时人工挑过即可。而主管税务机关却答复：外贸企业出口应税消费品的增值税和消费税应当同时办理，不能单独办理增值税退税。由此可见，主管税务机关的做法明显是错误的。

触类旁通

出口应税消费品不能办理退消费税的五种情形：

（1）出口退税审核系统错误设置应税消费品

例如，某公司 2011 年 4 月出口一批货物，名称为：人工合成钻石粉末，商品代码为：7105102000，属于工业材料，在出口审核系统属于消费税的退税范围，但是根据《财政部 国家税务总局关于钻石及上海钻石交易所有关税收政策的通知》（财税〔2001〕176 号）文件的规定，钻石及钻石饰品消费税的纳税环节由现在的生产环节、进口环节后移至零售环节。因此，供应商销售人工合成钻石粉末不属于消费税的征税环节，因而该公司出口也不应退消费税。

（2）出口特定应税消费品不能退消费税

例如，按照《国家税务总局关于调整出口卷烟税收管理办法的通知》（国税发〔2008〕5 号）规定，卷烟出口企业购进卷烟出口的，卷烟生产企业将卷烟销售给出口企业时，免征增值税、消费税，出口卷烟的增值税进项税额不得抵扣，属于购进卷烟出口在销售经营环节免税。

（3）出口应税消费品未取得消费税专用缴款书

有的外贸企业不知道出口货物是否属于应税消费品，因而在购进货物时也未向供应商索取出口货物消费税专用缴款书。在申报出口退税时外贸企业却发现该货物应当征收消费税，往往由于索取出口货物消费税专用缴款书致使超过申报期限受到损失。因而，外贸企业在货物购进出口之前，就应当按照出口商品编码在出口退税率文库查询该货物是否属于应征消费税，如果应当征收消费税就应当向供应商索取出口货物消费税专用缴款书或海关进口消费税缴款书。如果出口退税率文库中属于征收消费税货物而当地税务机关却不征收消费的，外贸企业应当取得当地主管税务机关的有效证明提前报请退税机关核实。

（4）出口货物消费税的专用缴款书无电子信息

外贸企业出口的应税消费品，如果已经取得出口货物消费税专用缴款书而无电子信息的，外贸企业要及时提请主管税务机关查询原因，及时予以解决。

当然，海关进口消费税缴款书的电子信息审核管理，还须国家税务总局进一步明确。

（5）出口货物不能适用增值税退（免）税政策

《财政部国家税务总局关于出口货物劳务增值税和消费税政策的通知》（财税〔2012〕39号）规定，出口企业出口或视同出口适用增值税退（免）税的货物，免征消费税，如果属于购进出口的货物，退还前一环节对其已征的消费税。这样就说明了出口应税消费品适用增值税退（免）税政策是退还消费税的前提条件。具体说来，有下列两种情形不能适用增值税退（免）税政策，不能退还消费税。

1）出口企业出口或视同出口适用增值税免税政策的货物，免征消费税，但不退还其以前环节已征的消费税，且不允许在内销应税消费品应纳消费税款中抵扣。

2）出口企业出口或视同出口适用增值税征税政策的货物，应按规定缴纳消费税，不退还其以前环节已征的消费税，且不允许在内销应税消费品应纳消费税款中抵扣。

值得注意的是，出口企业在依照规定已经申报办理增值税退（免）税和消费税退税的情况下，如果按照规定应当追缴已办的增值税退（免）税的，那么也应当依照规定追缴已退的消费税。

注意要点

出口应税消费品适用增值税退（免）税政策是退还消费税的前提条件。

九、取得增值税专用发票用于申报出口退税的认证期限≠取得增值税专用发票用于申报抵扣进项税额的认证期限

常见案例

某公司是具有增值税一般纳税人资格的外贸企业，2010年10月12日（增值税

专用发票开票日期），该公司购进一批货物用于出口，2010年11月15日取得这笔货物的增值税专用发票申报认证，主管税务机关告知该公司办税员，根据《国家税务总局关于出口货物退（免）税管理有关问题的通知》（国税发〔2004〕64号）的规定：外贸企业购进货物开具的增值税专用发票属增值税防伪税控系统开具的，退税部门应要求外贸企业自开票之日起30日内办理认证手续。而这笔货物的增值税专用发票从开票日期2010年10月12日到认证时已经达34天，超过出口货物增值税专用发票30天的认证期限，不能办理认证手续。该公司办税员从网上查询得知，关于出口货物增值税专用发票的认证期限，全国各地都不相同，有的省国税局认为是30日，有的省国税局认为是90日，有的省国税局认为是180日，有的省国税局认为是出口退税申报期限之内。办税员对此问题迷惑不解，怎么同样的问题，全国各地的答案都不相同。

政策规定

出口企业向税务机关主管出口退税的部门（以下简称退税部门）申报出口货物退（免）税时，在提供有关出口货物退（免）税申报表及相关资料时，应同时附送下列纸质凭证：

（一）实行“免、抵、退”税管理办法的生产企业提供出口货物的出口发票，外贸企业提供购进出口货物的增值税专用发票或普通发票。

凡外贸企业购进的出口货物，外贸企业应在购进货物后按规定及时要求供货企业开具增值税专用发票或普通发票；其购进货物开具的增值税专用发票属增值税防伪税控系统开具的，退税部门应要求外贸企业自开票之日起30日内办理认证手续。

（二）出口货物报关单（出口退税专用）。

（三）出口收汇核销单。

政策依据：《国家税务总局关于出口货物退（免）税管理有关问题的通知》（国税发〔2004〕64号）

执行日期：2004年6月1日

增值税一般纳税人取得2010年1月1日以后开具的增值税专用发票、公路内河货物运输业统一发票和机动车销售统一发票，应在开具之日起180日内到税务机关办理认证，并在认证通过的次月申报期内，向主管税务机关申报抵扣进项税额。

政策依据：《国家税务总局关于调整增值税扣税凭证抵扣期限有关问题的通知》（国税函〔2009〕617号）

执行日期：2010年1月1日

分析诊断

外贸企业取得增值税专用发票用于申报出口退税的认证期限不同于取得增值税专用发票用于申报抵扣进项税额的认证期限。一般说来，2012 年 6 月 30 日以前，外贸企业取得增值税专用发票用于申报出口退税的认证期限为开票之日起 30 日内，而外贸企业取得增值税专用发票用申报抵扣进项税额的认证期限为开具之日起 180 日内。2012 年 7 月 1 日以后，外贸企业取得增值税专用发票用于申报出口退税的认证期限与用于申报抵扣进项税额的认证期限都相同，都为开具之日起 180 日内。结合上述案例，该公司 2010 年 10 月 12 日（增值税专用发票开票日期）购进货物用于出口，其申报认证的期限应当是开票之日起 30 日内。该公司和有的省国税局却混淆增值税专用发票用于申报出口退税与用于申报抵扣进项税额的认证期限，因而网络上答复认证期限不为 30 日的做法是错误的，而主管税务机关和网络上答复认证期限为 30 日的做法是正确的。

触类旁通

外贸企业购进出口货物取得增值税专用发票认证期限的辨析

1）根据《国家税务总局关于增值税一般纳税人取得防伪税控系统开具的增值税专用发票进项税额抵扣问题的通知》（国税发〔2003〕17 号）规定，增值税一般纳税人申请抵扣的防伪税控系统开具的增值税专用发票，必须自该专用发票开具之日起 90 日内到税务机关认证，否则不予抵扣进项税额。

2）根据《国家税务总局关于使用增值税专用发票电子信息审核出口退税有关事项的通知》（国税函〔2003〕995 号）的规定，出口企业（指增值税一般纳税人，下同）自 2003 年 8 月 1 日起（以开票日期为准）取得的用于办理出口退税的增值税防伪税控系统开具的增值税专用发票（抵扣联，以下简称专用发票），必须自该专用发票开具之日起 90 日内到主管其征税机关认证，未经过认证或认证未通过的一律不予办理出口退税。

3）根据《国家税务总局关于出口货物退（免）税管理有关问题的通知》（国税发〔2004〕64 号）的规定，外贸企业购进货物开具的增值税专用发票属增值税防伪税控系统开具的，退税部门应要求外贸企业自开票之日起 30 日内办理认证手续。

4）根据《国家税务总局关于调整增值税扣税凭证抵扣期限有关问题的通知》（国税函〔2009〕617 号）文件的规定，增值税一般纳税人取得 2010 年 1 月 1 日以后开具的增值税专用发票、公路内河货物运输业统一发票和机动车销售统一发票，应在开具之日起180日内到税务机关办理认证，并在认证通过的次月申报期内，向主管税务机关申报抵扣进项税额。实行海关进口增值税专用缴款书“先比对后抵扣”管理办法的增值税一般纳税人取得2010年1月1日以后开具的海关进口增值税专用缴款书，应在开具之日起180日内向主管税务机关报送“海关完税凭证抵扣清单”（包括纸质资料和电子数据）申请稽核比对。增值税一般纳税人取得2010年1月1日以后开具的增值税专用发票、公路内河货物运输业统一发票、机动车销售统一发票以及海关进口增值税专用缴款书，未在规定期限内到税务机关办理认证、申报抵扣或者申请稽核比对的，不得作为合法的增值税扣税凭证，不得计算进项税额抵扣。

5）国家税务总局发布的《出口货物劳务增值税和消费税管理办法》（国家税务总局公告2012年第24号）规定，出口企业和其他单位购进出口货物劳务取得的增值税专用发票，应按规定办理增值税专用发票的认证手续。进项税额已计算抵扣的增值税专用发票，不得在申报退（免）税时提供。该公告还同时废止了国税函〔2003〕995号第一条和国税发〔2004〕64号的第一、二、三、四、七、八条规定。

结论：国税发〔2003〕17号和国税函〔2009〕617号是针对增值税一般纳税人申报抵扣进项税额作出的规定，不属于用于申报出口退税作出的规定。国税函〔2003〕995号和国税发〔2004〕64号是针对出口企业取得增值税专用发票申报出口退税作出的规定，按照新旧法冲突的适用规则，2012年6月30日之前，外贸企业购进出口货物取得增值税专用发票的认证期限应当为开票之日起30日内；2012年7月1日以后，外贸企业购进出口货物取得增值税专用发票的认证期限应当为开票之日起180日以内。

注意要点

2012年6月30日之前，外贸企业购进出口货物取得增值税专用发票的认证期限应当为开票之日起30日内；2012年7月1日以后，外贸企业购进出口货物取得增值税专用发票的认证期限应当为开票之日起180日以内。

十、取得增值税专用发票用于申报出口退税的认证期限≠出口退（免）税申报期限

常见案例

某公司是具有增值税一般纳税人资格的外贸企业，2010年1月12日购进一

批货物，2010年1月15日报关出口，由于该公司在2010年5月10日支付货款，因而供货方当天（开票日期为2010年5月10日）才向公司开具增值税专用发票。2010年5月15日，该公司申报办理这笔出口货物的增值税专用发票认证结果相符。2010年5月20日，该公司办税员收齐相关单证向主管税务机关申报办理出口退（免）税，主管税务机关受理人员告知公司办税员：这笔出口货物已经逾期，不得受理出口退（免）税申报。该公司办税员质问："这笔出口货物增值税专用发票是在规定期限内认证的，怎么不能办理出口退（免）税申报？"

政策规定

增值税一般纳税人取得2010年1月1日以后开具的增值税专用发票、公路内河货物运输业统一发票和机动车销售统一发票，应在开具之日起180日内到税务机关办理认证，并在认证通过的次月申报期内，向主管税务机关申报抵扣进项税额。

政策依据：《国家税务总局关于调整增值税扣税凭证抵扣期限有关问题的通知》（国税函〔2009〕617号）

执行日期：2010年1月1日

一、外贸企业在2008年1月1日后申报出口退税的，申报出口退税的截止期限调整为，货物报关出口之日（以出口货物报关单〈出口退税专用〉上注明的出口日期为准）起90天后第一个增值税纳税申报期截止之日。

二、外贸企业确有特殊原因在本通知第一条规定期限内无法申报出口退税的，按现行有关规定申请办理延期申报手续。

政策依据：《国家税务总局关于外贸企业申报出口退税期限问题的通知》（国税函〔2007〕1150号）

执行日期：2008年1月1日

分析诊断

外贸企业出口货物取得增值税专用发票认证的期限不同于外贸企业出口货物申报办理出口退（免）税的期限。外贸企业出口货物取得增值税专用发票认证的期限，2012年6月30日以前为开具之日起30日内，从2012年7月1日起为开具之日起180日内。外贸企业在2010年12月31日以前出口货物退（免）税申报的截止期限为货物报关出口之日（以出口货物报关单〈出口退税专用〉上注明的出口日期为准）起90天后第一个增值税纳税申报期截止之日；外贸企业从2011年

1月1日起出口货物申报办理出口退（免）税的期限为货物报关出口之日次月起至次年4月30日前的各增值税纳税申报期内。结合上述案例，该公司出口货物取得增值税专用的开票日期为2010年5月10日，其增值税专用发票的认证期限为2010年6月9日以前，虽然该公司在增值税专用发票认证期限内认证增值税专用发票，但是超过其出口货物退（免）税申报期限（2010年4月15日以前），因而不得申报办理出口退（免）税申报。由此可见，该公司办税员的做法是错误的，主管税务机关的做法无疑是正确的。

触类旁通

外贸企业取得用于出口货物的增值税专用发票逾期认证申报出口退税问题

根据《国家税务总局关于逾期增值税扣税凭证抵扣问题的公告》（国家税务总局公告2011年第50号）的规定，对增值税一般纳税人发生真实交易但由于客观原因造成增值税扣税凭证逾期的，经主管税务机关审核、逐级上报，由国家税务总局认证、稽核比对后，对比对相符的增值税扣税凭证（包括增值税专用发票、海关进口增值税专用缴款书和公路内河货物运输业统一发票），允许纳税人继续抵扣其进项税额。那么外贸企业取得用于出口货物的增值税专用发票逾期认证是否能够申报办理出口退税呢？

（1）在出口货物退（免）税申报期限内逾期认证的增值税专用发票

国家税务总局发布的《出口货物劳务增值税和消费税管理办法》（国家税务总局公告2012年第24号）规定，出口企业和其他单位购进出口货物劳务取得的增值税专用发票，应按规定办理增值税专用发票的认证手续。这里规定并没有明确仅为开具发票之日起180日内，只要符合逾期认证增值税的规定，也属于依照规定认证的增值税专用发票。因而，外贸企业在出口货物退（免）税申报期限内逾期认证的增值税专用发票，仍然可以依照规定申报办理出口退税。例如，外贸公司2012年1月购进出口货物相应的增值税专用发票，因办税员擅自离职一直未认证增值税专用发票，2012年9月该公司逾期办理认证手续，这时也在出口货物退（免）税申报期限内（2013年4月底前的各增值税纳税申报期限内），因而这笔逾期认证的增值税专用发票能够申报办理出口退（免）税。

（2）超过出口货物退（免）税申报期限逾期认证的增值税专用发票

虽然外贸企业出口货物取得的增值税专用发票可以依照规定办理逾期认证手续，但是如果超过出口货物退（免）税申报期限，其不得申报办理出口退（免）税。外贸公司2012年9月购进出口货物相应的增值税专用发票，因办税员擅自离职一直未认证增值税专用发票，假设2013年5月该公司逾期办理认证手续，这时已经超过出口货物退（免）税申报期限（2013 年 4 月底前的各增值税纳税申报期限内），因而这笔逾期认证的增值税专用发票就不能申报办理出口退（免）税。

注意要点

只有在出口货物退（免）税申报期限内依照规定认证的增值税专用发票，才能申报办理出口退（免）税。

十一、出口换汇成本不合理≠不能办理出口退（免）税

常见案例

某国际贸易有限公司具有增值税一般纳税人资格，2009 年 11 月，该公司出口一批货物，报关金额 14 596. 11 欧元（折合 21 883. 26 美元），在 2010 年 1 月申报期内申报，2010 年 5 月主管税务机关通知换汇成本过高，原因是报关行将运费错报为14 500美元（实际应为 1 450 美元），此时已经超过 180 天的延期申报期限，无法更改报关单，该公司向主管税务机关提供了此批运费的发票，申请根据实际情况处理。2010 年 7 月 30 日主管税务机关通知该公司所报申请不予批准，并决定因换汇成本过高不予退税，并视同内销征税。

政策规定

第十四条 税务机关在审核中，发现的不符合规定的申报凭证、资料，税务机关应通知出口商进行调整或重新申报；对在计算机审核中发现的疑点，应当严格按照有关规定处理；对出口商申报的出口货物退（免）税凭证、资料有疑问的，应分别以下情况处理：

（一）凡对出口商申报的出口货物退（免）税凭证、资料无电子信息或核对不符的，应及时按照规定进行核查。

（二）凡对出口货物报关单（出口退税专用）、出口收汇核销单等纸质凭证有疑问的，应向相关部门发函核实。

（三）凡对防伪税控系统开具的增值税专用发票（抵扣联）有疑问的，应向同级税务稽查部门提出申请，通过税务系统增值税专用发票协查系统进行核查。

（四）对出口商申报出口货物的货源、纳税、供货企业经营状况等情况有疑问的，税务机关应按国家税务总局有关规定进行发函调查，或向同级税务稽查部

门提出申请，由税务稽查部门按有关规定进行调查，并依据回函或调查情况进行处理。

政策依据：《国家税务总局关于印发〈出口货物退（免）税管理办法〉（试行）的通知》（国税发〔2005〕51号）

执行日期：2005年5月1日

分析诊断

对在出口退税计算机审核中发现的疑点，税务机关应当严格按照有关规定处理，并不等于完全不能办理出口退税。主管税务机关要按照有关规定进行核查，如果通过核查发现出口企业不符合出口退（免）税政策规定或者有骗取出口退税嫌疑的，主管税务机关就不能办理出口退税；如果通过核查发现出口企业符合出口退（免）税政策规定，没有骗取出口退税嫌疑的，主管税务机关就应当及时办理出口退税。结合上述案例，该公司在出口退税申报审核中出现换汇成本过高的疑点，出现这一疑点的原因是报关行将运费错报为14 500美元（实际应为1 450美元），对于这个有正当理由可以排除的疑点，主管税务机关在审核过程中应当人工挑过并按照规定审核审批办理公司出口退税；而税务机关却因换汇成本过高不予退税，并视同内销征税。由此可见，税务机关的做法明显是错误的。

触类旁通

1. 换汇成本的概念

对外贸易中通常所说的出口商品换汇成本是指：商品出口净收入每美元所需要的人民币总成本，即用多少人民币换回一美元。一般情况下的计算公式为：

出口商品换汇成本 = 出口商品总成本（人民币元）÷出口商品外汇净收入（美元）

这里的出口商品总成本，包括进货（或生产）成本、国内费用（储运、管理、预期利润等，通常以费用定额率表示）及税金；出口商品外汇净收入指的是扣除运费和保险费后的FOB（离岸价）外汇净收入。

1992年，国家税务总局启动出口退税电子化项目，外贸企业出口退税换汇成本被正式提出，它是指外贸企业出口商品销售收入每外币（一般指美元）所需要的人民币数。在汇率相对稳定的时候，企业可以知道出口商品的人民币预期收入，判断该笔出口盈亏情况，因此，换汇成本是出口企业考查业务盈亏的参数，也是税务机关衡量企业出口业务合理性的重要指标。

2. 换汇成本的合理上下限

换汇成本的合理上下限就是根据上述定义提出的。笼统地说，换汇成本的合理上限设置最高不能高于汇率。如果高于汇率，企业出口就亏损。实际上，最高上限应和汇率保持一定的距离，以使企业具有一定的盈利，企业得以持续经营。换汇成本的合理下限是考虑出口业务合理性指标，除了高技术、高附加值和垄断性产品外，企业出口普通商品的盈利具有一定空间，不可能是暴利。如果过低，则可能在购入环节税收或者出口环节的结汇存在一定问题。合理上下限的提出只是针对一般情况，具体问题需要税务机关具体落实。

3. 换汇成本在外贸企业出口退税管理中的运用

（1）关联号的应用原理

关联号是外贸企业出口退税申报、审核的最小单位。通常，一笔业务的出口退税由增值税发票、出口货物报关单、核销单、出口发票四个凭证组成，即所谓的两单两票（按现行规定出口发票不是必报项，但大部分地区为企业方便仍采用报出口发票的方式），这四个凭证反映了该笔业务的购进货物、出口情况。在电子化管理系统中，关联号就是将这四个凭证组织在一起，使购进与出口有了对应关系。根据出口企业设定的关联号，系统将该关联号下的所有增值税发票按商品代码加权平均，计算出平均单价及平均退税率，再与该关联号下报关单出口数量乘以平均单价再乘以平均退税率算出企业的出口退税额。

因此，如果出口企业根据业务的实际情况，设定的关联号下的单据张数越少，系统计算出的加权平均单价就越接近企业增值税发票的单价，每笔出口数量的退税额也就越接近业务的真实状况。这种设定对于企业来说具有重要意义，如果有换汇成本过高或者过低，企业可以很迅速找出到底是业务本身有问题还是数据录入有差错，如果是业务本身有问题，财务部门可以形成快速反应机制，制止此项业务的延续。

（2）换汇成本在电子化管理中运用

1）审核系统中的换汇成本的计算方法：

出口退税出口明细申报表中同一关联号项下同一商品代码下每笔出口的换汇成本 = ［计税金额 + 计税金额 ×（征税率 - 退税率）- 应退消费税］÷美元出口额

2）申报系统中换汇成本的计算方法：

出口退税出口明细申报表同一关联号项下同一商品代码的换汇成本 = ［∑计税金额 + ∑计税金额 ×（征税率 - 退税率）- ∑应退消费税］÷∑美元出口额

3）需要解释几个概念：

计税金额：为不含税价格。它是企业购进产品的不含税成本；

“+”计税金额 ×（征税率 - 退税率）：因我国很多产品不实行征多少退多少

的政策，征退税差的部分需要出口企业来负担。

"-"应退消费税：消费税实行的价内税，征多少退多少，所以出口企业不需负担此项税收。

美元出口额：美元出口额为FOB价，如果企业以CIF价在一张出口货物报关单上出口多笔货物，由于企业的申报系统得不到海关的FOB价，则出口美元额不能和税务局的FOB价相吻合。在申报系统为企业录入的美元出口额；在审核系统为出口电子信息的美元出口额。

4）二者的差异分析：

由于企业申报系统不能得到海关出口电子信息的美元出口额，因此采用了合计计算的方法。审核系统由于有电子信息美元出口额，采用了逐笔计算的方法。

因同一关联号项下同一商品代码的进货单价不同，每笔出口的换汇成本是按同一关联号项下同一商品代码平均单价计算的，造成换汇成本异常。

企业申报系统采用合并计算方法，可能换汇成本正常，但是，审核系统采用逐笔计算方法，可能换汇成本异常。

因此，如果几笔出口在一张报关单上，那么同种商品购进单价差异很大，税务机关应核实企业的购进情况。如果几笔出口不在一张报关单上，企业应将关联号下的单据尽可能的减少，即将该关联号再进行拆分。同时，海关提供的出口美元价格与企业实际收到的出口收入有很大的差异，也应当引起税务部门对收入情况的重视。

4. 按换汇成本考查企业存在的问题

一是它不能综合考虑出口企业的实际状况。企业连续出口，有占领市场保客户、处理老库存等经营性目的，偶然性的亏损是一种正常现象，当这种情况出现时，用换汇成本考查出口企业只能长期、全年来衡量，换汇成本无法达到快速有效的反应企业有可能的骗税行为。

二是外贸企业很多费用没有提供到退税管理系统。例如，国内运费、国内保险费、佣金折扣、财务费用等费用无法准确提供，因此规定的换汇成本上限具有主观臆断性，和实际情况存在差异。

三是进料加工贸易的存在使换汇成本公式不完整。不考虑特殊退税，换汇成本的分析应集中在一般贸易和加工贸易中的进料加工贸易。目前的电子化管理系统都是按照一般贸易计算的换汇成本，按照换汇成本计算原理，进料加工贸易换汇成本公式的则应略有不同。按现在的方法，委托加工进料加工贸易货物，出口退税的换汇成本应低于合理下限，因企业的出口总值（公式中的美元出口额）含有进口料件的价值。

四是单一币制计算造成业务失真。换汇成本以美元出口额为参考指标，实际上，我国企业对日本等汇率浮动大的国家出口已经占到很高比例，以美元计算换汇成本会造成业务的不真实。

五是以换汇成本稽查企业没有法律依据。截至目前，没有文件规定换汇成本的合理上下限，也没有作为选案、稽查退税评估的指标之一。

5. 解决方案

目前，按关联号计算换汇成本，在出口退税的管理上没有更好的指标之前，仍是退税监控不可或缺的。它是控制进货出口关系，规范企业行为一种有效手段。

在企业方面，出口企业应根据业务真实情况，将关联号下的单据张数控制到最少。企业实际申报过程中应该按照一定规范录入，例如可以按照一个报关单作为一个最小单位即一个关联号配单录入，这样发生错误的概率就会降低，尽量避免多笔进货对应多笔出口业务情况的配对申报。

在税务机关方面，一是协调电子口岸，将电子口岸的数据开放给出口企业，因为报关单电子数据本身就是企业数据；二是应将欧元、日元等主要外币汇率引进到电子化系统中，改变目前的单一币制计算方式，虽然系统已提出类似的想法，但没有得到充分的重视，也没有得到有效的利用；三是改进进料加工换汇成本的计算方法，对进料加工贸易采用合理方法单独计算，改变目前的统一计算；四是采集出口企业综合数据，将企业相关的财务数据和当期增值税纳税申报表采集到系统中，做到及时有效的监控。

注意要点

对在出口退税计算机审核中发现的疑点，税务机关应当严格按照有关规定处理。

十二、出口货物进项金额及税额明显偏高而无正当理由≠能办理出口退税

常见案例

某国贸实业有限责任公司是具有一般纳税人资格的外贸企业，该企业 1997 年成立，2001 年取得进出口权，为纯出口企业，出口产品单一（只做电池出口），长期占据全省干电池出口第一名，无内销业务。2010 年出口 1 615 万美元，退增值税 1 249 万元人民币，2011 年预计出口 1 700 万美元，退增值税

1 300万元人民币。产品主要销往非洲和中东地区，采购也集中在沿海几个大型电池生产厂家。在某省国税局2011年组织的出口退税检查工作中，检查组在对该公司人工挑过疑点的核查中，发现该公司存在换汇成本过高的问题，其理由总是低价促销。通过查询公司账务及出口资料，从2008年以来公司向巴基斯坦出口一直存在长亏长卖的问题，仅2010年1~8月出口额就达1 322万元人民币。企业解释是为了占领中东市场，保有自身品牌的市场份额，才一直亏本销售。检查组要求主管税务机关按照“出口货物的销售金额、进项金额及税额明显偏高而无正当理由的，税务机关有权拒绝办理退税或免税”的规定，在调查核实的基础上，收回出口巴基斯坦货物的出口退税。

政策规定

九、出口货物的销售金额、进项金额及税额明显偏高而无正当理由的，税务机关有权拒绝办理退税或免税。

政策依据：《国家税务总局关于印发〈出口货物退（免）税管理办法〉的通知》（国税发〔1994〕31号）

执行日期：1994年1月1日

分析诊断

一般说来，外贸企业应当按照正常的方式和正常的价格从事出口经营。出口货物的销售金额、进项金额及税额明显偏高而无正当理由的，税务机关有权拒绝办理退税或免税。当然出口货物的销售金额、进项金额及税额明显偏高但有正当理由的，税务机关应当依照规定办理出口退税。结合上述案例，该公司从2008年以来向巴基斯坦出口一直长亏长卖，公司解释是为了占领中东市场，保有自身品牌的市场份额，才一直亏本销售。当然，公司为了占领市场进行亏本出口销售，应当属于合理理由，但是占领市场应当具有短暂性，不应该从2008年以来长期亏本出口销售。因而公司提出的理由不成立，因此税务机关有权不办理公司的出口退税。

触类旁通

1. 错误认为外贸企业出口退税与出口销售价格没关系

例如，某外贸企业购进某商品不含税价10 000元，进项税1 300元，合计11 300元，该商品退税率为13%。该商品出口金额为9 000元，小于不含税进价。企业能够按 1 300 元全额退税吗？该企业办税员 2010 年 7 月 19 日咨询市局退税部门得知，外贸企业出口退税依据的是出口数量对应货物的进货价格，与出口价格无关，企业能够全额退税。这样的答复明显是错误的。

2. 生产企业出口销售价格明显偏高而无正当理由的处理

生产企业出口销售价格明显偏高而无正当理由的，税务机关有权拒绝办理免抵退税，也有权采取合理方法进行调整。

3. 生产企业出口销售价格明显偏低且无正当理由的

例如，某外商投资企业 2009 年 5 月自营出口商品，经主管税务机关查实，其外关联商品销售价格明显偏低于无关联内销价格且低于企业账面成本价很多，同样的产品单位成本价 500 元，内销单价 800 元，出口关联销售单价仅 280 元，主管税务机关按征管法及增值税暂行条例和实施细则的相关规定对其价格偏低的售价进行了价格调增核定。税务机关核定后调增的出口销售额，出口企业可以依照规定申报办理免抵退税额。

4. 出口关联销售涉及的企业所得税

某地税务机关对某企业出口货物销售收入进行分析研究，他们在系统中查找出该企业出口货物的平均单价数据，以“出口国别”为分类标准，选择了“出口货物价格差异率”指标进行分析。经过分析，税务机关发现该企业产品销售的出口国很多，其中出口销售到美国的产品最多，但是销售到美国的产品单价却大大低于其他国家。为何价格相差如此悬殊？税务机关于是与该企业的负责人进行了约谈。在翔实的数据面前，该企业负责人承认企业存在转移利润的行为。原来，为了避税，该企业通过低报出口价格的办法，将本应在我国境内实现的利润转移到了美国的关联企业。税务机关遂对这家企业作出了调增应纳税所得额 4 311 万元，并补缴所得税 77 万元的处理决定。

值得注意的是，《出口货物劳务增值税和消费税管理办法》（国家税务总局公告 2012 年第 24 号）实施后，《国家税务总局关于印发〈出口货物退（免）税管理办法〉的通知》（国税发〔1994〕31 号）被废止，相应废止了“出口货物的销售金额、进项金额及税额明显偏高而无正当理由的，税务机关有权拒绝办理退税或免税”的规定，以后对于类似问题应当如何处理，还需国家税务总局予以明确。

注意要点

出口货物的销售金额、进项金额及税额明显偏高而无正当理由的，税务机关有权拒绝办理退税或免税。

十三、从增值税一般纳税人购进货物出口的税收成本≠从增值税小规模纳税人购进货物出口的税收成本

常见案例

某外贸公司具有增值税一般纳税人资格，2011 年 1 月，该公司接到一笔出口销售订单，出口货物征税率 17%，退税率 6%。业务部门提供出口货物的供货渠道有两个，一个是向增值税一般纳税人购进，一个是向增值税小规模纳税人购进。业务部门征求财务部门意见，财务部门认为，向增值税一般纳税人购进货物能够享受 9% 的出口退税率，向增值税小规模纳税人购进货物只能够享受 3% 的出口退税率，在相同含税进货金额的情况下，出口退税率越高，企业出口成本就越低，企业利润就越高，因而公司财务部门建议业务部门向增值税一般纳税人购进货物出口。

政策规定

出口企业从小规模纳税人购进货物出口准予退税的，凡财税〔2003〕222 号文件规定出口退税率为 5% 的货物，按 5% 的退税率执行；凡财税〔2003〕222 号文件规定出口退税率高于 5% 的货物，一律按 6% 的退税率执行。

政策依据：《财政部国家税务总局关于调整出口货物退税率的补充通知》（财税〔2003〕238 号）

执行日期：2004 年 1 月 1 日

从属于增值税小规模纳税人的商贸公司购进的货物出口，按增值税专用发票上注明的征收率计算办理退税。

政策依据：《国家税务总局关于调整凭普通发票退税政策的通知》（国税函〔2005〕248 号）

执行日期：2005 年 4 月 1 日

分析诊断

一般来说，出口货物退税率越高，企业出口货物的税收成本就越低。但是，外贸企业向增值税小规模纳税人购货出口的成本不等同于向增值税一般纳税人购货出口的成本。如果出口货物的供货渠道不同，由于不同供货渠道购进货物出口

的退税政策不同，因而就不能简单地按出口退税率的高低来确定出口货物税收成本的高低。

假设出口企业购货含税金额均为10 000元，货物的征税率17%，退税率6%，不同供货渠道购进货物出口的税收成本究竟如何？

方案一：向增值税一般纳税人购进货物出口

购进货物的不含税进货金额＝10 000÷（1＋17%）＝8 547. 01（元）

货物的出口退税额＝8 547. 01×6%＝512. 82（元）

出口货物的成本＝8 547. 01＋（8 547. 01×17%－512. 82）＝8 547. 01＋940. 17＝9 487. 18（元）

方案二：向增值税小规模纳税人购进货物出口

购进货物的不含税金额＝10 000÷（1＋3%）＝9 708. 74（元）

货物的出口退税额＝10 000÷（1＋3%）×3%＝291. 26（元）

出口货物的成本＝10 000÷（1＋3%）－291. 26＝9 417. 48（元）

由此可见，在进货购进含税金额相同的情况下，向增值税一般纳税人购进货物出口的成本略高于向增值税小规模纳税人购进货物出口的成本，因而，案例中公司财务部门的建议是错误的。

触类旁通

1. 出口货物征退税率差缩小情况下

上述案例是在出口货物征退税率差很大的情况下，出口企业向增值税一般纳税人购进货物出口的成本高于向增值税小规模纳税人购进货物出口的成本。那么在征税率差较小的情况下，出口货物的成本又是怎样的呢？

假设出口企业购货含税金额均为10 000元，货物的征税率17%，退税率9%，不同供货渠道购进货物出口的成本究竟如何？

方案一：向增值税一般纳税人购进货物出口

购进货物的不含税进货金额＝10 000÷（1＋17%）＝8 547. 01（元）

货物的出口退税额＝8 547. 01×9%＝769. 23（元）

出口货物的成本＝8 547. 01＋（8 547. 01×17%－769. 23）＝8 547. 01＋683. 76＝9 230. 77（元）

方案二：向增值税小规模纳税人购进货物出口

购进货物的不含税金额＝10 000÷（1＋3%）＝9 708. 74（元）

货物的出口退税额＝10 000÷（1＋3%）×3%＝291. 26（元）

出口货物的成本＝10 000÷（1＋3%）－291. 26＝9 417. 48（元）

由此可见，出口货物征退税率差越小，出口企业向增值税一般纳税人购进货物出口的成本就比向增值税小规模纳税人购进货物出口的成本越低，企业的利润越大。

2. 两种购货渠道成本平衡时出口退税率的计算

（1）出口货物征税率17%

无论出口货物征税率是多少，向小规模纳税人购进货物均属于征3%退税3%，如果按照购货含税金额为1万元计算，那么向小规模纳税人购货出口的成本均为10 000÷（1+3%）－10 000÷（1+3%）×3%＝9 417.48（元）；

向一般纳税人购进货物的不含税进货金额＝10 000÷（1+17%）＝8 547.01（元）

向一般纳税人购进货物的进项税额＝10 000÷（1+17%）×17%＝1 452.99（元）

由于假设两种购货渠道成本相同，因而向一般纳税人购货出口成本平衡点的退税额＝1 452.99－（9 417.48－8 547.01）＝1 452.99－870.47＝582.52（元）

向一般纳税人购货出口平衡点的出口退税率＝582.52÷8 547.01＝6.81%

也就是说，出口货物征税率17%的情况下，如果出口退税率6.81%，出口企业无论向小规模纳税人还是向一般纳税人购货，其出口货物成本都相同。

出口货物征税率17%的情况下，如果出口退税率低于6.81%，那么出口企业向增值税一般纳税人购货出口其负担的征退税率差就越大，因而向一般纳税人购货出口的成本就大于向小规模纳税人购货出口的成本，从而向小规模纳税人购货出口对企业更有利。

出口货物征税率17%的情况下，如果出口退税率高于6.81%，那么出口企业向一般纳税人购货出口其负担的征退税率差就越小，因而向一般纳税人购货出口的成本就小于向小规模纳税人购货出口的成本，从而向一般纳税人购货出口对企业有利。

（2）出口货物征税率13%

无论出口货物征税率是多少，向小规模纳税人购进货物均属于征3%退税3%，如果按照购货含税金额为1万元计算，那么向小规模纳税人购货出口的成本均为10 000÷（1+3%）－10 000÷（1+3%）×3%＝9 417.48（元）；

向一般纳税人购进货物的不含税进货金额＝10 000÷（1+13%）＝8 849.56（元）

向一般纳税人购进货物的进项税额＝10 000÷（1+13%）×13%＝1 150.44（元）

由于假设两种购货渠道成本相同，因而向一般纳税人购货出口成本平衡点的退税额＝1 150.44－（9 417.48－8 849.56）＝1 150.44－567.92＝582.52（元）

向一般纳税人购货出口成本平衡点的出口退税率＝582.52÷8 849.56

=6.58%

也就是说，出口货物征税率13%的情况下，如果出口退税率6.58%，出口企业无论向小规模纳税人还是一般纳税人购货，其出口货物成本都相同。

出口货物征税率13%的情况下，如果出口退税率低于6.58%，那么出口企业向一般纳税人购货出口其负担的征退税率差就越大，因而向一般纳税人购货出口的成本就大于向小规模纳税人购货出口的成本，从而向小规模纳税人购货出口对企业更有利。

出口货物征税率13%的情况下，如果出口退税率高于6.58%，那么出口企业向一般纳税人购货出口其负担的征退税率差就越小，因而向一般纳税人购货出口的成本就小于向小规模纳税人购货出口的成本，从而向一般纳税人购货出口对企业更有利。

当然两种购货渠道不同，出口企业即使购买相同货物品种相同数量，但实际支付的购货金额也可能不同，因而出口企业应当根据实际情况测算确定究竟哪种购货渠道更有利于企业。

注意要点

外贸企业向增值税小规模纳税人购货出口的成本不等同于向增值税一般纳税人购货出口的成本。

第二节 外贸企业退（免）税凭证

一、出口货物未取得增值税专用发票≠能申报出口退（免）税

常见案例

某公司是一家农畜产品外贸企业，具有增值税一般纳税人资格，出口退（免）税实行免退税办法。2009年6月，该公司向农业生产者直接收购农畜产品，全部开具主管税务机关监制的收购业发票，当月产品全部出售给出口加工区内的企业，报关单和核销单都齐全。出口商品退税率为13%，该公司办税员认为收购业发票能申报抵扣进项税额，应当也能申报办理出口退税。因此2009年7月该公司办税员持出口货物报关单、出口收汇核销单和收购业发票向主管税务机关申报办理出口退税。主管税务机关当月受理审核后通知该公司，出口货物未取得增值税专用发票不能申报办理出口退（免）税。

政策规定

一、出口企业向税务机关主管出口退税的部门（以下简称退税部门）申报出口货物退（免）税时，在提供有关出口货物退（免）税申报表及相关资料时，应同时附送下列纸质凭证：

（一）实行“免、抵、退”税管理办法的生产企业提供出口货物的出口发票，外贸企业提供购进出口货物的增值税专用发票或普通发票。

凡外贸企业购进的出口货物，外贸企业应在购进货物后按规定及时要求供货企业开具增值税专用发票或普通发票；其购进货物开具的增值税专用发票属增值税防伪税控系统开具的，退税部门应要求外贸企业自开票之日起 30 日内办理认证手续。

（二）出口货物报关单（出口退税专用）。

（三）出口收汇核销单。

政策依据：《国家税务总局关于出口货物退（免）税管理有关问题的通知》（国税发〔2004〕64 号）

执行日期：2004 年 6 月 1 日

分析诊断

按照 2009 年当时适用的出口退税政策来看，外贸企业出口货物申报办理出口退税必须提供两单一票，即出口货物报关单（出口退税专用）、出口收汇核销单和增值税专用发票。虽然增值税专用发票与其他扣税凭证一样都能申报抵扣进项税额，但是，申报出口退税与申报抵扣进项税额毕竟不同，增值税专用发票与其他扣税凭证毕竟不同。因此，其他增值税扣税凭证不能代替增值税专用发票申报出口退税。结合上述案例，该公司向农业生产者直接收购农业产品出口，虽然依照规定开具主管税务机关监制的收购发票，但是这毕竟不是增值税专用发票，不符合外贸企业出口退税的凭证要求，因而，不能申报办理出口退税。由此可见，主管税务机关的做法是正确的。

触类旁通

1. 外贸企业出口货物取得非增值税专用发票不能申报办理出口退税

（1）向农业生产者直接收购农业产品开具的收购发票

（2）取得增值税普通发票

例如，某具有一般纳税人资格的外贸公司，2009 年 12 月 29 日出口货物取得供应商开具的发票是增值税普通发票，而不是增值税专用发票，也不能申报办理出口退税。

（3）取得农产品销售发票

例如，某具有一般纳税人资格的外贸公司，2009 年 4 月 13 日出口农产品取得供应商开具的农产品销售发票，可以按 13% 计算抵扣进项税额，但是，仍然不能申报办理出口退税。

2. 外贸企业出口货物取得海关代征增值税缴款书办理出口退税问题

按照《财政部国家税务总局关于出口货物劳务增值税和消费税政策的通知》（财税〔2012〕39 号）的规定，外贸企业进口货物取得海关的进口增值税缴款书在 2012 年 6 月 30 日以前报关出口货物，不得申报办理出口退税；但是在 2012 年 7 月 1 日以后报关出口货物，可以依照规定申报办理出口退税。

3. 外贸企业出口货物未取得增值税专用发票的处理

按照《财政部国家税务总局关于出口货物劳务增值税和消费税政策的通知》（财税〔2012〕39 号）的规定，2012 年 7 月 1 日以后外贸企业取得普通发票、废旧物资收购凭证、农产品收购发票、政府非税收入票据的出口货物，适用免征增值税政策，不再视同内销征税。

注意要点

2012 年 7 月 1 日以后外贸企业取得普通发票、废旧物资收购凭证、农产品收购发票、政府非税收入票据的出口货物，适用免征增值税政策，不再视同内销征税。

二、增值税专用发票上注明的税率≠出口退税率文库中的征税率

常见案例

某外贸公司具有增值税一般纳税人资格，出口退（免）税实行免退税办法。该外贸公司 2009 年 6 月出口的榨油机全部由某粮油机械制造有限公司提供，取得增值税专用发票上注明的税率为 13%。该外贸公司在办理出口退税申报时发现，出口退税率文库中显示榨油机的适用税率为 17%，那么出口的榨油机究竟应该适用什么税率？

经过调查，某粮油机械制造有限公司具有增值税一般纳税人资格，主要生产温控组合榨油机和螺旋榨油机，其依据由省农业机械管理局颁布的《农业机械推

广鉴定证》和国家经济贸易委员会、国家技术监督局、国家工商行政管理局、国内贸易部、机械工业部、农业部联合颁布的《农业机械产品修理、更换、退货责任规定》附件1（农业机械产品目录序号产品类别产品名称说明）第10条的规定，将上述榨油机定义为农业机械，认为其产品应适用13%的低税率。经市国税局上报省国税局2009年8月7日批复明确：根据《关于印发〈增值税部分货物征税范围注释〉的通知》（国税发〔1993〕151号）文件第十六条对“农副产品加工机械”的规定，榨油机是以农副产品为原料加工工业产品的机械，不属于“农副产品加工机械”的范围，应适用17%的增值税税率。

主管税务机关依照省国税局的批复通知外贸公司，其出口的榨油机取得增值税专用发票上注明的税率不等于出口退税率文库中的征税率，不能申报办理出口退税。

政策规定

第十一条　税务机关应当使用国家税务总局认可的出口货物退（免）税电子化管理系统以及总局下发的出口退税率文库，按照有关规定进行出口货物退（免）税审核、审批，不得随意更改出口货物退（免）税电子化管理系统的审核配置、出口退税率文库以及接收的有关电子信息。

第十二条　税务机关受理出口商出口货物退（免）税申报后，应在规定的时间内，对申报凭证、资料的合法性、准确性进行审查，并核实申报数据之间的逻辑对应关系。根据出口商申报的出口货物退（免）税凭证、资料的不同情况，税务机关应当重点审核以下内容：

（一）申报出口货物退（免）税的报表种类、内容及印章是否齐全、准确。

（二）申报出口货物退（免）税提供的电子数据和出口货物退（免）税申报表是否一致。

（三）申报出口货物退（免）税的凭证是否有效，与出口货物退（免）税申报表明细内容是否一致等。重点审核的凭证有：

1. 出口货物报关单（出口退税专用）。出口货物报关单必须是盖有海关验讫章，注明“出口退税专用”字样的原件（另有规定者除外），出口报关单的海关编号、出口商海关代码、出口日期、商品编号、出口数量及离岸价等主要内容应与申报退（免）税的报表一致。

2. 代理出口证明。代理出口货物证明上的受托方企业名称、出口商品代码、出口数量、离岸价等应与出口货物报关单（出口退税专用）上内容相匹配并与申报退（免）税的报表一致。

3. 增值税专用发票（抵扣联）。增值税专用发票（抵扣联）必须印章齐全，没有涂改。增值税专用发票（抵扣联）的开票日期、数量、金额、税率等主要内容应与申报退（免）税的报表匹配。

4. 出口收汇核销单（或出口收汇核销清单，下同）。出口收汇核销单的编号、核销金额、出口商名称应当与对应的出口货物报关单上注明的批准文号、离岸价、出口商名称匹配。

5. 消费税税收（出口货物专用）缴款书。消费税税收（出口货物专用）缴款书各栏目的填写内容应与对应的发票一致；征税机关、国库（银行）印章必须齐全并符合要求。

第十三条　在对申报的出口货物退（免）税凭证、资料进行人工审核后，税务机关应当使用出口货物退（免）税电子化管理系统进行计算机审核，将出口商申报出口货物退（免）税提供的电子数据、凭证、资料与国家税务总局及有关部门传递的出口货物报关单、出口收汇核销单、代理出口证明、增值税专用发票、消费税税收（出口货物专用）缴款书等电子信息进行核对。审核、核对重点是：

（一）出口报关单电子信息。出口报关单的海关编号、出口日期、商品代码、出口数量及离岸价等项目是否与电子信息核对相符。

（二）代理出口证明电子信息。代理出口证明的编号、商品代码、出口日期、出口离岸价等项目是否与电子信息核对相符。

（三）出口收汇核销单电子信息。出口收汇核销单号码等项目是否与电子信息核对相符。

（四）出口退税率文库。出口商申报出口退（免）税的货物是否属于可退税货物，申报的退税率与出口退税率文库中的退税率是否一致。

（五）增值税专用发票电子信息。增值税专用发票的开票日期、金额、税额、购货方及销售方的纳税人识别号、发票代码、发票号码是否与增值税专用发票电子信息核对相符。

在核对增值税专用发票时应使用增值税专用发票稽核、协查信息。暂未收到增值税专用发票稽核、协查信息的，税务机关可先使用增值税专用发票认证信息，但必须及时用相关稽核、协查信息进行复核；对复核有误的，要及时追回已退（免）税款。

（六）消费税税收（出口货物专用）缴款书电子信息。消费税税收（出口货物专用）缴款书的号码、购货企业海关代码、计税金额、实缴税额、税率（额）等项目是否与电子信息核对相符。

政策依据：《国家税务总局关于印发〈出口货物退（免）税管理办法（试行）〉的通知》（国税发〔2005〕51号）

执行日期：2005年5月1日

分析诊断

一般说来，增值税专用发票上注明的出口货物征税率与出口退税率文库中的征税率应当一致。如果不一致，就可能存在多退或少退出口退税。这是因为在价税金额不变的情况下，增值税专用发票上注明的税率错误，将使出口货物的进货金额错误，从而导致出口退税计算申报错误。结合上述案例，外贸公司出口榨油机本应当取得 17% 税率的增值税专用发票，却取得 13% 税率的增值税专用发票，从而不符合申报出口退（免）税的规定，因此，主管税务机关通知外贸公司不得申报办理出口退税，其做法无疑是正确的。

触类旁通

1. 出口退税率文库中征税率变更使增值税专用发票上注明的税率错误

例如，某外贸公司具有增值税一般纳税人资格，原来出口的米粉干使用的商品码为 19023010002，征税率 17%、退税率 15%；2011 年 3 月 21 日，该公司反映，当年退税率文库升级以后，申报系统里面米粉干只有 1902301000，征税率 13%、退税率 5%，导致该公司无法将征税率 17% 的增值税专票录入系统，如果按照退税率 5% 来申报，会产生较大亏损。后询问生产米粉干的厂家得知他们还是一直出具征收 17% 税率的增值税专票。市国税局答复该公司：退税率文库是由国家税务总局定期根据商品退税率的调整进行统一升级的，新的退税率文库下发后，全国各地的出口企业都必须统一更新。因此该公司的情况只能按照新文库中米粉对应的征、退税率（征 13%，退 5%）进行出口退税申报。

2. 错用商品代码使增值税专用发票上注明的税率错误

例如，某外贸公司因出口商品编码错误，商品的法定税率为 17% 却申报商品编码成 13% 的法定税率，而取得的进货发票为 17% 的法定税率，因此无法申报出口退税。

3. 增值税专用发票上注明税率错误的处理

外贸企业现在取得的增值税专用发票如果是当月的且没有认证，则可以直接退票，请供货方作废重新开具；外贸企业取得的增值税专用发票如果已认证，则需要在系统中开具“红字增值税专用发票申请单”（以下简称申请单），凭申请单到主管税务机关开具“红字增值税专用发票通知单”（以下简称通知单），将通知单的相应联次转给供货方，供货方凭此给外贸企业开具红字增值税专用发票冲减错误的增值税专用发票，然后再重新开具正确税率的增值税专用发票给外贸企业。

4. 增值税专用发票上注明税率错误对供货企业的影响

例如，某石材加工厂从 2006 年 10 月份开始受外贸公司委托进行荒料加工，石材加工厂只收取加工费开具增值税专用发票，由于当时外贸公司传开票资料时开票的税率是 6%，所以工厂就以 6% 的税率开具发票至 2007 年 11 月 19 日，其间无论是贸易公司方的国税局还是工厂方的国税局都没提出问题。2007 年 11 月 19 日，石材加工厂去国税局购买发票时提到加工费发票事宜，国税局的相关人员才发现说发票按 6% 的税率开是错的，事后便要求工厂补缴从 2006 年 10 月份至 2007 年 11 月份开错发票的税款。

5. 预防增值税专用发票上注明税率错误的方法

外贸企业出口货物在取得增值税专用发票之前，应当事先查询出口货物的海关商品代码，通过海关商品代码在出口退税率文库中查找出口货物的征税率，从而确保出口货物增值税专用发票上注明的税率与出口退税率文库中的征税率一致。如果二者不一致，应当查明原因，及时向主管税务机关反映解决。

6. 增值税专用发票上注明税率与出口退税率文库中的征税率不一致的合理情形

增值税专用发票上注明的税率与出口退税率文库中的征税率不可能完全相同，下列情形就属于合理合法的：

1）外贸企业从增值税小规模纳税人购进货物出口，增值税专用发票上注明的是征收率，这必然与出口退税率文库中的征税率不一致；

2）外贸企业购进简易征税办法货物出口，简易征税办法货物适用 6% 的征收率，这必然与出口退税率文库中的征税率不一致。

注意要点

一般来说，增值税专用发票上注明的出口货物征税率与出口退税率文库中的征税率应当一致。

三、取得增值税专用发票日期≠开具增值税专用发票日期

常见案例

2007 年 5 月，浙江省某外贸公司会计王先生打电话到某市国税局咨询，2007 年 2 月初他们公司出口了一批硝酸铵产品，2 月 10 日取得了增值税专用发票，发票上注明的税率是 13%，注明的开票日期是 2007 年 1 月 30 日。在办理出口退税时，当地税务机关认为此笔业务不能办理退税。王先生说，他的同行吴先生的公司今年年

初也出口了一批硝酸铵产品，发票上注明的税率也是13%，不同的是吴先生在1月份就取得了增值税专用发票。而吴先生所在的公司已于4月份获得了税务部门按11%计算的出口退税。同是外贸企业，出口同一产品，为什么一家可退税另一家却不能退税？王会计十分不理解。主管税务机关工作人员给王会计解释说，根据《财政部、国家税务总局关于明确硝酸铵适用增值税税率的通知》（财税〔2007〕7号）第三条的规定：“外贸企业在2007年2月1日后出口的硝酸铵，取得的增值税专用发票是在2007年2月1日前开具，且注明的税率为13%的，准予继续按11%计算办理退税；增值税专用发票是在2007年2月1日后开具，且注明税率仍为13%的，不予办理退税。”税务工作人员告诉王会计，根据该文件精神，如果王会计所在公司也在2月1日前取得增值税专用发票，那么这笔业务是可以办理退税的。同时，该文件第一条还规定：“自2007年2月1日起，硝酸铵产品的增值税税率统一调整为17%，同时不再享受化肥产品免征增值税政策。”

政策规定

一、自2007年2月1日起，硝酸铵适用的增值税税率统一调整为17%，同时不再享受化肥产品免征增值税政策。

二、自2007年2月1日起，出口企业出口的硝酸铵（税号：31023000）统一执行13%的退税率（以出口退税专用的出口货物报关单上注明的出口日期为准）。在此之前，出口企业已经出口的硝酸铵，按17%计算征收增值税的，按13%计算办理退税（含免抵退税，下同）；按13%计算征收增值税的，按11%计算办理退税。

三、外贸企业在2007年2月1日后出口的硝酸铵，取得的增值税专用发票是在2007年2月1日前开具，且注明的税率为13%的，准予继续按11%计算办理退税；增值税专用发票是在2007年2月1日后开具，且注明税率仍为13%的，不予办理退税。

四、税务机关对外贸企业上述出口退税申报，可采取人机结合的办法予以审核处理。

政策依据：《财政部、国家税务总局关于明确硝酸铵适用增值税税率的通知》（财税〔2007〕7号）

执行日期：2007年2月1日

分析诊断

外贸企业在2007年2月1日后出口的硝酸铵，取得的增值税专用发票是在2007年2月1日前开具，且注明的税率为13%的，准予继续按11%计算办理退税；增值税专用发票是在2007年2月1日后开具，且注明税率仍为13%的，不予办理退税。但是增值税专用发票开具日期不能等同于增值税专用发票取得日期。增值税专用发票开具日期是销货方开具增值税专用发票时在“开票日期”栏注明的日期。增值税专用发票取得日期是购货方收到增值税专用发票的日期。结合上述案例，王会计所在的公司虽然在2007年2月10日取得增值税专用发票，但是该专用发票上注明的开票日期是2007年1月30日，且注明的税率是13%的碳酸铵，应当依照规定申报办理出口退税。但是主管税务机关工作人员却混淆增值税专用发票开具日期与增值税发票取得日期的区别，把增值税专用发票取得日期错误地当作增值税专用发票开具日期，从而错误地适用出口退税政策，不予办理该公司申报的出口退税。由此可见，主管税务机关的做法是错误的。

触类旁通

增值税专用发票开票日期在出口退（免）税管理中的重要意义

（1）适用不同出口退税率

例如，《财政部、国家税务总局关于明确硝酸铵适用增值税税率的通知》（财税〔2007〕7号）规定，外贸企业在2007年2月1日后出口的硝酸铵，取得的增值税专用发票是在2007年2月1日前开具，且注明的税率为13%的，准予继续按11%计算办理退税；增值税专用发票是在2007年2月1日后开具，且注明税率仍为13%的，不予办理退税。因此，开具增值税专用发票日期就成了适用不同出口退税政策的重要依据。

再例如，《国家税务总局关于深圳市瑞沐化工实业有限公司出口溴甲烷有关退税问题的批复》（国税函〔2005〕843号）明确，溴甲烷产品作为农药，征税率为13%；作为化工原料等，征税率为17%。根据《财政部 国家税务总局关于调整出口货物退税率的通知》（财税〔2003〕222号）的规定，溴甲烷产品作为农药，退税率应为11%；作为化工原料等，退税率应为13%。同时，按规定退税率文库进行相应调整，溴甲烷（海关商品码“2903309030”）的增值税征税率、退税率调整为：征17%的溴甲烷，海关商品码为“29033090301”，征税率为17%，退税率为13%；征13%的溴甲烷，海关商品码为“29033090302”，征税率为13%，退税率为11%。开具增值税专用发票就应当按退税率文库调整的有关规定进行，因此开具增值税专用发票日期就成了确定适用不同出口退税率的重要依据。

（2）确定外贸企业出口货物取得增值税专用发票的认证期限

外贸企业出口货物取得增值税专用发票，必须认证相符才能申报办理出口退税。无论是2012年6月30日以前执行的30日认证期限，还是2012年7月1日起执行的180日认证期限，其认证期限均从增值税专用发票开具之日起计算。

（3）确定输入特殊区域水电气退税申报期限

《国家税务总局关于发布〈出口货物劳务增值税和消费税管理办法〉的公告》（国家税务总局公告 2012 年第 24 号）规定，输入特殊区域的水电气，由购买水电气的特殊区域内的生产企业申报退税。企业应在购进货物增值税专用发票的开具之日次月起至次年 4 月 30 日前的各增值税纳税申报期内向主管税务机关申报退税。逾期的，企业不得申报退税。因此，增值税专用发票开具日期是确定输入特殊区域水电气退税申报期限的重要依据。

（4）确定研发机构采购国产设备退税申报期限

《国家税务总局关于印发〈研发机构采购国产设备退税管理办法〉的通知》（国税发〔2010〕9 号）规定，研发机构应自购买国产设备取得的增值税专用发票开票之日起 180 日内，向其主管退税税务机关报送"研发机构采购国产设备退税申报审核审批表"及电子数据申请退税。由此可见，增值税专用发票开具日期是确定研发机构采购国产设备退税申报期限的重要依据。

值得注意的是，《国家税务总局关于发布〈出口货物劳务增值税和消费税管理办法〉的公告》（国家税务总局公告 2012 年第 24 号）规定，其他视同出口货物和对外提供加工修理修配劳务，属于报关出口的，为报关出口之日起，属于非报关出口销售的，为出口发票或普通发票开具之日起，出口企业或其他单位应在次月至次年 4 月 30 日前的各增值税纳税申报期内申报退（免）税。因而，对中标机电产品的退税申报期限就由以前购买产品开具增值税专用发票的开票之日起 90 日内，调整为销售中标机电产品的普通发票开具之日起次月至次年 4 月 30 日前的各增值税纳税申报期内。

注意要点

增值税专用发票开具日期不能等同于增值税专用发票取得日期。

四、复核无增值税专用发票交叉稽核信息≠复核增值税专用发票交叉稽核信息不符

常见案例

某外贸公司具有增值税一般纳税人资格，属于出口退（免）税申报时可暂不提供收汇核销单的出口企业。该公司 2009 年 11 月报关出口一批货物，2009 年 12 月取得出口货物报关单和收汇核销单，2009 年 12 月 20 日取得了出口货物增值税

发票。2009 年 12 月，该公司申报办理退（免）税。2010 年 4 月，主管税务机关查询该公司已申报出口退（免）税增值税专用发票交叉稽核信息时发现，这批出口货物的增值税专用发票没有交叉稽核信息，因而主管税务机关通知该公司依法追缴已办理的出口退税，并依照规定视同内销征税。

政策规定

六、退税部门受理申报后，在审核时应使用增值税专用发票稽核、协查信息审核出口退（免）税。未收到增值税专用发票稽核、协查信息的，退税部门可先使用专用发票认证信息审核办理出口企业的出口货物退（免）税，但必须及时用相关稽核、协查信息进行复核；对复核有误的，要及时追回已退（免）税款。

有本通知第二条所述情形之一的出口企业，自发生之日起两年内，退税部门必须使用增值税专用发票稽核、协查信息审核该企业的出口货物退（免）税。

政策依据：《国家税务总局关于出口货物退（免）税管理有关问题的通知》(国税发〔2004〕64 号)

执行日期：2004 年 6 月 1 日

分析诊断

对出口退（免）税申报时可暂不提供收汇核销单的外贸企业，未收到增值税专用发票稽核、协查信息的，退税部门可先使用专用发票认证信息审核办理出口货物退（免）税，但必须及时用相关稽核、协查信息进行复核；对复核有误的，要及时追回已退（免）税款。复核时无增值税专用发票交叉稽核信息不等同于复核时增值税专用发票交叉稽核信息不符。对审核疑点类型为“无信息”的数据，各级税务机关应当逐级报送审核疑点增值税专用发票数据，总局将进行分析，对未下发的发票数据进行补发，对已下发的数据进行补发的同时定期发文通报。结合上述案例，该外贸公司购进出口货物的增值税专用发票交叉稽核信息，主管税务机关未逐级上报审核疑点的增值税专用发票数据，且未核查无信息的真正原因，就直接通知该公司追缴已办理的出口退税，并要求视同内销征税，其做法是错误的。

触类旁通

使用增值税专用发票认证信息审核出口退税后的相关处理

根据《国家税务总局关于使用增值税专用发票信息审核出口退税有关问题的

补充通知》（国税函〔2004〕862 号）的规定，对不属于必须同时使用增值税专用发票稽核、协查信息审核出口货物退（免）税的外贸企业，退税机关使用增值税专用发票认证信息审核办理外贸企业（包括机电产品中标企业，下同）退税后三个月内，应将该笔退税的增值税专用发票认证信息与按规定取得的总局下传增值税专用发票稽核、协查信息进行比对，比对不符的按下列规定处理：

1）凡退税机关在审核中发现出口企业提供的专用发票属于协查有误发票信息或增值税专用发票认证信息与稽核、协查信息中相符发票、协查无误发票信息比对不符的，一律不予退税，已经办理退税的一律追回该笔出口货物已退税款。

2）对于审核中发现没有专用发票电子信息或核对不符的（如属于出口企业申报数据有误的退回出口企业修改后重新申报），退税机关暂不予退税。具体处理程序如下：

①依照《国家税务总局关于使用增值税专用发票信息审核出口退税有关问题的补充通知》（国税函〔2004〕862 号）规定将审核疑点数据分为两种类型：无信息和核对不符。类型定义明确如下：

a. 无信息：某外贸企业代码信息可在国家税务总局内部办公业务网出口退税单证支持网站（http://130.9.1.116/ckts）查询中查到，且该企业提供的增值税专用发票在认证通过之后 60 天内仍未收到总局下发的增值税专用发票稽核结果数据。

b. 核对不符：企业办理退税时申报的增值税专用发票信息与稽核、协查信息中相符发票或协查无误发票信息核对不符，将企业申报的发票信息作为审核疑点数据上传。

②各省局信息中心必须通过出口退税用专用发票稽核结果数据传输系统中上传数据汇总功能将本区域内的审核疑点数据和特准退税企业增值税专用发票申报数据汇总上传。

③总局相关数据处理流程。

总局每月将上月 16 日至本月 15 日各地通过出口退税用专用发票稽核结果数据传输系统上传的审核疑点数据和特准退税企业增值税专用发票申报数据进行汇总，并进行以下处理：

a. 将对汇总数据中不符合本文件第四条类型定义和总局增值税专用发票稽核结果数据库中不存在的审核疑点数据进行清理，发回上传地。

b. 对疑点类型为“无信息”的数据，总局将进行分析，对未下发的发票数据进行补发，对已下发的数据进行补发。

c. 疑点类型为“核对不符”的数据，用各地上传的认证信息与总局增值税专用发票稽核结果数据库相应数据进行比对，如确不符，移送总局进出口税收管理司进行处理；如相符，对该条发票数据进行补发。

注意要点

复核时无增值税专用发票交叉稽核信息不等同于复核时增值税专用发票交叉稽核信息不符。

五、增值税专用发票有关项目≠出口货物报关单有关项目

常见案例

在某省国税局2006年组织的出口退税检查工作中，某检查组发现某进出口公司2005年出口皮衣，其出口货物报关单上注明的货物名称与增值税专用发票上注明的货物名称明显不符，因而检查组认定该公司进货凭证配单不实，要求主管税务机关追缴出口退税款16 944.44元。

政策规定

第十二条　税务机关受理出口商出口货物退（免）税申报后，应在规定的时间内，对申报凭证、资料的合法性、准确性进行审查，并核实申报数据之间的逻辑对应关系。根据出口商申报的出口货物退（免）税凭证、资料的不同情况，税务机关应当重点审核以下内容：

（一）申报出口货物退（免）税的报表种类、内容及印章是否齐全、准确。

（二）申报出口货物退（免）税提供的电子数据和出口货物退（免）税申报表是否一致。

（三）申报出口货物退（免）税的凭证是否有效，与出口货物退（免）税申报表明细内容是否一致等。重点审核的凭证有：

1. 出口货物报关单（出口退税专用）。出口货物报关单必须是盖有海关验讫章，注明“出口退税专用”字样的原件（另有规定者除外），出口报关单的海关编号、出口商海关代码、出口日期、商品编号、出口数量及离岸价等主要内容应与申报退（免）税的报表一致。

2. 代理出口证明。代理出口货物证明上的受托方企业名称、出口商品代码、出口数量、离岸价等应与出口货物报关单（出口退税专用）上内容相匹配并与申报退（免）税的报表一致。

3. 增值税专用发票（抵扣联）。增值税专用发票（抵扣联）必须印章齐全，

没有涂改。增值税专用发票（抵扣联）的开票日期、数量、金额、税率等主要内容应与申报退（免）税的报表匹配。

4. 出口收汇核销单（或出口收汇核销清单，下同）。出口收汇核销单的编号、核销金额、出口商名称应当与对应的出口货物报关单上注明的批准文号、离岸价、出口商名称匹配。

5. 消费税税收（出口货物专用）缴款书。消费税税收（出口货物专用）缴款书各栏目的填写内容应与对应的发票一致征税机关、国库（银行）印章必须齐全并符合要求。

政策依据：《国家税务总局关于印发〈出口货物退（免）税管理办法（试行）〉的通知》（国税发〔2005〕51 号）

执行日期：2005 年 5 月 1 日

分析诊断

外贸企业出口退（免）税实行免退税办法，具体是实行单票对应法。每笔货物出口货物报关单与每笔购进货物的增值税专用发票相对应。只有出口货物增值税专用发票注明的货物名称与出口货物报关单上出口商品名称相对应，才能有效证明购进货物已经报关出口，从而才能申报办理这笔货物的出口退税。结合上述案例，该公司出口货物报关单上注明的货物名称与增值税专用发票上注明的货物名称明显不符，因而检查组认定公司进货凭证配单不实，要求主管税务机关追缴出口退税款 16 944. 44 元。由此可见，该公司的做法是错误的，某省国税局检查组的做法无疑是正确的。

触类旁通

增值税专用发票与出口货物报关单相关项目的对应关系

外贸企业出口退税实行单票对应法，实际就是指出口货物报关单与出口货物增值税专用发票相关栏目应当一致或者保持合理的逻辑关系。

（1）单位名称

一般来说，出口货物报关单（出口退税联专用）中“经营单位”名称与增值税专用发票中“购货单位”名称必须一致，否则，不予办理出口退税。

当然，如果外贸企业委托代理出口货物的，相应地，出口货物增值税专用发票上注明的购货单位与出口货物报关单上注明的经营单位不会一致，但是，这就必须要有“出口货物代理证明”，并且“出口货物代理证明”上注明的受托企业名称与出口报关单上的经营单位一致，同时，“出口货物代理证明”上注明的委托企业名称要与出口货物增值税专用发票上注明的购货单位一致。

(2) 日期

按照正常出口经营程序，外贸企业应当先购进货物再报关出口，因此，出口货物增值税专用发票的开票日期应当不得晚于出口货物报关单上的出口日期。

对于增值税专用发票上的开票日期晚于出口货物报关单上的出口日期的，税务机关目前有两种做法：第一种做法就是认为不影响出口退税申报，税务机关按正常程序受理审核审批出口退税；第二种做法就是认为不符合出口正常经营程序不得申报办理出口退税。对此，笔者赞同第二种做法，其理由如下：

第一，外贸企业购进货物就应当依照规定时间取得增值税专用发票，供货商就应当依照规定的开票时间开具增值税专用发票，如果允许增值税专用发票开票时间晚于出口日期，则容易使供货商推迟纳税义务发生时间。

第二，增值税专用发票记载的是外贸企业的购货情况，出口货物报关单记载的是外贸企业的出口报关情况，如果允许增值税专用发票开票日期晚于出口日期，那么出口业务就是先报关出口后购货，这明显违背正常出口经营程序。

综上所述，按照正常出口经营程序来看，出口货物增值税专用发票的开票日期应当不得晚于出口货物报关单上的出口日期。

当然，如果外贸企业取得增值税专用发票属于开票错误重新开具等合理理由致使开票日期晚于出口日期的，则可以报主管税务机关核实后予以办理出口退税。

(3) 货物名称

增值税专用发票注明的货物名称应当与出口货物报关单注明的商品名称相同。如果增值税专用发票注明的货物名称与出口货物报关单注明的商品名称不相同的，企业应当报送相关说明由主管税务机关进行认定，如果认定二者相差较大或者不能进行认定的，出口货物就不能申报办理出口退税。如果税务机关认定二者相同或基本相同的，出口货物就可以申报办理出口退税。

增值税专用发票上注明的货物品种超过出口货物报关单上出口商品品种的，外贸企业应当报主管税务机关查明原因，如果属于增值税专用发票上注明的货物包括内外销货物的，外贸企业可以将内销货物名称申请开具“外贸企业出口退税进货分批申报单”，再凭此单申请开具“出口货物转内销证明”用以申报抵扣内销货物的进项税额。

增值税专用发票上注明的货物品种少于出口货物报关单上出口商品品种的，外贸企业应当查明原因，如果属于未按规定取得增值税专用发票的，则该货物不能按规定申报办理出口退税。

如果增值税专用发票上注明的货物品种与出口货物报关单上出口商品品种相同，但出口货物报关单上有不退税货物的，外贸企业应当将不退税货物申请开具

“外贸企业出口退税进货分批申报单”，凭增值税专用发票和“外贸企业出口退税进货分批申报单”申报允许退税货物的出口退税，凭“外贸企业出口退税进货分批申报单”申请开具“出口转内销证明”用以申报抵扣内销货物的进项税额。

当然，如果外贸企业2012年6月30日以前委托加工收回货物出口的，取得增值税专用发票注明的货物名称、计量单位、数量等与出口货物报关单上注明的货物名称、计量单位、数量等不一致，经过主管税务机关审核符合出口退税规定的则办理出口退税，否则不予办理出口退税。

值得注意的是，《财政部国家税务总局关于出口货物劳务增值税和消费税政策的通知》（财税〔2012〕39号）规定，从2012年7月1日起，外贸企业出口委托加工修理修配货物增值税退（免）税的计税依据，为加工修理修配费用增值税专用发票注明的金额。外贸企业应将加工修理修配使用的原材料（进料加工海关保税进口料件除外）作价销售给受托加工修理修配的生产企业，受托加工修理修配的生产企业应将原材料成本并入加工修理修配费用开具发票。

（4）计量单位

增值税专用发票注明的货物计量单位应当与出口货物报关单注明的商品单位相同。如果增值税专用发票注明的货物计量单位与出口货物报关单注明的商品单位如果不相同的，企业应当报送相关说明由主管税务机关进行认定，如果认定二者相差较大或者不能进行认定的，出口货物就不能申报办理出口退税。如果税务机关认定二者相同或基本相同的，出口货物就可以申报办理出口退税。

当然，出口货物报关单上注明的商品单位可能有两个，只要其中有一个与增值税专用发票注明的货物计量单位相同，就可以认定二者相同。

值得注意的是，如果外贸企业委托加工收回货物出口的，取得增值税专用发票注明的货物计量单位与出口货物报关单上注明的货物计量单位不一致，经过主管税务机关审核符合出口退税规定的则可办理出口退税，否则不予办理出口退税。

（5）数量

如果增值税专用发票注明的货物数量大于出口货物报关单注明的货物数量，那么外贸企业就应当向主管税务机关申报开具“出口退税进货分批申报单”，凭增值税专用发票和“出口退税进货分批申报单”申报办理出口退税。购进货物当期未出口以后再出口的，凭“出口退税进货分批申报单”和增值税专用发票复印件申报办理出口退税；购进货物当期未出口以后转作内销的，凭此“出口退税进货分批申报单”申请开具“出口转内销证明”用以申报抵扣内销货物的进项税额。

如果增值税专用发票注明的货物数量小于出口货物报关单注明的货物数量，外贸企业只能凭增值税专用发票注明的货物数量申报办理出口退税，多余的出口货物数量则不能结转到下期申报办理出口退税，只能视作未按规定取得增值税专用发票出口货物进行处理。

值得注意的是，如果外贸企业委托加工收回货物出口的，取得增值税专用发票注明的货物数量与出口货物报关单上注明的货物数量不一致，经过主管税务机关审核符合出口退税规定的则办理出口退税，否则不予办理出口退税。

（6）金额

如果增值税专用发票注明的货物金额小于出口货物报关单注明的货物金额，外贸企业可以按照规定申报办理出口退税。

如果增值税专用发票注明的货物金额大于出口货物报关单注明的货物金额，外贸企业则应当向主管税务机关说明理由，主管税务机关认为理由正当合理的，则可以申报办理出口退税；主管税务机关如果认为理由不正当不合理的，税务机关则有权拒绝办理出口退税。

注意要点

出口货物报关单与出口货物增值税专用发票相关栏目应当一致或者保持合理的逻辑关系。

六、误作废失控的增值税专用发票≠不能办理出口退税

常见案例

某纺织品进出口公司是一家以经营纺织品服装为主的专业外贸公司，该公司经营主要包括购进材料销售给加工厂加工成品再回购出口，或购进材料委托加工出口或直接购入成品出口等方式。该公司2008年至2010年出口额为31 607万美元，出口退税总额为人民币26 320万元；2011年，该公司预计出口额15 000万美元，预计退税人民币15 000万元。在某省国税局2011年组织的出口退税情况检查工作中，检查组发现该公司存在已退税增值税专用发票属于失控发票的情况。经核实，该发票（发票代码号码5100103140－00452175）由某羽绒有限公司于2010年11月9日开给纺织品进出口公司，后者于11月12日网上认证通过，并于2010年12月申报出口退税14 478.47元。2010年12月，某羽绒有限公司在将专用发票（00452206）作废时，误将发票号码为00452175的专用发票作废，导致该发票成为失控发票。主管税务机关发现后于2011年1月4日及时通知纺织品进出口公司将已退税款14 478.47元追缴入库（通用缴款书号码0228380）。

政策规定

外贸企业取得《国家税务总局关于失控增值税专用发票处理的批复》（国税函〔2008〕607 号）文件规定的失控增值税专用发票，销售方已申报并缴纳税款的，可由销售方主管税务机关出具书面证明，并通过协查系统回复外贸企业主管税务机关。该失控发票可作为外贸企业申请办理出口退税的凭证，主管税务机关审核退税时可不比对该失控发票的电子信息。

政策依据:《国家税务总局关于销货方已经申报并缴纳税款的失控增值税专用发票办理出口退税问题的批复》（国税函〔2008〕1009 号）

执行日期：2008 年 12 月 8 日

分析诊断

失控发票指防伪税控企业丢失被盗金税卡中未开具的发票以及被列为非正常户的防伪税控企业未向税务机关申报或未按规定缴纳税款的发票。按照规定，认证系统发现的“认证时失控发票”和“认证后失控发票”经检查确属失控发票的，不得作为增值税扣税凭证，也不得申报办理出口退税。但是，外贸企业取得失控增值税专用发票，销售方已申报并缴纳税款的，可由销售方主管税务机关出具书面证明，并通过协查系统回复外贸企业主管税务机关。该失控发票可作为外贸企业申请办理出口退税的凭证，主管税务机关审核退税时可不比对该失控发票的电子信息。结合上述案例，纺织品进出口公司取得的发票属于供货方企业误作废发票，虽然属于失控发票，但可以通过供货方税务机关撤销作废发票的方式，也可以通过销售方主管税务机关出具书面证明，并通过协查系统回复外贸企业主管税务机关的方式办理出口退税。而主管税务机关却没有核查清楚失控发票的具体原因，简单地按失控发票的一般要求进行简单处理，即税务机关在发现后于 2011 年 1 月 4 日通知企业将已退税款 14 478.47 元追缴入库，其做法明显是错误的。

触类旁通

根据《国家税务总局关于外贸企业使用增值税专用发票办理出口退税有关问题的公告》（国家税务总局公告 2012 年第 22 号）的规定，从 2012 年 6 月 1 日起，外贸企业可使用经税务机关审核允许纳税人抵扣其进项税额的增值税专用发票作为出口退税申报凭证向主管税务机关申报出口退税。

（1）外贸企业办理出口退税提供经税务机关审核允许纳税人抵扣其进项税额的增值税专用发票，分别按以下对应要求申报并提供相应资料：

①《国家税务总局关于修订〈增值税专用发票使用规定〉的通知》（国税发〔2006〕156号）第二十八条规定的允许抵扣的丢失抵扣联的已开具增值税专用发票。

a. 外贸企业丢失已开具增值税专用发票发票联和抵扣联的，在增值税专用发票认证相符后，可凭增值税专用发票记账联复印件及销售方所在地主管税务机关出具的“丢失增值税专用发票已报税证明单”，经购买方主管税务机关审核同意后，向主管出口退税的税务机关申报出口退税。

b. 外贸企业丢失已开具增值税专用发票抵扣联的，在增值税专用发票认证相符后，可凭增值税专用发票发票联复印件向主管出口退税的税务机关申报出口退税。

②《国家税务总局关于失控增值税专用发票处理的批复》（国税函〔2008〕607号）规定的允许抵扣的按非正常户登记失控增值税专用发票（以下简称失控增值税专用发票）。

外贸企业取得的失控增值税专用发票，销售方已申报并缴纳税款的，可由销售方主管税务机关出具书面证明，并通过协查系统回复购买方主管税务机关。外贸企业可凭增值税专用发票向主管出口退税的税务机关申报出口退税。

③《国家税务总局关于印发〈增值税专用发票审核检查操作规程（试行）〉的通知》（国税发〔2008〕33号）第十八条第一款规定的允许抵扣的稽核比对结果属于异常的增值税专用发票（即属于“企业操作问题”和“税务机关操作问题或技术问题”，符合税法规定抵扣条件的，允许其抵扣增值税进项税额的增值税专用发票）。

外贸企业可凭增值税专用发票向主管出口退税的税务机关申报出口退税。

④《国家税务总局关于逾期增值税扣税凭证抵扣问题的公告》（2011年第50号）规定的允许抵扣的增值税专用发票。

外贸企业可凭增值税专用发票（原件丢失的，可凭增值税专用发票复印件）向主管出口退税的税务机关申报出口退税。

（2）对外贸企业在申报出口退税时提供上述经税务机关审核允许纳税人抵扣其进项税额的增值税专用发票的，各地税务机关审核时要认真审核增值税专用发票并核对税务机关内部允许抵扣资料，在出口退税审核系统中比对增值税专用发票稽核比对信息、审核检查信息和协查信息，在增值税专用发票信息比对无误的情况下，按现行出口退税规定办理出口退税。

（3）国家税务总局公告2012年第22号自2012年6月1日起施行。施行前外贸企业取得的经税务机关审核的允许纳税人抵扣其进项税额的增值税专用发票申报办理出口退税的，按照上述规定和现行出口退税规定办理出口退税事宜。

注意要点

外贸企业可使用经税务机关审核允许纳税人抵扣其进项税额的增值税专用发票作为出口退税申报凭证向主管税务机关申报出口退税。

七、供货企业走逃的增值税专用发票≠能办理出口退（免）税

常见案例

某公司是具有增值税一般纳税人资格的外贸公司。2010 年该公司出口货物取得的 4 份增值税专用发票经交叉稽核比对属于失控发票，税额合计 56 374.68 元。经发函调查核实，供货企业走逃，已经列入非正常户进行管理，主管税务机关依照规定收回已退税款。

政策规定

六、退税部门受理申报后，在审核时应使用增值税专用发票稽核、协查信息审核出口退（免）税。未收到增值税专用发票稽核、协查信息的，退税部门可先使用专用发票认证信息审核办理出口企业的出口货物退（免）税，但必须及时用相关稽核、协查信息进行复核；对复核有误的，要及时追回已退（免）税款。

有本通知第二条所述情形之一的出口企业，自发生之日起两年内，退税部门必须使用增值税专用发票稽核、协查信息审核该企业的出口货物退（免）税。

政策依据：《国家税务总局关于出口货物退（免）税管理有关问题的通知》（国税发〔2004〕64 号）

执行日期：2004 年 6 月 1 日

外贸企业取得《国家税务总局关于失控增值税专用发票处理的批复》（国税函〔2008〕607 号）文件规定的失控增值税专用发票，销售方已申报并缴纳税款的，可由销售方主管税务机关出具书面证明，并通过协查系统回复外贸企业主管税务机关。该失控发票可作为外贸企业申请办理出口退税的凭证，主管税务机关审核退税时可不比对该失控发票的电子信息。

政策依据：《国家税务总局关于销货方已经申报并缴纳税款的失控增值税专用发票办理出口退税问题的批复》（国税函〔2008〕1009 号）

执行日期：2008 年 12 月 8 日

分析诊断

退税部门先使用专用发票认证信息审核办理出口企业的出口货物退（免）税的，必须及时用相关稽核、协查信息进行复核。复核如果列入失控增值税专用发票，但销售方已申报并缴纳税款的，可由销售方主管税务机关出具书面证明，并通过协查系统回复外贸企业主管税务机关。该失控发票可作为外贸企业申请办理出口退税的凭证，主管税务机关审核退税时可不比对该失控发票的电子信息。复核列入失控增值税专用发票又不能符合前述要求的，税务机关就要及时追回已退（免）税款。结合上述案例，该公司出口货物取得的增值税专用发票经交叉稽核比对属于失控增值税专用发票，又经调查核实供货企业走逃已经列入非正常管理，明显不能取得销售方主管税务机关出具销货方已申报并缴纳税款的书面证明，更不能通过协查系统回复外贸企业主管税务机关，因而主管税务机关追缴已办理的出口退税的做法是正确的。

触类旁通

1\. 外贸企业出口货物取得增值税专用发票申报出口退税的风险

（1）供货企业的生产、购进或加工业务不真实

根据《国家税务总局关于发布〈出口货物税收函调管理办法〉的公告》（国家税务总局公告2010年第11号）第十五条第一款的规定，复函确认供货企业销售货物属自行生产的，其生产设备、工具不能生产该种货物，或该企业不具备该批货物产能的；或确认供货企业销售该批非自产货物的购进业务不真实；或确认供货企业销售该批货物为委托加工产品，其委托加工业务不真实的，不得办理出口退税，对已办理出口退税的，应将出口退税款追回。按规定需要征税的，应予征税。需要立案查处的，退税部门应及时按照有关规定，将有关资料移交稽查部门立案查处。

（2）供货企业被注销或被认定为非正常户后开出的增值税专用发票

根据《国家税务总局关于发布〈出口货物税收函调管理办法〉的公告》（国家税务总局公告2010年第11号）第十五条第一款的规定，复函确认供货企业被注销或被认定为非正常户后开出增值税专用发票的，不得办理出口退税，对已办理出口退税的，应将出口退税款追回。按规定需要征税的，应予征税。需要立案查处的，退税部门应及时按照有关规定，将有关资料移交稽查部门立案查处。

（3）供货企业实际销售的货物与增值税专用发票所列货物不一致的，或出口企业从供货企业采购的货物与其实际出口货物不一致的

根据《国家税务总局关于发布〈出口货物税收函调管理办法〉的公告》（国家

税务总局公告2010年第11号）第十五条第一款的规定，复函确认供货企业实际销售的货物与增值税专用发票所列货物不一致的，或出口企业从供货企业采购的货物与其实际出口货物不一致的，不得办理出口退税，对已办理出口退税的，应将出口退税款追回。按规定需要征税的，应予征税。需要立案查处的，退税部门应及时按照有关规定，将有关资料移交稽查部门立案查处。

（4）供货企业销售该批货物开出的增值税专用发票为涉嫌虚开发票

根据《国家税务总局关于发布〈出口货物税收函调管理办法〉的公告》（国家税务总局公告2010年第11号）第十五条第二款的规定，复函确认供货企业销售该批货物开出的增值税专用发票为涉嫌虚开发票的，暂缓办理出口退税，对已办理出口退税的，应按照该复函所涉及退税额暂扣该企业其他已审核通过的应退税款，无其他应退税款或应退税款小于该复函所涉及退税额，可由出口企业提供差额部分的担保。待复函税务机关再次复函排除相应疑点后，方可办理出口退税。

（5）供货企业被认定为非正常户

根据《国家税务总局关于发布〈出口货物税收函调管理办法〉的公告》（国家税务总局公告2010年第11号）第十五条第四款的规定，复函确认供货企业存在下列疑点之一，退税部门对出口企业核查也存在明显疑点的，暂缓办理出口退税，待复函税务机关再次复函排除相应疑点后，方可办理出口退税。

1）供货企业被认定为非正常户，至复函日止仍欠缴增值税的，或被调查商品为消费税应税货物仍欠消费税税款的，且欠缴税款大于等于应退税款。

2）经税务机关实地核查，供货企业查无下落，导致复函税务机关无法核实有关情况。

3）供货企业被认定为非正常户之前3个月内开具增值税专用发票但该企业未接受核查。

（6）不允许抵扣的失控增值税专用发票

《国家税务总局关于印发〈增值税专用发票审核检查操作规程（试行）〉的通知》（国税发〔2008〕33号）第十八条第一款规定的允许抵扣的稽核比对结果属于异常的增值税专用发票（即属于“企业操作问题”和“税务机关操作问题或技术问题”，符合税法规定抵扣条件的，允许其抵扣增值税进项税额的增值税专用发票），可以申报办理出口退税；否则，失控增值税专用发票属于一般性违规问题和涉嫌偷骗税问题，则不得申报办理出口退税。

（7）善意取得虚开的增值税专用不能办理出口退税

根据《国家税务总局关于纳税人善意取得虚开的增值税专用发票处理问题的通知》（国税发〔2000〕187号）的规定，购货方与销售方存在真实的交易，销售方使用的是其所在省（自治区、直辖市和计划单列市）的专用发票，专用发票注明的销售方名称、印章、货物数量、金额及税额等全部内容与实际相符，且没有证据表明购货方知道销售方提供的专用发票是以非法手段获得的，对购货方不以偷税或者骗取出口退税论处。但应按有关规定不予抵扣进项税款或者不予出口、退税；购货方已经抵扣的进项税款或者取得的出口退税，应依法追缴。

对善意取得虚开发票已抵扣税款加收滞纳金问题，《国家税务总局关于纳税人善意取得虚开增值税专用发票已抵扣税款加收滞纳金问题的批复》（国税函〔2007〕1240 号）规定，纳税人善意取得虚开的增值税专用发票被依法追缴已抵扣税款的，不属于《中华人民共和国税收征收管理法》第三十二条“纳税人未按照规定期限缴纳税款”的情形，不适用该条“税务机关除责令限期缴纳外，从滞纳税款之日起，按日加收滞纳税款万分之五的滞纳金”的规定。

2. 防范措施

要有效防范外贸企业取得出口货物增值税专用不能申报办理出口退税的风险，首先要增强风险意识。外贸企业谨慎选择供货商，只有向那些能够长期经营、诚实守信、管理规范的供货企业购进货物出口，外贸企业才不会由于增值税专用发票出现问题致使企业不能申报办理出口退税而遭受经济损失。其次要建立风险评估机制。外贸企业在确定供货渠道之前，应当对供货企业进行评估，只有规范经营、诚实守信的企业才能纳入供货渠道，否则，即使条件再优惠只要有不能申报办理出口退税风险，就不应当考虑合作。最后要建立风险核查机制。对已经纳入供货渠道的企业，外贸企业要经常搜集其相关信息进行分析处理，一旦发现有异常情况的要及时谨慎分析，只要有不能申报办理出口退税风险的，就应当将其从供货企业名单中剔除出去。

注意要点

外贸企业要切实防范出口货物取得增值税专用发票却不能申报出口退税的风险。

八、外贸企业申报出口退（免）税提供的凭证≠生产企业申报出口退（免）税提供的凭证

常见案例

某工艺品进出口公司是具有增值税一般纳税人资格的外贸企业，成立于 2009 年 1 月，出口产品主要有：床上用品、毛巾、纺织服装、纺织布等纺织品及抽纱制品，伞座、汽车配件、机器零部件等机电产品，日用及美术陶瓷、厨卫洁具、藺草制品以及锯材、化工产品、医药原料等。2009 年 3 月，该公司申报办理出口

退税，依照规定提供出口货物报关单（出口退税专用）、出口收汇核销单退税联和出口货物对应的增值税专用发票，主管税务机关退税部门审核后通知该公司：未提供出口发票，不能证明出口货物是否销售，因而不予受理出口退税申报。

政策规定

一、出口企业向税务机关主管出口退税的部门（以下简称退税部门）申报出口货物退（免）税时，在提供有关出口货物退（免）税申报表及相关资料时，应同时附送下列纸质凭证：

（一）实行“免、抵、退”税管理办法的生产企业提供出口货物的出口发票；外贸企业提供购进出口货物的增值税专用发票或普通发票。

凡外贸企业购进的出口货物，外贸企业应在购进货物后按规定及时要求供货企业开具增值税专用发票或普通发票；其购进货物开具的增值税专用发票属增值税防伪税控系统开具的，退税部门应要求外贸企业自开票之日起 30 日内办理认证手续。

（二）出口货物报关单（出口退税专用）。

（三）出口收汇核销单。

政策依据：《国家税务总局关于出口货物退（免）税管理有关问题的通知》（国税发〔2004〕64 号）

执行日期：2004 年 6 月 1 日

分析诊断

外贸企业申报出口退（免）税提供的凭证与生产企业申报出口退（免）税提供的凭证不同。虽然外贸企业和生产企业申报出口退（免）税均需提供“两单一票”，均需提供出口货物报关单（出口退税专用）和出口收汇核销单退税联，但是提供的“一票”却各不相同，生产企业提供的“一票”是出口发票，外贸企业提供的“一票”却是购进出口货物的增值税专用发票。结合上述案例，该公司提供出口货物报关单（出口退税专用）、出口收汇核销单退税联和购进出口货物的增值税专用发票，符合出口退税申报的规定，而主管税务机关退税部门却混淆外贸企业申报出口退（免）税提供凭证与生产企业申报出口退（免）税提供凭证的区别，以未提供出口发票为由不予受理出口退（免）税申报，由此可见，主管税务机关退税部门的做法是错误的。

触类旁通

1. 错误要求企业申报出口退（免）税提供出口销售明细账簿

有的地方税务机关根据《出口货物退（免）税管理办法》（国税发〔1994〕31 号）第十四条的规定，要求企业办理出口退税必须提供出口货物销售明细账，主管出口退税的税务机关必须对销售明细账与销售发票等认真核对后予以确认。但是依照《国家税务总局关于出口货物退（免）税管理有关问题的通知》（国税发〔2004〕64 号）的规定，出口企业申报办理出口退（免）税不再提供出口销售明细账簿。因而按照后法优于前法的适用原则，这些地方税务机关的做法是错误的，是违背国税发〔2004〕64 号文件规定的。

2. 外贸企业出口退（免）税申报提供资料凭证的调整

《国家税务总局关于发布〈出口货物劳务增值税和消费税管理办法〉的公告》（国家税务总局公告 2012 年第 24 号）对外贸企业出口退（免）税申报提供资料凭证作了相应调整，同时《国家外汇管理局、海关总署、国家税务总局关于货物贸易外汇管理制度改革的公告》（国家外汇管理局公告 2012 年第 1 号）规定，自 2012 年 8 月 1 日起在全国实施货物贸易外汇管理制度改革，全面取消出口收汇核销单，企业不再办理出口收汇核销手续。现将外贸企业出口退（免）税申报提供资料凭证新旧对照比较，详见表 2－5。

表 2－5 外贸企业出口退（免）税申报提供资料凭证新旧政策比较

国家税务总局公告 2012 年第 24 号和国家外汇管理局公告 2012 年第 1 号规定	以前相关规定	比较结果
（二）申报资料 1. “外贸企业出口退税汇总申报表”； 2. “外贸企业出口退税进货明细申报表”； 3. “外贸企业出口退税出口明细申报表”； 4. 出口货物退（免）税正式申报电子数据；	《国家税务总局关于清理简并纳税人报送涉税资料有关问题的通知》（国税函〔2007〕1077 号）规定：出口货物退税申报（外贸企业自营出口或委托其他外贸企业代理出口货物）纳税人应提供主表、份数 “外贸企业出口退税进货明细申报表”，2 份 “外贸企业出口退税出口明细申报表”，2 份 “外贸企业出口退税汇总申报表”，2 份 （四）纳税人应提供资料 1. 出口货物退（免）税正式申报电子数据；	与以前规定基本相同。

续表

国家税务总局公告 2012 年第 24 号和国家外汇管理局公告 2012 年第 1 号规定	以前相关规定	比较结果
5. 下列原始凭证 (1) 出口货物报关单； (2) 增值税专用发票（抵扣联）、出口退税进货分批申报单、海关进口增值税专用缴款书（提供海关进口增值税专用缴款书的，还需同时提供进口货物报关单，下同）； (3) 委托出口的货物，还应提供受托方主管税务机关签发的代理出口货物证明，以及代理出口协议副本； (4) 属应税消费品的，还应提供消费税专用缴款书或分割单、海关进口消费税专用缴款书（提供海关进口消费税专用缴款书的，还需同时提供进口货物报关单，下同）； (5) 主管税务机关要求提供的其他资料。	《国家税务总局关于清理简并纳税人报送涉税资料有关问题的通知》（国税函〔2007〕1077 号）规定：出口货物退税申报（外贸企业自营出口或委托其他外贸企业代理出口货物）纳税人应提供资料。 2. 购进出口货物的增值税专用发票（抵扣联）或增值税专用发票分批申报单； 3. 加盖海关验讫章的出口货物报关单（出口退税专用）； 4. 加盖外汇管理部门已收汇核销章的出口收汇核销单（出口退税专用）（准予在 210 天内提交出口收汇核销单的，可在规定的时间内提交）或远期收汇证明（进行外汇管理改革的试点地区企业申报时不需提供纸质核销单）； 5. 消费税“税收（出口货物专用）缴款书”或“出口货物完税分割单”（出口消费税应税货物的提供）； 6. 代理出口货物证明和代理出口协议（委托代理出口业务的提供）。	调整四项：一是增加海关进口增值税专用缴款书和进口货物报关单；二是增加海关进口消费税专用缴款书和进口货物报关单；三是取消提供出口收汇核销单；四是增加主管税务机关要求提供的其他资料。

说明：自 2012 年 8 月 1 日起报关出口的货物以及 2012 年 8 月 1 日前报关出口截至 7 月 31 日未到出口收汇核销期限且未核销的货物，出口企业申报出口退税时，不再提供出口收汇核销单。其他出口货物仍然应当依照规定提供出口收汇核销单。

注意要点

外贸企业申报出口退（免）税提供的凭证与生产企业申报出口退（免）税提供的凭证不同。

第三节　外贸企业加工贸易退（免）税

一、购进原材料委托加工收回货物未全部出口≠全部原材料和加工费申报出口退税

常见案例

A公司是具有增值税一般纳税人资格的外贸企业，属于出口退（免）税申报时可暂不提供收汇核销单的出口企业。2009年6月，A公司从国内购入1 000吨豆饼粉并取得增值税专用发票。按照国外订单的要求，A公司将购进的豆饼粉委托某工厂挑选并取得加工费增值税发票，挑选收回豆饼粉后按900吨报关出口并按照规定取得出口货物报关单（出口退税专用），2009年7月，A公司申报办理出口退（免）税。主管税务机关审核发现购入原材料数量与出口报关数量差距较大，经深入调查核实得知，A公司委托加工收回豆饼粉1 000吨，本次出口900吨，其余100吨本批暂不出口。因而主管税务机关通知A公司：申报出口货物应退增值税的计税依据应按实际出口900吨的豆饼粉的进项税额和相应加工费的进项税额进行计算，其余100吨豆饼粉的进项税额和相应加工费的进项税额本批次不能申报办理出口退税。

政策规定

二十三、出口企业委托生产企业加工收回后报关出口的货物，凭购买加工货物的原材料等发票和工缴费发票按规定办理退税。若原材料等属于进料加工贸易已减征进口环节增值税的应扣除已减征税款计算退税。

政策依据：《国家税务总局关于印发〈出口货物退（免）税管理办法〉的通知》（国税发〔1994〕31号）

执行日期：1994年1月1日

外贸企业委托加工出口产品，应按原料的退税率和加工费的退税率分别计算应退税款，加工费的退税率按出口产品的退税率确定。

政策依据：《国家税务总局关于印发〈出口货物退（免）税若干问题的具体规定〉的通知》（国税发〔1999〕101号）

执行日期：文到之日起执行

分析诊断

购进原材料委托加工收回货物未全部出口，不等于全部原材料和加工费均应当申报出口退税。按照规定，外贸企业委托生产企业加工收回后报关出口的货物，凭购买加工货物的原材料等发票和工缴费发票按规定办理出口退税。如果委托加工收回出口货物未全部报关出口的，那么只能按照出口货物数量相对应的原材料和相对应的加工费申报办理出口退税，而不能按全部原材料和加工费申报办理出口退税。结合上述案例，A 公司委托加工收回货物未全部报关出口，却对全部原材料和加工费申报办理出口退税。由此可见，A 公司的做法是错误的，主管税务机关的做法是正确的。

触类旁通

外贸企业委托加工出口货物退（免）税政策的调整

《财政部国家税务总局关于出口货物劳务增值税和消费税政策的通知》（财税〔2012〕39 号）对外贸企业委托加工出口货物退（免）税的计税依据和适用退税率都作了重大调整，现将新旧政策逐项比较，详见表 2－6。

表 2－6　外贸企业委托加工出口货物退（免）税新旧政策比较

财税〔2012〕39 号规定	以前相关规定	比较结果
出口企业委托加工修理修配货物，其加工修理修配费用的退税率，为出口货物的退税率。	《财政部国家税务总局关于出口货物退（免）税若干问题的通知》（财税字〔1998〕116 号）第三条规定：对出口企业委托加工出口货物的加工费应按出口货物所对应的退税率办理退税。	调整内容：将以前分别按原材料和加工费分别适用退税率的政策调整为统一适用出口货物的退税率。
	《国家税务总局关于印发〈出口货物退（免）税若干问题的具体规定〉的通知》（国税发〔1999〕101 号）规定：外贸企业委托加工出口产品，应按原料的退税率和加工费的退税率分别计算应退税款，加工费的退税率按出口产品的退税率确定。	

续表

财税〔2012〕39号规定	以前相关规定	比较结果
出口企业委托加工修理修配货物，其加工修理修配费用的退税率，为出口货物的退税率。	《财政部国家税务总局关于出口货物退（免）税若干具体问题的通知》（财税〔2004〕116号）第五条规定：修理修配收入以出口货物报关单（出口退税专用）上注明的加工费和材料费之和为准，退税率按被修理修配货物的出口退税率执行。	调整内容：将以前分别按原材料和加工费分别适用退税率的政策调整为统一适用出口货物的退税率。
外贸企业出口委托加工修理修配货物增值税退（免）税的计税依据，为加工修理修配费用增值税专用发票注明的金额。外贸企业应将加工修理修配使用的原材料（进料加工海关保税进口料件除外）作价销售给受托加工修理修配的生产企业，受托加工修理修配的生产企业应将原材料成本并入加工修理修配费用开具发票。	《国家税务总局关于印发〈出口货物退（免）税管理办法〉的通知》（国税发〔1994〕31号）第二十三条规定：出口企业委托生产企业加工收回后报关出口的货物，凭购买加工货物的原材料等发票和工缴费发票按规定办理退税。若原材料等属于进料加工贸易已减征进口环节增值税的应扣除已减征税款计算退税。	调整四项内容：一是将外贸企业委托加工修理修配按原材料和加工费分别计算出口退税调整为统一按加工费（含原材料）计算出口退税；二是外贸企业购买的原材料（进料加工海关保税进口料件除外）必须作价销售给受托加工修理的生产企业，受托生产企业将原材料成本（不含保税进口料件）并入加工修理修配费用开具发票；三是外贸企业保税进口料件委托加工，不得将保税进口料件作价销售给受托加工修理的生产企业，但应将购买的其他原材料作价销售给其他加工企业，受托生产企业将其他原材料（不含保税进口料件）成本并入加工修理修配费用开具发票；四是统一委托加工和委托修理修配出口货物退税的计算依据。
	《国家税务总局关于印发〈出口货物退（免）税若干问题的具体规定〉的通知》（国税发〔1999〕101号）规定：外贸企业委托加工出口产品，应按原料的退税率和加工费的退税率分别计算应退税款，加工费的退税率按出口产品的退税率确定。	

续表

财税〔2012〕39号规定	以前相关规定	比较结果
外贸企业出口委托加工修理修配货物：出口委托加工修理修配货物的增值税应退税额＝委托加工修理修配的增值税退（免）税计税依据×出口货物退税率	《国家税务总局关于印发〈出口货物退（免）税管理办法〉的通知》（国税发〔1994〕31号）第二十一条规定：出口企业以“进料加工”贸易方式减税进口原材料、零部件转售给其他企业加工时，应先填具“进料加工贸易申报表”（格式见附件四），报经主管其出口退税的税务机关同意签章后再将此申报表报送主管其征税的税务机关，并据此在开具增值税专用发票时可按规定税率计算注明销售料件的税额，主管出口企业征税的税务机关对这部分销售料件的销售发票上所注明的应交税额不计征入库，而退税的税务机关在出口企业办理出口退税时在退税额中扣抵。 进料加工复出口货物按下列公式计算退税： 出口退税额＝出口货物的应退税额－销售进口料件的应交税额 销售进口料件的应交税额＝销售进口料件金额×税率－海关已对进口料件的实征增值税税款	调整三项内容：一是取消以前作价加工进口料件从应退税额中扣减销售进口料件应纳增值税的政策；二是统一按受托加工修理修配生产企业开具的增值税专用发票金额计算出口退税；三是将外贸企业委托加工修理修配按原材料和加工费分别按原材料退税率和出口货物退税率计算出口退税改为统一按出口货物退税率计算出口退税。
	《国家税务总局关于印发〈出口货物退（免）税管理办法〉的通知》（国税发〔1994〕31号）第二十三条规定：出口企业委托生产企业加工收回后报关出口的货物，凭购买加工货物的原材料等发票和工缴费发票按规定办理退税。若原材料等属于进料加工贸易已减征进口环节增值税的应扣除已减征税款计算退税。	
	《国家税务总局关于印发〈出口货物退（免）税若干问题的具体规定〉的通知》（国税发〔1999〕101号）规定：外贸企业委托加工出口产品，应按原料的退税率和加工费的退税率分别计算应退税款，加工费的退税率按出口产品的退税率确定。	

注意要点

《财政部国家税务总局关于出口货物劳务增值税和消费税政策的通知》（财税〔2012〕39 号）对外贸企业委托加工出口货物退（免）税的计税依据和适用退税率都作了重大调整。

二、出口货物报关单与增值税专用发票不对应≠委托加工收回货物出口退税申报

常见案例

在某省国税局 2011 年组织的出口退税情况检查工作中，某检查组发现某外贸公司出口退税申报的进货明细表中某笔进货业务注明“WT”，但仔细核查，该公司的出口退税申报资料中无委托加工合同，也无加工费的增值税专用发票申报出口退税，主管税务机关已经办理了出口退税。检查组深入该公司查看账簿凭证资料和向相关人员调查了解得知，该公司购进货物未全部出口，但为了全部申报办理出口退税，该公司采用委托加工收回货物出口的形式，在出口退税进货申报备注栏注明“WT”，借以绕开出口退税审核系统对进货与出口间数量对应关系的审核。检查组要求主管税务机关收回该公司多申报办理的出口退税，并依照规定予以处罚。

政策规定

出口企业将出口货物单独设立库存账和销售账记载的，应依据购进出口货物增值税专用发票所列明的进项金额和税额计算。

对库存和销售均采用加权平均进价核算的企业，也可按适用不同税率的货物分别依下列公式计算：

应退税额 = 出口货物数量 × 加权平均进价 × 税率

外贸企业出口和代理出口货物的应退消费税税款，凡属从价定率计征消费税的货物应依外贸企业从工厂购进货物时征收消费税的价格计算。凡属从量定额计征消费税的货物应依货物购进和报关出口的数量计算。其计算退税的公式为：

应退消费税税款 = 出口货物的工厂销售额（出口数量）× 税率（单位税额）

政策依据：《国家税务总局关于印发〈出口货物退（免）税管理办法〉的通知》（国税发〔1994〕31 号）

执行日期：1994 年 1 月 1 日

二十三、出口企业委托生产企业加工收回后报关出口的货物，凭购买加工货物的原材料等发票和工缴费发票按规定办理退税。若原材料等属于进料加工贸易已减征进口环节增值税的应扣除已减征税款计算退税。

政策依据：《国家税务总局关于印发〈出口货物退（免）税管理办法〉的通知》（国税发〔1994〕31 号）

执行日期：1994 年 1 月 1 日

分析诊断

外贸企业出口退税实行的单票对应法，就是指外贸企业出口货物报关单上的每一笔出口货物，必须与购进货物的进货数据一一对应，也就是说，外贸企业出口货物报关单上货物的名称、计量单位和数量必须与购进货物增值税专用发票上货物的名称、计量单位、数量等一一对应。2012 年 6 月 30 日以前，只有外贸企业委托加工出口货物的出口数据与进货数据才不能完全一一对应，因而出口退税审核系统采取在出口退税申报备注栏加“WT”的方式（2012 年 7 月 1 日以后外贸企业委托加工出口货物要求采取作价加工方式处理）。结合上述案例，该公司为了绕开出口退税审核系统对进货与出口间数量对应关系的审核，把不属于委托加工收回出口货物采用委托加工收回出口货物的方式进行出口退税申报，因而检查组要求主管税务机关收回该公司多申报办理的出口退税，并依照规定予以处罚。由此可见，该公司的做法是极其错误的，主管税务机关未依照规定审核出口退税也是错误的，检查组的处理完全是正确的。

触类旁通

外贸企业出口退税申报的基本要求

（1）配单要求

外贸企业出口退税的计算方法是“单票对应法”，即报关单上每一笔出口货物的数据，必须与其购进货物的进货数据一一对应，配齐申报，外贸企业出口退税申报系统才能自动对进货数据实行加权平均，计算出该笔出口的实际退税额。企业在申报退税的时候需将其取得的报关单数据与进项发票的数据对应起来。

实际操作时需要进行两次配单。第一次企业将收齐的纸质报关单与进项发票按商品名称与出口数量对应起来，第二次是在申报系统中将第一次配好的单证数据录入申报系统。在申报系统中的数据录入、生成申报数据的过程可以认为是第一次配单的计算机实现过程。

（2）关联号编写要求

关联号是一个非常重要的概念，它将进货数据与出口数据对应起来，“单票对应法”下申报系统是以“企业代码＋关联号＋序号＋商品代码”对相同关联号计算退税的。关联号由企业自行编制，编码规则为“年份（4位）＋月份（2位）＋流水号（4位）”，如：2006010001。

如果一张报关单上只有一笔出口，编写一个关联号；如果一张报关单上有N笔出口就编写N个关联号。关联号年月份要与申报系统中所属期及申报年月的年月份一致。如同一申报年月分批申报，关联号不能重复编写，要升序使用。

（3）计量单位一致性要求

进货与出口数据的计量单位必须一致，并使用商品代码库中的标准计量单位。如果进货与出口原始单证上同种商品的计量单位不一致，需要进行换算的，须在原始单证上注明可直接换算的依据，否则须提供由供货企业出具并盖有公章的折算证明和出口企业出具的出口装箱单。情况复杂的，还须提供换算清单等税务机关要求的资料。

（4）出口数量一致性要求

外贸企业审核系统设有余数忽略功能。对同一次申报中，进货与出口任何一方出现剩余数据计算机将自动舍弃，此功能意味着报关单只能一次性使用，出口不能分割申报。进货与出口数量不一致的情况有两种：

1）出口数量大于进货数量，多余的出口将自动放弃，系统将按照进货计算退税额，企业录入时注意按进货数量折算出口数据。

2）出口数量小于进货数量，多余的进货将不参与退税计算，进货数量与金额必须按实际出口数进行折算，退税额将按折算后的进货金额进行计算。

（5）进货分批申报要求

审核系统设有进货累加功能，即同份增值税专用发票，企业可根据不同的出口批次，按申报的使用数量进行分批使用、分批申报，此功能意味着进货可以分批分割申报。

1）需要进行进货分批使用的，在进货申报时，须同时填报“出口退税增值税专用发票分批申报单”。

2）但是由于关联号对应要求等原因，在同一次申报中分批使用在不同关联号下的进货可不开具分批单。

“出口退税增值税专用发票分批申报单”的分批要求：为了避免计算不一致造成的误差，对每一笔需要分批的货物要求用计税金额除数量计算出分批单价后，再用分批数量乘分批单价得到分批后的计税金额。

（6）消费税退税申报要求

出口货物为应纳消费税的，除提供增值税专用发票外，还须提供“税收（出口货物专用）缴款书”。

进货数据采集时，增值税和消费税分别录入，使用同一关联号。增值税按一般情况录入。消费税录入则须作如下特殊处理：

1）税种为“C”；

2）发票号码和发票代码为空；

3）进货凭证号录入“税收（出口货物专用）缴款书”号，缴款书号录入 13 位码，缴款书右上角字轨号去掉第 2、3 位 + 缴款书号码 + 项号，如：0031 +0904922 +01；

4）专用税票号录入与进货凭证号一致；

5）备注栏加“FSK”。

出口货物数据采集按一般情况录入，无特殊要求。

注意要点

一般来说，外贸企业出口货物报关单上的每一笔出口货物数据与购进货物的进货数据必须一一对应。

三、进口料件委托加工复出口业务未事先到税务机关登记备案≠不能申报出口退（免）税

常见案例

A 公司是具有增值税一般纳税人资格的外贸企业，出口退（免）税实行免退税办法。2011 年 3 月，A 公司以进料对口贸易方式进口一批料件，取得进口报关单。当月，A 公司将进口料件委托某生产企业按照出口订单进行加工，2011 年 4 月，A 公司收回委托加工成品，并支付加工费用取得增值税专用发票。当月，A 公司将委托加工收回货物出口，依照规定取得出口货物报关单（出口退税专用）和出口收汇核销单出口退税联。2011 年 5 月，A 公司向主管税务机关申报办理出口退税。主管税务机关退税部门当月审核后通知 A 公司，外贸企业从事进料加工复出口业务，事先未到主管税务机关备案登记，该公司出口货物不得申报办理出口退（免）税。

政策规定

二、出口企业（不包括 1993 年 12 月 31 日以前批准设立的外商投资企业，下同）开展进料加工业务，应按照《海关总署、国家税务总局关于加强协调配合严格出口退税报关单管理和加强防伪鉴别措施的联合通知》（署监〔1996〕32 号）中第七条的规

定，须先持经贸主管部门的批件，送主管其出口退税的税务机关审核签章，税务机关须逐笔登记并将复印件留存备查。海关凭盖有主管出口退税的税务机关印章的经贸主管部门的批件，方能办理进口料件“登记手册”；加工的货物出口后，按照下列的规定计算退税。对事先未到税务机关审核签章而以“进料加工”名义出口的货物，凡属于生产企业出口的，一律按照财税字〔1995〕92号文件中第三条、第五条规定的公式计算退税；凡属于外贸企业出口的，其保税进口的原材料、零部件转售给其他企业加工时，应按规定的增值税税率计征销售料件的增值税。

（一）外贸企业进料加工复出口的货物，其征税或抵扣税款仍按国家税务总局《出口货物退（免）税管理办法》（国税发〔1994〕31号）中第二十一条规定办理，但主管退税的税务机关在计算抵扣进口料件的税额时，应按照出口货物规定的退税率计算。

（二）生产企业以“进料加工”贸易方式进口料件加工复出口的，对其进口料件应先根据海关核准的《进料加工登记手册》填具“进料加工贸易申请表”，报经主管其出口退税的税务机关同意盖章后，再将此申请表报送主管其征税的税务机关，并准许其在计征加工成品的增值税时对这部分进口料件按规定征税税率计算税额予以抵扣。货物出口后，主管退税的税务机关在计算其退税或抵免税额时，也应对这部分进口料件按规定退税率计算税额并予扣减。

1. 实行“先征后退”办法计算退税的生产企业计算公式为

当期应纳税额 = 当期内销货物的销项税额 + 当期出口货物离岸价 × 外汇人民币牌价 × 征税税率 − 当期全部进项税额 + 当期海关核销免税进口料件组成计税价格 × 征税税率

当期应退税额 = 当期出口货物离岸价 × 外汇人民币牌价 × 退税率 − 当期海关核销免税进口料件组成计税价格 × 退税率

2. 实行“免、抵、退”办法计算退税的生产企业的计算公式为

当期不予抵扣或退税的税额 = 当期出口货物离岸价 × 外汇人民币牌价 × （征税税率 − 退税率） − 当期海关核销免税进口料件组成计税价格 × （征税税率 − 退税率）其余抵、退税的计算具体步骤和公式仍按财税字〔1995〕92号文件的有关规定执行。

政策依据：《财政部、国家税务总局关于出口货物税收若干问题的补充通知》（财税字〔1997〕14号）

执行日期：1995年7月1日

分析诊断

外贸企业从事进料加工业务，应当先持经贸主管部门的批件，送主管其出口

退税的税务机关审核签章，税务机关须逐笔登记并将复印件留存备查。海关凭盖有主管出口退税的税务机关印章的经贸主管部门的批件，方能办理进口料件登记手册；加工的货物出口后，按照规定计算办理退税。对外贸企业事先未到税务机关审核签章而以“进料加工”名义出口的货物，其保税进口的原材料、零部件转售给其他企业加工时，应按规定的增值税税率计征销售料件的增值税。况且 2007 年开展的海关法规清理工作时，海关总署确认的《2003 年以前海关总署制发的其他有效规范性文件目录》中也没有《海关总署、国家税务总局关于加强协调配合严格出口退税报关单管理和加强防伪鉴别措施的联合通知》（署监〔1996〕32 号）文件。结合上述案例，A 公司以进料加工名义出口货物，虽然未事先到主管出口退税的税务机关审核签章，但是其保税进口的原材料并没有销售给其他企业加工，而是委托其他企业加工，因而外贸企业进口料件委托加工复出口业务即使未事先到主管出口退税的税务机关审核签章，也可以申报办理出口退（免）税。由此可见，A 公司的做法是正确的，主管税务机关退税部门的做法是错误的。

触类旁通

表 2-7 外贸企业进料加工登记管理的新旧规定比较

企业类别	财税〔2012〕39 号和国家税务总局公告 2012 年第 24 号规定	以前相关规定	调整内容
生产企业	企业在办理进料加工贸易手（账）册后，应于料件实际进口之日起至次月（采用实耗法扣除的，在料件实际耗用之日起至次月）的增值税纳税申报期内，填报“生产企业进料加工登记申报表”，提供正式申报的电子数据及下列资料，向主管税务机关申请办理进料加工登记手续。	《国家税务总局关于出口货物退（免）税若干问题的通知》（国税发〔2006〕102 号）第五条规定：从事进料加工业务的生产企业，应于取得海关核发的“进料加工登记手册”后的下一个增值税纳税申报期内向主管税务机关办理“生产企业进料加工登记申报表”。	将申报办理进料加工登记的期限调整为料件实际进口之日起至次月（采用实耗法扣除的，在料件实际耗用之日起至次月）的增值税纳税申报期内，同时分别实耗法和购进法确定进料加工登记申报的期限。

续表

企业类别	财税〔2012〕39号和国家税务总局公告2012年第24号规定	以前相关规定	调整内容
生产企业	(1) 采用纸质手册的企业应提供进料加工手册原件及复印件，采用电子化手册的企业应提供海关签章的加工贸易电子化纸质单证，采用电子账册的企业应提供海关核发的“加工贸易联网监管企业电子账册备案证明”。 (2) 主管税务机关要求提供的其他资料。	《国家税务总局关于加工贸易纸质手册电子化有关出口退税管理工作的通知》（国税函〔2009〕449号）规定：实行加工贸易电子化手册的出口企业到主管税务机关办理加工贸易登记备案、核销业务时，无法提供纸质“加工贸易登记手册”的，根据《海关总署关于全面推广应用H2000电子化手册系统的通知》（署加发〔2008〕57号）和《加贸司关于明确电子化手册纸面单证打印有关问题的通知》（加贸函〔2009〕6号）有关规定，企业可提供经海关盖章确认的加工贸易电子化纸质单证，税务机关据此办理有关加工贸易出口退税事宜。	增加明确采用电子账册的企业申报进料加工登记应提供的资料。
	以双委托方式（生产企业进、出口均委托出口企业办理，下同）从事进料加工业务的企业，由委托方凭代理进、出口协议及受托方的上述资料的复印件，到主管税务机关办理进料加工登记手续。	《国家税务总局关于从事进料加工双代理业务有关退税问题的批复》（国税函〔2001〕1030）规定：出口企业委托另一出口企业代理进口料件同时又委托该出口企业代理进口料件复加工出口货物的，受托方应当依照规定向其主管出口退税的税务机关申请办理“代理进口料件证明”，由主管出口退税的税务机关审核签章后出具纸质证明，同时录入代理进口料件电子信息传递委托方所在地省级国税局；委托方凭受托方转来的“代理进口料件证明”，报经其主管出口退税的税务机关核实后，办理“进料加工贸易申报表”；货物出口后，受托方依照规定申报办理“代理出口货物证明”；货物出口后，委托方凭“代理出口货物证明”、受托方代理出口的“出口货物报关单（出口退税专用）”、出口收汇核销单（出口退税专用）、代理出口协议副本等有关凭证，办理出口货物的退（免）税手续。	将原来申报办理进料加工登记提供的资料由“代理进口料件证明”调整为代理进、出口协议及受托方相关资料的复印件。

续表

企业类别	财税〔2012〕39 号和国家税务总局公告 2012 年第 24 号规定	以前相关规定	调整内容
生产企业	已办理进料加工登记手续的纸质手册、电子化手册或电子账册，如发生加工单位、登记进口料件总额、登记出口货物总额、手册有效期等项目变更的，企业应在变更事项发生之日起至次月的增值税纳税申报期内，填报“生产企业进料加工登记变更申请表”，提供正式申报电子数据及海关核发的变更后的相关资料向主管税务机关申报办理手（账）册变更手续。		新增加进料加工变更登记的管理要求。
外贸企业		《财政部、国家税务总局关于出口货物税收若干问题的补充通知》（财税字〔1997〕14 号）第二条规定：出口企业（不包括 1993 年 12 月 31 日以前批准设立的外商投资企业，下同）开展进料加工业务，应按照《海关总署、国家税务总局关于加强协调配合严格出口退税报关单管理和加强防伪鉴别措施的联合通知》（署监〔1996〕32 号）中第七条的规定，须先持经贸主管部门的批件，送主管其出口退税的税务机关审核签章，税务机关须逐笔登记并将复印件留存备查。海关凭盖有主管出口退税的税务机关印章的经贸主管部门的批件，方能办理进口料件“登记手册”；加工的货物出口后，按照下列的规定计算退税。对事先未到税务机关审核签章而以“进料加工”名义出口的货物，凡属于外贸企业出口的，其保税进口的原材料、零部件转售给其他企业加工时，应按规定的增值税税率计征销售料件的增值税。	取消进料加工手册登记的规定。

续表

企业类别	财税〔2012〕39 号和国家税务总局公告 2012 年第 24 号规定	以前相关规定	调整内容
比较	外贸企业没有进料加工手册备案登记的管理要求。	外贸企业进料加工手册登记备案管理与生产企业的要求完全不同。	

注意要点

目前，外贸企业没有进料加工手册备案登记的相关管理规定。

四、进口料件作价加工未开具免税证明≠出口能申报退（免）税

常见案例

某纺织品进出口公司是具有增值税一般纳税人资格的外贸企业，2011 年 4 月，该公司以进料加工贸易方式进口面料 100 万美元，转售给某服装厂进行加工，作价 1 000 万元，并开具了增值税专用发票。2011 年 5 月，该公司从服装厂购回复出口的服装，并取得增值税发票，购进金额 1 300 万元，税额 221 万元。2011 年 6 月，该公司报关出口作价加工收回的服装，取得出口货物报关单（出口退税专用）和出口收汇核销单，向主管税务机关申报出口退税 117 万元。主管税务机关审核发现，出口货物报关单上注明进料对口贸易方式，经进一步核查得知该公司进口料件作价加工未事先到退税机关审核签章，也未到退税机关办理过“进料加工贸易申报表”和“进料加工贸易免税证明”，转售进口料件也未申报缴纳增值税。于是，主管税务机关通知该公司：对转售的进口料件要依照规定申报缴纳增值税，对出口货物不得申报办理出口退税，并应当视同内销缴纳增值税。

政策规定

二十一、出口企业以“进料加工”贸易方式减税进口原材料、零部件转售给其他企业加工时，应先填具“进料加工贸易申报表”，报经主管其出口退税的税务机关同意签章后再将此申报表报送主管其征税的税务机关，并据此在开具增值

税专用发票时可按规定税率计算注明销售料件的税额，主管出口企业征税的税务机关对这部分销售料件的销售发票上所注明的应交税额不计征入库，而由主管退税的税务机关在出口企业办理出口退税时在退税额中扣抵。

进料加工复出口货物按下列公式计算退税：

出口退税额 = 出口货物的应退税额 − 销售进口料件的应缴税额

销售进口料件的应缴税额 = 销售进料件金额 × 税率 − 海关已对进口料件的实征增值税税款

外商投资企业以来料加工、进料加工贸易方式加工货物销售给非外商投资企业出口的，不实行上述办法，须按照增值税、消费税的征税规定征收增值税、消费税，出口后按出口退税的有关规定办理退税。

政策依据：《国家税务总局关于印发〈出口货物退（免）税管理办法〉的通知》（国税发〔1994〕31 号）

执行日期：1994 年 1 月 1 日

六、外贸企业采取作价加工方式从事进料加工复出口业务，未按规定办理“进料加工免税证明”的，相应的复出口产品，外贸企业不得申请办理退（免）税。

政策依据：《财政部、国家税务总局关于出口货物退（免）税若干具体问题的通知》（财税〔2004〕116 号）

执行日期：2004 年 1 月 1 日

分析诊断

按照当时适用的政策，外贸企业以进料加工贸易方式减税进口原材料、零部件转售给其他企业加工时，应先填具“进料加工贸易申报表”，报经主管其出口退税的税务机关同意签章后再将此申报表报送主管其征税的税务机关，并据此在开具增值税专用发票时可按规定税率计算注明销售料件的税额，主管出口企业征税的税务机关对这部分销售料件的销售发票上所注明的应缴税额不计征入库，而由主管退税的税务机关在出口企业办理出口退税时在退税额中扣抵。外贸企业采取作价加工方式从事进料加工复出口业务，未按规定办理“进料加工免税证明”的，相应的复出口产品，外贸企业不得申请办理退（免）税。结合上述案例，该公司进口料件采用作价加工方式销售给服装厂，再从服装厂购回货物复出口，但是未事先到退税机关审核签章，也未到退税机关办理过“进料加工贸易申报表”和“进料加工贸易免税证明”，转售进口料件也未申报缴纳增值税。因此主管税务机关要求对转售的进口料件要依照规定申报缴纳增值税，对出口货物不得申报办理出口退税，并应当视同内销缴纳增值税。由此可见，主管税务机关的做法是正确的。

触类旁通

财税〔2012〕39 号对外贸企业采取作价加工方式从事进料加工复出口货物退（免）税政策作了重大调整，现逐项比较如下，详见表 2－8。

表 2－8　外贸企业采取作价加工方式从事进料加工复出口退（免）税政策调整比较

财税〔2012〕39 号规定	以前相关规定	比较结果
开展进料加工业务的出口企业若发生未经海关批准将海关保税进口料件作价销售给其他企业加工的，应按规定征收增值税、消费税。	《国家税务总局关于印发〈出口货物退（免）税管理办法〉的通知》（国税发〔1994〕31 号）第二十一条规定：出口企业以“进料加工”贸易方式减税进口原材料、零部件转售给其他企业加工时，应先填具“进料加工贸易申报表”（格式见附件四），报经主管其出口退税的税务机关同意签章后再将此申报表报送主管其征税的税务机关，并据此在开具增值税专用发票时可按规定税率计算注明销售料件的税额，主管出口企业征税的税务机关对这部分销售料件的销售发票上所注明的应交税额不计征入库，而退税的税务机关在出口企业办理出口退税时在退税额中扣抵。 进料加工复出口货物按下列公式计算退税： 出口退税额＝出口货物的应退税额－销售进口料件的应交税额 销售进口料件的应交税额＝销售进口料件金额×税率－海关已对进口料件的实征增值税税款	取消以前作价加工进口料件从应退税额中扣减销售进口料件应纳增值税的政策，相应取消进料加工免税证明，调整为作价销售进口料件按规定缴纳增值税，复出口货物退（免）税按一般贸易方式办理。
	《财政部、国家税务总局关于出口货物税收若干问题的补充通知》（财税字〔1997〕14 号）第二条规定：出口企业（不包括 1993 年 12 月 31 日以前批准设立的外商投资企业，下同）开展进料加工业务，应按照《海关总署、国家税务总局关于加强协调配合严格出口退税报关单管理和加强防伪鉴别措施的联合通知》（署监〔1996〕32 号）中第七条的规定，须先持经贸主管部门的批件，送主管其出口退税的税务机关审核签章，税务机关须逐笔登记并将复印件留存备查。海关凭盖有主管出口退税的税务机关印章的经贸主管部门的批件，方能办理进口料件“登记手册”；加工的货物出口后，按照下列的规定计算退税。对事先未到税务机关审核签章而以“进料加工”名义出口的货物，凡属于外贸企业出口的，其保税进口的原材料、零部件转售给其他企业加工时，应按规定的增值税税率计征销售料件的增值税。	
	《财政部、国家税务总局关于出口货物退（免）税若干具体问题的通知》（财税〔2004〕116 号）第六条规定：外贸企业采取作价加工方式从事进料加工复出口业务，未按规定办理“进料加工免税证明”的，相应的复出口产品，外贸企业不得申请办理退（免）税。	

注意要点

目前外贸企业作价销售进口料件按规定缴纳增值税，复出口货物退（免）税按一般贸易方式办理。

五、进料加工税收成本≠来料加工税收成本

常见案例

某公司是具有增值税一般纳税人资格的外贸企业，出口退（免）税实行免退税办法。2011 年 1 月，该公司拟进口一批原材料 200 万元，按照订单需要国内采购原材料不含税价 100 万元，委托加工支付加工费不含税价 100 万元后复出口。其中，国内采购原材料征税率 17%，退税率 17%；复出口商品征税率 17%，退税率 17%。该公司可以采取两种方式进行处理，一种是进料加工方式，另一种是来料加工方式。公司财务部门负责人听完办税员介绍两种方式不同的税收政策后认为，来料加工方式简单方便，也不存在什么风险，因而采取来料加工方式进行进出口贸易处理。

政策规定

二十、出口企业以“来料加工”贸易方式免税进口原材料、零部件后，凭海关核签的来料加工进口货物报关单和来料加工登记手册向主管其出口退税的税务机关办理“来料加工免税证明”，持此证明向主管其征税的税务机关申报办理免征其加工或委托加工货物及其工缴费的增值税、消费税。货物出口后，出口企业应凭来料加工出口货物报关单和海关已核销的来料加工登记手册、收汇凭证向主管出口退税的税务机关办理核销手续。逾期未核销的，主管出口退税的税务机关将会同海关和主管征税的税务机关及时予以补税和处罚。

政策依据：《国家税务总局关于印发〈出口货物退（免）税管理办法〉的通知》（国税发〔1994〕31 号）

执行日期：1994 年 1 月 1 日

二十三、出口企业委托生产企业加工收回后报关出口的货物，凭购买加工货物的原材料等发票和工缴费发票按规定办理退税。若原材料等属于进料加工贸易已减征进口环节增值税的应扣除已减征税款计算退税。

政策依据：《国家税务总局关于印发〈出口货物退（免）税管理办法〉的通

知》（国税发〔1994〕31 号）

执行日期：1994 年 1 月 1 日

外贸企业委托加工出口产品，应按原料的退税率和加工费的退税率分别计算应退税款，加工费的退税率按出口产品的退税率确定。

政策依据：《国家税务总局关于印发〈出口货物退（免）税若干问题的具体规定〉的通知》（国税发〔1999〕101 号）

执行日期：文到之日起执行

四、外贸企业从事的进料加工复出口货物，主管退税的税务机关在计算抵扣进口料件税额时，凡进口料件征税税率小于或等于复出口货物退税税率的，按进口料件的征税税率计算抵扣；凡进口料件征税税率大于复出口货物退税税率的，按复出口货物的退税税率计算抵扣。

政策依据：《国家税务总局关于出口退税若干问题的通知》（国税发〔2000〕165 号）

执行日期：2000 年 12 月 22 日

分析诊断

按照案例中公司发生业务时适用的出口退税政策，外贸企业需要从国外进口原材料，究竟哪一种方式出口货物成本最低呢？

方案一：来料加工方式

出口货物成本 $=200+100\times1.17+100\times1.17=434$（万元）

方案二：进料加工方式

假设把进口料件委托加工复出口

出口货物应退税额 $=100\times17\%+100\times17\%=34$（万元）

出口货物成本 $=200+100+100=400$（万元）

由此可知，采取委托加工方式从事进料加工比采取来料加工方式减少出口货物成本 34 万元。可见，案例中该公司选择来料加工方式是错误的，对公司是不利的。

触类旁通

1. 外贸企业出口货物不予退（免）税时的选择

由于来料加工不予退（免）税货物应当免税，而进料加工复出口不予退（免）税货物不得办理免退税，因而出口货物不予退（免）税时，外贸企业应当选择来料加工方式比进料加工方式对企业更有利些。

2. 外贸企业出口货物免税时的选择

由于来料加工实行免税政策，进料加工复出口货物免税时不予退税，也实行免税政策。因而出口货物免税时，外贸企业选择来料加工方式与选择进料加工方式，其出口货物成本都是一样的。

3. 外贸企业国内采购原材料和出口货物存在征退税率之差时的选择

外贸企业使用进口原材料，即使国内采购原材料存在征退税率之差，出口货物存在征退税率之差，只要能够申报办理出口退税，那么就将直接减少出口货物税收成本。由于来料加工实行免税政策，进料加工实行免退税政策，因而，在国内采购原材料和出口货物存在征退税率之差时，外贸企业使用国外进口原材料选择进料加工方式比选择来料加工方式对企业更有利些。

值得注意的是，按照财税〔2012〕39 号规定，外贸企业将保税进口料件委托加工的，外贸企业不得将保税进口料件作价销售给受托加工的生产企业，应将加工使用的其他原材料（进料加工海关保税进口料件除外）作价销售给受托加工的生产企业，受托加工的生产企业应将原材料成本（进料加工海关保税进口料件除外）并入加工费用开具发票，依照出口货物退税率计算出口退税。

注意要点

外贸企业进料加工税收成本不同于来料加工税收成本。

第三章　特殊退（免）税

第一节　小规模纳税人出口免税

政策调整后小规模纳税人出口货物免税的处理≠政策调整前出口货物免税的处理

常见案例

某公司是一家具有出口经营权的食品公司，属于增值税小规模纳税人。2012 年 7 月，该公司向香港出口一批自产的冻猪肉，价值 10 万美元。2012 年 8 月，该公司向主管税务机关办理出口货物免税申报，2012 年 9 月收齐相关单证向主管税务机关办理免税核销申报，主管税务机关按以前的规定予以核销审核审批。

政策规定

适用增值税免税政策的出口货物劳务，是指：

1. 出口企业或其他单位出口规定的货物，具体是指：

（1）增值税小规模纳税人出口的货物。

政策依据：《财政部国家税务总局关于出口货物劳务增值税和消费税政策的通知》（财税〔2012〕39 号）

执行日期：2012 年 7 月 1 日

（一）特殊区域内的企业出口的特殊区域内的货物、出口企业或其他单位视同出口的适用免税政策的货物劳务，应在出口或销售次月的增值税纳税申报内，向主管税务机关办理增值税、消费税免税申报。

（二）其他的适用免税政策的出口货物劳务，出口企业和其他单位应在货物劳务免税业务发生的次月（按季度进行增值税纳税申报的为次季度），填报“免税出口货物劳务明细表”，提供正式申报电子数据，向主管税务机关办理免税申报手续。出口货物报关单（委托出口的为代理出口货物证明）等资料留存企业备查。

政策依据：《国家税务总局关于发布〈出口货物劳务增值税和消费税管理办法〉的公告》（国家税务总局公告 2012 年第 24 号）

执行日期：2012 年 7 月 1 日

分析诊断

政策调整后小规模纳税人出口货物免税的处理不同于政策调整前出口货物免税的处理。政策调整前增值税小规模纳税人出口货物，实行先免税后核销的管理办法，小规模纳税人出口货物免税申报后还应当依照规定办理不免税核销申报，经主管税务机关审核无误后享受免税。政策调整后小规模纳税人出口货物只需依照规定办理免税申报，而不需办理免税核销申报。结合上述案例，该公司属于小规模纳税人，其 2012 年 7 月份出口货物在 8 月已经向主管税务机关办理出口货物免税申报，依照调整后出口退（免）税政策不需要办理免税核销申报，而该公司 2012 年 9 月却办理免税核销申报，主管税务机关按以前的规定予以核销审核审批。由此可见，案例中公司和主管税务机关的做法都是错误的。

触类旁通

《国家税务总局关于发布〈出口货物劳务增值税和消费税管理办法〉的公告》（国家税务总局公告 2012 年第 24 号）对出口货物免税政策的申报管理进行较大幅度的调整，现逐项予以比较，详见表 3－1。

表 3－1　出口货物适用免税政策申报管理的新旧政策比较

国家税务总局公告 2012 年第 24 号	以前相关规定	比较结果
特殊区域内的企业出口的特殊区域内的货物、出口企业或其他单位视同出口的适用免税政策的货物劳务，应在出口或销售次月的增值税纳税申报内，向主管税务机关办理增值税、消费税免税申报。		新增规定。

续表

国家税务总局公告 2012 年第 24 号	以前相关规定	比较结果
其他的适用免税政策的出口货物劳务，出口企业和其他单位应在货物劳务免税业务发生的次月（按季度进行增值税纳税申报的为次季度），填报“免税出口货物劳务明细表”，提供正式申报电子数据，向主管税务机关办理免税申报手续。出口货物报关单（委托出口的为代理出口货物证明）等资料留存企业备查。	《国家税务总局关于印发〈增值税小规模纳税人出口货物免税管理办法（暂行）〉的通知》（国税发〔2007〕123 号）第五条规定：小规模纳税人自营或委托出口货物后，须在次月向主管税务机关办理增值税纳税申报时，提供“小规模纳税人出口货物免税申报表”及电子申报数据。主管税务机关受理纳税申报时，应对免税申报表“出口货物免税销售额（人民币）”合计数与同期“增值税纳税申报表”（适用于小规模纳税人）中“出口货物免税销售额”进行核对。经核对相符后，在免税申报表（第一联）签章并交小规模纳税人。如核对不符，或者“增值税纳税申报表”中申报了出口货物免税销售额而未报送免税申报表，主管税务机关应将申报资料退回小规模纳税人，由其补正后重新申报。 第六条规定：小规模纳税人应按月将收齐有关出口凭证的出口货物，填写“小规模纳税人出口货物免税核销申报汇总表”、“小规模纳税人出口货物免税核销申报明细表”，并于货物报关出口之日（以出口货物报关单上注明的出口日期为准，下同）次月起四个月内的各申报期内（申报期为每月 1－15 日），持规定资料到主管税务机关（负责出口退税业务的部门或岗位）按月办理出口货物免税核销申报，并同时报送出口货物免税核销电子申报数据。 第七条规定：主管税务机关在接受小规模纳税人的免税核销申报后，应当核对小规模纳税人申报的纸质单证是否齐全，审核小规模纳税人提供的纸质单证与“小规模纳税人出口货物免税核销申报明细表”的逻辑关系是否对应，并对小规模纳税人申报的电子数据与出口货物报关单、出口收汇核销单、代理出口证明等相关电子信息进行核对。对审核无误的，在“小规模纳税人出口货物免税核销申报汇总表”、“小规模纳税人出口货物免税核销申报明细表”上签章，经由设区的市、自治州以上（含本级）税务机关根据审核结果批准免税核销（下放出口退税审批权试点地区除外）。	调整二项：一是取消小规模纳税人出口货物先免税后核销办法，统一改为免税申报；二是全面统一其他适用免税政策的出口货物劳务的免税申报管理程序；三是将出口货物报关单（委托出口的为代理出口货物证明）等资料由报关税务机关审核调整为留存企业备查。

续表

国家税务总局公告 2012年第24号	以前相关规定	比较结果
非出口企业委托出口的货物，委托方应在货物劳务免税业务发生的次月（按季度进行增值税纳税申报的为次季度）的增值税纳税申报期内，凭受托方主管税务机关签发的代理出口货物证明以及代理出口协议副本等资料，向主管税务机关办理增值税、消费税免税申报。		新增规定。
出口企业和其他单位未在规定期限内申报出口退（免）税或申报开具“代理出口货物证明”，以及已申报增值税退（免）税，却未在规定期限内向税务机关补齐增值税退（免）税凭证的，如果在申报退（免）税截止期限前已确定要实行增值税免税政策的，出口企业和其他单位可在确定免税的次月的增值税纳税申报期，按前款规定的手续向主管税务机关申报免税。已经申报免税的，不得再申报出口退（免）税或申报开具代理出口货物证明。		新增规定。
本条第（二）项第三款出口货物若已办理退（免）税的，在申报免税前，外贸企业及没有生产能力的其他单位须补缴已退税款；生产企业按本办法第四条第（五）项规定，调整申报数据或全额补缴原免抵退税款。	《国家税务总局关于出口货物退（免）税若干问题的通知》（国税发〔2006〕102号）第二条规定：对出口企业按本通知第一条规定计算缴纳增值税、消费税的出口货物，不再办理退税。对已计算免抵退税的，生产企业应在申报纳税当月冲减调整免抵退税额；对已办理出口退税的，外贸企业应在申报纳税当月向税务机关补缴已退税款。	将三项跨年度已申报免抵退税视同内销征税货物由冲减免抵退税额的办法调整为跨年度已申报免抵退税须实行免税办法的实行补缴免抵退税款的办法。

注意要点

政策调整后小规模纳税人出口货物只需依照规定办理免税申报，不需办理免税核销申报。

第二节 特殊区域出口退（免）税

海关特殊监管区内企业在区外经营出口业务≠能申报退（免）税

常见案例

某公司是某保税港区内的一家贸易公司，2009 年 10 月，该公司在综合保税区外购置一批原材料，取得增值税专用发票，然后委托区外某工厂加工成成品，取得加工费的增值税专用发票，并将加工好的产品在区外直接报关出口。该公司出口货物所取得的原材料和加工费的进项税额可以退税吗？公司办税员咨询市局退税部门得到答复：按照《国家税务总局关于印发〈出口货物退（免）税管理办法〉的通知》（国税发〔1994〕31 号）第二十三条的规定，出口企业委托生产企业加工收回后报关出口的货物，凭购买加工货物的原材料等发票和工缴费发票按规定办理退税。

政策规定

八、区内企业委托区外企业进行产品加工，一律不予退（免）税。

政策依据：《国家税务总局关于印发〈出口加工区税收管理暂行办法〉的通知》（国税发〔2000〕155 号）

执行日期：2000 年 10 月 26 日

考虑到《对外贸易经营者备案登记办法》施行后保税区内出口企业可在境内区外办理报关出口业务的实际情况，总局同意对保税区内出口企业在境内区外的出口货物，按照现行有关出口退税管理办法办理退税。

政策依据：《国家税务总局关于保税区内出口企业出口退税有关问题的批复》（国税函〔2006〕666 号）

执行日期：2006 年 7 月 6 日

洋山保税港区（简称港区）和珠澳跨境工业区珠海园区（简称园区）享受出口加工区的税收政策，即国内货物进入港区或园区视同出口，实行退税，港区或园区内企业的货物交易不征收增值税、消费税。具体政策比照《国家税务总局关于印发〈出口加工区税收管理暂行办法〉的通知》（国税发〔2000〕155 号）和《国家税务总局关于出口加工区耗用水、电、气准予退税的通知》（国税发〔2002〕116 号）、《国家税务总局关于芜湖出口加工区基建物资出口退税的批复》（国税函〔2004〕805 号）的有关规定执行。

政策依据：《国家税务总局关于洋山保税港区等海关监管特殊区域有关税收问题的通知》（国税函〔2006〕1226 号）

执行日期：2006 年 12 月 15 日

分析诊断

保税港区执行出口加工区的出口退（免）税政策。按照现行政策规定，保税港区内企业委托区外企业进行产品加工，一律不予退（免）税。结合上述案例，该公司是保税港区内的贸易企业，其采购原材料委托保税港区外的企业加工通过保税港区外的海关报关出口，按照规定不予退（免）税，而市国税局退税部门却混淆保税港区企业和一般企业委托加工出口货物的区别，错误地答复出口企业委托生产企业加工收回后报关出口的货物，凭购买加工货物的原材料等发票和工缴费发票按规定办理退税。

触类旁通

目前，海关规定保税区、出口加工区、拓展保税物流功能的出口加工区、保税港区、保税物流园区均可以从事区外经营活动，当然具体经营活动的范围各不相同。但是，目前国家税务总局只对保税区内企业在区外出口货物可以依照规定办理退（免）税，对出口加工区、保税港区、保税物流园区内企业委托区外企业进行产品加工，一律不予退（免）税。目前国家税务总局对拓展保税物流功能的出口加工区、保税物流中心（B 型）却没有作出明确规定。海关特殊监管区内企业区外经营海关与税收政策的比较表，详见表 3－2。

表3-2 海关特殊监管区内企业区外经营海关与税收政策比较

海关特殊监管区	海关政策规定	税收政策规定
保税区	《保税区海关监管办法》（海关总署令第65号）第二十三条区内加工企业委托非保税区企业或者接受非保税区企业委托进行加工业务，应当事先经海关批准，并符合下列条件： （一）在区内拥有生产场所，并已经正式开展加工业务。 （二）委托非保税区企业的加工业务，主要工序应当在区内进行。 （三）委托非保税区企业加工业务的期限为6个月；有特殊情况需要延长期限的，应当向海关申请展期，展期期限为6个月。在非保税区加工完毕的产品应当运回保税区；需要从非保税区直接出口的，应当向海关办理核销手续。 （四）接受非保税区企业委托加工的，由区内加工企业向海关办理委托加工料件的备案手续，委托加工的料件及产品应当与区内企业的料件及产品分别建立账册并分别使用。加工完毕的产品应当运回非保税区企业，并由区内加工企业向海关销案。	《国家税务总局关于保税区内出口企业出口退税有关问题的批复》（国税函〔2006〕666号）规定：对保税区内出口企业在境内区外的出口货物，按照现行有关出口退税管理办法办理退税。
出口加工区	《对出口加工区监管的暂行办法》（2000年4月27日国务院批准，2000年5月24日海关总署令第81号公布，2002年6月21日国务院批准根据2003年9月2日《国务院关于修改〈中华人民共和国海关对出口加工区监管的暂行办法〉的决定》修订）第21条规定：区内企业在确有需要时，可将有关模具、半成品等运往区外进行加工。经加工区主管海关关长批准，由接受委托的区外企业向加工区主管海关缴纳货物应征关税和进口环节增值税等值保证金或保函后办理出区手续。	《国家税务总局关于印发〈出口加工区税收管理暂行办法〉的通知》（国税发〔2000〕155号）规定：区内企业委托区外企业进行产品加工，一律不予退（免）税。

续表

海关特殊监管区	海关政策规定	税收政策规定
拓展保税物流功能的出口加工区	海关总署印发的《出口加工区拓展保税物流功能及开展研发、检测、维修业务试点管理办法》中未规定。	《财政部国家税务总局关于出口货物劳务增值税和消费税政策的通知》（财税〔2012〕39号）规定：出口企业经海关报关进入国家批准的出口加工区、保税物流园区、保税港区、综合保税区、珠澳跨境工业区（珠海园区）、中哈霍尔果斯国际边境合作中心（中方配套区域）、保税物流中心（B型）（以下统称特殊区域）并销售给特殊区域内单位或境外单位、个人的货物，适用退（免）税政策；特殊区域内的企业出口的特殊区域内的货物、特殊区域内的企业为境外的单位或个人提供加工修理修配劳务、同一特殊区域、不同特殊区域内的企业之间销售特殊区域内的货物，适用免征增值税政策。
保税港区	《海关保税港区管理暂行办法》（海关总署令第164号）第21条规定：区内企业在区外从事对外贸易业务且货物不实际进出保税港区的，可以在收发货人所在地或者货物实际进出境口岸地海关办理申报手续。第22条规定：区内企业需要将模具、原材料、半成品等运往区外进行加工的，应当在开展外发加工前，凭承揽加工合同或者协议、承揽企业营业执照复印件和区内企业签章确认的承揽企业生产能力状况等材料，向保税港区主管海关办理外发加工手续。	
保税物流园区	《对保税物流园区的管理办法》（2005年11月28日海关总署令第134号发布，根据2010年3月15日海关总署令第190号公布的《海关总署关于修改〈中华人民共和国海关对保税物流园区的管理办法〉的决定》修正）第25条规定：园区企业在区外从事进出口贸易业务且货物不实际进出园区的，可以在收、发货人所在地的主管海关或者货物实际进出境口岸的海关办理申报手续。	
保税物流中心（B型）	《海关对保税物流中心（B型）的暂行管理办法》（海关总署令第130号）未作出规定。	

注意要点

海关特殊监管区内企业区外经营，海关与税收政策不同。

第三节　特殊贸易方式出口退（免）税

一、来料加工未开具免税证明≠能申报免税

常见案例

A公司是具有增值税一般纳税人资格的外贸企业，2009年办理出口退（免）税认定，2010年1月与香港3M公司开展来料加工业务，并委托某生产企业加工。因A公司财务人员对该项业务政策不熟悉，未到税务机关办理“来料加工贸易免税证明”，来料加工手册核销也未到主管税务机关办理核销手续。2011年6月，市国税局通过海关报关出口与出口申报数据进行比对，发现A公司有出口业务未申报办理出口退（免）税。经主管税务机关核查，A公司2010年共发生不含税来料加工费收入688 923.76元，主管税务机关责令其视同内销补缴增值税117 117.04元，滞纳金9 603.60元，A公司已于2011年7月补缴入库。

政策规定

二十、出口企业以“来料加工”贸易方式免税进口原材料、零部件后，凭海关核签的来料加工进口货物报关单和来料加工登记手册向主管其出口退税的税务机关办理“来料加工免税证明”，持此证明向主管其征税的税务机关申报办理免征其加工或委托加工货物及其工缴费的增值税、消费税。货物出口后，出口企业应凭来料加工出口货物报关单和海关已核销的来料加工登记手册、收汇凭证向主管出口退税的税务机关办理核销手续。逾期未核销的，主管出口退税的税务机关将会同海关和主管征税的税务机关及时予以补税和处罚。

政策依据：《国家税务总局关于印发〈出口货物退（免）税管理办法〉的通知》（国税发〔1994〕31号）

执行日期：1994年1月1日

三十二、由于出口企业过失而造成实际退（免）税款大于应退（免）税款或企业办理来料加工免税手续后逾期未核销的，主管出口退税的税务机关应当令其限期缴回多退或已免征的税款。逾期不缴的，从限期期满之日起，依未缴税款额按日加收 2‰的滞纳金。

政策依据：《国家税务总局关于印发〈出口货物退（免）税管理办法〉的通知》（国税发〔1994〕31 号）

执行日期：1994 年 1 月 1 日

分析诊断

出口企业以来料加工贸易方式免税进口原材料、零部件后，凭海关核签的来料加工进口货物报关单和来料加工登记手册向主管其出口退税的税务机关办理来料加工免税证明，持此证明向主管其征税的税务机关申报办理免征其加工或委托加工货物及其工缴费的增值税、消费税。结合上述案例，A 公司从事来料加工业务却未到主管税务机关开具来料加工免税证明，来料加工手册核销后也未到主管税务机关核销，来料加工费收入也未办理增值税申报手续。因而，公司的来料加工费收入不得免征增值税，按照当时的出口退（免）税政策应当依照规定视同内销征税。由此可见，A 公司的做法是错误的，案例中主管税务机关的做法是正确的。

触类旁通

国家税务总局公告 2012 年第 24 号对来料加工出口货物管理办法作了较大调整，现将新旧逐项予以比较，详见表 3－3。

注意要点

国家税务总局公告 2012 年第 24 号对来料加工出口货物管理办法作了较大调整。

表 3－3 来料加工出口货物管理办法新旧政策比较

国家税务总局公告2012 年第 24 号规定	以前规定	比较结果
从事来料加工委托加工业务的出口企业，在取得加工企业开具的加工费的普通发票后，应在加工费的普通发票开具之日起至次月的增值税纳税申报期内，填报“来料加工免税证明申请表”，提供正式申报电子数据，及下列资料向主管税务机关办理“来料加工免税证明”。 ①进口货物报关单原件及复印件； ②加工企业开具的加工费的普通发票原件及复印件； ③主管税务机关要求提供的其他资料。 出口企业应将“来料加工免税证明”转交加工企业，加工企业持此证明向主管税务机关申报办理加工费的增值税、消费税免税手续。	《国家税务总局关于印发〈出口货物退（免）税管理办法〉的通知》（国税发〔1994〕31 号）第二十条规定：出口企业以“来料加工”贸易方式免税进口原材料、零部件后，凭海关核签的来料加工进口货物报关单和来料加工登记手册向主管其出口退税的税务机关办理“来料加工免税证明”，持此证明向主管其征税的税务机关申报办理免征其加工或委托加工货物及其工缴费的增值税、消费税。 《国家税务总局关于清理简并纳税人报送涉税资料有关问题的通知》（国税函〔2007〕1077 号）规定：纳税人办理来料加工贸易免税证明（出口退税证明）应提供下列资料： （一）纳税人应提供主表、份数 “来料加工贸易免税证明申请表”，1 份 （二）纳税人应提供资料 1. 来料加工进口货物报关单（原件及复印件）； 2. 来料加工登记手册（原件及复印件）； 3. 委托加工合同或工缴费普通发票（委托加工的提供）； 4. 载有“来料加工贸易免税证明申请表”有关信息的电子数据。	调整三项：一是明确申请开具“来料加工免税证明”的出口企业范围，出口企业只有委托其他企业加工的，才办理“来料加工免税证明”转交加工企业办理免税手续，如果生产企业自己从事来料加工业务的，则不需办理“来料加工免税证明”；二是首次明确申请开具“来料加工免税证明”的期限为取得加工企业开具的加工费普通发票后，应在加工费的普通发票开具之日起至次月的增值税纳税申报期内；三是删减申请开具“来料加工免税证明”应提供的来料加工登记手册（原件及复印件）资料。

续表

国家税务总局公告 2012 年第 24 号规定	以前规定	比较结果
出口企业以“来料加工”贸易方式出口货物并办理海关核销手续后，持海关签发的核销结案通知书、“来料加工出口货物免税证明核销申请表”和下列资料及正式申报电子数据，向主管税务机关办理来料加工出口货物免税核销手续。 ①出口货物报关单原件及复印件； ②来料加工免税证明； ③加工企业开具的加工费的普通发票原件及复印件； ④主管税务机关要求提供的其他资料。	《国家税务总局关于印发〈出口货物退（免）税管理办法〉的通知》（国税发〔1994〕31 号）第二十条规定：货物出口后，出口企业应凭来料加工出口货物报关单和海关已核销的来料加工登记手册、收汇凭证向主管出口退税的税务机关办理核销手续。逾期未核销的，主管出口退税的税务机关将会同海关和主管征税的税务机关及时予以补税和处罚。	调整四项：一是明确免税核销的范围是来料加工委托加工出口货物，生产企业自己从事来料加工业务不办理免税核销手续；二是调整办理核销手续的期限，由货物出口后调整为出口货物并办理海关核销手续后；三是调整办理核销手续提供的资料；四是删除逾期未核销补税的处理规定。

二、境外带料加工出口货物≠适用免退税办法

常见案例

某公司是具有增值税一般纳税人资格的生产企业，属于出口退（免）税申报时可以暂不提供收汇核销单的自营出口企业，同时具有国家商务部颁发的《境外带料加工装配企业批准证书》。该公司 2007 年 10 月 14 日出口一批货物，用于境外装配项目，该批原材料依照规定取得增值税专用发票，海关出具的出口货物报关单上贸易方式注明“一般贸易”，同时收取国外企业支

付的加工费。该公司在次月收齐出口货物报关单连同自营出口销售的货物一并向主管税务机关申报办理免退税，主管税务机关当月依照规定审核办理免退税。

政策规定

一、境外带料加工装配是指我国企业以现有技术、设备投资为主，在境外以加工装配的形式，带动和扩大国内设备、技术、零部件、原材料出口的国际经贸合作方式。

二、对境外带料加工装配业务所使用（含实物性投资，下同）的出境设备、原材料和散件，实行出口退税。退税率按国家统一规定的退税率执行。

三、对境外带料加工装配业务方式出口的货物，依以下计算公式计算其应退税额：

应退税额＝增值税专用发票所列明的金额（进口设备为海关代征增值税专用缴款书列明的完税价格，下同）×适用退税率。

其中境外带料加工装配业务中使用的二手设备应退税额计算公式为

应退税额＝购货发票列明的金额÷（1＋扣除率）×设备折余价值÷设备原值×适用退税率

设备折余价值＝设备原值－已提折旧

设备原值和已提折旧按企业会计核算数据计算。

二手设备如是1994年1月1日以前购进的，应退税额按以下公式计算：

应退税额＝购货发票列明的金额/（1＋扣除率）×设备折余价值/设备原值×适用退税率

上述公式中的扣除率为购货时的货物征税税率。

四、对境外带料加工装配业务方式出口的货物，出口企业在申报退税时，须提供以下凭证：

（一）出口货物报关单（出口退税联）；

（二）增值税专用发票（进口设备为海关代征增值税专用缴款书）；

（三）税收（出口货物专用）缴款书（二手设备和进口设备免于提供）；

（四）境外带料加工装配企业批准证书（复印件）等。

政策依据：《国家税务总局对外贸易经济合作部关于境外带料加工装配业务有关出口退税问题的通知》（国税发〔1999〕76号）

执行日期：1999年5月11日

三、《国家税务总局关于境外带料加工装配业务有关出口退税问题的批复》（国税函〔1999〕539 号）停止执行，今后对出口企业以境外带料加工装配业务方式出口的非自产二手设备，一律凭增值税专用发票及有关凭证办理退税。

政策依据：《国家税务总局关于调整凭普通发票退税政策的通知》（国税函〔2005〕248 号）

执行日期：2005 年 4 月 1 日

分析诊断

境外带料加工装配是指我国企业以现有技术、设备投资为主，在境外以加工装配的形式，带动和扩大国内设备、技术、零配件、原件料出口的国际经贸合作方式。境外带料加工装配出口货物适用单项退税政策，而不实行退（免）税办法。也就是说生产企业从事境外带料加工装配不实行免抵退税办法，外贸企业从事境外带料加工装配不实行免退税办法，而是均实行单项的退税政策。结合上述案例，开展境外带料加工装配业务出口原材料，按规定应当实行单项退税政策，而该公司却连同自营出口销售的货物一并向主管税务机关申报办理免退税，主管税务机关却审核办理免退税。由此可见，二者的做法都是错误的。

触类旁通

1. 带料加工与出料加工的区别

“带料加工出口”是指我方在境外投资开办企业，将我境内的原辅料、零部件、元器件或半成品运至境外加工或装配，成品在境外销售。带料加工出口项下运出境的货物，应按实际贸易方式统计，如机械设备、原材料等出口按“一般贸易”统计，来、进料加工成品出口按“来、进料加工贸易”统计，租赁出口按“租赁贸易”统计。

出料加工贸易（统计代码“27”）是指将我境内原辅料、零部件、元器件或半成品交由境外厂商按我方要求进行加工或装配，成品复运进口，我方支付工缴费的交易形式，不包括“带料加工出口”。

2. 出口货物退（免）税的基本规定

根据《国家税务总局、对外贸易经济合作部关于境外带料加工装配业务有关出口退税问题的通知》（国税发〔1999〕76 号）的规定，对境外带料加工装配业务所使用（含实物性投资，下同）的出境设备、原材料和散件，实行出口退税，退税率按国家统一规定的退税率执行。

3. 境外带料加工装配出口货物退（免）税的计算

根据《国家税务总局、对外贸易经济合作部关于境外带料加工装配业务有关出口退税问题的通知》（国税发〔1999〕76 号）的规定，境外带料加工装配出口货物退税的计算要区别货物的不同情况。

1）购买货物直接用于境外带料加工装配业务出口。

对境外带料加工装配业务方式出口的货物，依以下计算公式计算应退税额：

应退税额 = 增值税专用发票的列明的金额（进口设备为海关代征增值税专用缴款书列明的完税价格，下同）×适用退税率

2）境外带料加工装配业务中使用的二手设备应退税额计算公式：

应退税额 = 增值税专用发票列明的金额×设备折余价值/设备原值×适用退税率

设备折余价值 = 设备原值 - 已提折旧

设备原值和已提折旧按企业会计核算数据计算。

3）二手设备如是 1994 年 1 月 1 日以前购进 2005 年 4 月 1 日前申报办理退税的，应退税额按以下公式计算：

应退税额 = 购货发票列明的金额/（1 + 扣除率）×设备折余价值/设备原值×适用退税率

上述公式中的扣除率为购物时的货物征收税税率。

4）根据《国家税务总局关于调整凭普通发票退税政策的通知》（国税函〔2005〕248 号）的规定，自 2005 年 4 月 1 日起，对出口企业以境外带料加工装配业务方式出口的非自产二手设备，一律凭增值税专用发票及有关凭证办理退税。计算应退税额的公式与第 2 种情形相同。

4. 出口退税申报

（1）纳税人应提供主表、份数

“外贸企业出口退税进货明细申报表”，2 份

“外贸企业出口退税出口明细申报表”，2 份

“外贸企业出口退税汇总申报表”，2 份

（2）纳税人应提供资料

1）出口货物退（免）税正式申报电子数据；

2）加盖海关验讫章的出口货物报关单（出口退税专用）；

3）境外带料加工装配企业批准证书（复印件）；

4）增值税专用发票（抵扣联）；

5）消费税“税收（出口货物专用）缴款书”或“出口货物完税分割单”。

（3）纳税人办理业务的时限要求

生产企业应在向境外投资的货物报关出口之日（以出口货物报关单〈出口

退税专用〉上注明的出口日期为准）起 90 日内，向主管出口退税的税务机关申报办理出口货物退（免）税手续。出口企业提出书面合理理由并经地市以上（含地市）税务机关核准后，可在核准的期限内申报办理退（免）税。

5. 注意事项

1）对境外带料加工装配业务所使用（含实物性投资）的出境设备、原材料和散件，依照《国家税务总局、对外贸易经济合作部关于境外带料加工装配业务有关出口退税问题的通知》（国税发〔1999〕76 号）的规定实行出口退税；不依照关于国内采购运往境外作为在国外投资货物特准退（免）税的规定。

2）生产企业对境外带料加工装配业务所使用（含实物性投资）的出境设备、原材料和散件，实行单项退税政策；而实行扩大增值税抵扣范围政策的生产企业以实物投资出境的在实行扩大增值税抵扣范围政策以后购进的设备及零部件，不实行单项退税政策，而实行免、抵、退税的政策。

注意要点

境外带料加工装配出口货物适用单项退税政策，而不实行退（免）税办法。

第四节 特殊货物出口退（免）税

一、政策调整后旧设备出口退（免）税≠政策调整前旧设备出口退（免）税

常见案例

某公司是具有增值税一般纳税人资格的生产企业，2012 年 7 月初，该公司以一般贸易方式出口其在 2004 年从国内采购自用的旧设备，出售额高于残值。当月该公司还以一般贸易方式出口其在 2012 年 6 月从国内采购的已取得增值税专用发票的旧设备（增值税专用发票未申报抵扣进项税额）。2012 年 8 月，该公司收齐相关单证向主管税务机关单独申报办理旧设备出口退税。主管税务机关审核后通知办税员：出口自用旧设备可按规定办理出口退税，但是出口外购旧设备只能办理免税，而不能办理出口退税。

政策规定

（六）出口进项税额未计算抵扣的已使用过的设备增值税退（免）税的计税依据，按下列公式确定：

退（免）税计税依据 = 增值税专用发票上的金额或海关进口增值税专用缴款书注明的完税价格 × 已使用过的设备固定资产净值 ÷ 已使用过的设备原值

已使用过的设备固定资产净值 = 已使用过的设备原值 − 已使用过的设备已提累计折旧

本通知所称已使用过的设备，是指出口企业根据财务会计制度已经计提折旧的固定资产。

政策依据：《财政部国家税务总局关于出口货物劳务增值税和消费税政策的通知》（财税〔2012〕39 号）

执行日期：2012 年 7 月 1 日

分析诊断

政策调整后旧设备出口退（免）税不同于政策调整前旧设备出口退（免）税。政策调整前增值税一般纳税人和非增值税纳税人出口的自用旧设备实行免退税办法，出口外购旧设备实行免税办法。政策调整后出口进项税额未计算抵扣的已使用过的设备实行增值税退（免）税办法，也就是说不再区分旧设备是否自用，均实行增值税退（免）税办法。结合上述案例，该公司 2012 年 7 月初以一般贸易方式出口其在 2004 年从国内采购自用的旧设备，当月还以一般贸易方式出口其在 2012 年 6 月从国内采购的已取得增值税专用发票的旧设备（增值税专用发票未申报抵扣进项税额），主管税务机关却仍然按照调整前旧设备出口退（免）税政策对该公司出口外购旧设备不办理出口退税而只执行免税政策。由此可见，主管税务机关的做法是错误的。

触类旁通

表 3－4　旧设备出口退（免）税政策新旧比较

<table>
<tr><th>财税〔2012〕39 号和国家税务总局公告 2012 年第 24 号规定</th><th>以前相关规定</th><th>比较结果</th></tr>
<tr><td rowspan="2">出口进项税额未计算抵扣的已使用过的设备增值税退（免）税的计税依据，按下列公式确定：
退（免）税计税依据＝增值税专用发票上的金额或海关进口增值税专用缴款书注明的完税价格×已使用过的设备固定资产净值÷已使用过的设备原值
已使用过的设备固定资产净值＝已使用过的设备原值－已使用过的设备已提累计折旧
本通知所称已使用过的设备，是指出口企业根据财务会计制度已经计提折旧的固定资产。</td><td>《国家税务总局关于出口货物退（免）税若干问题的通知》（国税发〔2006〕102 号）第六条规定：企业以实物投资出境的设备及零部件（包括实行扩大增值税抵扣范围政策的企业在实行扩大增值税抵扣范围政策以前购进的设备），实行出口退（免）税政策。实行扩大增值税抵扣范围政策的企业以实物投资出境的在实行扩大增值税抵扣范围政策以后购进的设备及零部件，不实行单项退税政策，实行免、抵、退税的政策。
企业以实物投资出境的外购设备及零部件按购进设备及零部件的增值税专用发票计算退（免）税；企业以实物投资出境的自用旧设备，按照下列公式计算退（免）税：
应退税额＝增值税专用发票所列明的金额（不含税额）×设备折余价值/设备原值×适用退税率
设备折余价值＝设备原值－已提折旧
企业以实物投资出境的自用旧设备，须按照《中华人民共和国企业所得税条例》规定的向主管税务机关备案的折旧年限计算提取折旧，并计算设备折余价值。税务机关接到企业出口自用旧设备的退税申报后，须填写“旧设备折旧情况核实表”交由负责企业所得税管理的税务机关核实无误后办理退税。</td><td rowspan="2">调整二项内容：一是将企业以实物投资出境的自用旧设备退税、增值税一般纳税人和非增值税纳税人出口的自用旧设备退税的范围扩大到出口进项税额未计算抵扣的已使用过的设备增值税退税。二是删除企业所得税管理的税务机关核实的程序。</td></tr>
<tr><td>《国家税务总局关于印发〈旧设备出口退（免）税暂行办法〉的通知》（国税发〔2008〕16 号）第五条规定：增值税一般纳税人和非增值税纳税人出口的自用旧设备，根据以下公式计算其应退税额：
应退税额＝增值税专用发票所列明的金额（不含税额）×设备折余价值/设备原值×适用退税率
设备折余价值＝设备原值－已提折旧
增值税一般纳税人和非增值税纳税人出口的自用旧设备，须按照有关税收法律法规规定的向主管税务机关备案的折旧年限计算提取折旧，并计算设备折余价值。主管税务机关接到企业出口自用旧设备的退税申报后，须填写“旧设备折旧情况确认表”交由负责企业所得税管理的税务机关核实无误后办理退税。</td></tr>
</table>

续表

财税〔2012〕39号和国家税务总局公告2012年第24号规定	以前相关规定	比较结果
出口企业和其他单位出口的在2008年12月31日以前购进的设备、2009年1月1日以后购进但按照有关规定不得抵扣进项税额的设备、非增值税纳税人购进的设备，以及营业税改征增值税试点地区的出口企业和其他单位出口在本企业试点以前购进的设备，如果属于未计算抵扣进项税额的已使用过的设备，均实行增值税免退税办法。	《国家税务总局关于印发〈旧设备出口退（免）税暂行办法〉的通知》（国税发〔2008〕16号）第五条规定：增值税一般纳税人和非增值税纳税人出口的自用旧设备，根据以下公式计算其应退税额： 应退税额＝增值税专用发票所列明的金额（不含税额）×设备折余价值/设备原值×适用退税率 设备折余价值＝设备原值－已提折旧 增值税一般纳税人和非增值税纳税人出口的自用旧设备，须按照有关税收法律法规规定的向主管税务机关备案的折旧年限计算提取折旧，并计算设备折余价值。主管税务机关接到企业出口自用旧设备的退税申报后，须填写“旧设备折旧情况确认表”交由负责企业所得税管理的税务机关核实无误后办理退税。 第七条 增值税一般纳税人和非增值税纳税人出口的外购旧设备，实行免税不退税的办法。企业出口外购旧设备后，须在规定的出口退（免）税申报期限内填写“出口旧设备退（免）税申报表”，并持出口货物报关单（出口退税专用）、购买设备的普通发票或进口完税凭证及主管税务机关要求提供的其他资料向主管税务机关申报免税。 第八条 小规模纳税人出口的自用旧设备和外购旧设备，实行免税不退税的办法。第九条规定：申报退税的出口企业属于扩大增值税抵扣范围企业的，其自获得扩大增值税抵扣范围资格之日起出口的自用旧设备，主管税务机关应核实该设备所含增值税进项税额未计算抵扣后方可办理退税；如经主管税务机关核实，该设备所含增值税进项税额已计算抵扣，则不得办理退税。	调整三项：一是扩大旧设备的范围，即在2008年12月31日以前购进的设备、2009年1月1日以后购进但按照有关规定不得抵扣进项税额的设备、非增值税纳税人购进的设备，以及营业税改征增值税试点地区的出口企业和其他单位出口在本企业试点以前购进的设备，这些未计算抵扣进项税额的已使用过的设备。二是在从国内购进取得增值税专用发票的基础上增加从国外购进取得海关进口增值税专用缴款书。三是将原外购旧设备出口免税统一调整为出口免退税。

续表

财税〔2012〕39号和国家税务总局公告2012年第24号规定	以前相关规定	比较结果
出口企业和其他单位应在货物报关出口之日次月起至次年4月30日前的各增值税纳税申报期内，向主管税务机关单独申报退税。逾期的，出口企业和其他单位不得申报退税。申报退税时应填报“出口已使用过的设备退税申报表”，提供正式申报电子数据及下列资料： 1. 出口货物报关单； 2. 委托出口的货物，还应提供受托方主管税务机关签发的代理出口货物证明，以及代理出口协议； 3. 增值税专用发票（抵扣联）或海关进口增值税专用缴款书； 4. 出口收汇核销单； 5. 出口已使用过的设备折旧情况确认表； 6. 主管税务机关要求提供的其他资料。	《国家税务总局关于印发〈旧设备出口退（免）税暂行办法〉的通知》（国税发〔2008〕16号）第六条规定：增值税一般纳税人和非增值税纳税人出口自用旧设备后，应填写“出口旧设备退（免）税申报表”，并持下列资料，向其主管税务机关申请退税。 1. 出口货物报关单（出口退税专用）或代理出口货物证明； 2. 购买设备的增值税专用发票； 3. 主管税务机关出具的“旧设备折旧情况确认表”； 4. 主管税务机关要求提供的其他资料。 增值税一般纳税人和非增值税纳税人以一般贸易方式出口旧设备的，除上述资料外，还须提供出口收汇核销单。 第十条规定：出口企业出口旧设备后，须在规定的出口退（免）税申报期内，向主管税务机关申报旧设备的出口退（免）税。	调整三项：一是调整出口已使用过的设备退税申报的截止期限为货物报关出口之日次月起至次年4月30日前的各增值税纳税申报期内；二是将“出口旧设备退（免）税申报表”调整为“出口已使用过的设备退税申报表”；三是申报资料增加出口收汇核销单，设备进口的增加海关进口增值税专用缴款书。

注意要点

政策调整后旧设备出口退（免）税政策不同于政策调整前旧设备出口退（免）税政策。

二、免费出口广告样品≠能申报退（免）税

常见案例

在某省国税局2006年组织的出口退税检查中，检查组发现某外贸公司2005年报关出口未收汇的广告样品，出口销售额2 577 835.27元，该公司属于出口退（免）税时可暂不提供收汇核销单的出口企业，已申报办理免退税。检查组要求主管税务机关追缴已办理的出口退税，并按规定视同内销征税。

政策规定

五、出口企业报关出口的样品、展品，如出口企业最终在境外将其销售并收汇的，准予凭出口样品、展品的出口货物报关单（出口退税联）、出口收汇核销单（出口退税联）以及其他规定的退税凭证办理退税。

政策依据：《国家税务总局关于出口退税若干问题的通知》（国税发〔2000〕165号）

执行日期：2000年12月22日

分析诊断

出口企业报关出口的样品、展品，如出口企业最终在境外将其销售并收汇的，准予凭出口样品、展品的出口货物报关单（出口退税专用）、出口收汇核销单（出口退税专用）以及其他规定的退税凭证办理退税。结合上述案例，该外贸公司报关出口未收汇的广告样品，按当时适用的出口退税政策规定不能申报办理免退税，而该公司却已经申报办理免退税。由此可见，该公司及其主管税务机关的做法是错误的，检查组的做法是正确的。

触类旁通

目前出口广告样品退（免）税政策的适用问题

国家税务总局发布的《出口货物劳务增值税和消费税管理办法》（国家税务总局公告2012年第24号）出台后，《国家税务总局关于出口退税若干问题的通知》（国税发〔2000〕165号）废止，被废止的文件第五条规定："出口企业报关出口的样品、展品，如出口企业最终在境外将其销售并收汇的，准予凭出口样品、展品的出口货物报

关单（出口退税专用）、出口收汇核销单（出口退税专用）以及其他规定的退税凭证办理退税。”因此，实施货物贸易外汇管理制度改革后，出口企业出口样品展品，只要取得出口货物报关单（出口退税专用）和出口收汇核销单（出口退税专用），就可以依照规定申报办理出口退（免）税。

《国家外汇管理局、海关总署、国家税务总局关于货物贸易外汇管理制度改革的公告》（国家外汇管理局公告 2012 年第 1 号）规定，自 2012 年 8 月 1 日起在全国实施货物贸易外汇管理制度改革，全面取消出口收汇核销单，企业不再办理出口收汇核销手续。自 2012 年 8 月 1 日起报关出口的货物（以海关“出口货物报关单〈出口退税专用〉”注明的出口日期为准），出口企业申报出口退税时，不再提供出口收汇核销单；税务局参考外汇局提供的企业出口收汇信息和分类情况，依据相关规定，审核企业出口退税。相应的，出口企业出口广告样品申报办理退（免）税就不再提供出口收汇核销单。

出口企业自 2012 年 8 月 1 日起免费出口广告样品，不需提供出口收汇核销单，是否就能申报办理出口退（免）税呢？要回答这个问题，只有判断出口企业免费出口广告样品是否属于适用退（免）税政策的出口货物范围，才能确定能否申报办理出口退（免）税。

首先，免费出口广告样品不属于财税〔2012〕39 号文件规定出口货物的范围。财税〔2012〕39 号文件规定所称出口货物，是指向海关报关后实际离境并销售给境外单位或个人的货物，分为自营出口货物和委托出口货物两类。也就是说只有货物同时符合下列三个条件才能称作出口货物：

①货物通过海关报关出口；

②货物实际离开国境；

③货物销售给境外单位和个人。

根据上述条件来看，免费出口广告样品虽然符合第①和第②两个条件，但明显不属于货物销售行为，因而不属于适用退（免）税政策的出口货物范围。

其次，免费出口广告样品不属于财税〔2012〕39 号文件规定视同出口货物的范围。财税〔2012〕39 号文件规定，视同出口货物分为报关出口销售未实际离境的货物，报关出口未作销售货物和未报关出口在国内销售的货物三类。报关出口销售未实际离境的货物主要有出口企业报关出口销售到出口加工区、保税港区等海关特殊监管区域的货物，报送出口未作销售货物主要有出口企业对外援助、对外承包、境外投资等货物，未报关出口在国内销售的货物主要有免税品经营企业销售的货物、出口企业或其他单位销售给用于国际金融组织或外国政府贷款国际招标建设项目的中标机电产品、出口企业或其他单位销售给国际运输企业用于国际运输工具上的货物等。但财税〔2012〕3000000000009 号文件并没有把免费出口广告样品列入视同出口销售范围，因而其也不属于适用退（免）税政策的出口货物范围。

由于免费出口广告样品不属于适用增值税退（免）税政策的出口货物范围，因而其不得申报办理出口退（免）税。

当然，出口企业出口广告样品已经收汇的，属于出口货物销售的行为，应当适用出口退（免）税政策。相应的，出口企业出口广告样品应当收汇而由于坏账而未能收汇的，也是属于出口货物销售的行为，也可以申报办理出口退（免）税。

注意要点

按调整后的出口退税政策，免费出口广告样品不属于适用增值税退（免）税政策的出口货物范围，不得申报办理出口退（免）税。

第四章　会计处理

第一节　会计处理基础

一、内外销兼营≠销售收入不分开核算

常见案例

某公司是具有增值税一般纳税人资格的外贸企业。2010 年某市国税局检查出口退（免）税日常管理情况时发现，该公司 2010 年出口销售与内销未分别明细科目进行核算。经了解，该公司每年出口销售商品较少，财务人员在账务处理时为求简便，对出口商品销售收入未单设明细科目进行核算。该公司明确表示将进行整改，对 2011 年 1 月 1 日以后出口销售的商品一定要按要求设置出口销售明细科目进行核算，确保财务核算清晰明了。

政策规定

6001 主营业务收入

一、本科目核算企业确认的销售商品、提供劳务等主营业务的收入。

二、本科目可按主营业务的种类进行明细核算。

政策依据：《财政部关于印发〈企业会计准则——应用指南〉的通知》（财会〔2006〕18 号）

执行日期：2007 年 1 月 1 日

分析诊断

出口企业兼营内外销业务，应当单独核算内外销的商品销售收入。结合上述案例，该公司既有内销业务，也有外销业务，却没有通过设立明细科目

的方式分别核算内外销的商品销售收入，经税务机关检查指出后表示按规定整改。由此可见，该公司以前的做法是错误的，主管税务机关的处理无疑是正确的。

触类旁通

1. 类似问题

(1) 生产企业以外销为主，内销业务极少，未单独核算内销产品收入。

例如，某公司2009年主要是出口销售业务，偶尔有一两笔内销业务，以前在设置会计科目时，认为内销不多，没有必要在“主营业务收入”科目下设置出口、内销、出口视同内销等二级核算科目。2010年5月该公司已整改为在“主营业务收入”科目下设置“出口”“内销”“出口视同内销”三个二级核算科目。

(2) 外贸企业兼营内外销业务未单独核算商品销售收入。

2. 出口企业销售账簿的设立

出口企业应根据内外销业务设置销售账簿。首先，内外销要分别记账，外销业务根据不同的贸易方式或业务性质设置二级明细账；在不同的贸易方式下，再按不同征税率和退税率分账页分别核算出口销售收入。

例如，根据不同的贸易方式设置明细账：“主营业务收入——内销收入”，“主营业务收入——外销收入——一般贸易出口”，“主营业务收入——外销收入——来料加工出口”，“主营业务收入——外销收入——进料加工出口”，“主营业务收入——外销收入——深加工结转出口”等；根据不同的业务性质设置明细账：“主营业务收入——内销收入”，“主营业务收入——外销收入——自营出口”，“主营业务收入——外销收入——委托代理出口”，“主营业务收入——外销收入——加工补偿出口”，“主营业务收入——外销收入——援外出口”等。

3. 出口企业兼营视同内销业务的处理

出口企业往往既有内销业务也有外销业务，还有可能存在视同内销征税业务，例如，出口不予退（免）税产品等，这样，出口企业可以在“主营业务收入”科目下设“视同内销主营业务收入”明细科目专门核算视同内销征税的商品收入。当然，出口企业也可将视同内销征税收入纳入内销收入明细科目核算，但是，不能纳入外销收入明细科目进行核算。

4. 出口企业兼营出口免税业务的处理

出口企业往往既有内销业务也有外销业务，还有可能存在出口货物免税业务。例如，出口免税商品等，这样，出口企业可以在“主营业务收入”科目下设“出口免税主营业务收入”明细科目专门核算出口免税商品收入。

5. 出口企业仅有出口业务的处理

出口企业仅有出口业务的，可以不区分内外销明细科目核算主营业务收入，但是，如果出口企业发生视同内销征税或出口免税或零星内销业务的，就应当分别设立明细科目核算主营业务收入。

6. 出口企业未单独核算内外销业务收入的处理

对出口企业未单独核算内外销业务收入税务机关应当如何处理的问题，目前国家税务总局未专门明确。但是，根据国家税务总局的有关规定，笔者认为，税务机关可以采取二项措施：

（1）不予审批办理出口退（免）税。根据国税发〔2005〕51 号的规定，出口企业自营或委托出口的货物，除另有规定者外，可在货物报关出口并在财务上做销售核算后，凭有关凭证报送所在地国家税务局批准退还或免征其增值税、消费税。出口企业未单独核算内外销业务收入，税务机关无法核实其是否在财务上做销售核算，因而税务机关也无法审批办理出口企业的退（免）税。

（2）调整出口企业退（免）税管理类别，根据国家税务总局公告 2012 年第 24 号第八条第三款的规定，出口企业未单独核算内外销业务收入，属于出口企业财务会计制度不健全，税务机关可以调整出口企业的退（免）税管理类别，即使用增值税专用发票交叉稽核信息审核外贸企业出口退（免）税。

注意要点

出口企业兼营内外销业务，应当分别核算内外销商品的收入。

二、出口销售确认时间≠出口报关日期

常见案例

A 公司是具有增值税一般纳税人的外贸企业。根据与某境外客户之间的合约，A 公司的货物运到境外并由客户指定货代提货后，所有与货物相关的权利义务转嫁给客户，方可向客户开具发票，并委托银行收款。A 公司在 2010 年 1 月 28 日出口货物到境外客户 B 处，货款为 10 万美元，1 月 28 日报关出口。该货物于 2 月 10 日抵达目的地，2 月 11 日由 B 的货代提货签收。因此境外客户 B 要求 A 公司 2 月 11 日开具发票并主张收款，并在 2 月 11 日确认出口销售收入实现。对于这类的出口报关销售货物，主管税务机关要求必须按出口报关日期做出口销售收入。

政策规定

第四条 销售商品收入同时满足下列条件的，才能予以确认：

（一）企业已将商品所有权上的主要风险和报酬转移给购货方；

（二）企业既没有保留通常与所有权相联系的继续管理权，也没有对已售出的商品实施有效控制；

（三）收入的金额能够可靠地计量；

（四）相关的经济利益很可能流入企业；

（五）相关的已发生或将发生的成本能够可靠地计量。

政策依据：《企业会计准则第14号——收入》（财会〔2006〕3号）

执行日期：2007年1月1日

二、商品所有权上主要风险和报酬转移的判断

根据本准则第四条规定，企业已将商品所有权上的主要风险和报酬转移给购货方，构成确认销售商品收入的重要条件。

（一）企业已将商品所有权上的主要风险和报酬转移给购货方，是指与商品所有权有关的主要风险和报酬同时转移。与商品所有权有关的风险，是指商品可能发生减值或毁损等形成的损失；与商品所有权有关的报酬，是指商品价值增值或通过使用商品等产生的经济利益。

（二）判断企业是否已将商品所有权上的主要风险和报酬转移给购货方，应当关注交易的实质，并结合所有权凭证的转移进行判断。

通常情况下，转移商品所有权凭证并交付实物后，商品所有权上的主要风险和报酬随之转移，如大多数零售商品。某些情况下，转移商品所有权凭证但未交付实物，商品所有权上的主要风险和报酬随之转移，企业只保留了次要风险和报酬，如交款提货方式销售商品。有时，已交付实物但未转移商品所有权凭证，商品所有权上的主要风险和报酬未随之转移，如采用支付手续费方式委托代销的商品。

四、销售商品收入确认条件的具体应用

（一）下列商品销售，通常按规定的时点确认为收入，有证据表明不满足收入确认条件的除外：

1. 销售商品采用托收承付方式的，在办妥托收手续时确认收入。

2. 销售商品采用预收款方式的，在发出商品时确认收入，预收的货款应确认为负债。

3. 销售商品需要安装和检验的，在购买方接受商品以及安装和检验完毕前，

不确认收入，待安装和检验完毕时确认收入。如果安装程序比较简单，可在发出商品时确认收入。

4. 销售商品采用以旧换新方式的，销售的商品应当按照销售商品收入确认条件确认收入，回收的商品作为购进商品处理。

5. 销售商品采用支付手续费方式委托代销的，在收到代销清单时确认收入。

（二）采用售后回购方式销售商品的，收到的款项应确认为负债；回购价格大于原售价的，差额应在回购期间按期计提利息，计入财务费用。有确凿证据表明售后回购交易满足销售商品收入确认条件的，销售的商品按售价确认收入，回购的商品作为购进商品处理。

（三）采用售后租回方式销售商品的，收到的款项应确认为负债；售价与资产账面价值之间的差额，应当采用合理的方法进行分摊，作为折旧费用或租金费用的调整。有确凿证据表明认定为经营租赁的售后租回交易是按照公允价值达成的，销售的商品按售价确认收入，并按账面价值结转成本。

政策依据：《〈企业会计准则第 14 号——收入〉应用指南》（财会〔2006〕18 号）

执行日期：2007 年 1 月 1 日

分析诊断

出口销售收入的实现时间并不完全等同于货物报关出口的日期。出口销售收入必须同时满足五个条件，才能确认出口销售收入实现：第一，企业已将商品所有权上的主要风险和报酬转移给购货方；第二，企业既没有保留通常与所有权相联系的继续管理权，也没有对已售出的商品实施有效控制；第三，收入的金额能够可靠地计量；第四，相关的经济利益很可能流入企业；第五，相关的已发生或将发生的成本能够可靠地计量。结合上述案例，A 公司的货物报关出口并没有将商品所有权上的主要风险和报酬转移给购货方，而是在出口货物抵达客户所在地并由客户的货代收货后，商品所有权上的主要风险和报酬才转移给购货方，才能委托银行收款，这时出口销售收入才实现。因而 A 公司应在出口货物抵达国外客户所在地并由客户的货代收货时确认出口销售收入，而不是主管税务机关要求的按出口报关日期确认出口销售收入。由此可见，A 公司的做法是正确的，而主管税务机关的做法是错误的。

触类旁通

1. 类似问题

（1）提前确认出口销售收入

1）出口货物发出即确认出口销售收入。例如，某公司为了方便会计核算和内部控管，对出口货物从仓库发出还未报关出口就在会计上确认出口销售收入。

2）按报关单申报日期确认出口销售收入。例如，某公司 2011 年 5 月 25 日出口服装 10 万美元，报关单的申报日期是 2011 年 5 月 25 日，出口发票、出库单开具的时间为 2011 年月 5 月 25 日，装箱单、报关单预录入企业存查联复印件于 2011 年 5 月 27 日收到，报关单退税联原件上的出口日期为：2011 年 6 月 1 日，放行日期为：2011 年 6 月 1 日。企业财务上作销售处理的入账时间是 2011 年 5 月 25 日。

（2）延迟确认出口销售收入

1）收到报关单才确认出口销售收入。例如，某生产企业人为延迟出口销售实现时间，在报关单收回后才确认出口销售收入。

2）按收到报关单信息时间确认出口销售收入。例如，某公司是生产企业，某月出口一批商品，截至月末电子口岸仍未查到报关信息，因而公司当月未确认出口销售收入，待收到报关单信息才确认出口销售收入。

3）收到出口货款才确认出口销售。例如，某企业 2010 年出口货物在收到出口销售货款时才做销售记账。

2. 增值税法与会计准则关于销售收入确认时间的区别

与《企业会计准则第 14 号——收入》规定的确认销售商品收入条件相比，增值税法所定义的“销售货物”并未要求考虑主要风险和报酬转移等问题，而是主要考虑了法律形式。例如，企业销售一批货物，如果款项很可能收不回，则会计上不确认收入，但依增值税法规定要确认销售；企业不能合理估计退货可能性的，会计通常在售出商品退货期满时确认收入，但依增值税法规定一般要在发出商品时确认销售。此时，涉税会计处理一般借记“应收账款”或“应收票据”科目等，贷记“应交税费——应交增值税（销项税额）”科目。

根据《中华人民共和国增值税暂行条例实施细则》和《企业会计准则第 14 号——收入》应用指南的规定，增值税确认纳税义务发生时间的时点即确认销售的时点与会计上确认收入的时点不一致的是：第一，先开具发票的，为开具发票的当天；第二，生产销售生产工期超过 12 个月的大型机械设备、船舶、飞机等货物的，为收到预收款或者书面合同约定的收款日期的当天；第三，委托其他纳税人代销货物、未收到代销清单及货款的，为发出代销货物满 180 天的当天。对于第二种情况，涉税会计处理借记“预收账款”科目，贷记“应交税费——应交增值税（销项税额）”科目；对于第三种情况，涉税会计处理借记“应收账款”科目，贷记“应交税费——应交增值税（销项税额）”科目。

3. 企业所得税法与会计准则关于销售收入确认时间的区别

国税函〔2008〕875 号文件规定，企业销售商品同时满足四个条件的，应确认收入的实现：第一，商品销售合同已经签订，企业已将商品所有权相关的主要风险和报酬转移给购货方；第二，企业对已售出的商品既没有保留通常与所有权相联系的继续管理权，也没有实施有效控制；第三，收入的金额能够可靠地计量；第四，已发生或将发生的销售方的成本能够可靠地核算。

比较会计准则与企业所得税法关于收入确认的条件可知，会计处理上确认收入时要考虑“经济利益很可能流入企业”这个条件，而在税法上无此条件。这是因为税法不考虑企业的经营风险，具有强制性。企业发出库存商品后，在会计处理上可能依照规定认为“经济利益不是很可能流入企业”时不确认收入，而按税法规定应确认为当期收入，在企业所得税纳税申报时对收入及成本作调整处理，以后会计处理上对该收入进行确认时再作相反的调整。

4. 不同贸易术语条件下出口货物的主要风险和报酬的转移（见表 4－1）

表 4－1 不同贸易术语条件下出口货物的主要风险和报酬的转移

贸易术语	出口货物主要风险和报酬转移规定
EXW 工厂交货（……指定地点）	当卖方在其所在地或其他指定的地点（如工场、工厂或仓库等）将货物交给买方处置时，即完成交货。
FCA 货交承运人（……指定地点）	卖方只要将货物在指定的地点交给买方指定的承运人，并办理了出口清关手续，即完成交货。
FAS 船边交货（……指定装运港）	卖方在指定的装运港将货物交到船边，即完成交货。
FOB 船上交货（……指定装运港）	当货物在指定的装运港越过船舷，卖方即完成交货。
CFR 成本加运费（……指定目的港）	在装运港货物越过船舷卖方即完成交货。

续表

贸易术语	出口货物主要风险和报酬转移规定
CIF 成本、保险费加运费（……指定目的港）	在装运港当货物越过船舷时卖方即完成交货。
CPT 运费付至（……指定目的地）	卖方向其指定的承运人交货，买方承担交货之后一切风险和其他费用。
CIP 运费和保险费付至（……指定目的地）	卖方向其指定的承运人交货，买方承担卖方交货之后的一切风险和额外费用。
DAF 边境交货（……指定地点）	当卖方在边境的指定的地点和具体交货点，在毗邻国家海关边界前，将仍处于交货的运输工具上尚未卸下的货物交给买方处置，办妥货物出口清关手续但尚未办理进口清关手续时，即完成交货。
DES 目的港船上交货（……指定目的港）	在指定的目的港，货物在船上交给买方处置，但不办理货物进口清关手续，卖方即完成交货。卖方必须承担货物运至指定的目的港卸货前的一切风险和费用。
DEQ 目的港码头交货（……指定目的港）	卖方在指定的目的港码头将货物交给买方处置，不办理进口清关手续，即完成交货。卖方应承担将货物运至指定的目的港并卸至码头的一切风险和费用。
DDU 未完税交货（……指定目的港）	卖方在指定的目的地将货物交给买方处置，不办理进口手续，也不从交货的运输工具上将货物卸下，即完成交货。卖方应承担将货物运至指定的目的地的一切风险和费用。
DDP 完税后交货（……指定目的港）	卖方在指定的目的地，办理完进口清关手续，将在交货运输工具上尚未卸下的货物交与买方，完成交货。卖方必须承担将货物运至指定的目的地的一切风险和费用。

注意要点

按会计处理的规定，出口销售收入的实现时间并不完全等同于货物报关出口的日期。

三、寄售代销出口货物销售确认时间≠一般出口货物销售确认时间

常见案例

A公司是具有增值税一般纳税人资格的外贸企业。2010年11月，A公司采取寄售代销方式报关出口一批自产货物，出口货物报关单上注明的贸易方式是寄售代销，代码1616。国外客户按照寄售代销协议规定的条件，在当地市场代为销售，所得货款扣除代销人的佣金和其他费用后，按协议规定将余款于2011年5月支付给A公司。A公司在2010年11月申报办理免退税。主管税务机关审核后通知A公司，未按照规定在财务上确认出口销售收入，不得申报办理免退税。A公司解释说，采用寄售代销方式出口货物，货物出口时并没有转移货物的主要风险和主要报酬，因而不能确认出口销售。A公司按照主管税务机关通知，在2011年5月确认出口销售后，于2011年6月申报办理免退税，主管税务机关审核后再次通知A公司，超过规定免退税申报期限，不得申报办理免退税。

政策规定

第四条　销售商品收入同时满足下列条件的，才能予以确认：

（一）企业已将商品所有权上的主要风险和报酬转移给购货方；

（二）企业既没有保留通常与所有权相联系的继续管理权，也没有对已售出的商品实施有效控制；

（三）收入的金额能够可靠地计量；

（四）相关的经济利益很可能流入企业；

（五）相关的已发生或将发生的成本能够可靠地计量。

政策依据：《企业会计准则第14号——收入》（财会〔2006〕3号）

执行日期：2007年1月1日

二、商品所有权上主要风险和报酬转移的判断

根据本准则第四条规定，企业已将商品所有权上的主要风险和报酬转移给购货方，构成确认销售商品收入的重要条件。

（一）企业已将商品所有权上的主要风险和报酬转移给购货方，是指与商品所有权有关的主要风险和报酬同时转移。与商品所有权有关的风险，是指商品可能发生减值或毁损等形成的损失；与商品所有权有关的报酬，是指商品价值增值

或通过使用商品等产生的经济利益。

（二）判断企业是否已将商品所有权上的主要风险和报酬转移给购货方，应当关注交易的实质，并结合所有权凭证的转移进行判断。

通常情况下，转移商品所有权凭证并交付实物后，商品所有权上的主要风险和报酬随之转移，如大多数零售商品。某些情况下，转移商品所有权凭证但未交付实物，商品所有权上的主要风险和报酬随之转移，企业只保留了次要风险和报酬，如交款提货方式销售商品。有时，已交付实物但未转移商品所有权凭证，商品所有权上的主要风险和报酬未随之转移，如采用支付手续费方式委托代销的商品。

政策依据：《〈企业会计准则第14号——收入〉应用指南》（财会〔2006〕18号）

执行日期：2007年1月1日

分析诊断

寄售代销出口货物确认销售的时间不同于一般出口货物确认销售的时间。寄售代销贸易是指寄售人把货物交给事先约定的代销人，由代销人按照事先约定或根据寄售代销协议规定的条件，在当地市场代为销售，所得货款扣除代销人的佣金和其他费用后，按协议规定方式将余款付给寄售人的交易形式。因而，寄售代销贸易出口货物应当在收到国外代销人支付的货款或者收到代销清单时才能确认出口销售实现。出口货物销售实现后必须在规定期限内申报办理免退税。结合上述案例，A公司寄售代销出口货物，在出口货物未确认销售时却申报免退税，主管税务机关以未确认出口销售不予受理公司免退税申报；而A公司收到寄售代销出口货物货款时确认出口销售后申报免退税，按照当时适用的出口退税政策却又超过规定的免退税申报期限。可见，A公司确认出口销售实现的时间是正确的，但是超过了规定期限申报办理免退税，主管税务机关的处理是正确的。

触类旁通

1. 出口货物不能按进度确认出口销售收入

虽然《中华人民共和国企业所得税法实施条例》（国务院令第512号）第二十三条规定，企业受托加工制造大型机械设备、船舶、飞机，以及从事建筑、安装、装配工程业务或者提供其他劳务等，持续时间超过12个月的，按照纳税年度内完工进度或者完成的工作量确认收入的实现。但是，按增值税实施细则规定，生产销售生产工期超过12个月的大型机械设备、船舶、飞机等货物，为收到预收款或者书面合同约定的收款日期的当天确认销售收入，而不是按照进度确认出口销售收入。

例如，某船舶出口生产企业在2009年生产工期为15个月的出口船舶，合同约定船舶出口额1 500万美元，没有约定按月支付船舶货款，该企业却错误地按照船舶生产进度确认出口销售收入，每月按100万美元作出口销售收入。

值得注意的是，生产销售生产工期超过12个月的大型机械设备、船舶、飞机等出口货物，按照会计准则规定确认出口销售，虽然货物没有报关出口，但按照出口退（免）税政策可以实行先退税后核销办法，即企业在退税凭证尚未收集齐全的情况下，可凭出口合同、销售明细账等资料，向主管出口退税的税务机关申报办理免抵退税，退税部门可据此按照现行出口退（免）税管理的有关规定办理免抵退税的审核审批手续。

2. 出口应税劳务按进度确认出口销售收入

根据《企业会计准则第14号——收入》（财会〔2006〕3号）的规定，出口企业对外修理修配劳务或来料加工的劳务，在资产负债表日提供劳务交易的结果能够可靠估计的，应当采用完工百分比法确认提供劳务收入。完工百分比法，是指按照提供劳务交易的完工进度确认收入与费用的方法。

值得注意的是，出口企业对外提供修理修配或来料加工，即使依照企业会计准则规定可以确认出口销售实现，但如果货物未报关出口的，仍然不得享受出口退（免）税。

注意要点

按会计处理规定，寄售代销出口货物确认销售的时间不同于一般出口货物确认销售的时间。

四、政策调整后出口货物销售确认时间≠政策调整前出口货物销售确认时间

常见案例

A公司是具有增值税一般纳税人的外贸企业。根据其与某境外客户之间的合约，A公司的货物运到境外并由客户指定货代提货后，所有与货物相关的权利义务转嫁给客户，A公司方可向客户开具发票，并委托银行收款。A

公司在2012年7月10日报关出口一批货物到境外客户B公司。货物于8月10日抵达目的地，8月11日由B公司的货代提货签收。因此应境外客户B要求A公司在8月11日开具发票并办理托收承付收款。A公司在8月11日确认出口销售收入。

政策规定

外贸企业当月出口的货物须在次月的增值税纳税申报期内，向主管税务机关办理增值税纳税申报，将适用退（免）税政策的出口货物销售额填报在增值税纳税申报表的“免税货物销售额”栏。

政策依据：《国家税务总局关于发布〈出口货物劳务增值税和消费税管理办法〉的公告》（国家税务总局公告2012年第24号）

执行日期：2012年7月1日

分析诊断

政策调整后出口货物销售确认时间不同于政策调整前出口货物销售确认时间。出口退税政策调整前出口货物销售确认时间按照会计制度的规定执行，也就是说出口销售收入必须同时满足五个条件，才能确认出口销售收入实现：第一，企业已将商品所有权上的主要风险和报酬转移给购货方；第二，企业既没有保留通常与所有权相联系的继续管理权，也没有对已售出的商品实施有效控制；第三，收入的金额能够可靠地计量；第四，相关的经济利益很可能流入企业；第五，相关的已发生或将发生的成本能够可靠地计量。出口退税政策调整后却要求外贸企业当月出口的货物必须在当月确认出口销售，并在次月的增值税纳税申报期内向主管税务机关办理增值税纳税申报。结合上述案例，A公司在2012年7月10日报关出口货物，并没有将商品所有权上的主要风险和报酬转移给购货方，而是在2012年8月11日出口货物抵达客户所在地并由客户的货代收货后，商品所有权上的主要风险和报酬才转移给购货方，A公司才委托银行收款，按照企业会计准则的规定应当在2012年8月11日确认出口销售收入实现。但是按照调整后出口退税政策的规定，A公司应当在货物报关出口的当月即2012年7月确认出口销售收入。由此可见，A公司的做法是错误的。

触类旁通

1. 关于出口货物销售确认时间的出口退税新旧政策比较（见表 4－2）

表 4－2　出口退税政策关于出口货物销售确认时间新旧比较

国家税务总局公告 2012 年第 24 号规定	以前相关规定	调整内容
生产企业当月出口的货物须在次月的增值税纳税申报期内，向主管税务机关办理增值税纳税申报、免抵退税相关申报及消费税免税申报。	《国家税务总局关于印发〈生产企业出口货物“免、抵、退”税管理操作规程〉（试行）的通知》（国税发〔2002〕11 号）规定：生产企业在货物出口并按会计制度的规定在财务上做销售后，先向主管征税机关的征税部门或岗位（以下简称征税部门）办理增值税纳税和免抵退税申报，并向主管征税机关的退税部门或岗位（以下简称退税部门）办理退税申报。退税申报期为每月 1－15 日（逢节假日顺延）。	调整三项：一是将办理增值税纳税申报和免抵退税申报的时间由以前的货物出口并按会计制度的规定在财务上做销售后次月调整为当月出口货物的次月。二是将每月免抵退税申报期限调整到与增值税纳税申报期限相一致。三是首次明确生产企业免征消费税申报要求。
外贸企业当月出口的货物须在次月的增值税纳税申报期内，向主管税务机关办理增值税纳税申报，将适用退（免）税政策的出口货物销售额填报在增值税纳税申报表的“免税货物销售额”栏。	《国家税务总局关于重新修订〈增值税一般纳税人纳税申报办法〉的通知》（国税发〔2003〕53 号）附件一《增值税纳税申报表（适用于一般纳税人）》填表说明：（二十一）本表第 8 项“免税货物及劳务销售额”栏数据，填写纳税人本期按照税法规定直接免征增值税的货物及劳务的销售额及适用零税率的货物及劳务的销售额（销货退回的销售额用负数表示），但不包括适用免抵退办法出口货物的销售额。	调整二项：一是将出口货物确认销售时间调整为货物出口当月；二是以前将多次随时申报调整为增值税纳税期内申报。

2. 企业会计准则、增值税条例实施细则和出口退税政策对出口货物销售确认时间的不同规定

（1）企业会计准则规定

《企业会计准则第 14 号——收入》（财会〔2006〕3 号）规定，销售商品收

入同时满足下列条件的，才能予以确认：

1）企业已将商品所有权上的主要风险和报酬转移给购货方；

2）企业既没有保留通常与所有权相联系的继续管理权，也没有对已售出的商品实施有效控制；

3）收入的金额能够可靠地计量；

4）相关的经济利益很可能流入企业；

5）相关的已发生或将发生的成本能够可靠地计量。

如何判断企业已将商品所有权上的主要风险和报酬转移给购货方？

企业已将商品所有权上的主要风险和报酬转移给购货方，是指与商品所有权有关的主要风险和报酬同时转移。与商品所有权有关的风险，是指商品可能发生减值或毁损等形成的损失；与商品所有权有关的报酬，是指商品价值增值或通过使用商品等产生的经济利益。

判断企业是否已将商品所有权上的主要风险和报酬转移给购货方，应当关注交易的实质，并结合所有权凭证的转移进行判断。

通常情况下，转移商品所有权凭证并交付实物后，商品所有权上的主要风险和报酬随之转移，如大多数零售商品。某些情况下，转移商品所有权凭证但未交付实物，商品所有权上的主要风险和报酬随之转移，企业只保留了次要风险和报酬，如交款提货方式销售商品。有时，已交付实物但未转移商品所有权凭证，商品所有权上的主要风险和报酬未随之转移，如采用支付手续费方式委托代销的商品。

（2）增值税条例实施细则规定

根据《中华人民共和国增值税暂行条例》（国务院令第134号发布，2008年11月5日国务院第34次常务会议修订通过，国务院令第538号发布）和《中华人民共和国增值税暂行条例实施细则》（财政部 国家税务总局令第50号）规定：

增值税纳税义务发生时间：

1）销售货物或者应税劳务，为收讫销售款项或者取得索取销售款项凭据的当天；先开具发票的，为开具发票的当天。

2）采取直接收款方式销售货物，不论货物是否发出，均为收到销售款或者取得索取销售款凭据的当天。

3）采取托收承付和委托银行收款方式销售货物，为发出货物并办妥托收手续的当天。

4）采取赊销和分期收款方式销售货物，为书面合同约定的收款日期的当天，无书面合同的或者书面合同没有约定收款日期的，为货物发出的当天。

5）采取预收货款方式销售货物，为货物发出的当天，但生产销售生产工期超过12个月的大型机械设备、船舶、飞机等货物，为收到预收款或者书面合同约定的收款日期的当天。

6）委托其他纳税人代销货物，为收到代销单位的代销清单或者收到全部或者部分货款的当天。未收到代销清单及货款的，为发出代销货物满180天的当天。

7）销售应税劳务，为提供劳务同时收讫销售款或者取得索取销售款的凭据的当天。

8）纳税人发生本细则第四条第（三）项至第（八）项所列视同销售货物行为，为货物移送的当天。

（3）出口退税政策规定

国家税务总局公告2012年第24号规定，生产企业当月出口的货物须在次月的增值税纳税申报期内，向主管税务机关办理增值税纳税申报、免抵退税相关申报及消费税免税申报。外贸企业当月出口的货物须在次月的增值税纳税申报期内，向主管税务机关办理增值税纳税申报，将适用退（免）税政策的出口货物销售额填报在增值税纳税申报表的"免税货物销售额"栏。

（4）出口企业确认出口货物销售实现

按照《中华人民共和国税收征收管理法》第二十条"纳税人、扣缴义务人的财务、会计制度或者财务、会计处理办法与国务院或者国务院财政、税务主管部门有关税收的规定抵触的，依照国务院或者国务院财政、税务主管部门有关税收的规定计算应纳税款、代扣代缴和代收代缴税款"的规定，出口企业报关出口货物应当依照国家税务总局公告2012年第24号的规定即报关出口当月确认出口销售实现，并在次月办理出口货物的增值税纳税申报。

当然，出口企业应当按照出口退税政策确认出口销售收入，如果出口退税政策与企业会计准则确认收入时间不一致的，出口企业应当按照会计准则的有关规定对企业会计报告予以调整。

注意要点

出口退税政策调整后要求出口企业当月出口的货物必须在当月确认出口销售，并在次月的增值税纳税申报期内向主管税务机关办理增值税纳税申报。

五、确认出口销售价格≠FOB价

常见案例

某公司是具有增值税一般纳税人资格的外贸企业，出口退（免）税适用免退税办法。2011年5月6日该公司出口一批货物，报关单上显示该项交易CIF价5

万美元，其中运费4 000美元，保费1 000美元，美元汇率为6.55。该公司做出如下会计处理：

1. 出口时

借：应收账款——客户　　32.75万元

　　贷：主营业务收入——出口收入　　32.75万元

2. 支付运保费时

借：销售费用　　3.27万元

　　贷：银行存款　　3.27万元

政策规定

第二条　收入，是指企业在日常活动中形成的、会导致所有者权益增加的、与所有者投入资本无关的经济利益的总流入。

本准则所涉及的收入，包括销售商品收入、提供劳务收入和让渡资产使用权收入。

企业代第三方收取的款项，应当作为负债处理，不应当确认为收入。

政策依据：《企业会计准则第14号——收入》（财会〔2006〕3号）

执行日期：2007年1月1日

分析诊断

企业代第三方收取的款项，应当作为负债处理，不应当确认为收入。CIF价格中的运费保险费不构成企业的出口销售收入。因为收入是指企业在日常活动中形成的、会导致所有者权益增加的、与所有者投入资本无关的经济利益的总流入。而CIF成本、保险费加运费（……指定目的港）是指在装运港当货物越过船舷时卖方即完成交货，卖方必须支付将货物运至指定的目的港所需的运费和费用，但交货后货物灭失或损坏的风险及由于各种事件造成的任何额外费用即由卖方转移到买方。因此，CIF价格中的运费保险费是在出口货物主要报酬和主要风险转移之后发生的，企业一方面要向进口商收取，另一方面要向承运方和承保方支付，属于代收代付性质的款项，应当作为负债处理，不应当确认为收入。结合上述案例，该公司将CIF价格中的运费保险费列入出口销售收入，将支付的运保费列入出口销售费用，不符合企业会计准则的规定，也不符合免退税申报的规定，其做法明显是错误的。

触类旁通

表4-3　不同国际贸易术语条件下会计核算与退（免）税申报出口销售额的比较

国际贸易术语	会计核算出口销售额	退（免）税申报出口额
EXW 工厂交货（……指定地点）	EXW	EXW
FCA 货交承运人（……指定地点）	FCA	FCA
FAS 船边交货（……指定装运港）	FAS	FAS
FOB 船上交货（……指定装运港）	FOB	FOB
CFR 成本加运费（……指定目的港）	CFR 中冲减运费	CFR 中冲减运费
CIF 成本、保险费加运费（……指定目的港）	CIF 中冲减运费保险费佣金	CIF 中冲减运费保险费佣金
CPT 运费付至（……指定目的地）	CPT 中冲减交货后将货物运至目的地的运费	CPT 中冲减运费保险费佣金
CIP 运费和保险费付至（……指定目的地）	CIP 中冲减交货后将货物运至目的地的运费保险费	CIP 中冲减运费保险费佣金
DAF 边境交货（……指定地点）	DAF	DAF
DES 目的港船上交货（……指定目的港）	DES	DES 中冲减运费保险费佣金
DEQ 目的港码头交货（……指定目的港）	DEQ	DEQ 中冲减运费保险费佣金
DDU 未完税交货（……指定目的港）	DDU	DDU 中冲减运费保险费佣金
DDP 完税后交货（……指定目的港）	DDP	DDP 中冲减运费保险费佣金进口税费

注意要点

企业代第三方收取的款项，应当作为负债处理，不应当确认为收入。

六、FOB 价出口报关金额≠出口销售收入

常见案例

某公司是具有增值税一般纳税人资格的外贸企业，2011 年 10 月报关出口一批货物，出口报关单注明 FOB 价 2 万美元，另外支付海运费 2 000 美元。该公司按 FOB 价确认出口销售收入 2 万美元。汇率为 6.3，会计处理如下：

货物出口销售：

借：银行存款　　　　　　　　　　　　　　126 000 元

　　贷：主营业务收入——出口收入　　　　　　　126 000 元

支付货代公司海运费，取得货运公司开具的运费发票 2 000 美元

借：营业费用　　　　　　　　　　　　　　12 600 元

　　贷：银行存款　　　　　　　　　　　　　　12 600 元

政策规定

第二条　收入，是指企业在日常活动中形成的、会导致所有者权益增加的、与所有者投入资本无关的经济利益的总流入。

本准则所涉及的收入，包括销售商品收入、提供劳务收入和让渡资产使用权收入。

企业代第三方收取的款项，应当作为负债处理，不应当确认为收入。

政策依据：《企业会计准则第 14 号——收入》（财会〔2006〕3 号）

执行日期：2007 年 1 月 1 日

三、销售商品收入金额的计量

根据本准则第五条规定，企业销售商品满足收入确认条件时，应当按照已收或应收合同或协议价款的公允价值确定销售商品收入金额。

政策依据：《〈企业会计准则第 14 号——收入〉应用指南》（财会〔2006〕18 号）

执行日期：2007 年 1 月 1 日

分析诊断

企业销售商品满足收入确认条件时，应当按照已收或应收合同或协议价款的

公允价值确定销售商品收入金额。由于FOB船上交货（……指定装运港）是当货物在指定的装运港越过船舷，卖方即完成交货，这意味着买方必须从该点起承担货物灭失或损坏的一切风险。因而，FOB价格贸易方式下，卖方不会承担或支付交货以后的一切费用。结合上述案例，该公司虽然名义上以FOB价格报关出口货物，但企业在交货以后还支付海运费用，因而公司实质上是以CFR价格出口货物。按照实质重于形式的原则，公司应当按照CFR价格冲减海运费后的金额计量出口销售金额，而不是直接按照形式上的FOB价格确认出口销售收入金额。

触类旁通

FOB价格报关出口金额不能直接作为出口销售金额计量的情形

（1）FOB价不公允

按照企业会计准则的规定，企业销售商品满足收入确认条件时，应当按照已收或应收合同或协议价款的公允价值确定销售商品收入金额。按照《财政部国家税务总局关于出口货物劳务增值税和消费税政策的通知》（财税〔2012〕39号）的规定，生产企业出口货物劳务（进料加工复出口货物除外）增值税退（免）税的计税依据，为出口货物劳务的实际离岸价（FOB）。实际离岸价应以出口发票上的离岸价为准，但如果出口发票不能反映实际离岸价，主管税务机关有权予以核定。因此，企业出口报关货物的FOB价不公允的，企业应当按公允价格确认计量出口销售金额。

（2）出口货物因质量索赔

虽然企业以FOB价格出口货物，但是如果因质量问题索赔而减少出口货款的，企业应当冲减出口销售金额，而不得按原来报关单上的FOB价出口金额确认计量出口销售金额。

（3）出口销售折让折扣

虽然企业以FOB价格出口货物，但是如果出口货物销售发生折让折扣的，企业应当冲减出口销售金额，而不得按原来报关单上的FOB价出口金额确认计量出口销售金额。

（4）出口货物收汇多于出口报关金额

虽然企业以FOB价格出口货物，但是，企业可能由于各种原因致使收汇金额多于出口报关金额，那么，企业应当按照收汇金额确认计量出口销售金额，而不得按原来报关单上的FOB价出口金额确认计量出口销售金额。

（5）出口报关单上注明的运保佣与实际支付的运保佣不一致

企业以CIF、CFR等价格出口货物，如果出口报关单上注明的运保佣费用与实际支付的运保佣费用不一致的，企业应当按照报关金额冲减实际支付的运保佣费用后的金额确认计量出口销售金额，而不得按出口报关单上注明的运保佣费用进行冲减。

（6）出口销售返利

虽然企业以 FOB 价格出口货物，但是，如果企业在年终根据境外客户的全年采购量，给予一定比例的销售返利。在这种情况下，企业支付给出口货物的国外进口商的销售返利，应当冲减出口销售收入金额。

注意要点

FOB 价格出口报关金额并不能简单等同于出口销售收入。

七、向外商单独收取的技术咨询费≠出口货物销售收入

常见案例

A 公司是具有增值税一般纳税人资格的外贸企业。2009 年 4 月，A 公司出口一批机械设备，由于国外客户需要 A 公司提供技术支持，因而 A 公司按照约定在出口销售货款之外单独向进口商收取技术咨询费用（出口报关单上的出口金额不含技术咨询费用）。A 公司按照“关于价外费用并入销售额征税”的相关规定，将技术咨询费用一并纳入出口货物销售收入进行核算，并向主管税务机关申报办理免退税。

政策规定

第十五条　企业与其他企业签订的合同或协议包括销售商品和提供劳务时，销售商品部分和提供劳务部分能够区分且能够单独计量的，应当将销售商品的部分作为销售商品处理，将提供劳务的部分作为提供劳务处理。销售商品部分和提供劳务部分不能够区分，或虽能区分但不能够单独计量的，应当将销售商品部分和提供劳务部分全部作为销售商品处理。

政策依据：《企业会计准则第 14 号——收入》（财会〔2006〕3 号）

执行日期：2007 年 1 月 1 日

分析诊断

企业与其他企业签订的合同或协议包括销售商品和提供劳务，销售商品部分和提供劳务部分能够区分且能够单独计量的，应当将销售商品的部分作为销售商品处理，将提供劳务的部分作为提供劳务处理。销售商品部分和提供劳务部分不能够区分，或虽能区分但不能够单独计量的，应当将销售商品部分和提供劳务部分全部作为销售商品处理。结合上述案例，A公司出口销售机械设备，在出口销售货款之外单独向国外进口商收取技术咨询费用，A公司应当单独确认出口货物销售金额和对外提供劳务的销售金额。但是A公司却将技术咨询费用一并纳入出口货物销售收入进行核算，并向主管税务机关申报办理免退税。由此可见，A公司的做法是错误的，主管税务机关的做法也是错误的。

触类旁通

1. 不能纳入出口货物销售收入核算的情形

（1）向外商收取的技术咨询费

企业出口货物同时提供技术咨询服务收取的技术咨询费用，如果单独收取的，则不应当纳入出口货物销售收入核算，而应当按照营业税的规定征免税。如果未单独收取的，则应当一并纳入出口货物销售收入进行核算。

（2）收到外商支付的出口货物的安装调试费用

企业出口货物同时提供出口货物的安装调试服务，如果安装调试单独收取的，则不应当纳入出口货物销售收入核算，而应当按照营业税的规定征免税。如果未单独收取的，则应当一并纳入出口货物销售收入进行核算。

例如，某公司在2009年10月出口一批货物，已开具此单货物出口销售发票，出口发票金额与报关单一致，但收到此笔货物货款时，多了4 000美元的安装调试费，这样单独收取的出口货物的安装调试费用，不能并入出口货物销售收入进行核算。

（3）收到外商支付的模具款

例如，A公司是以注塑产品生产为主的企业，国外客户下订单要求A公司生产一批塑料产品，A公司委托国内专业生产模具的公司研发生产模具，模具生产完成后运回A公司加工生产产品，模具款由国外客户汇入A公司美金账户，再由A公司付给生产模具的公司，模具不出口。这样，A公司收到的外商的模具款，只是代收代付款项，不应当确认出口销售收入。

2. 企业所得税与增值税、消费税、营业税收入确认的比较

（1）销售商品收入的确认

1）国税函〔2008〕875号文件规定："销售商品采用托收承付方式的，在办妥托收手续时确认收入。"《中华人民共和国增值税暂行条例实施细则》（以下简称《增值税实施细则》）、《中华人民共和国消费税暂行条例实施细则》（以下简称《消费税实施细则》）规定："采取托收承付和委托银行收款方式销售货物，为发出货物并办妥托收手续的当天。"比所得税收入确认相比，增值税增加了"发出货物"这个并列条件。

2）国税函〔2008〕875号文件规定："销售商品采用支付手续费方式委托代销的，在收到代销清单时确认收入。"《增值税实施细则》规定："委托其他纳税人代销货物，为收到代销单位的代销清单或者收到全部或者部分货款的当天。未收到代销清单及货款的，为发出代销货物满180天的当天。"与所得税的收入确认相比，增值税对未收到代销清单的情况作出明确处理。

3）《消费税实施细则》规定："采取赊销和分期收款结算方式的，为书面合同约定的收款日期的当天，书面合同没有约定收款日期或者无书面合同的，为发出应税消费品的当天。"企业所得税法律法规文件没有这一规定。

4）国税函〔2008〕875号文件规定："销售商品需要安装和检验的，在购买方接受商品以及安装和检验完毕时确认收入。如果安装程序比较简单，可在发出商品时确认收入。"增值税法规文件没有这一规定。

5）国税函〔2008〕875号文件规定："有证据表明不符合销售收入确认条件的，如以销售商品方式进行融资，收到的款项应确认为负债，回购价格大于原售价的，差额应在回购期间确认为利息费用。"增值税、消费税相关法规文件没有这一规定。

6）国税函〔2008〕875号文件规定："商品销售涉及商业折扣的，应当按照扣除商业折扣后的金额确定销售商品收入；因售出商品的质量不合格等原因而在售价上给的减让属于销售折让；因售出商品质量、品种不符合要求等原因而发生的退货属于销售退回；企业已经确认销售收入的售出商品发生销售折让和销售退回，应当在发生当期冲减当期销售商品收入。"即企业所得税法对销售折扣、折让及销售退回无条件冲减当期收入。而《国家税务总局关于印发〈增值税若干具体问题的规定〉的通知》（国税发〔1993〕154号）规定："纳税人采取折扣方式销售货物，如果销售额和折扣额在同一张发票上分别注明的，可按折扣后的销售额征收增值税；如果将折扣额另开发票，不论其在财务上如何处理，均不得从销售额中减除折扣额。"但《增值税专用发票使用规定》（国税发〔2006〕156号）规定："一般纳税人发生销货退回及销售折让的，凭购买方提供的《开具红字增值税专用发票通知单》开具红字专用发票，在防伪税控系统中冲抵销项税额。"

7）国税函〔2008〕875号文件规定："企业以买一赠一等方式组合销售本企

业商品的，不属于捐赠，应将总的销售金额按各项商品的公允价值的比例来分摊确认各项的销售收入。”而消费税只能按捐赠或无偿赠送他人处理。

（2）销售劳务收入的确认

1）国税函〔2008〕875号文件规定：对提供劳务满足收入确认条件的按以下方法确认收入。

①安装费。根据安装完工进度确认收入。安装工作是商品销售附带条件的，安装费在确认商品销售实现时确认收入。

②宣传媒介的收费。在相关的广告或商业行为出现于公众面前时确认收入。广告的制作费，应根据制作广告的完工进度确认收入。

③软件费。为特定客户开发软件的收费，根据开发的完工进度确认收入。

④服务费。包含在商品售价内可区分的服务费，在提供服务的期间分期确认收入。

⑤艺术表演、招待宴会和其他特殊活动的收费。在相关活动发生时确认收入。收费涉及几项活动的，预收的款项应合理分配给每项活动，分别确认收入。

⑥会员费。申请入会或加入会员，只允许取得会籍，所有其他服务或商品都要另行收费的，在取得该会员费时确认收入。申请入会或加入会员后，会员在会员期内不再付费就可得到各种服务或商品，或者以低于非会员的价格销售商品或提供服务的，该会员费应在整个受益期内分期确认收入。

⑦特许权费。属于提供设备和其他有形资产的特许权费，在交付资产或转移资产所有权时确认收入；属于提供初始及后续服务的特许权费，在提供服务时确认收入。

⑧劳务费。长期为客户提供重复的劳务收取的劳务费，在相关劳务活动发生时确认收入。

2）《增值税实施细则》规定：“销售应税劳务，为提供劳务同时收讫销售款或者取得索取销售款的凭据的当天。”《消费税实施细则》规定：“采取其他结算方式的，为收讫销售款或者取得索取销售款凭据的当天。”企业所得税法律法规文件则没有这方面的规定。

3）营业税条例及细则对各项收入确认的政策。

①一般劳务项目。

a. 从事应税劳务营业税纳税义务发生时间为纳税人提供应税劳务并收讫营业收入款项或为书面合同确定的付款日期的当天；未签订书面合同或者书面合同未确定付款日期的，为应税行为完成的当天。

b. 纳税人提供建筑业或者租赁业劳务，采取预收款方式的，其纳税义务发生时间为收到预收款的当天。

c. 转让土地使用权或者销售不动产，采取预收款方式的，其纳税义务发生时间为收到预收款的当天。

d. 将不动产或者土地使用权无偿赠送其他单位或者个人，其纳税义务发生时间为不动产所有权、土地使用权转移的当天。

e. 自己新建建筑物后销售，其纳税义务发生时间为销售自建建筑物的纳税义务发生时间。

②特殊劳务项目。

a. 纳税人将承揽的运输业务分给其他单位或者个人的，以其取得的全部价款和价外费用扣除其支付给其他单位或者个人的运输费用后的余额为营业额。

b. 纳税人从事旅游业务的，以其取得的全部价款和价外费用扣除替旅游者支付给其他单位或者个人的住宿费、餐费、交通费、旅游景点门票和支付给其他接团旅游企业的旅游费后的余额为营业额。

c. 纳税人将建筑工程分包给其他单位的，以其取得的全部价款和价外费用扣除其支付给其他单位的分包款后的余额为营业额。

d. 外汇、有价证券、期货等金融商品买卖业务，以卖出价减去买入价后的余额为营业额。

（3）销售长线商品或劳务的收入确认政策

《企业所得税实施条例》规定，企业受托加工制造大型机械设备、船舶、飞机，以及从事建筑、安装、装配工程业务或者提供其他劳务等，持续时间超过12个月的，按照纳税年度内完工进度或者完成的工作量确认收入的实现。而《增值税实施细则》规定："生产销售生产工期超过12个月的大型机械设备、船舶、飞机等货物，为收到预收款或者书面合同约定的收款日期的当天。"一个收入确认时间不得超过12个月，一个在收到预收款或按书面合同约定的收款日期确认收入。营业税法规文件还没有这方面的规定。

注意要点

企业与其他企业签订的合同或协议包括销售商品和提供劳务时，销售商品部分和提供劳务部分能够区分且能够单独计量的，应当将销售商品的部分作为销售商品处理，将提供劳务的部分作为提供劳务处理。

八、分期收款出口货物销售收入≠收取出口货物价款

常见案例

某公司是具有增值税一般纳税人资格的外贸企业，2011年1月报关出口一批商品300件，协议FOB价1 000美元/件，出口货物报关单注明的出口金额为

30 万美元。经与客户协商，此批货物采用分期收款销售方式，期限 9 个月，分 3 期平均支付。每期支付 110 000 美元。2011 年 4 月为第一期销售实现。公司按照已收货物价款 110 000 美元确认计量出口销售金额，并向主管税务机关申报办理免退税。

政策规定

三、销售商品收入金额的计量

根据本准则第五条规定，企业销售商品满足收入确认条件时，应当按照已收或应收合同或协议价款的公允价值确定销售商品收入金额。

从购货方已收或应收的合同或协议价款，通常为公允价值。某些情况下，合同或协议明确规定销售商品需要延期收取价款，如分期收款销售商品，实质上具有融资性质的，应当按照应收的合同或协议价款的现值确定其公允价值。应收的合同或协议价款与其公允价值之间的差额，应当在合同或协议期间内，按照应收款项的摊余成本和实际利率计算确定的摊销金额，冲减财务费用。

政策依据：《〈企业会计准则第 14 号——收入〉应用指南》（财会〔2006〕18 号）

执行日期：2007 年 1 月 1 日

分析诊断

从购货方已收或应收的合同或协议价款，通常为公允价值。某些情况下，合同或协议明确规定销售商品需要延期收取价款，如分期收款销售商品，实质上具有融资性质的，应当按照应收的合同或协议价款的现值确定其公允价值。应收的合同或协议价款与其公允价值之间的差额，应当在合同或协议期间内，按照应收款项的摊余成本和实际利率计算确定的摊销金额，冲减财务费用。结合本案例，以 FOB 价出口货物，在货物越过船舷以后货物的主要报酬和主要风险就已经转移给国外客户，因而出口货物销售就已经实现。该公司采用分期收款销售方式出口货物，按照会计准则的规定，应收的合同价款与其公允价值之间的差额，应当在合同期间内，按照应收款项的摊余成本和实际利率计算确定的摊销金额，冲减财务费用。但是该公司却按照收款日期直接按照已收出口货物款项核算出口销售收入，并按照核算的出口销售收入申报办理免退税，可见其做法是错误的。

触类旁通

1. 生产企业采用分期收款方式出口销售货物申报办理免抵退税的注意事项

（1）出口销售时间的确认

根据国家税务总局公告 2012 年第 24 号规定，生产企业当月出口的货物须在次月的增值税纳税申报期内，向主管税务机关办理增值税纳税申报。因此，生产企业采用分期收款方式出口货物，应当在货物出口的当月确认出口货物销售。

（2）出口销售金额的确认

企业采用分期收款方式出口销售货物的，会计核算方面要求按公允价确认出口销售金额，而出口退（免）税要求按照 FOB 价进行申报。如果出口货物公允价格与 FOB 价格不一致的，企业应当据实进行调整。

（3）免抵退税申报期限

由于采用分期收款方式出口销售货物，出口日期往往早于增值税纳税义务发生时间，因而企业要特别注意出口退（免）税申报期限，如果企业超过出口退（免）税申报期限，将不能申报办理退（免）税。

2. 分期收款销售货物在会计准则与税法方面的比较

（1）会计处理规定

《企业会计准则 14 号——收入》规定，满足销售实现条件时，合同或协议价款的收取采用递延方式，实质具有融资性质的，应按应收的合同或协议价款的公允价值确定销售商品收入金额；应收的合同或协议价款与其公允价值之间的差额，应在合同或协议期间内采用实际利率法进行摊销，计入当期损益。依据准则的规定，企业在销售实现时确认收入，收入金额按合同或协议价款的公允价值计量，并按其计算应交纳的增值税，同时结转相应成本。合同或协议价款与其公允价值之间的差额，按应收款项的摊余成本和实际利率，计算确定的金额进行摊销，作为财务费用抵减处理。

（2）税法规定

《中华人民共和国增值税暂行条例》规定，采取分期收款方式销售货物，纳税义务发生时间为“合同约定的收款日期”当天，并按此时间（合同约定的收款日）开具增值税专用发票。《中华人民共和国企业所得税法实施条例》规定，以分期收款方式销售货物的，应按合同约定的收款日期确认收入的实现，收入金额为合同或协议分期收款的金额，当期确认应税所得，计算应交所得税。依此规定，企业按合同约定日期开具增值税发票，确认收入实现，收入金额为分期收款金额，并结转相应成本，计算应交增值税和企业所得税额。

（3）差异

通过会计规定与税法规定的对比，可以发现分期收款销售在会计和税法规定上存在明显的差异：一是时间上的差异，会计上考虑了货币的时间价值，在满足销售实现条件时“一次”性确认收入；而税法上则是依据收付实现制，根据合同约定的收款日期“分次”确认收入。二是金额上的差异，会计上采用的是公允价值计量模式，根据销售时商品的公允价值进行计量而不是合同金额；税法上采用的是历史成本原则，根据实际收到的款项即合同金额进行计量。由于存在以上差异，导致企业进行会计和税法处理时，收入、成本、费用在时间和金额的确认上都存在差异，企业在根据会计规定进行正确的会计处理时需要根据税法规定进行相应的纳税调整。

注意要点

采用分期收款方式销售商品，企业应收的合同价款与其公允价值之间的差额，应当在合同期间内，按照应收款项的摊余成本和实际利率计算确定的摊销金额，冲减财务费用。

九、固定不变汇率≠出口销售额折算汇率

常见案例

某市国税局 2011 年对出口企业退（免）税管理检查发现，某具有增值税一般纳税人资格的外贸公司在 2005 年美元汇率下调后，出口货物销售收入核算和免退税申报一直按 1∶8.26 汇率折算出口销售收入，从而虚增出口销售额。检查组要求外贸公司依照规定予以整改。

政策规定

第九条　企业对于发生的外币交易，应当将外币金额折算为记账本位币金额。

第十条　外币交易应当在初始确认时，采用交易发生日的即期汇率将外币金额折算为记账本位币金额；也可以采用按照系统合理的方法确定的、与交易发生日即期汇率近似的汇率折算。

政策依据：《企业会计准则第 19 号——外币折算》（财会〔2006〕3 号）

执行日期：2007 年 1 月 1 日

销售额以人民币计算。纳税人以人民币以外的货币结算销售额的，应当折合成人民币计算。

政策依据：《中华人民共和国增值税暂行条例》（2008 年 11 月 5 日国务院第 34 次常务会议修订通过，中华人民共和国国务院令第 538 号）

执行日期：2009 年 1 月 1 日

纳税人按人民币以外的货币结算销售额的，其销售额的人民币折合率可以选择销售额发生的当天或者当月 1 日的人民币汇率中间价。纳税人应在事先确定采用何种折合率，确定后 1 年内不得变更。

政策依据：《中华人民共和国增值税暂行条例实施细则》（中华人民共和国财政部 国家税务总局令第 50 号）

执行日期：2009 年 1 月 1 日

分析诊断

出口企业可以选择销售额发生当天或当月 1 日的人民币汇率中间价作为外币销售额的折算汇率，也就是说出口企业如果选择销售额发生当月 1 日的人民币汇率中间价作为折算汇率，当月的折算汇率就保持不变，但这个固定的汇率也仅能在当月份内不变，如果超过当月就不能再使用当月的折算汇率了。结合上述案例，外贸公司在 2005 年美元汇率下调后，出口货物销售收入核算和免退税申报一直按 1∶8.26 汇率折算出口销售收入，这明显不符合外币折算的规定。由此可见，外贸公司的做法明显是错误的，某市国税局检查组的做法是正确的。

触类旁通

1. 类似问题

1）按出口货物报关单日期确定折算汇率。出口货物报关单日期并不一定是出口销售的日期，因此，在出口报关与出口销售实现一致的情况下，出口企业可以采用出口报关单的日期确定折算汇率；在出口报关与出口销售实现不一致的情况下，出口企业就不能采用出口报关单的日期确定折算汇率。

2）按出口收汇日期确定折算汇率。出口收汇日期往往滞后于出口销售实现日期，因此，出口企业不能按出口收汇日期确定折算汇率。

3）按出口退（免）税单证收齐日期确定折算汇率。出口退（免）税单证收齐日期往往滞后于出口销售的实现日期，因此，出口企业不能按出口退（免）税单证收齐日期确定折算汇率。

4）按出口退（免）税申报日期确定折算汇率。出口退（免）税申报日期已经滞后于出口销售的实现日期，因此，出口企业不能按出口退（免）税申报日期确定折算汇率。

5）折算汇率确定方法不得随意变动。外币销售额的人民币折合率可以选择销售额发生的当天或者当月 1 日的人民币汇率中间价。出口企业应在事先确定采用何种折合率，确定后 1 年内不得变更。

2. 汇兑损益不得调整出口销售额

汇兑损益是企业在发生外币交易、兑换业务和期末账户调整及外币报表换算时，由于采用不同货币，或同一货币不同比价的汇率核算时产生的、按记账本位币折算的差额。简单地讲，汇兑损益是在各种外币业务的会计处理过程中，因采用不同的汇率而产生的会计记账本位币金额的差异。因此，企业出口应收账款折算发生的汇兑损益不得调整出口销售收入。

例如，某生产型出口企业在 2008 年 1 月 30 日反映，当地国税局要求企业年终将全年的汇兑损失做一笔负数冲减出口销售收入。

3. 分期确认出口销售收入适用的折算汇率

例如，某出口生产企业生产工期超过 12 个月的出口船舶，企业按照约定收款日期分期确认出口销售收入，确认销售的月份各有不同，使用的折算汇率也各有不同。同时货物出口当月的折算汇率必然与各期确认出口销售月份的折算汇率不同。在这种情况下，会计核算确认销售时的折算汇率不再调整。申报出口退（免）税时出口销售（人民币）应当按照各期确认的出口销售额（人民币）之和即会计核算的出口销售收入（人民币）填报，而不得按照报关出口当月的折算汇率进行调整。

注意要点

出口企业可以选择销售额发生当天或当月 1 日的人民币汇率中间价作为外币销售额的折算汇率。

十、出口商品质量赔款≠列营业外支出

常见案例

A 公司是具有增值税一般纳税人资格的外贸企业，2008 年 12 月出口一批货物到日本，因质量问题发生 1 700 美元的质量赔款，该赔款已由日本公司在应付货款中扣除，A 公司将该笔质量赔款列入“营业外支出”科目。

政策规定

第五条 企业应当按照从购货方已收或应收的合同或协议价款确定销售商品收入金额，但已收或应收的合同或协议价款不公允的除外。

合同或协议价款的收取采用递延方式，实质上具有融资性质的，应当按照应收的合同或协议价款的公允价值确定销售商品收入金额。

应收的合同或协议价款与其公允价值之间的差额，应当在合同或协议期间内采用实际利率法进行摊销，计入当期损益。

第六条 销售商品涉及现金折扣的，应当按照扣除现金折扣前的金额确定销售商品收入金额。现金折扣在实际发生时计入当期损益。

现金折扣，是指债权人为鼓励债务人在规定的期限内付款而向债务人提供的债务扣除。

第七条 销售商品涉及商业折扣的，应当按照扣除商业折扣后的金额确定销售商品收入金额。

商业折扣，是指企业为促进商品销售而在商品标价上给予的价格扣除。

第八条 企业已经确认销售商品收入的售出商品发生销售折让的，应当在发生时冲减当期销售商品收入。

销售折让属于资产负债表日后事项的，适用《企业会计准则第 29 号——资产负债表日后事项》。

销售折让，是指企业因售出商品的质量不合格等原因而在售价上给予的减让。

第九条 企业已经确认销售商品收入的售出商品发生销售退回的，应当在发生时冲减当期销售商品收入。

销售退回属于资产负债表日后事项的，适用《企业会计准则第 29 号——资产负债表日后事项》。

销售退回，是指企业售出的商品由于质量、品种不符合要求等原因而发生的退货。

政策依据：《企业会计准则第 14 号——收入》（财会〔2006〕3 号）

执行日期：2007 年 1 月 1 日

分析诊断

企业出口商品发生销售折让应当冲销出口商品销售收入。所谓销售折让是指企业因售出商品的质量不合格等原因而在售价上给予的减让。结合上述案例，A

公司出口销售商品因质量问题对方索取赔款，并从应付货款中扣除，这属于出口商品销售折让，而 A 公司却将质量赔款列入营业外支出，可见其做法明显是错误的。

触类旁通

1. 企业会计处理上应当冲减出口商品销售收入的情形

（1）企业代第三方收取的款项

企业代第三方收取的款项，一方面增加企业资产，一方面增加企业负债，不会导致企业所有者权益增加，因而不属于企业的收入。例如企业以 CIF 价出口销售商品收取的货款中包括的运费保险费和佣金费用。

（2）出口销售商品的商业折扣

出口销售商品发生商业折扣的，企业应当按照扣除商业折扣后的金额确定销售商品收入金额。商业折扣，是指企业为促进出口商品销售而在商品标价上给予的价格扣除。

（3）出口销售商品的销售折让

出口企业已经确认出口销售商品收入的售出商品发生销售折让的，应当在发生时冲减当期出口销售商品收入。销售折让，是指企业因售出商品的质量不合格等原因而在售价上给予的减让。

（4）出口销售商品退回

出口企业已经确认出口销售商品收入的售出商品发生销售退回的，应当在发生时冲减当期销售商品收入。销售退回，是指企业售出的商品由于质量、品种不符合要求等原因而发生的退货。

值得注意的是，企业出口销售商品涉及现金折扣的，应当按照扣除现金折扣前的金额确定销售商品收入金额。现金折扣在实际发生时计入当期损益。现金折扣是指债权人为鼓励债务人在规定的期限内付款而向债务人提供的债务扣除。

2. 冲减出口销售收入相应退（免）税的处理

生产企业按规定冲减出口销售收入的，由于生产企业出口货物实行免抵退税办法，因而应当相应冲减出口货物免抵退税申报。

外贸企业按规定冲减出口销售收入的，由于外贸企业出口货物实行免退税办法，因而可以不调整免退税申报。

3. 出口商品质量保险理赔的处理

（1）生产企业

出口商品发生质量问题，如果保险公司全部理赔。会计处理上，生产企业应当相应冲减应收账款列入坏账损失或冲减坏账准备金，同时按照质量理赔金额列入营业外收入；出口退（免）税申报不作任何调整。

出口商品发生质量问题，如果保险公司未全部理赔的，会计处理上参照上述办法进行处理。出口退（免）税申报方面，对未理赔的部分要相应冲减免抵退税申报。

（2）外贸企业

出口商品发生质量问题，会计处理上与生产企业相同。无论保险公司是否全部理赔或部分理赔，出口退（免）税申报都不作调整。

4. 出口商品货款发生坏账的处理

（1）2012 年 7 月 31 日以前报关出口货物

出口商品货款发生坏账外管局不能收汇核销的，企业应当按照规定冲减应收账款，并按规定将坏账损失计入管理费用或冲减坏账准备金，按照规定应当视同内销征税的将出口销售收入转入内销收入进行核算。出口退（免）税管理上，生产企业应当依照规定冲减出口退（免）税申报，外贸企业应当依照规定追缴已办理的出口退税。

出口商品货款发生部分坏账外管局已收汇核销的，企业应当按照销售折让进行会计和出口退（免）税处理。

出口商品货款如果投保的，企业应当参照出口商品质量保险理赔的处理办法进行处理。

（2）2012 年 8 月 1 日以后报关出口货物

国家外汇管理局公告 2012 年第 1 号规定，自 2012 年 8 月 1 日起，全国取消出口收汇核销单，企业不再办理出口收汇核销手续，申报办理出口退（免）税不再提供出口收汇核销单。因此，出口企业出口货物由于国外客户原因发生不能收回货款发生的坏账，不得冲减出口销售金额，而应当依照规定计入坏账损失或冲减坏账准备金，同时仍然应当依照现行规定申报办理出口退（免）税。

注意要点

企业出口商品发生销售折让应当冲销出口商品销售收入。

十一、收汇银行扣收的手续费≠直接冲减出口销售收入

常见案例

A 公司是具有增值税一般纳税人资格的外贸企业，2009 年 4 月报关出口一批货物，协议约定收汇金额 10 000 美元，实际收汇时国外银行扣收手续费 15 美元，

国内银行扣收手续费20美元，对于银行扣收的手续费应当如何处理？A公司办税员咨询市国税局退税部门，2009年4月30日得到答复：银行扣收手续费应当直接冲减出口销售收入。

政策规定

第五条　企业应当按照从购货方已收或应收的合同或协议价款确定销售商品收入金额，但已收或应收的合同或协议价款不公允的除外。

合同或协议价款的收取采用递延方式，实质上具有融资性质的，应当按照应收的合同或协议价款的公允价值确定销售商品收入金额。

应收的合同或协议价款与其公允价值之间的差额，应当在合同或协议期间内采用实际利率法进行摊销，计入当期损益。

政策依据：《企业会计准则第14号——收入》（财会〔2006〕3号）

执行日期：2007年1月1日

6603 财务费用

一、本科目核算企业为筹集生产经营所需资金等而发生的筹资费用，包括利息支出（减利息收入）、汇兑损益以及相关的手续费、企业发生的现金折扣或收到的现金折扣等。

为购建或生产满足资本化条件的资产发生的应予资本化的借款费用，在“在建工程”“制造费用”等科目核算。

二、本科目可按费用项目进行明细核算。

三、企业发生的财务费用，借记本科目，贷记“银行存款”“未确认融资费用”等科目。发生的应冲减财务费用的利息收入、汇兑损益、现金折扣，借记“银行存款”“应付账款”等科目，贷记本科目。

四、期末，应将本科目余额转入“本年利润”科目，结转后本科目无余额。

政策依据：《财政部关于印发〈企业会计准则应用指南〉的通知》（财会〔2006〕18号）

执行日期：2007年1月1日

分析诊断

出口企业收汇过程中发生的银行手续费是企业收取货款过程中发生的资金成本，属于企业为筹集生产经营所需资金而发生的筹资费用，应当直接计入财务费用，而不应当直接冲减出口销售收入。结合上述案例，A公司在收汇过程中被银行扣收手续费，主管税务机关答复冲减出口销售收入，其答复明显是错误的。

触类旁通

1. 类似问题

对于生产企业在收汇过程中银行扣收的手续费的处理问题，有的地方税务机关错误地要求企业在发生时计入“待摊费用”，年底将待摊费用与出口销售收入对转，视同一笔出口销售作免抵退税单证收齐的申报。错误主要在于两个方面：一是出口销售收入按应收价款核算，将银行扣收的手续费再转入出口销售收入，则虚增出口销售收入，虚减财务费用；二是只有出口销售收入而无相关单证和信息，不能办理免抵退税申报。

2. 出口企业发生的现金折扣不得冲减出口销售收入

出口企业为鼓励进口商在规定的期限内付款而向进口商提供债务扣除而发生的现金折扣，出口企业在实际发生时应当列入财务费用计入当期损益，而不得冲减出口销售收入。出口企业应当按照扣除现金折扣前的金额确定出口销售商品收入金额。

注意要点

出口企业收汇过程中银行扣收的手续费不得直接冲减出口销售收入，而应当计入财务费用。

十二、“应交税金——应交增值税——出口退税”科目≠“应交税金——应交增值税——进项税额转出”科目

常见案例

某公司是具有增值税一般纳税人资格的外贸企业，主管税务机关 2011 年 12 月检查时发现企业申报出口退税时将应退税额记在“其他应收款——应收出口退税”科目借方的同时，记在“应交税金——应交增值税——进项税额转出”科目贷方，却未纳入“应交税金——应交增值税——出口退税”科目核算。主管税务机关要求企业限期改正。

政策规定

2221 应交税费

一、本科目核算企业按照税法规定计算应交纳的各种税费，包括增值税、消费税、营业税、所得税、资源税、土地增值税、城市维护建设税、房产税、土地使用税、车船使用税、教育费附加、矿产资源补偿费等。

企业（保险）按规定应交纳的保险保障基金，也通过本科目核算。

企业代扣代交的个人所得税，也通过本科目核算。

企业不需要预计应交所交纳的税金，如印花税、耕地占用税等，不在本科目核算。

二、本科目应当按照应交税费的税种进行明细核算。

应交增值税还应分别对“进项税额”、“销项税额”、“出口退税”、“进项税额转出”、“已交税金”等设置专栏进行明细核算。

三、应交税费的主要账务处理

（一）应交增值税

1. 企业采购物资等，按可抵扣的增值税额，借记本科目（应交增值税——进项税额），按应计入采购成本的金额，借记“材料采购”、“在途物资”或“原材料”、“库存商品”等科目，按应付或实际支付的金额，贷记“应付账款”、“应付票据”、“银行存款”等科目。购入物资发生的退货，做相反的会计分录。

2. 销售物资或提供应税劳务，按营业收入和应收取的增值税额，借记“应收账款”、“应收票据”、“银行存款”等科目，按专用发票上注明的增值税额，贷记本科目（应交增值税——销项税额），按实现的营业收入，贷记“主营业务收入”、“其他业务收入”科目。发生的销售退回，做相反的会计分录。

3. 实行“免、抵、退”的企业，按应收的出口退税额，借记“其他应收款”科目，贷记本科目（应交增值税——出口退税）。

4. 企业交纳的增值税，借记本科目（应交增值税——已交税金），贷记“银行存款”科目。

5. 小规模纳税人以及购入材料不能取得增值税专用发票的，发生的增值税计入材料采购成本，借记“材料采购”、“在途物资”等科目，贷记本科目。

政策依据：《财政部关于印发〈企业会计准则应用指南〉的通知》（财会〔2006〕18 号）

执行日期：2007 年 1 月 1 日

分析诊断

出口企业申报的出口退税不能等同于增值税进项税额转出。虽然出口退税处理与进项税额转出对于企业应纳增值税没有影响，但是出口退税是企业出口销售实现后依照规定申报审批应当退还的进项税额，而进项税额转出是企业已经申报抵扣的进项税额发生规定的情形后不得从销项税额中抵扣，按照规定应当从进项税额作转出处理。结合上述案例看，该公司混淆出口退税与进项税额转出的区别，把出口退税列入进项税额转出科目进行核算处理，主管税务机关要求企业限期改正。由此可见，该公司的做法是错误的，主管税务机关的做法是正确的。

触类旁通

1. 生产企业出口退（免）税的会计核算

根据《财政部关于调低出口退税率后有关会计处理的通知》（财会字〔1995〕21 号）规定，生产企业仍按财政部（93）财会字第 83 号文件的有关规定进行材料采购会计处理；货物出口销售后，结转产品销售成本时，借记“产品销售成本”科目，贷记“产成品”等科目；企业应按出口销售额与征退税率之差计算的不予退税额，借记“产品销售成本”科目，贷记“应交税金——应交增值税（进项税额转出）”科目。企业应在“应交税金——应交增值税”科目下增设“出口抵减内销产品应纳税额”专栏，记录企业按照规定的退税率计算的出口货物的进项税抵减内销产品的应纳税额，借记“应交税金——应交增值税（出口抵减内销产品应纳税额）”科目，贷记“应交税金——应交增值税（出口退税）”科目。对按有关规定应给予退税的，借记“应收出口退税”科目，贷记“应交税金——应交增值税（出口退税）”科目；企业在实际收到退税款时，借记“银行存款”科目，贷记“应收出口退税”科目。

2. 外贸企业出口退（免）税的会计核算

根据国家税务总局印发的《出口货物退（免）税管理办法》（国税发〔1994〕31 号）规定，企业应将不同税率的货物分开核算，凡划分不清适用税率的，一律从低适用税率计算。

根据《财政部关于调低出口退税率后有关会计处理的通知》（财会字〔1995〕21 号）的规定，外贸企业收购出口的货物，在购进时，应按照专用发票上注明的增值税额借记“应交税金——应交增值税（进项税额）”科目，按照专用发票上记载的应计入采购成本的金额，借记“商品采购”“经营费用”等科目，按照应付或实际支付的金额，贷记“应付账款”“应付票据”“银行存款”等科目；货物出口销售后，结转商品销售成本时，借记“主营业务成本”科目，贷记“库存商品”科目；按照购进时取得的增值税专用发票上记载的增值税额与按照规定退税率计算的增值税的差额，借记“主营业务成本”科目，贷记“应交税金——应交增值税（进项税额转出）”科目。外贸企业按照规定的退税率计算出应收的出口退税时，借记“应收出口退税”科目，贷记“应交税金——应交增值税（出口退税）”科目；收到出口退税时，借记“银行存款”科目，贷记“应收出口退税”科目。

3. 企业增值税的会计核算

根据《财政部关于对增值税会计处理有关问题补充规定的通知》（财会字〔1995〕022 号）规定，企业应在“应交税金”科目下设置“未交增值税”明细科目，核算一般纳税企业月终时转入的应交未交增值税额，转入多交的增值税也在本明细科目核算。在“应交税金——应交增值税”科目下增设“转出未交增值税”和“转出多交增值税”专栏，分别记录一般纳税企业月终转出未交或多交的增值税。月份终了，企业应将当月发生的应交未交增值税额自“应交税金——应交增值税”科目转入“未交增值税”明细科目，借记“应交税金——应交增值税（转出未交增值税）”科目，贷记“应交税金——未交增值税”科目。将本月多交的增值税自“应交税金——应交增值税”科目转入“未交增值税”明细科目，借记“应交税金——未交增值税”科目，贷记“应交税金——应交增值税（转出多交增值税）”科目。当月上交本月增值税时，仍应借记“应交税金——应交增值税（已交税金）”科目，贷记“银行存款”科目。当月上交上月应交未交的增值税，借记“应交税金——未交增值税”科目，贷记“银行存款”科目。

根据新企业会计准则，上市公司设置“应交税费”会计科目核算应交税金和各项费用，设置“其他应收款——应收出口退税”核算包括应收出口退税在内的其他应收款项。

注意要点

出口企业申报的出口退税不等同于增值税进项税额转出。

第二节 外贸企业会计处理

一、国内运输费用抵扣进项税额≠国际运输费用可抵扣进项税额

常见案例

在某省国税局 2006 年组织的出口退税检查工作中，检查组发现某户具有增值

税一般纳税人资格的内外销兼营的外贸企业申报抵扣了海运费的进项税额156 003.06元，检查组要求该外贸企业将海运费申报抵扣的进项税额全部作进项税额转出处理。

政策规定

七、运输发票抵扣问题

（一）一般纳税人购进或销售货物通过铁路运输，并取得铁路部门开具的运输发票，如果铁路部门开具的铁路运输发票托运人或收货人名称与其不一致，但铁路运输发票托运人栏或备注栏注有该纳税人名称的（手写无效），该运输发票可以作为进项税额抵扣凭证，允许计算抵扣进项税额。

（二）一般纳税人在生产经营过程中所支付的运输费用，允许计算抵扣进项税额。

（三）一般纳税人取得的国际货物运输代理业发票和国际货物运输发票，不得计算抵扣进项税额。

（四）一般纳税人取得的汇总开具的运输发票，凡附有运输企业开具并加盖财务专用章或发票专用章的运输清单，允许计算抵扣进项税额。

（五）一般纳税人取得的项目填写不齐全的运输发票（附有运输清单的汇总开具的运输发票除外）不得计算抵扣进项税额。

政策依据：《财政部国家税务总局关于增值税若干政策的通知》（财税〔2005〕165号）

执行日期：2005年11月28日

分析诊断

国内运输费用可抵扣增值税进项税额，但国际运输费用不得抵扣增值税进项税额。因此，一般纳税人取得的国际货物运输代理业发票和国际货物运输发票，不得计算抵扣进项税额。结合上述案例，外贸公司将国际运输发生的海运费申报抵扣进项税额，检查组要求企业作进项税额转出处理。由此可见，外贸公司的做法是错误的，检查组的要求无疑是正确的。

触类旁通

1. 国际运输代理费用不得抵扣进项税额

根据《国家税务总局关于增值税一般纳税人支付的货物运输代理费用不得抵

扣进项税额的批复》（国税函〔2005〕54号）和财税〔2005〕165号文件的规定，国际货物运输代理业务是国际货运代理企业作为委托方和承运单位的中介人，受托办理国际货物运输和相关事宜并收取中介报酬的业务。因此，增值税一般纳税人支付的国际货物运输代理费用，不得作为运输费用抵扣进项税额。

但是，在某省国税局2006年组织的出口退税检查中，检查组发现某户生产企业2005年以国际货物运输代理业专用发票申报进项税金抵扣51 312.1元，检查组已责成企业将已抵扣的进项税额51 312.1元作进项税金转出处理。

2. 出口货物国内运输支付运费抵扣进项税额问题

目前有的地方税务机关错误地认为，出口货物国内运输支付运输费用即使取得运输发票，也不得申报抵扣增值税进项税额。

但是，按照现行增值税政策规定，出口企业出口货物运抵离港口岸之前发生的国内运输费用，如果依照规定取得运输发票并且符合有关规定的，企业可以依照规定申报抵扣进项税额；如果企业出口货物国内运输取得国际货物运输代理业专用发票的，不得申报抵扣增值税进项税额。

当然，外贸企业出口货物依照规定申报办理退（免）税的，其国内运输相应的进项税额应当依照规定作进项税额转出处理。

注意要点

国际运输费用不得申报抵扣增值税进项税额。

二、用于出口货物的增值税专用发票≠申报抵扣增值税进项税额

常见案例

在2011年某省组织的出口退税管理情况检查中，检查组发现某市6户外贸企业同时经营内外销业务，企业购进货物时，在账务处理上将取得的增值税专用发票注明增值税金全部记入了“应交税金——应交增值税（进项税额）”科目，其中1户新发生出口业务的外贸企业已经申报抵扣进项税额126 843.68元，并将增值税专用发票装订进了抵扣凭证；其余5户企业虽将进项税金列入了“应交税金——应交增值税（进项税额）”科目，但在填写增值税纳税申报表时，将出口货物对应的进项税额全部填写在“待抵扣税金”栏目，未发生实际抵扣。检查组要求主管税务机关责令这6户外贸企业限期整改。

政策规定

八、外贸企业出口货物必须单独设账核算购进金额和进项税额，如购进的货物当时不能确定是用于出口或内销的，一律记入出口库存账，内销时必须从出口库存账转入内销库存账。征税机关可凭该批货物的专用发票或退税机关出具的证明办理抵扣。

政策依据：《财政部国家税务总局关于印发〈出口货物退（免）税若干问题规定〉的通知》（财税字〔1995〕092 号）

执行日期：1995 年 7 月 1 日

分析诊断

外贸企业出口货物进项税额核算与内销货物进项税额核算不同。外贸企业内销货物进项税额应当依照规定申报抵扣，而对出口货物却必须要单独设账核算购进金额和进项税额，若购进货物时不能确定是用于出口的，先记入出口库存账，用于其他用途时应从出口库存账转出。结合上述案例，6 户企业都将出口货物进项税额列入“应交税金——应交增值税（进项税额）”科目，都未单独核算出口货物的购进金额和进项税额，这不符合单独核算出口货物进项税额的要求，同时其中 1 户新办外贸企业还将出口货物进项税额予以申报抵扣，这明显违反出口货物进项税额不得申报抵扣的规定，基于这些问题，检查组要求主管税务机关责令企业整改。由此可见，6 户企业的做法是错误的，检查组的做法无疑是正确的。

触类旁通

1. 类似问题

某外贸企业 2011 年在购进货物无法分清用于内销还是出口的情况下，将认证了的增值税专用发票先全额申报抵扣，待货物出口后在出口退税申报前再将出口货物部分的进项税额作转出，再申报办理出口退税。这虽然没有增加申报抵扣进项税额，但是却违反了单独核算出口货物进项税额的要求，因此也是错误的。

2. 外贸企业出口货物单独核算方法

（1）库存商品

“库存商品”明细账下设置三个明细：库存商品——出口、库存商品——进口、库存商品——内销。

（2）应交税费

企业在“应交税费”科目下应设置“应交增值税”和“未交增值税”两个二级明细科目。

1）“应交税费——应交增值税”。

“应交税费——应交增值税”设置两个三级明细账：“应交税费——应交增值税——出口”和“应交税费——应交增值税——内销”，内外销明细账分别设“进项税额”“进项税额转出”等专栏。

①“应交税费——应交增值税——出口”明细账。

“应交税费——应交增值税——出口”明细账应设进项税额、出口退税、进项税额转出三个专栏。

a.“进项税额”专栏记录企业购进用于出口的货物及相应接受应税劳务而支付的增值税额，或企业将内销货物转入外销相应转入的增值税进项税额；

b.“出口退税”专栏记录企业出口货物依照规定计算向税务机关申报办理的退税额；

c.“进项税额转出”专栏记录企业购进货物支付的增值税额按税法规定不予退税的部分，或者企业将外销货物转到内销货物相应转出的增值税进项税额。

②“应交税费——应交增值税——内销”明细账。

“应交税费——应交增值税——内销”明细账应设“进项税额”“已交税金”“转出未交增值税”“销项税额”“进项税额转出”“转出多交增值税”六个专栏。

a.“进项税额”专栏记录企业购入内销货物及其相应接受应税劳务而支付的、准予从销项税额中抵扣的增值税额，或企业将外销货物转入内销相应转入的增值税进项税额。

b.“已交税金”专栏记录企业本月交纳所属期为本月的增值税额。企业本月交纳以前月份的增值税额或以后月份交纳本月的增值税额均不在本专栏核算。

c.“销项税额”专栏记录企业内销或视同内销货物或提供应税劳务应计提的增值税额。

d.“进项税额转出”专栏记录企业用于内销的购进货物发生非正常损失以及其他原因而不应从销项税额中抵扣按规定转出的进项税额，或者企业将内销货物转到外销货物相应转出的增值税进项税额。

e.“转出未交增值税”专栏记录具有一般纳税人资格的企业月终转出未交的增值税。

f.“转出多交增值税”专栏记录具有一般纳税人资格的企业月终转出多交的增值税，有留抵进项税额的，则不应作转出多交增值税处理。

2）“应交税费——未交增值税”。

月份终了，企业应将当月发生的应交未交增值税额自“应交税金——应交增值税”科目转入“未交增值税”明细科目，借记“应交税费——应交增值税（转出未交增值税）”科目，贷记“应交税费——未交增值税”科目。将本月多交的增值税自“应交税费——应交增值税”科目转入“未交增值税”明细科目，借记“应交税费——未交增值税”科目，贷记“应交税费——应交增值税（转出多交增值税）”科目。

当月上交本月增值税时，仍应借记“应交税费——应交增值税（已交税金）”科目，贷记“银行存款”科目。

当月上交上月应交未交的增值税，借记“应交税费——未交增值税”科目，贷记“银行存款”科目。

“应交税费——未交增值税”科目的期末借方余额，反映多交的增值税；贷方余额，反映未交的增值税。

（3）“其他应收款——应收出口退税”

为核算出口货物应退还的增值税和消费税，出口企业须在“其他应收款——应收出口退税”科目下分别增值税和消费税设置明细科目。该科目借方反映企业出口货物后，按规定计算的国家应退还的增值税和消费税。企业计算并经退税机关审批应退增值税时，借记本科目，贷记“应交税费——应交增值税——出口（出口退税）”；企业计算并经退税机关审批应退消费税时，借记本科目，贷记“主营业务成本——出口”。该科目贷方反映实际收到的出口退税款。收到退税款时，借记“银行存款”，贷记本科目。期末借方余额，反映尚未收到的应退税款。

（4）“主营业务收入”和“主营业务成本”应按内外销业务分别核算。

注意要点

外贸企业应单独设账核算出口货物的购进金额和进项税额。

三、出口货物取得增值税专用发票≠记入“应收出口退税”科目

常见案例

某公司是具有增值税一般纳税人资格的外贸企业，兼营内外销业务。2009 年出口货物免退税相应会计处理如下：

购进货物收到增值税发票：

公司先分为出口货物发票或内销货物发票，月底将所有发票在当地国税局认

证，内销货物发票申报抵扣增值税进项税额，外销货物发票不抵扣进项税额。

外销货物发票的会计处理：

公司收到 1 张 100 万元计税金额的增值税发票，退税率为 9%，会计分录如下：

借：存货　　100 万元
　　存货（不予抵扣）　　8 万元
　　应收出口退税　　9 万元
　　贷：应付账款　　117 万元

外销货物出口后，将存货转成本：

借：成本　　108 万元
　　贷：存货　　108 万元（=100 万元+8 万元）

申报出口退税，收到退税审批通知单后，企业做会计分录：

借：进项税金　　17 万元
　　贷：应交增值税——出口退税　　9 万元
　　　　应交增值税——进项税转出　　8 万元

政策规定

2221 应交税费

一、本科目核算企业按照税法等规定计算应交纳的各种税费，包括增值税、消费税、营业税、所得税、资源税、土地增值税、城市维护建设税、房产税、土地使用税、车船使用税、教育费附加、矿产资源补偿费等。

企业代扣代交的个人所得税等，也通过本科目核算。

二、本科目可按应交的税费项目进行明细核算。应交增值税还应分别对“进项税额”、“销项税额”、“出口退税”、“进项税额转出”、“已交税金”等设置专栏。

三、应交增值税的主要账务处理。

（一）企业采购物资等，按应计入采购成本的金额，借记“材料采购”、“在途物资”或“原材料”、“库存商品”等科目，按可抵扣的增值税额，借记本科目（应交增值税——进项税额），按应付或实际支付的金额，贷记“应付账款”、“应付票据”、“银行存款”等科目。购入物资发生退货做相反的会计分录。

（二）销售物资或提供应税劳务，按营业收入和应收取的增值税额，借记“应收账款”、“应收票据”、“银行存款”等科目，按专用发票上注明的增值税额，贷记本科目（应交增值税——销项税额），按确认的营业收入，贷记

“主营业务收入”、“其他业务收入”等科目。发生销售退回做相反的会计分录。

（三）出口产品按规定退税的，借记“其他应收款”科目，贷记本科目（应交增值税——出口退税）。

（四）交纳的增值税，借记本科目（应交增值税——已交税金），贷记“银行存款”科目。

企业（小规模纳税人）以及购入材料不能抵扣增值税的，发生的增值税计入材料成本，借记“材料采购”、“在途物资”等科目，贷记本科目。

七、本科目期末贷方余额，反映企业尚未交纳的税费；期末如为借方余额，反映企业多交或尚未抵扣的税费。

政策依据：《财政部关于印发〈企业会计准则——应用指南〉的通知》（财会〔2006〕18号）

执行日期：2007年1月1日

分析诊断

外贸企业购进货物时应当列入“应交增值税——进项税额”科目核算，出口销售货物退（免）税申报时应当将不予退税的进项税额列入“应交增值税——进项税额转出”科目核算，退（免）税申报审批后应当将出口退税列入“应交增值税——出口退税”科目核算，同时将应收出口退税款列入应收款项核算。结合上述案例，该公司购进货物未出口销售时就将应退税额列入“应收出口退税”科目核算，明显违背债权核算的时间规定；在申报审批出口退（免）税后才将进项税额列入“应交增值税——进项税额”科目核算，明显违背购进货物核算进项税额的规定；在申报审批出口退（免）税后核算进项税额转出，并且不能在会计处理上清晰反映进项税额转出与成本之间的对应关系，明显不符合进项税额转出会计核算的规定。由此可见，该公司的做法是错误的。

触类旁通

案例中的公司为什么会采取这种会计处理方式呢？经深入了解得知，该公司会计人员认为，这种会计处理方式能确保外销货物对应的增值税进项税额未抵扣内销货物的销项税金，同时货物出口后对应的成本在实现收入时转出符合会计上的责权发生制原则，也符合所得税的计税原则。这种处理方式的缺点是如果碰到退税率调整，对应的应收出口退税款和存货成本相应做调整，有点麻烦。

因此，要解决外销货物的进项税额抵扣内销货物销项税额的问题，完全可以采取对内外销货物分别单独设立应交增值税明细账进行会计核算的办法，这样既符合会计核算的规定，又能确保外销货物和内销货物的进项税额不会混淆，还能适应出口货物退税率调整情况下的会计处理。

注意要点

要解决外销货物的进项税额抵扣内销货物销项税额的问题，应当采取对内外销货物分别单独设立应交增值税明细账进行会计核算的办法。

四、辅导期的外贸企业出口货物进项税额的核算≠一般外贸企业出口货物进项税额的核算

常见案例

A公司是2011年3月新成立的商贸批发公司，兼营内外贸业务，当月办理出口退（免）税认定，同时申报办理增值税一般纳税人，主管税务机关依照规定实行辅导期管理。2011年4月，A公司购进货物用于出口，取得增值税专用发票，货物适用税率17%，出口退税率13%，增值税专用发票已经主管税务机关认证相符，A公司依照规定将出口货物的进项税额列入“应交税费——应交增值税——出口（进项税额）”科目进行会计核算，主管税务机关2011年5月到A公司核查时要求予以调整。

政策规定

第三条　认定办法第十三条第一款所称的“小型商贸批发企业”，是指注册资金在80万元（含80万元）以下、职工人数在10人（含10人）以下的批发企业。只从事出口贸易，不需要使用增值税专用发票的企业除外。

批发企业按照国家统计局颁发的《国民经济行业分类》（GB/T4754-2002）中有关批发业的行业划分方法界定。

第五条　新认定为一般纳税人的小型商贸批发企业实行纳税辅导期管理的期限为3个月，其他一般纳税人实行纳税辅导期管理的期限为6个月。

第七条　辅导期纳税人取得的增值税专用发票（以下简称专用发票）抵扣

联、海关进口增值税专用缴款书以及运输费用结算单据应当在交叉稽核比对无误后，方可抵扣进项税额。

第九条　辅导期纳税人一个月内多次领购专用发票的，应从当月第二次领购专用发票起，按照上一次已领购并开具的专用发票销售额的3%预缴增值税，未预缴增值税的，主管税务机关不得向其发售专用发票。

预缴增值税时，纳税人应提供已领购并开具的专用发票记账联，主管税务机关根据其提供的专用发票记账联计算应预缴的增值税。

第十条　辅导期纳税人按第九条规定预缴的增值税可在本期增值税应纳税额中抵减，抵减后预缴增值税仍有余额的，可抵减下期再次领购专用发票时应当预缴的增值税。

纳税辅导期结束后，纳税人因增购专用发票发生的预缴增值税有余额的，主管税务机关应在纳税辅导期结束后的第一个月内，一次性退还纳税人。

第十一条　辅导期纳税人应当在“应交税金”科目下增设“待抵扣进项税额”明细科目，核算尚未交叉稽核比对的专用发票抵扣联、海关进口增值税专用缴款书以及运输费用结算单据（以下简称增值税抵扣凭证）注明或者计算的进项税额。

辅导期纳税人取得增值税抵扣凭证后，借记“应交税金——待抵扣进项税额”明细科目，贷记相关科目。交叉稽核比对无误后，借记“应交税金——应交增值税（进项税额）”科目，贷记“应交税金——待抵扣进项税额”科目。经核实不得抵扣的进项税额，红字借记“应交税金——待抵扣进项税额”，红字贷记相关科目。

第十二条　主管税务机关定期接收交叉稽核比对结果，通过《稽核结果导出工具》导出发票明细数据及《稽核结果通知书》并告知辅导期纳税人。

辅导期纳税人根据交叉稽核比对结果相符的增值税抵扣凭证本期数据申报抵扣进项税额，未收到交叉稽核比对结果的增值税抵扣凭证留待下期抵扣。

政策依据：《国家税务总局关于印发〈增值税一般纳税人纳税辅导期管理办法〉的通知》（国税发〔2010〕40号）

执行日期：2010年3月20日

分析诊断

辅导期纳税人应当在“应交税金”科目下增设“待抵扣进项税额”明细科目，核算尚未交叉稽核比对的专用发票抵扣联、海关进口增值税专用缴款书以及运输费用结算单据（以下简称增值税抵扣凭证）注明或者计算的进项税额。辅导期纳税人取得增值税抵扣凭证后，借记“应交税金——待抵扣进项税额”

明细科目，贷记相关科目。交叉稽核比对无误后，借记“应交税金——应交增值税（进项税额）”科目，贷记“应交税金——待抵扣进项税额”科目。经核实不得抵扣的进项税额，红字借记“应交税金——待抵扣进项税额”，红字贷记相关科目。结合上述案例，A属于新成立的内外贸兼营的外贸企业，属于辅导期增值税一般纳税人的范围。A公司在辅导期管理期间取得的增值税扣税凭证未先在“应交税金——待抵扣进项税额”明细科目进行核算，而是直接列入进项税额进行核算。由此可见，A公司的做法是错误的，主管税务机关的做法是正确的。

触类旁通

1. 新成立的单纯外贸企业不属于辅导期管理的范围

国税发〔2010〕40号文件规定，“小型商贸批发企业”，是指注册资金在80万元（含80万元）以下、职工人数在10人（含10人）以下的批发企业，只从事出口贸易，不需要使用增值税专用发票的企业除外。也就是说新成立的单纯外贸企业不属于辅导期管理的范围。

2. 辅导期纳税人填写“增值税纳税申报表附列资料（表二）”

1）第2栏填写当月取得认证相符且当月收到“稽核比对结果通知书”及其明细清单注明的稽核相符专用发票、协查结果中允许抵扣的专用发票的份数、金额、税额。

2）第3栏填写前期取得认证相符且当月收到“稽核比对结果通知书”及其明细清单注明的稽核相符专用发票、协查结果中允许抵扣的专用发票的份数、金额、税额。

3）第5栏填写税务机关告知的“稽核比对结果通知书”及其明细清单注明的本期稽核相符的海关进口增值税专用缴款书、协查结果中允许抵扣的海关进口增值税专用缴款书的份数、金额、税额。

4）第7栏“废旧物资发票”不再填写。

5）第8栏填写税务机关告知的“稽核比对结果通知书”及其明细清单注明的本期稽核相符的运输费用结算单据、协查结果中允许抵扣的运输费用结算单据的份数、金额、税额。

6）第23栏填写认证相符但未收到稽核比对结果的增值税专用发票月初余额数。

7）第24栏填写本月已认证相符但未收到稽核比对结果的专用发票数据。

8）第25栏填写已认证相符但未收到稽核比对结果的专用发票月末余额数。

9）第28栏填写本月未收到稽核比对结果的海关进口增值税专用缴款书。

10）第 30 栏“废旧物资发票”不再填写。

11）第 31 栏填写本月未收到稽核比对结果的运输费用结算单据数据。

3. 主管税务机关在受理辅导期纳税人纳税申报时须按照要求进行“一窗式”票表比对

1）审核“增值税纳税申报表”附表二第 3 栏份数、金额、税额是否等于或小于本期稽核系统比对相符的专用发票抵扣联数据。

2）审核“增值税纳税申报表”附表二第 5 栏份数、金额、税额是否等于或小于本期交叉稽核比对相符和协查后允许抵扣的海关进口增值税专用缴款书合计数。

3）审核“增值税纳税申报表”附表二中第 8 栏的份数、金额是否等于或小于本期交叉稽核比对相符和协查后允许抵扣的运输费用结算单据合计数。

4）申报表数据若大于稽核结果数据的，按现行“一窗式”票表比对异常情况处理。

4. 纳税辅导期的解除

纳税辅导期内，主管税务机关未发现纳税人存在偷税、逃避追缴欠税、骗取出口退税、抗税或其他需要立案查处的税收违法行为的，从期满的次月起不再实行纳税辅导期管理，主管税务机关应制作、送达“税务事项通知书”，告知纳税人；主管税务机关发现辅导期纳税人存在偷税、逃避追缴欠税、骗取出口退税、抗税或其他需要立案查处的税收违法行为的，从期满的次月起按照本规定重新实行纳税辅导期管理，主管税务机关应制作、送达“税务事项通知书”，告知纳税人。

注意要点

辅导期的外贸企业出口货物进项税额的核算不同于一般外贸企业出口货物进项税额的核算。

五、出口货物不予退税的进项税额≠不作进项税额转出

常见案例

在某省国税局 2011 年组织的出口退税检查工作中，检查组发现某医疗器械有限公司（具有增值税一般纳税人的外贸企业）2010 年 4 月 1 日出口货物征退税率差 937.74 元未作进项税额转出处理，检查组责令该公司依照规定予以改正。

政策规定

外贸企业收购出口的货物，在购进时，仍按财政部（93）财会字第 83 号《关于印发企业执行新税收条例有关会计处理规定的通知》的有关规定进行会计处理。即应按照专用发票上注明的增值税额借记“应交税金——应交增值税（进项税额）”科目，按照专用发票上记载的应计入采购成本的金额，借记“商品采购”“经营费用”等科目；按照应付或实际支付的金额，贷记“应付账款”“应付票据”“银行存款”等科目。货物出口销售后，结转商品销售成本时，借记“商品销售成本”科目，贷记“库存商品”科目；按照购进时取得的增值税专用发票上记载的增值税额与按照《通知》规定的退税率计算的增值税额的差额，借记“商品销售成本”科目，贷记“应交税金——应交增值税（进项税额转出）”科目。

外贸企业按照规定的退税率计算出应收的出口退税时，借记“应收出口退税”科目，贷记“应交税金——应交增值税（出口退税）”科目；收到出口退税时，借记“银行存款”科目，贷记“应收出口退税”科目。

政策依据：《财政部关于调低出口退税率后有关会计处理的通知》（财会字〔1995〕21 号）

执行日期：1995 年 6 月 8 日

2221 应交税费

一、本科目核算企业按照税法等规定计算应交纳的各种税费，包括增值税、消费税、营业税、所得税、资源税、土地增值税、城市维护建设税、房产税、土地使用税、车船使用税、教育费附加、矿产资源补偿费等。

企业代扣代交的个人所得税等，也通过本科目核算。

二、本科目可按应交的税费项目进行明细核算。应交增值税还应分别“进项税额”、“销项税额”、“出口退税”、“进项税额转出”、“已交税金”等设置专栏。

三、应交增值税的主要账务处理。

（一）企业采购物资等，按应计入采购成本的金额，借记“材料采购”、“在途物资”或“原材料”、“库存商品”等科目，按可抵扣的增值税额，借记本科目（应交增值税——进项税额），按应付或实际支付的金额，贷记“应付账款”“应付票据”“银行存款”等科目。购入物资发生退货做相反的会计分录。

（二）销售物资或提供应税劳务，按营业收入和应收取的增值税额，借记“应收账款”、“应收票据”、“银行存款”等科目，按专用发票上注明的增值税额，贷记本科目（应交增值税——销项税额），按确认的营业收入，贷记“主营业务收入”、“其他业务收入”等科目。发生销售退回做相反的会计分录。

（三）出口产品按规定退税的，借记“其他应收款”科目，贷记本科目（应交增值税——出口退税）。

（四）交纳的增值税，借记本科目（应交增值税——已交税金），贷记“银行存款”科目。

企业（小规模纳税人）以及购入材料不能抵扣增值税的，发生的增值税计入材料成本，借记“材料采购”、“在途物资”等科目，贷记本科目。

七、本科目期末贷方余额，反映企业尚未交纳的税费；期末如为借方余额，反映企业多交或尚未抵扣的税费。

政策依据：《财政部关于印发〈企业会计准则——应用指南〉的通知》（财会〔2006〕18号）

执行日期：2007年1月1日

分析诊断

外贸企业出口货物依照规定不予退税的进项税额应当依照规定作进项税额转出处理，即出口货物购进时取得的增值税专用发票上记载的增值税额与按照规定退税率计算的增值税额的差额，应当借记“商品销售成本”科目，贷记“应交税费——应交增值税（进项税额转出）”科目。结合上述案例，医疗器械公司出口货物依照规定不予退税的进项税额却未作进项税额转出处理，因此检查组要求其依照规定予以改正。

触类旁通

外贸企业出口货物适用免征增值税政策的进项税额处理

（1）外贸企业出口货物直接适用免征增值税政策

外贸企业出口货物直接适用免征增值税政策的，其购进出口货物取得的增值税专用发票等扣税凭证均不得申报抵扣进项税额，已经申报抵扣进项税额的应当依照规定作转出处理。

外贸企业出口货物直接适用免征增值税政策的，其与内销货物共同耗用材料和应税劳务的进项税额，如包装物、水电气、购销发生的运输费用等，如果无法准确划分的，应当依照规定计算转出进项税额。

（2）外贸企业已申报退（免）税的出口货物适用免征增值税政策的进项税额处理

1）外贸企业出口货物适用免税政策补缴出口退税的处理。

外贸企业已办理退（免）税的出口货物依照规定适用免税政策的，应当补缴出口退税，将其直接计入营业成本相关科目，借记“营业成本”“以前年度损益调整”等相关科目，贷记“银行存款”等科目；出口货物的征退税差额以前已经转入成本的，不再作调整。

2）外贸企业未办理出口退税的货物适用免税政策的处理。

外贸企业未办理退（免）税的出口货物依照规定适用免税政策的，按照出口货物相应的进项税额，借记“营业成本”等相关科目，贷记“应交税费——应交增值税（进项税额转出）”科目。

注意要点

外贸企业出口货物依照规定不予退税的进项税额应当依照规定作进项税额转出处理。

六、出口货物耗用的材料和应税劳务≠申报抵扣进项税额

常见案例

2009 年 3 月 14 日，某省国家税务局下发《关于出口货物所耗外购材料及运费的进项税额抵扣问题的批复》（×国税发〔2009〕23 号）明确：根据《中华人民共和国增值税暂行条例》第二条“纳税人出口货物，税率为零”及其他有关规定，外贸企业出口货物所耗用的外购材料（含包装物）及运费的进项税额应准予在内销货物的销项税额中抵扣。

政策规定

一、“增值税纳税申报表（适用于一般纳税人）”填表说明

（二十一）第 8 栏“免税货物及劳务销售额”：填写本期按照税法规定免征增值税及适用零税率的应税行为销售额，但不含适用免、抵、退办法的销售额。

（二十二）第 9 栏“免税货物销售额”：填写本期按照税法规定免征增值税及适用零税率的应税货物销售额，但不含适用免、抵、退办法的销售额。

（二十三）本表第 10 项“免税劳务销售额”栏数据，填写纳税人本期按照税法规定直接免征增值税劳务的销售额及适用零税率劳务的销售额（销货退回的销售额用负数表示）。

政策依据：《国家税务总局关于重新修订〈增值税一般纳税人纳税申报办法〉的通知》（国税发〔2003〕53 号）

执行日期：2003年7月1日

第十条 下列项目的进项税额不得从销项税额中抵扣：

（一）用于非增值税应税项目、免征增值税项目、集体福利或者个人消费的购进货物或者应税劳务；

（二）非正常损失的购进货物及相关的应税劳务；

（三）非正常损失的在产品、产成品所耗用的购进货物或者应税劳务；

（四）国务院财政、税务主管部门规定的纳税人自用消费品；

（五）本条第（一）项至第（四）项规定的货物的运输费用和销售免税货物的运输费用。

政策依据：《增值税暂行条例》（2008年国务院令第538号发布）

执行日期：2009年1月1日

第二十一条 条例第十条第（一）项所称购进货物，不包括既用于增值税应税项目（不含免征增值税项目）也用于非增值税应税项目、免征增值税（以下简称免税）项目、集体福利或者个人消费的固定资产。

前款所称固定资产，是指使用期限超过12个月的机器、机械、运输工具以及其他与生产经营有关的设备、工具、器具等。

第二十五条 纳税人自用的应征消费税的摩托车、汽车、游艇，其进项税额不得从销项税额中抵扣。

第二十六条 一般纳税人兼营免税项目或者非增值税应税劳务而无法划分不得抵扣的进项税额的，按下列公式计算不得抵扣的进项税额：

不得抵扣的进项税额＝当月无法划分的全部进项税额×当月免税项目销售额、非增值税应税劳务营业额合计÷当月全部销售额、营业额合计

第二十七条 已抵扣进项税额的购进货物或者应税劳务，发生条例第十条规定的情形的（免税项目、非增值税应税劳务除外），应当将该项购进货物或者应税劳务的进项税额从当期的进项税额中扣减；无法确定该项进项税额的，按当期实际成本计算应扣减的进项税额。

政策依据：《增值税暂行条例实施细则》（财政部国家税务总局令第50号公布）

执行日期：2009年1月1日

分析诊断

外贸企业出口货物耗用材料和应税劳务进项税额的处理与内销货物不同。外贸企业内销货物，不仅内销货物相应的进项税额应当申报抵扣，而且用于内销货

物的相关材料和应税劳务的进项税额也应当申报抵扣。但是，外贸企业出口货物实行免退税办法，在增值税申报管理上按免征增值税进行处理，依照增值税暂行条例及其实施细则的规定，用于免征增值税项目的进项税额不得申报抵扣，相应地，出口货物所耗用的材料和应税劳务的进项税额也不得申报抵扣，更不得在内销货物的应纳增值税额中申报抵扣。结合上述案例，某省国税局下发正式文件明确：外贸企业出口货物所耗用的外购材料（含包装物）及运费的进项税额应准予在内销货物的销项税额中抵扣。可见其做法是错误的。

触类旁通

外贸企业购进非出口货物劳务的进项税额处理

(1) 外贸企业购进的应征消费税的摩托车、汽车、游艇的进项税额处理

依照《增值税实施细则》第二十五条的规定，无论是否兼营内外销业务，外贸企业购进自用的应征消费税的摩托车、汽车、游艇，其进项税额不得从销项税额中抵扣。

当然，外贸企业购进内销应征消费税的摩托车、汽车、游艇，其进项税额应当从销项税额中抵扣。

值得注意的是，外贸企业购进外销应征消费税的摩托车、汽车、游艇，其进项税额应当依照规定申报认证，但是不得申报抵扣进项税额。

(2) 外贸企业购进固定资产申报抵扣进项税额

依照《增值税实施细则》第二十一条的规定，外贸企业购进固定资产（指使用期限超过 12 个月的机器、机械、运输工具以及其他与生产经营有关的设备、工具、器具等），如果单独用于内销业务或者同时用于内外销业务的，则可以从销项税额中抵扣其进项税额；如果单独用于外销业务的，则不能申报抵扣其进项税额。

值得注意的是，这里的固定资产，不包括外贸企业购进自用的应征消费税的摩托车、汽车、游艇。

(3) 外贸企业购进其他非固定资产货物的进项税额处理

依照《中华人民共和国增值税暂行条例》第十条的规定，外贸企业购进其他非固定资产货物如包装物、耗用水电气等，如果其单独用于内销货物的，其进项税额应当申报抵扣；如果其单独用于外销货物的，其进项税额不得申报抵扣，应当直接计入相关成本；如果其同时用于内外销货物的，应当依照规定计算划分不得抵扣的进项税额。

(4) 外贸企业购进销售货物支付运输费用的进项税额处理

依照《中华人民共和国增值税暂行条例》第十条的规定，外贸企业购进和销售货物支付运输费用，如果其单独用于内销货物的，其进项税额应当申报抵

扣；如果其单独用于外销货物的，其进项税额不得申报抵扣，应当直接计入相关成本；如果其同时用于内外销货物的，应当依照规定计算划分不得抵扣的进项税额。

注意要点

外贸企业出口货物所耗用材料和应税劳务进项税额的处理与内销货物不同。

七、外贸企业出口货物退运的处理≠生产企业出口货物退运的处理

常见案例

某外贸公司是具有增值税一般纳税人资格的外贸企业，2012 年 1 月报关出口一批货物，2012 年 4 月已经依照规定申报办理出口退税 50 万元。2012 年 7 月，由于质量问题发生退关退运，需补缴已办理的出口退税 50 万元，但是该公司当月将申报办理出口退税 100 万元，在报经主管税务机关同意后，将本月发生的退关退运货物通过出口退税申报系统用负数申报冲减出口退税 50 万元，本月实际办理出口退税 50 万元，该公司凭主管税务机关出具的“出口货物退运已补税（未退税）证明”到当地海关办理出口货物退关退运手续。

政策规定

5. 发生增值税、消费税不应退税或免税但已实际退税或免税的，出口企业和其他单位应当补缴已退或已免税款。

政策依据：《财政部国家税务总局关于出口货物劳务增值税和消费税政策的通知》（财税〔2012〕39 号）

执行日期：2012 年 7 月 1 日

（五）免抵退税申报数据的调整

发生本年度退运的，在当期用负数冲减原免抵退税申报数据；发生跨年度退运的，应全额补缴原免抵退税款，并按现行会计制度的有关规定进行相应调整。

政策依据：《国家税务总局关于发布〈出口货物劳务增值税和消费税管理办法〉的公告》（国家税务总局公告 2012 年第 24 号）

执行日期：2012 年 7 月 1 日

出口货物发生退运的，出口企业应先向主管税务机关申请开具“出口货物退运已补税（未退税）证明”，并携其到海关申请办理出口货物退运手续。委托出口的货物发生退运的，由委托方申请开具出口货物退运已补税（未退税）证明并转交受托方。

政策依据：《国家税务总局关于发布〈出口货物劳务增值税和消费税管理办法〉的公告》（国家税务总局公告 2012 年第 24 号）

执行日期：2012 年 7 月 1 日

分析诊断

外贸企业出口货物退运的处理与生产企业不同。生产企业发生本年度退运的，在当期用负数冲减原免抵退税申报数据；发生跨年度退运的，应全额补缴原免抵退税款，并按现行会计制度的有关规定进行相应调整。而外贸企业出口货物退运，无论是否发生在本年度，均应当依照规定补缴已申报办理的出口退税，而不能用负数冲减原出口退税申报数据的方法进行处理。结合上述案例，该公司当年度出口货物当年度发生退运，却采取负数冲减原出口退税申报数据的方法代替补缴出口退税进行处理。由此可见，该公司和主管税务机关的做法都是错误的。

触类旁通

出口货物退运相关的会计处理

（1）生产企业出口退（免）税货物退运的处理

1）生产企业出口货物当年度退运。

生产企业当年出口货物当年度发生退运的，在当期用负数冲减原免抵退税申报数据。生产企业依照冲减调整后的申报数据直接进行会计处理就可以了。

2）生产企业跨年度退运补缴免抵退税额的处理。

生产企业出口货物跨年度发生退关退运的，如果出口货物已申报办理免抵退税，应当依照规定补缴已办理免抵退税额。对补缴的免抵退税额不得计入营业成本，应当红字贷记“应交税费——应交增值税（出口退税）”科目，贷记“银行存款”等科目，相当于列作进项税额予以抵扣。

3）生产企业跨年度退运未计算办理免抵退税的处理。

生产企业出口货物跨年度发生退关退运的，如果出口货物已申报但未计算办理免抵退税的，则不得补缴免抵退税额，但应当将出口货物相应的免抵退税不得免征和抵扣税额转入进项税额，贷记“以前年度损益调整”科目，红字贷记“应交税费——应交增值税（进项税额转出）”科目。

(2) 外贸企业出口退（免）税货物退运的处理

1) 外贸企业退运补缴出口退税的处理。

外贸企业出口货物退关退运补缴出口退税的，应当将补缴的出口退税红字贷记“应交税费——应交增值税（出口退税）”科目贷方，贷记“银行存款”等相关科目；将征退税差额贷记“以前年度损益调整”等相关科目，红字贷记“应交税费——应交增值税（进项税额转出）”科目。

外贸企业出口应征消费税的货物退关退运的，应当补缴已退的消费税，借记“库存商品”等科目，贷记“银行存款”等科目。

2) 外贸企业退运不补缴出口退税的处理。

外贸企业未申报办理出口退税的出口货物退关退运的，不补缴出口退税；出口货物如果将继续用于出口的，不作任何处理；出口货物如果将用于内销的，应当依照规定开具“出口货物转内销证明”，凭该证明申报抵扣进项税额，账务不作任何处理。

(3) 出口企业出口免税货物退运的处理

出口企业（包括生产企业、外贸企业、小规模纳税人等）出口免税货物发生退运的，不应当补缴出口货物原已免征的增值税和消费税，税款相应不作任何处理。

(4) 出口企业出口应征税货物退运的处理

出口企业（包括生产企业、外贸企业、小规模纳税人等）出口应征税货物发生退运的，应当冲减原已申报缴纳的增值税和消费税，贷记“以前年度损益调整”科目，红字贷记“应交税费——应交增值税（销项税额）”或“应交税费——未交增值税”或“应交税费——应交消费税”。

注意要点

外贸企业出口货物退运的处理与生产企业不同。

八、外贸企业出口货物适用征收增值税政策的处理≠生产企业出口货物适用征收增值税政策的处理

常见案例

某外贸公司是具有增值税一般纳税人资格的外贸企业，属于可以退（免）税申报后提供出口收汇核销单的出口企业。2011 年 11 月该公司报关出口一批货物，

FOB价500万元，该批货物取得的增值税专用发票注明进项税额70万元，2012年4月该公司已经依照规定申报办理出口退税50万元，将不予退税的进项税额20万元作进项税额转出处理。2012年7月，该公司逾期未取得出口收汇核销单，2012年8月未办理适用免征增值税政策的申报手续，2012年9月依照规定应当适用征收增值税政策，当月该公司应当补缴已办理的出口退税50万元，当月应当申报办理出口退税90万元，该公司采取负数冲减的办法冲减出口退税50万元，当月只办理出口退税40万元，同时依照规定办理出口货物的增值税纳税申报。

政策规定

出口企业或其他单位出口货物劳务适用免税政策的，除特殊区域内企业出口的特殊区域内货物、出口企业或其他单位视同出口的免征增值税的货物劳务外，如果未按规定申报免税，应视同内销货物和加工修理修配劳务征收增值税、消费税。

政策依据：《财政部国家税务总局关于出口货物劳务增值税和消费税政策的通知》（财税〔2012〕39号）

执行日期：2012年7月1日

5. 发生增值税、消费税不应退税或免税但已实际退税或免税的，出口企业和其他单位应当补缴已退或已免税款。

政策依据：《财政部国家税务总局关于出口货物劳务增值税和消费税政策的通知》（财税〔2012〕39号）

执行日期：2012年7月1日

（五）免抵退税申报数据的调整

本年度已申报免抵退税的，如须实行免税办法或征税办法，在当期用负数冲减原免抵退税申报数据；跨年度已申报免抵退税的，如须实行免税或征税办法，不用负数冲减，应全额补缴原免抵退税款，并按现行会计制度的有关规定进行相应调整。

政策依据：《国家税务总局关于发布〈出口货物劳务增值税和消费税管理办法〉的公告》（国家税务总局公告2012年第24号）

执行日期：2012年7月1日

外贸企业发生原记入出口库存账的出口货物转内销或视同内销货物征税的，以及已申报退（免）税的出口货物发生退运并转内销的，外贸企业应于发生内销或视同内销货物的当月向主管税务机关申请开具出口货物转内销证明。

政策依据：《国家税务总局关于发布〈出口货物劳务增值税和消费税管理办法〉的公告》（国家税务总局公告2012年第24号）

执行日期：2012年7月1日

分析诊断

外贸企业出口货物适用征收增值税政策的处理与生产企业不同。生产企业本年度已办理退（免）税的出口货物适用征收增值税政策的，在当期用负数冲减原免抵退税申报数据；发生跨年度已办理退（免）税的出口货物适用征收增值税政策的，应全额补缴原免抵退税款，并按现行会计制度的有关规定进行相应调整。而外贸企业已办理退（免）税的出口货物适用征收增值税政策的，无论是否发生在本年度，均应当依照规定补缴已申报办理的出口退税，而不能用负数冲减原出口退税申报数据的方法进行处理。结合上述案例，该外贸公司已办理退（免）税的出口货物跨年度适用征收增值税政策，却采取负数冲减原出口退税申报数据的方法代替补缴出口退税进行处理。由此可见，该外贸公司和主管税务机关的做法都是错误的。

触类旁通

出口货物适用征收增值税政策的会计处理

（1）出口货物直接适用征税政策的处理

增值税一般纳税人出口货物直接适用征收增值税政策的，依照内销货物的规定计提销项税额，贷记“应交税费——应交增值税（销项税额）”科目，红字贷记“营业收入”科目。

增值税小规模纳税人出口货物直接适用征收增值税政策的，直接依照征收率计算应纳增值税额，贷记“应交税费——未交增值税”科目，红字贷记“营业收入”科目。

出口货物直接适用征收增值税政策应当计算缴纳消费税的，借记“营业税金及附加”科目，贷记“应交税费——应交消费税”科目。

（2）生产企业已申报出口退（免）税货物适用征收增值税政策的处理

1）生产企业当年度出口货物适用征收增值税政策冲减免抵退税申报数据的处理。

生产企业出口货物当年度已申报免抵退税的，如须实行征税办法，在当期用负数冲减原免抵退税申报数据。由于出口货物适用征收增值税政策，其以前申报已经计算的免抵退税不得免征和抵扣税额允许转回，其冲减的免抵退税额允许冲减“应交税费——应交增值税（出口退税）”贷方科目，因此，生产企业出口货物当年度适用征收增值税政策的，无论是否已经计算办理免抵退税额，只要依照冲减调整免抵退税申报以后的数据直接进行会计处理就可以了。

2）生产企业出口货物适用征收增值税政策补缴免抵退税额的处理。

生产企业已申报办理退（免）税的出口货物，跨年度依照规定应当适用征收增值税政策而补缴免抵退税额的，生产企业应当按照补缴的免抵退税额红字贷记“应交税费——应交增值税（出口退税）”科目，贷记“银行存款”等科目；将以前申报的免抵退税不得免征和抵扣税额冲回，贷记“以前年度损益调整”等科目，红字贷记“应交税费——应交增值税（进项税额转出）”科目；计提销项税额，借记“以前年度损益调整”等科目，贷记“应交税费——应交增值税（销项税额）”科目。

3）生产企业未计算办理免抵退税的出口货物跨年度适用征收增值税政策的处理。

生产企业如果只进行单证不齐或单证齐全申报，并未计算办理免抵退税额的出口货物，那么依照规定应当适用征税政策的，生产企业应当将以前的免抵退税不得免征和抵扣税额冲回，即贷记“以前年度损益调整”等科目，红字贷记“应交税费——应交增值税（进项税额转出）”科目；计提销项税额，借记“以前年度损益调整”等科目，贷记“应交税费——应交增值税（销项税额）”科目。

（3）外贸企业已申报出口退（免）税货物适用征收增值税政策的处理

1）外贸企业出口货物适用征收增值税政策而补缴出口退税的处理。

外贸企业已办理退（免）税的出口货物依照规定适用征收增值税政策的，应当补缴出口退税，将补缴出口退税额红字贷记“应交税费——应交增值税（出口退税）”科目，贷记“银行存款”等科目；将征退税差额贷记“以前年度损益调整”等科目，红字贷记“应交税费——应交增值税（进项税额转出）”科目；企业应当依照规定开具《出口货物转内销证明》，凭证明会计上将出口货物的进项税额转到内销货物的进项税额；计提销项税额，借记“以前年度损益调整”等科目，贷记“应交税费——应交增值税（销项税额）”科目。

2）外贸企业未办理出口退税的出口货物适用征收增值税政策的处理。

外贸企业未办理出口退税的出口货物依照规定应当适用征收增值税政策的，企业应当依照规定开具“出口货物转内销证明”，凭证明申报办理进项税额抵扣，会计上将出口货物的进项税额转入内销货物的进项税额；计提销项税额，借记“以前年度损益调整”等科目，贷记“应交税费——应交增值税（销项税额）”科目。

（4）以前适用征收增值税政策的出口货物追溯适用调整后退（免）税政策的会计处理

出口企业按以前征税政策追溯适用出口退（免）税政策的，应当冲减以前计提的销项税额或应纳税额，再依照规定申报办理出口退（免）税。

冲减以前计提的销项税额，应当贷记“以前年度损益调整”等相关科目，红字贷记“应交税费——应交增值税（销项税额）”科目。

冲减以前以进料加工贸易方式出口货物按征收率计算的应纳增值税额，应当贷记“以前年度损益调整”等相关科目，红字贷记“应交税费——未交增值税”科目；同时冲回以前转出的进项税额，贷记“以前年度损益调整”等相关科目，红字贷记“应交税费——应交增值税（进项税额转出）”科目。

冲减以前计提的消费税，应当贷记“以前年度损益调整”等相关科目，红字贷记“应交税费——应交消费税”科目。

重新申报办理出口退（免）税依照现行规定进行会计处理。

注意要点

外贸企业出口货物适用征收增值税政策的处理与生产企业不同。

九、外贸企业出口货物适用征收增值税政策进项税额的处理≠生产企业出口货物适用征收增值税政策进项税额的处理

常见案例

某外贸公司是具有增值税一般纳税人资格的外贸企业，属于可以退（免）税申报后提供出口收汇核销单的出口企业。2011 年 11 月该公司报关出口一批货物，FOB 价 500 万元，该批货物取得的增值税专用发票注明进项税额 70 万元。2012 年 4 月，该公司已经依照规定申报办理出口退税 50 万元，将不予退税的进项税额 20 万元作进项税额转出处理。2012 年 7 月，该公司逾期未取得出口收汇核销单，2012 年 8 月未办理适用出口免征增值税政策的申报手续，2012 年 9 月依照规定应当适用征收增值税政策，当月该公司补缴已办理的出口退税 50 万元，同时依照规定计提适用征收增值税政策出口货物的销项税额，直接将应补缴的出口退税 50 万元和以前转出的进项税额 20 万元作为进项税额申报抵扣，并依照规定办理该笔出口货物增值税的纳税申报，主管税务机关依照规定征收该笔出口货物增值税 2.6 万元（$=500 \div 1.17 \times 0.17 - 70$）。

政策规定

出口企业或其他单位出口货物劳务适用免税政策的，除特殊区域内企业出口

的特殊区域内货物、出口企业或其他单位视同出口的免征增值税的货物劳务外，如果未按规定申报免税，应视同内销货物和加工修理修配劳务征收增值税、消费税。

政策依据：《财政部国家税务总局关于出口货物劳务增值税和消费税政策的通知》（财税〔2012〕39 号）

执行日期：2012 年 7 月 1 日

5. 发生增值税、消费税不应退税或免税但已实际退税或免税的，出口企业和其他单位应当补缴已退或已免税款。

政策依据：《财政部国家税务总局关于出口货物劳务增值税和消费税政策的通知》（财税〔2012〕39 号）

执行日期：2012 年 7 月 1 日

（五）免抵退税申报数据的调整

本年度已申报免抵退税的，如须实行免税办法或征税办法，在当期用负数冲减原免抵退税申报数据；跨年度已申报免抵退税的，如须实行免税或征税办法，不用负数冲减，应全额补缴原免抵退税款，并按现行会计制度的有关规定进行相应调整。

政策依据：《国家税务总局关于发布〈出口货物劳务增值税和消费税管理办法〉的公告》（国家税务总局公告 2012 年第 24 号）

执行日期：2012 年 7 月 1 日

外贸企业发生原记入出口库存账的出口货物转内销或视同内销货物征税的，以及已申报退（免）税的出口货物发生退运并转内销的，外贸企业应于发生内销或视同内销货物的当月向主管税务机关申请开具出口货物转内销证明。

外贸企业应在取得出口货物转内销证明的下一个增值税纳税申报期内申报纳税时，以此作为进项税额的抵扣凭证使用。

政策依据：《国家税务总局关于发布〈出口货物劳务增值税和消费税管理办法〉的公告》（国家税务总局公告 2012 年第 24 号）

执行日期：2012 年 7 月 1 日

分析诊断

外贸企业出口货物适用征收增值税政策进项税额的处理与生产企业不同。生产企业出口货物适用征收增值税政策的，其原来计算转出的免抵退税不得免征和抵扣税额应当冲回，出口货物补缴的免抵退税额应当红字列入“应交税费—应交增值税（出口退税）”科目贷方，间接作为进项税额予以抵扣。而外贸企业出口货物适用征收增值税政策的，其原来转出的不予退税的进项税额应当予以转回，出口货物补缴的免抵退税额应当红字列入“应交税费—应交增值税（出口退税）”科目贷方，但是办理增值税纳税申报时，其进项税额不得直接申报抵扣，而必须开具并凭“出口货物转内销证明”才能申报抵扣。结合上述案例，该外贸公司出口货物适用征收增值税政策，其补缴的出口退税50万元和不予抵扣的进项税额20万元，未申请开具“出口货物转内销证明”就直接申报抵扣进项税额，主管税务机关受理公司的增值税纳税申报并征收增值税。由此可见，该外贸公司和主管税务机关的做法都是错误的。

触类旁通

1. 外贸企业出口货物转内销证明的开具

外贸企业发生原记入出口库存账的出口货物转内销或视同内销货物征税的，以及已申报退（免）税的出口货物发生退运并转内销的，外贸企业应于发生内销或视同内销货物的当月向主管税务机关申请开具出口货物转内销证明。

申请开具出口货物转内销证明时，应填报“出口货物转内销证明申报表”，提供正式申报电子数据及下列资料：

1）增值税专用发票（抵扣联）、海关进口增值税专用缴款书、进货分批申报单、出口货物退运已补税（未退税）证明原件及复印件；

2）内销货物发票（记账联）原件及复印件；

3）主管税务机关要求报送的其他资料。

外贸企业应在取得出口货物转内销证明的下一个增值税纳税申报期内申报纳税时，以此作为进项税额的抵扣凭证使用。

值得注意的是，《国家税务总局关于外贸企业出口视同内销货物进项税额抵扣有关问题的通知》（国税函〔2008〕265号）规定的“外贸企业出口视同内销征税货物进项税额抵扣证明”与以前的“出口货物转内销证明”统一合并成目前的“出口货物转内销证明”。

2. 外贸企业出口货物耗用的其他货物和应税劳务进项税额的申报抵扣问题

外贸企业出口货物视同内销征税，出口货物耗用的其他货物（如包装材料，水电气等）和应税劳务（如运费）相应的进项税额也应当申报抵扣。由于外贸企业出口货物视同内销征税时可能已经超过增值税扣税凭证的申报抵扣期限，因此，外贸企业也应当依照规定开具并凭“出口货物转内销证明”申报抵扣增值税进项税额。

3. 外贸企业视同内销征税的出口货物进项税额申报问题

（1）增值税纳税申报表（适用于增值税一般纳税人）

外贸企业视同内销征税的出口货物，其已补缴的出口退税额不得用负数填列在“增值税纳税申报表（适用于增值税一般纳税人）”第15栏“免抵退货物应退税额”，其转回的不予退税的进项税额不得用负数填列在该表第14栏“进项税额转出”，而应当凭“出口货物转内销证明”将补缴的出口退税额和转回的不予退税的进项税额的合计数填列在该表第12栏“进项税额”。

（2）增值税纳税申报表附列资料（表二本期进项税额明细）

外贸企业视同内销征税的出口货物，应当凭“出口货物转内销证明”将补缴的出口退税额和转回的不予退税的进项税额的合计数填列在“增值税纳税申报表附列资料（表二本期进项税额明细）”第11栏“外贸企业进项税额抵扣证明”。

4. 外贸企业直接适用征收增值税政策的出口货物进项税额的处理问题

外贸企业出口货物直接适用征收增值税政策的，其库存核算和进项税额核算均全部按内销货物的规定进行，其取得的增值税专用发票认证后应当直接申报抵扣，而不需开具并凭“出口货物转内销证明”申报抵扣进项税额，其增值税纳税申报表及其附表的填列与内销货物完全相同。

注意要点

外贸企业出口货物适用征收增值税政策进项税额的处理与生产企业不同。

十、进口料件作价加工收回出口退税的会计处理≠一般贸易出口退税的会计处理

常见案例

A公司是具有增值税一般纳税人资格的从事进料加工业务的外贸企业，2006年6月以进料加工方式免税进口化工原料一批，该批原料到岸价为5万美元，报关进口当天美元与人民币汇率为1∶8.30，货款以及税金均已通过银行存款支付。进口后企业采用作价加工方式将原料作价销售给某工厂加工成成品，转售加工时开具了“进料加工贸易免税证明”，履行了“计算税金但不入库”手续，所售原料价款为51万元，当月工厂加工完毕后，A公司以不含税价88万元全部收购。收回后外贸企业将该批货物全部出口，取得货款折合人民币91万元，出口货物的征税率为17%，退税率为11%。A公司申请退税的单证齐全并依照规定申报办理

出口退税。相关会计处理如下：

料件报关进口并入库时：

借：库存商品——进料加工　　415 000 元

　贷：银行存款　　415 000 元

料件作价加工销售，依“进料加工贸易免税证明”开具增值税专用发票时：

借：银行存款　　596 700 元

　贷：主营业务收入——进料加工　　510 000 元

　　　应交税金——应交增值税（销项税额）　　86 700 元

注：上述销项税额 86 700 元系进料加工计征销项税额但不入库税款，留待退税机关在办理企业退税时，在当期应退税额中抵扣。

收回成品时：

借：库存商品——进料加工　　880 000 元

　　应交税费——应交增值税（进项税额）　　149 600 元

　贷：银行存款　　1 029 600 元

报关出口并结转商品成本时：

借：应收外汇账款　　910 000 元

　贷：主营业务收入——进料加工　　910 000 元

借：主营业务成本——进料加工　　880 000 元

　贷：库存商品——进料加工　　880 000 元

申报退税时，出口退税额 = 应退税额 - 进料加工应抵退税额 = 回购出口货物增值税专用发票所列金额 × 退税率 - 销售进口料件金额 × 退税率 - 海关实征增值税额 = 880 000 × 11% - 510 000 × 11% = 40 700（元）。由于企业回购出口货物的增值税税率为 17%，而退税率为 11%，其差额 6% 为当期不予退税金额。同理，企业在采取作价加工方式时，销售的料件销项税率为 17%，而退税率为 11%，其差额 6% 应作为不予退税税额的扣减额从当期全部不予退税额中剔除，即当期不予退税的税额 =（回购出口货物增值税专用发票所列金额 - 销售进口料件金额）×（征税率 - 退税率）=（880 000 - 510 000）×（17% - 11%）= 22 200（元）。当期不予退税的税额应作为进项税额转出计入主营业务成本。

借：应收补贴款——应退增值税　　40 700 元

　贷：应交税金——应交增值税（出口退税）　　40 700 元

借：主营业务成本——进料加工　　22 200 元

　贷：应交税金——应交增值税（进项税额转出）　　22 200 元

收到出口退税时，

借：银行存款　　40 700 元

　贷：应收补贴款——应退增值税　　40 700 元

政策规定

二十一、出口企业以“进料加工”贸易方式减税进口原材料、零部件转售给其他企业加工时，应先填具“进料加工贸易申报表”，报经主管其出口退税的税务机关同意签章后再将此申报表报送主管其征税的税务机关，并据此在开具增值税专用发票时可按规定税率计算注明销售料件的税额，主管出口企业征税的税务机关对这部分销售料件的销售发票上所注明的应交税额不计征入库，而由主管退税的税务机关在出口企业办理出口退税时在退税额中扣抵。

进料加工复出口货物按下列公式计算退税：

出口退税额 = 出口货物的应退税额 - 销售进口料件的应交税额

销售进口料件的应交税额 = 销售进料件金额 × 税率 - 海关已对进口料件的实征增值税税款

外商投资企业以来料加工、进料加工贸易方式加工货物销售给非外商投资企业出口的，不实行上述办法，须按照增值税、消费税的征税规定征收增值税、消费税，出口后按出口退税的有关规定办理退税。

二十三、出口企业委托生产企业加工收回后报关出口的货物，凭购买加工货物的原材料等发票和工缴费发票按规定办理退税。若原材料等属于进料加工贸易已减征进口环节增值税的应扣除已减征税款计算退税。

政策依据：《国家税务总局关于印发〈出口货物退（免）税管理办法〉的通知》（国税发〔1994〕31 号）

执行日期：1994 年 1 月 1 日

四、外贸企业从事的进料加工复出口货物，主管退税的税务机关在计算抵扣进口料件税额时，凡进口料件征税税率小于或等于复出口货物退税税率的，按进口料件的征税税率计算抵扣；凡进口料件征税税率大于复出口货物退税税率的，按复出口货物的退税税率计算抵扣。

政策依据：《国家税务总局关于出口退税若干问题的通知》（国税发〔2000〕165 号）

执行日期：2000 年 12 月 22 日

分析诊断

外贸企业进口料件作价加工收回货物出口退税的会计处理不同于外贸企业一般贸易方式出口货物退税的会计处理。外贸企业以一般贸易方式出口货物退税，直接按照出口货物相应的进项金额依照规定出口退税率计算并进行会计处理就可以了。而外贸企业进口料件作价加工收回货物出口退税，在2012年6月30日以前，外贸企业作价销售进口料件在开具增值税专用发票时可按规定税率计算注明销售料件的税额，但主管出口企业征税的税务机关对这部分销售料件的销售发票上所注明的应交税额不计征入库，而由主管退税的税务机关在出口企业办理出口退税时在退税额中扣抵；从2012年7月1日起，外贸企业作价销售进口料件就应当依照规定申报缴纳增值税，收回加工货物出口依照一般贸易方式申报办理出口退税。结合上述案例，A公司2006年6月作价销售免税进口料件当月再收回出口，虽然计算出口退税额是正确的，但是在会计处理方面却未完整反映从出口货物应退税额中抵顶作价销售进口料件应纳增值税额的过程，同时将作价销售进口料件不能从应退税额中抵顶的应纳增值税额作冲减进项税额转出处理，与业务实质不符。由此可见，A公司会计处理的做法是错误的。

触类旁通

1. 类似问题

在某省2011年组织的出口退税检查中，检查组发现某从事进料加工贸易的外贸公司相应的会计处理如下：

1）进口材料支付货款，且材料验收入库时：

借：原材料

　贷：银行存款

2）进口材料作价销售给加工工厂，且已经向主管出口退税的税务机关办理作价加工免税证明时：

①借：银行存款

　　贷：商品销售收入

　　贷：应收出口退税（应从出口货物应退税额中抵顶的部分）

②借：商品销售成本（含进口料料件17%征税率与实际退税率的差额部分）

　　贷：原材料

3）原材料加工完工，产成品收购复出口时：

①借：库存商品

　借：应交增值税－进项税额

　　贷：银行存款（或应付账款）

②借：银行存款

　　贷：自营出口商品销售收入

③借：自营出口商品销售成本

贷：库存商品

贷：应交增值税——进项税额转出（不能退税的进项税额）

④借：应收出口退税

贷：应交增值税——出口退税（应退税部分）

该公司将作价销售进口料件不能从出口货物应退税额中抵顶部分的销项税额直接计入成本相关科目，而未依照规定缴纳入库，这是极其错误的。同时，该公司作价销售进口料件未依照增值税的规定核算销项税额，未完整体现从出口货物应退税额中按规定抵顶作价销售进口料件的应纳增值税额，这也是不妥当的。

2. 外贸企业进口料件作价加工应纳增值税额可以从出口货物应退税额中依照规定抵顶的会计处理

依照《国家税务总局关于印发〈出口货物退（免）税管理办法〉的通知》（国税发〔1994〕31号）和《国家税务总局关于出口退税若干问题的通知》（国税发〔2000〕165号）的规定，2012年6月30日以前，外贸企业进口料件作价加工应纳增值税额可以依照规定从出口货物应退税额中抵顶。因而其会计处理如下：

1）进口料件作价销售时，依《进料加工贸易免税证明》开具增值税专用发票，借记“银行存款”等科目，贷记“主营业务收入”科目，贷记“应交税费——应交增值税——内销（销项税额）”科目。

2）收回加工货物时，借记“库存商品——出口”科目，借记“应交税费——应交增值税——出口（进项税额）”，贷记“银行存款”等科目。

3）报关出口后依照规定申报出口退税，依照出口货物的应退税额，借记“其他应收款——应收出口退税”科目，贷记“应交税费——应交增值税——出口（出口退税）”科目；按照出口货物不予退税的进项税额，借记“主营业务成本——出口”科目，贷记“应交税费——应交增值税——出口（进项税额转出）”科目。

4）结转进口料件作价销售的应纳增值税额，借记“应交税费——应交增值税（转出未交增值税）”科目，贷记“应交税费——未交增值税”科目。

5）销售进口料件按规定从出口货物应退税额中抵顶的应纳增值税额，借记“应交税费——未交增值税”科目，贷记“其他应收款——应收出口退税”科目。

6）作价销售进口料件从出口货物应退税额中未抵顶完的应纳增值税额，应交纳入库，借记“应交税费——应交增值税（转出未交增值税）”科目，贷记“银行存款”等科目。

7）出口企业收到税务机关的出口货物实际应办退税额，借记“银行存款”等科目，贷记“其他应收款——应收出口退税”科目。

3. 外贸企业进口料件作价加工应纳增值税额不能从出口货物应退税额中抵顶的会计处理

依照《财政部国家税务总局关于出口货物劳务增值税和消费税政策的通知》(财税〔2012〕39号)的规定，从2012年7月1日起，外贸企业进口料件作价加工应纳增值税额应当依照规定缴纳，不能从出口货物应退税额中抵顶。因而其会计处理如下：

1）进口料件作价销售时，依“进料加工贸易免税证明”开具增值税专用发票，借记“银行存款”等科目，贷记“主营业务收入”科目，贷记“应交税费——应交增值税——内销（销项税额）”科目。

2）收回加工货物时，借记“库存商品——出口”科目，借记“应交税费——应交增值税——出口（进项税额）”，贷记“银行存款”等科目。

3）报关出口后依照规定申报出口退税，依照出口货物的应退税额，借记“其他应收款——应收出口退税”科目，贷记“应交税费——应交增值税——出口（出口退税）”科目；按照出口货物不予退税的进项税额，借记“主营业务成本——出口”科目，贷记“应交税费——应交增值税——出口（进项税额转出）”科目。

4）结转作价销售进口料件的应纳增值税额，借记“应交税费——应交增值税（转出未交增值税）”科目，贷记“应交税费——未交增值税”科目。

5）缴纳入库作价销售进口料件应纳的增值税额，借记“应交税费——应交增值税（转出未交增值税）”科目，贷记“银行存款”等科目。

6）出口企业收到出口退税额，借记“银行存款”等科目，贷记“其他应收款——应收出口退税”科目。

注意要点

外贸企业进口料件作价加工收回货物出口退税的会计处理，不同于外贸企业一般贸易方式出口货物退税的会计处理。

十一、出口货物免征增值税额≠政府补助收入

常见案例

某小规模纳税人的外贸企业会计人员新接触出口业务，2009年9月17日该会计人员专门就出口货物免征增值税的会计处理问题咨询某市国税局进出口管理科，得到如下答复：

在执行会计制度的情况下作如下会计处理：

借：应收账款

　　贷：商品销售收入

　　　　应交税金——应交增值税（减免税额）

同时做

借：应交税金——应交增值税（减免税额）

　　贷：补贴收入

在执行会计准则的情况下是：

借：应收账款

　　贷：商品销售收入

　　　　应交税费——应交增值税（减免税额）

同时做

借：应交税费——应交增值税（减免税额）

　　贷：营业外收入

政策规定

本准则第二条规定，政府补助是指企业从政府无偿取得货币性资产或非货币性资产，但不包括政府作为企业所有者投入的资本。政府包括各级政府及其所属机构，国际类似组织也在此范围之内。

税收返还是政府按照国家有关规定采取先征后返（退）、即征即退等办法向企业返还的税款，属于以税收优惠形式给予的一种政府补助。增值税出口退税不属于政府补助。

除税收返还外，税收优惠还包括直接减征、免征、增加计税抵扣额、抵免部分税额等形式。这类税收优惠并未直接向企业无偿提供资产，不作为本准则规范的政府补助。

政策依据：《〈企业会计准则第 16 号——政府补助〉应用指南》（财会〔2006〕18 号）

执行日期：2007 年 1 月 1 日

分析诊断

政府补助是企业从政府无偿取得货币性资产或非货币性资产。税收优惠中的税收返还包括增值税即征即退、先征后返等都属于政府补助。但是未直接向企业无偿提供资产的其他税收优惠如直接减征、免征、增加计税抵扣额、抵免部分税额等，就不属于政府补助的范围。结合上述案例，增值税小规模纳税人出口货物免征增值税，政府并未直接向纳税人无偿提供资产，而税务机关却要求企业将其作为政府补助收入进行会计处理。由此可见，某市国税局进出口税收管理科的答复明显是错误的。

触类旁通

企业享受税收优惠的会计与税务处理

（1）出口退税

由于增值税是价外税，增值税出口退税退还的是出口货物购进环节的增值税进项税额，因而增值税出口退税不属于政府补助。

由于消费税是价内税，消费税出口退税相应减少出口货物成本，增加出口企业利润，因而消费税出口退税属于政府补助的范围。

（2）税收返还

《企业会计准则第16号——政府补助》应用指南将税收返还作为政府补助的四种形式之一，税收返还是政府按照国家有关规定采取先征后返（退）、即征即退等办法向企业返还的税款，属于以税收优惠形式给予的一种政府补助。

企业收到的税收返还，在会计处理上依照《财政部关于减免和返还流转税的会计处理法规》（财会字〔1995〕6号）和《财政部关于印发〈股份有限公司税收返还等有关会计处理法规〉的通知》（财会〔2000〕3号）执行：

按照国家法规实行所得税先征后返的公司，应当在实际收到返还的所得税时，冲减收到当期的所得税费用，借记“银行存款”等科目，贷记“所得税”科目；

企业实际收到即征即退、先征先退、先征税后返还的营业税、消费税和出口退消费税，借记“银行存款”科目，贷记“营业税金及附加”等科目；

企业实际收到即征即退、先征后退、先征税后返还的增值税，借记“银行存款”科目，贷记“营业外收入”等科目。

（3）增值税税控系统专用设备和技术维护费用抵减增值税额的会计处理

1）增值税一般纳税人的会计处理。

根据《财政部关于印发〈营业税改征增值税试点有关企业会计处理规定〉的通知》（财会〔2012〕13号）的规定，按税法有关规定，增值税一般纳税人初次购买增值税税控系统专用设备支付的费用以及缴纳的技术维护费允许在增值税应纳税额中全额抵减的，应在“应交税费——应交增值税”科目下增设“减免税款”专栏，用于记录该企业按规定抵减的增值税应纳税额。

企业购入增值税税控系统专用设备，按实际支付或应付的金额，借记“固定资产”科目，贷记“银行存款”、“应付账款”等科目。按规定抵减的增值税应纳税额，借记“应交税费——应交增值税（减免税款）”科目，贷记“递延收益”科目。按期计提折旧，借记“管理费用”等科目，贷记“累计折旧”科目；同时，借记“递延收益”科目，贷记“管理费用”等科目。

企业发生技术维护费，按实际支付或应付的金额，借记“管理费用”等科目，贷记“银行存款”等科目。按规定抵减的增值税应纳税额，借记“应交税费——应交增值税（减免税款）”科目，贷记“管理费用”等科目。

2）小规模纳税人的会计处理。

按税法有关规定，小规模纳税人初次购买增值税税控系统专用设备支付的费用以及缴纳的技术维护费允许在增值税应纳税额中全额抵减的，按规定抵减的增值税应纳税额应直接冲减“应交税费——应交增值税”科目。

企业购入增值税税控系统专用设备，按实际支付或应付的金额，借记“固定资产”科目，贷记“银行存款”、“应付账款”等科目。按规定抵减的增值税应纳税额，借记“应交税费——应交增值税”科目，贷记“递延收益”科目。按期计提折旧，借记“管理费用”等科目，贷记“累计折旧”科目；同时，借记“递延收益”科目，贷记“管理费用”等科目。

企业发生技术维护费，按实际支付或应付的金额，借记“管理费用”等科目，贷记“银行存款”等科目。按规定抵减的增值税应纳税额，借记“应交税费——应交增值税”科目，贷记“管理费用”等科目。

（4）未直接无偿提供资产的税收优惠

按照《企业会计准则第16号——政府补助》的规定，除税收返还外，税收优惠还包括直接减征、免征增值税、免征消费税、增加计税抵扣额、抵免部分税额等形式。这类税收优惠并未直接向企业无偿提供资产，不作为会计准则规范的政府补助，不作相应的会计处理。

（5）企业享受税收优惠适用的所得税政策

判定企业享受税收优惠是否应当征收企业所得税，首先应当判定企业享受的税收优惠是否属于不征税收入。根据《财政部、国家税务总局关于财政性资金、行政事业性收费、政府性基金有关企业所得税政策问题的通知》（财税〔2008〕151号）和《财政部、国家税务总局关于专项用途财政性资金企业所得税处理问题的通知》（财税〔2011〕70号）的规定，企业享受的税收优惠分别不同情况适用企业所得税政策：

1）直接不属于企业所得税的征税收入：

①返还的所得税；

②出口货物退还的增值税。

2）作为企业应纳税所得额依照规定征收企业所得税：

①直接免征增值税、营业税、消费税；

②出口货物退消费税；

③即征即退、先征先退、先征税后返还的营业税、消费税；

④增值税税控系统专用设备和技术维护费用抵减增值税额；

⑤增加计税抵扣额、抵免部分税额等。

3）企业收到的税收返还（包括即征即退增值税、先征后退增值税、先征后返增值税），凡同时符合以下条件的，就作为不征税收入，在计算应纳税所得额时从收入总额中减除，否则就应当作为征税收入并入企业应纳税所得额征收企业所得税。

①企业能够提供规定资金专项用途的资金拨付文件；

②财政部门或其他拨付资金的政府部门对该资金有专门的资金管理办法或具体管理要求；

③企业对该资金以及以该资金发生的支出单独进行核算。

值得注意的是，企业将规定条件的财政性资金作不征税收入处理后，在5年（60个月）内未发生支出且未缴回财政部门或其他拨付资金的政府部门的部分，应计入取得该资金第六年的应税收入总额；计入应税收入总额的财政性资金发生的支出，允许在计算应纳税所得额时扣除。

同时，对不征企业所得税的收入用于支出所形成的费用，不得在计算应纳税所得额时扣除；用于支出所形成的资产，其计算的折旧、摊销不得在计算应纳税所得额时扣除。由此可以看出，这里的不征税收入，由于其支出不允许在企业所得税前扣除，只是递延纳税，并非真正的免税。

注意要点

政府补助是企业从政府无偿取得货币性资产或非货币性资产。

十二、出口退（免）税申报表填列≠增值税纳税申报表的填列

常见案例

A公司是具有增值税一般纳税人资格的经营服装一般贸易出口的外贸公司，兼营内外销业务。A公司出口服装的征税率17%，出口退税率16%，2010年10月8日，A公司办理增值税纳税申报时，按照购进出口货物取得增值税专用发票上注明的进货金额，依照征退税率差1%计算进项税额转出的部分，填列在增值税纳税申报表上的进项税额转出栏。主管税务机关受理A公司的增值税纳税申报

并依照规定征收增值税。

政策规定

八、外贸企业出口货物必须单独设账核算购进金额和进项税额，如购进的货物当时不能确定是用于出口或内销的，一律记入出口库存账，内销时必须从出口库存账转入内销库存账。征税机关可凭该批货物的专用发票或退税机关出具的证明办理抵扣。

政策依据：《财政部国家税务总局关于印发〈出口货物退（免）税若干问题规定〉的通知》（财税字〔1995〕92号）

执行日期：1995年7月1日

分析诊断

外贸企业办理增值税纳税申报时，出口货物不予退税转出进项税额的申报与内销货物转出进项税额的申报完全不同。内销货物依照规定转出进项税额，应当依照规定在增值税纳税申报表上的“进项税额转出”栏目填列；而出口货物由于单独设账核算购进金额和进项税额，出口货物的进项税额不在增值税纳税申报表上的“进项税额”栏目填列，因而其不予退税转出的进项税额也就不在增值税纳税申报表上的“进项税额转出”栏目填列，否则，将造成出口企业多缴纳增值税。结合上述案例，A公司将出口货物征退税差额填列在增值税纳税申报表上的“进项税额转出”栏目，造成公司多缴增值税。由此可见，A公司和主管税务机关的做法都是错误的。

触类旁通

外贸企业出口货物增值税纳税申报表的填报

（1）外贸企业出口货物填报“增值税纳税申报表（适用于一般纳税人）”

1）外贸企业出口货物免退税销售额和出口货物免税销售额填列在“增值税纳税申报表（适用于一般纳税人）”第8栏“免税货物及劳务销售额”及第9栏“免税货物销售额”（销货退回的销售额用负数表示）。

2）外贸企业作价销售进料加工复出口的货物的销售额填列在“增值税纳税申报表（适用于一般纳税人）”第1栏“按适用税率征税货物及劳务销售额”和第2栏“应税货物销售额”。

3）外贸企业作价销售进料加工复出口的货物的销项税额填列在“增值税纳

税申报表（适用于一般纳税人）”第11栏“销项税额”。依照以前出口退（免）税政策规定，主管出口企业征税的税务机关对这部分销售料件的销售发票上所注明的应交税额从出口货物应退税额中抵减的部分，应当填列在“增值税纳税申报表（适用于一般纳税人）”第23栏“应纳税额减征额”。

4）外贸企业适用退（免）税政策的出口货物依照规定不予退税的进项税额和适用免税政策的出口货物不予抵扣的进项税额，不在“增值税纳税申报表（适用于一般纳税人）”上反映，更不得填列在该表第14栏“进项税额转出”。

5）外贸企业视同内销的出口货物销售额填列在“增值税纳税申报表（适用于一般纳税人）”第1栏“按适用税率征税货物及劳务销售额”和第2栏“应税货物销售额”。

6）外贸企业视同内销的出口货物计提的销项税额填列在“增值税纳税申报表（适用于一般纳税人）”第11栏“销项税额”。

7）外贸企业视同内销允许抵扣的进项税额填列在“增值税纳税申报表（适用于一般纳税人）”第12栏“进项税额”。

(2) 外贸企业出口货物填报“增值税纳税申报表附列资料（表一）”

1）外贸企业出口货物免退税销售额和出口货物免税销售额填列在“增值税纳税申报表附列资料（表一）”第16栏“开具普通发票”的“免征增值税货物”明细项。

2）外贸企业作价销售进料加工复出口的货物的销售额填列在“增值税纳税申报表附列资料（表一）”第1栏“防伪税控系统开具的增值税专用发票”的应税货物明细项。

(3) 外贸企业出口货物填报“增值税纳税申报表附列资料（表二）”

1）外贸企业视同内销允许抵扣的进项税额填列在“增值税纳税申报表附列资料（表二）”第11栏“外贸企业进项税额抵扣证明”，其“税额”栏填写税务机关出口退税部门开具的“外贸企业出口视同内销征税货物进项税额抵扣证明”允许抵扣的进项税额。

2）外贸企业期初已认证相符未申报抵扣用于出口货物的增值税专用发票进项税额填列在“增值税纳税申报表附列资料（表二）”第23栏“期初已认证相符但未申报抵扣”。

3）外贸企业本期购进出口货物已认证相符的增值税专用发票填列在“增值税纳税申报表附列资料（表二）”第24栏“本期认证相符且本期未申报抵扣”。

4）外贸企业期末已认证相符未申报抵扣用于出口货物的增值税专用发票进项税额填列在“增值税纳税申报表附列资料（表二）”第25栏“期末已认证相符但未申报抵扣”和第26栏“其中：按照税法规定不允许抵扣”。

5）外贸企业适用退（免）税政策的出口货物依照规定不予退税的进项税额

和适用免税政策的出口货物不予抵扣的进项税额，不在“增值税纳税申报表附列资料（表二）”上反映，更不得填列在该表第18栏“免抵退税办法出口货物不得抵扣进项税额”。

（4）外贸企业填报“固定资产进项税额抵扣情况表”

外贸企业如果内外销兼营，依照《增值税实施细则》（财政部国家税务总局第50号令）第二十一条的规定，外贸企业购进固定资产可以依照规定申报抵扣进项税额，因而应当依照规定填报“固定资产进项税额抵扣情况表”；如果仅从事出口货物贸易，外贸企业购进固定资产依照规定则不应申报抵扣进项税额，因而无须填报“固定资产进项税额抵扣情况表”。

注意要点

外贸企业办理增值税纳税申报时，出口货物不予退税转出进项税额的申报与内销货物转出进项税额的处理完全不同。

十三、外贸企业已申报办理退税的出口货物适用免征增值税政策≠外贸企业已申报办理退税的出口货物适用征收增值税政策

常见案例

A公司是具有增值税一般纳税人资格的外贸企业，属于可以出口退（免）税申报后提供出口收汇核销单的出口企业。A公司2011年12月出口货物20万美元，汇率6.8，该批货物对应的增值税专用发票金额为100万元，出口退税率为15%。2012年3月，A公司申报办理出口退税。2012年7月逾期未收汇核销，2012年8月补缴已办理的出口退税。依照规定该笔出口货物可以适用免征增值税政策，也可以选择不申报出口免税或放弃免税适用征收增值税的政策。A公司办税人员认为出口货物免征增值税将转出进项税额，而出口货物适用征收增值税政策将按照销项税额抵扣进项税额的余额缴纳增值税。因而对于该笔出口货物，A公司在2012年8月不申报免税，而是选择适用征收增值税政策。

政策规定

适用增值税免税政策的出口货物劳务，是指：

3. 出口企业或其他单位未按规定申报或未补齐增值税退（免）税凭证的出口货物劳务。具体是指：

（1）未在国家税务总局规定的期限内申报增值税退（免）税的出口货物劳务。

（2）未在规定期限内申报开具《代理出口货物证明》的出口货物劳务。

（3）已申报增值税退（免）税，却未在国家税务总局规定的期限内向税务机关补齐增值税退（免）税凭证的出口货物劳务。

对于适用增值税免税政策的出口货物劳务，出口企业或其他单位可以依照现行增值税有关规定放弃免税，并依照本通知第七条的规定缴纳增值税。

政策依据：《财政部国家税务总局关于出口货物劳务增值税和消费税政策的通知》（财税〔2012〕39 号）

执行日期：2012 年 7 月 1 日

适用增值税免税政策的出口货物劳务，其进项税额不得抵扣和退税，应当转入成本。

政策依据：《财政部国家税务总局关于出口货物劳务增值税和消费税政策的通知》（财税〔2012〕39 号）

执行日期：2012 年 7 月 1 日

出口企业或其他单位出口货物劳务适用免税政策的，除特殊区域内企业出口的特殊区域内货物、出口企业或其他单位视同出口的免征增值税的货物劳务外，如果未按规定申报免税，应视同内销货物和加工修理修配劳务征收增值税、消费税。

政策依据：《财政部国家税务总局关于出口货物劳务增值税和消费税政策的通知》（财税〔2012〕39 号）

执行日期：2012 年 7 月 1 日

分析诊断

外贸企业已申报办理退税的出口货物适用免征增值税政策对企业利润的影响与外贸企业已申报办理退税的出口货物适用征收增值税政策不同。出口货物适用免征增值税政策将转出进项税额增加成本减少企业利润；出口货物适用征收增值税政策将计提销项税额减少企业利润，但是冲转以前不予退税的进项转出税额将增加企业利润。结合上述案例，究竟哪种方案对企业更有利呢？

方案一：外贸企业已申报办理出口退税的货物适用免征增值税政策

补缴出口退税 $=100\times15\%=15$（万元）

出口货物不予退税的进项税额＝100×（17%－15%）＝2（万元）

由于出口货物适用免征增值税政策，出口货物不予退税的进项税额在出口货物销售时已经转入成本，因而不予调整企业利润；但是补缴的出口退税应当直接列入成本科目减少企业利润15万元。

方案二：外贸企业已申报办理出口退税的货物适用征收增值税政策

补缴出口退税＝100×15%＝15（万元）

出口货物以前不予退税进项税额＝100×（17%－15%）＝2（万元）

出口货物计提销项税额＝20×6.8÷1.17×17%＝19.76（万元）

出口货物应纳增值税额＝19.76－（15＋2）＝2.76（万元）

由于出口货物适用征收增值税政策，出口货物以前不予退税的进项税额应从成本科目转回，增加企业利润2万元；补缴的出口退税红字计入"应交税费——应交增值税（出口退税）"科目贷方，相应作进项税额抵扣，不调整企业利润；但是出口货物计提销项税额19.76万元减少企业利润19.76万元，合计减少企业利润17.76万元。

综上所述，A公司出口货物适用免征增值税政策减少利润15万元，出口货物适用征收增值税政策减少利润17.76万元。由此可见，A公司的选择明显是错误的。

触类旁通

生产企业出口货物选择适用征免增值税政策的筹划

按照财税〔2012〕39号文件的规定，出口企业未按期申报退（免）税、未按期申报开具出口货物代理证明、未按期收齐有关凭证的出口货物，可以适用免征增值税政策，出口企业未按照规定申报免征增值税的，应当依照规定适用征收增值税政策。作为已办理免抵退税的同一笔出口货物，究竟应当怎样选择适用征免增值税政策才对企业有利呢?

例1：某纺织公司属于可以出口退（免）税申报后提供出口收汇核销单的生产企业，2011年10月公司以一般贸易方式出口货物棉布一批，出口离岸价5 130 002.96元，征税率17%，退税率17%，城建税7%，教育费附加3%。该笔出口货物当月取得出口货物报关单（出口退税专用）和电子信息，该公司2011年11月办理免抵退税单证信息齐全申报，计算免抵退税额872 100.50元。2012年5月逾期未收汇核销，主管税务机关通知该公司依照规定补缴免抵退税款，并依照规定已视同内销征税。2012年7月该公司逾期仍未收汇核销，按照财税〔2012〕39号文件的规定，该公司可以选择在2012年8月申报适用免征增值税政策，也可以选择仍然适用征收增值税政策。

方案一：适用免征增值税政策

补缴免抵退税额 = 5 130 002.96 × 17% = 872 100.5（元）

由于出口货物免税，因而其补缴免抵退税额应当相应列入营业成本，减少出口企业利润。

因此，企业当期减少利润 = 补缴免抵退税额 = 872 100.5（元）

方案二：适用征收增值税政策

销项税额 = 5 130 002.96 ÷（1 + 17%）× 17% = 745 385.05（元）

由于出口货物适用征收增值税政策，因而其补缴免抵退税额 872 100.5 元应当红字记入“应交税费——应交增值税（出口退税）”科目贷方，这将减少企业应交增值税，但不减少企业利润。

应交增值税 = 745 385.05 − 872 100.50 = −126 715.45（元）

应交增值税为负数，当期没有应交城建税及附加，但将抵减以后的应交城建税及附加，相应增加企业利润。

应交城建税及附加 = −126 715.45 ×（7% + 3%）= −12 671.55（元）

企业当期减少利润 = 745 385.05 − 12 671.55 = 732 713.5（元）

由此可见，在出口货物已计算办理免抵退税的情况下，生产企业出口货物选择适用征收增值税政策（公司减少利润 732 713.5 元）比选择适用免征增值税政策（公司减少利润 872 100.5 元）更有利些，当期少减企业利润 139 387 元（732 713.5 − 872 100.5）。

上述结论是在征退税率一致的情况下得出的，那么在征退税率存在差异的情况下，对已计算办理免抵退税的出口货物，生产企业应当怎样选择适用征免增值税政策呢？

例 2：假设例 1 中的出口货物退税率为 16%，除依照规定计算免抵退税额和免抵退税不得免征和抵扣税额以外，其他内容不变。

方案一：适用免征增值税政策

补缴免抵退税额 = 5 130 002.96 × 16% = 820 800.47（元）

由于出口货物免税，因而其补缴免抵退税额应当相应列入营业成本，减少企业利润。

由于出口货物以前已经计算免抵退税不得免征和抵扣税额并转入成本，因而对企业当期利润没有影响，但会减少该笔出口货物利润 5 130 002.96 ×（17% − 16%）= 51 300.03（元）。

因此，企业当期减少利润 820 800.47 元。

方案二：适用征收增值税政策

销项税额 = 5 130 002.96 ÷（1 + 17%）× 17% = 745 385.05（元）

由于出口货物适用征收增值税政策，因而应当将以前免抵退税不得免征和抵扣税额转回进项税额 =5 130 002. 96 ×（17% -16%）=51 300. 03（元），增加企业当期利润，但不增加该笔出口货物利润。

由于出口货物适用征收增值税政策，因而其补缴免抵退税额 820 800. 47 元应当红字记入“应交税费——应交增值税（出口退税）”科目贷方，因而将减少出口企业应交增值税，但不减少企业利润。

应交增值税 =745 385. 05 -820 800. 47 -51 300. 03 = -126 715. 45（元）

应交增值税为负数，当期没有应交城建税及附加，但将抵减以后的应交城建税及附加，相应增加企业利润。

应交城建税及附加 = -126 715. 45 ×（7% +3%）= -12 671. 55（元）

企业当期减少利润 =745 385. 05 -51 300. 03 -12 671. 55 =681 413. 47（元）

由此可见，在出口货物已计算办理免抵退税的情况下，生产企业出口货物适用征收增值税政策（公司减少利润 681 413. 47 元）比选择适用免征增值税政策（公司减少利润 820 800. 47 元）更有利些，当期少减利润 139 387 元（681 413. 47 -820 800. 47）。

已计算办理免抵退税的出口货物适用征免增值税政策对生产企业利润的影响各不相同，其根本原因就在于免抵退税额和免抵退税不得免征和抵扣税额是按照出口货物含税的离岸价计算的，销项税额是按照出口货物不含税的离岸价计算的，补缴的免抵退税额在出口货物免税时应当计入成本，在出口货物适用征收增值税政策时不计入成本，因此，如果（销项税额 - 免抵退税不得免征和抵扣税额）<补缴免抵退税额，那么已计算办理免抵退税的出口货物适用征收增值税政策就比适用免税政策对企业有利；相反，如果（销项税额 - 免抵退税不得免征和抵扣税额）>免抵退税额，那么已计算办理免抵退税的出口货物适用免税政策就比适用征收增值税政策对企业有利些。

为什么已计算办理免抵退税额的相同出口金额相同征税率的出口货物，在其适用征收增值税政策时无论征退税率是否一致，其应纳增值税都是相同的？这是由于征退税率相同时的应纳增值税 = 销项税额 - 免抵退税额，征退税率不一致时的应纳增值税 = 销项税额 - 免抵退税额 - 免抵退税不得免征和抵扣税额，无论征退税率是否一致，其销项税额都是相同的，而征退税率不一致时的免抵退税额 + 免抵退税不得免征和抵扣税额 = 征退税率一致时的免抵退税额，因此已计算办理免抵退税额的相同出口金额相同征税率的出口货物，在其视同内销征税时无论征退税率是否一致，其应纳增值税都是相同的。

上述两个案例都是出口货物已经计算办理免抵退税的情况，那么，未计算办理免抵退税的出口货物在依照规定可以选择适用征免增值税政策的情况下，生产企业应当如何选择呢？

例 3：假设上述例 2 中 2011 年 11 月出口货物由于报关单信息不齐未计算办理

免抵退税，只依照规定计算转出免抵退税不得免征和抵扣税额，2012 年 5 月视同内销征税时未补缴免抵退税款，2012 年 8 月无不可划分的进项税额，其他内容不变。

方案一：免征增值税

由于出口货物免征增值税，其以前已经计算转出的免抵退税不得免征和抵扣税额不再转回，对出口企业当期利润没有影响，但减少该笔出口货物利润 5 130 002.96 ×（17% －16%）＝51 300.03（元）。

在当月无不可划分进项税额的情况下，当月没有相应进项税额转出，对出口企业利润没有任何影响。

因此，企业当期减少利润 0 元。

方案二：征收增值税

销项税额＝5 130 002.96 ÷（1＋17%）×17%＝745 385.05（元）

由于出口货物视同内销征税，因而应当将以前免抵退税不得免征和抵扣税额转回进项税额＝5 130 002.96 ×（17% －16%）＝51 300.03（元），增加企业当期利润。

应交增值税＝745 385.05－51 300.03＝694 085.02（元）

应交城建税及附加＝694 085.02 ×（7% ＋3%）＝69 408.5（元）

企业当期减少利润＝745 385.05－51 300.03＋69 408.5＝763 493.52（元）

由上述可见，在未计算办理免抵退税额的情况下，生产企业出口货物适用免征增值税政策（减少企业利润 0 元）明显比适用征收增值税政策（减少出口企业利润 763493.52 元）对企业更有利些。

综上所述，一般说来，生产企业出口货物在未计算办理免抵退税的情况下，选择适用免征增值税政策比选择适用征收增值税政策对企业更有利些；生产企业出口货物在已计算办理免抵退税的情况下，选择适用征收增值税政策比选择适用免征增值税政策对企业更有利些。

需要说明的是，生产企业从 2012 年 8 月 1 日起申报办理出口货物免抵退税后须补齐相关凭证的只有两种情形。第一种是按照国家外汇管理局公告 2012 年第 1 号的规定，生产企业 2012 年 8 月 1 日前报关出口的货物，截至 7 月 31 日未到出口收汇核销期限但已核销以及已到出口收汇核销期限的，退（免）税申报后未依照规定提供出口收汇核销单的，税务机关应当依照规定追缴已办理的免抵退税额。第二种是按照《国家税务总局关于出口船舶、大型成套机电设备有关退（免）税问题的通知》（国税发〔2004〕79 号）第二条的规定，实行先退税后核销办法的生产企业办理免抵退税后，未依照规定提供退税凭证包括纸质凭证（如出口货物报关单等）和相关电子信息的，税务机关对已办理的免抵退税应当予以追回。

值得注意的是，外贸企业出口货物在可以选择适用征免增值税政策的情况下，无论是否已经办理出口退税，一般来说，选择适用免征增值税政策对外贸企业应当是有利的。同样的，增值税小规模纳税人出口货物在可以选择适用征免增值税政策的情况下，选择适用免征增值税政策无疑对企业都是有利的。

注意要点

已申报办理退（免）税的出口货物适用免征增值税政策对企业利润的影响与适用征收增值税政策不同。

十四、已申报退（免）税出口货物适用免征增值税政策的处理≠出口货物直接适用免征增值税的政策处理

常见案例

某外贸公司是具有增值税一般纳税人资格的外贸企业，属于可以退（免）税申报后提供出口收汇核销单的出口企业。2011 年 11 月该公司报关出口一批货物，FOB 价 500 万元，该批货物取得的增值税专用发票注明进项税额 70 万元，2012 年 4 月该公司已经依照规定申报办理出口退税 50 万元，将不予退税的进项税额 20 万元作进项税额转出处理。2012 年 7 月该公司逾期未取得出口收汇核销单，依照规定补缴已办理的出口退税 50 万元，2012 年 8 月办理适用出口免征增值税政策的申报手续，将适用免征增值税的出口销售额填入增值税纳税申报表第 8 栏“免税货物及劳务销售额”栏目和第 9 栏“其中：免税货物销售额”栏目，将补缴的出口退税 50 万元和不予退税的进项税额 20 万元填入增值税纳税申报表的第 14 栏“进项税额转出”栏，主管税务机关受理该公司增值税纳税申报，并据此征收增值税。

政策规定

5. 发生增值税、消费税不应退税或免税但已实际退税或免税的，出口企业和其他单位应当补缴已退或已免税款。

政策依据：《财政部国家税务总局关于出口货物劳务增值税和消费税政策的通知》（财税〔2012〕39 号）

执行日期：2012 年 7 月 1 日

出口企业或其他单位未按规定申报或未补齐增值税退（免）税凭证的出口货物劳务免征增值税。具体是指：

（1）未在国家税务总局规定的期限内申报增值税退（免）税的出口货物劳务。

（2）未在规定期限内申报开具《代理出口货物证明》的出口货物劳务。

（3）已申报增值税退（免）税，却未在国家税务总局规定的期限内向税务机关补齐增值税退（免）税凭证的出口货物劳务。

政策依据：《财政部国家税务总局关于出口货物劳务增值税和消费税政策的通知》（财税〔2012〕39号）

执行日期：2012年7月1日

适用增值税免税政策的出口货物劳务，其进项税额不得抵扣和退税，应当转入成本。

政策依据：《财政部国家税务总局关于出口货物劳务增值税和消费税政策的通知》（财税〔2012〕39号）

执行日期：2012年7月1日

分析诊断

外贸企业已申报退（免）税的出口货物适用免征增值税政策的处理不同于外贸企业出口货物直接适用免征增值税政策的处理。外贸企业出口货物直接适用免征增值税政策的，出口货物可划分的相应的进项税额不予申报抵扣，出口货物相应不可划分的进项税额按照规定公式计算作进项税额转出处理。外贸企业已申报退（免）税的出口货物适用免征增值税政策的，由于出口货物的进项税额单独核算，因而其补缴的出口退税额不得申报抵扣，应当直接列入企业成本，不得在增值税纳税申报表的“进项税额转出”栏反映；同时出口货物已经作进项税额转出的不予退税的进项税额不作冲转处理，也不得在增值税纳税申报表的“进项税额转出”栏反映。结合上述案例，该公司已申报退（免）税的出口货物，由于适用未收齐出口收汇核销单应当适用免征增值税，该公司将补缴出口货物的退税50万元和不予退税的进项税额20万元列入增值税纳税申报表的“进项税额转出”栏，主管税务机关据此征收增值税，造成外贸企业多缴增值税70万元。由此可见，该公司和主管税务机关的做法都是错误的。

触类旁通

1. 出口货物适用免征增值税政策相应进项税额处理的新旧比较（见表4－4）

表4－4　出口货物适用免征增值税政策相应进项税额处理的新旧比较

财税〔2012〕39号	以前相关规定	比较结果
适用增值税免税政策的出口货物劳务，其进项税额不得抵扣和退税，应当转入成本。	《增值税暂行条例》（国务院令第538号）第十条规定：下列项目的进项税额不得从销项税额中抵扣： （一）用于非增值税应税项目、免征增值税项目、集体福利或者个人消费的购进货物或者应税劳务。	与以前规定相同。
出口卷烟，依下列公式计算： 不得抵扣的进项税额＝出口卷烟含消费税金额÷（出口卷烟含消费税金额＋内销卷烟销售额）×当期全部进项税额 （1）当生产企业销售的出口卷烟在国内有同类产品销售价格时 出口卷烟含消费税金额＝出口销售数量×销售价格 “销售价格”为同类产品生产企业国内实际调拨价格。如实际调拨价格低于税务机关公示的计税价格的，“销售价格”为税务机关公示的计税价格；高于公示计税价格的，销售价格为实际调拨价格。 （2）当生产企业销售的出口卷烟在国内没有同类产品销售价格时 出口卷烟含税金额＝（出口销售额＋出口销售数量×消费税定额税率）÷（1－消费税比例税率） “出口销售额”以出口发票上的离岸价为准。若出口发票不能如实反映离岸价，生产企业应按实际离岸价计算，否则，税务机关有权按照有关规定予以核定调整。	《财政部 国家税务总局关于出口货物退（免）税若干具体问题的补充通知》（财税〔2005〕34号）第一条规定：财税〔2004〕116号文件第三条规定调整为： 免税出口卷烟转入成本的进项税额，按出口卷烟含消费税的金额占全部销售额的比例计算分摊，计算出口卷烟含税金额的公式如下： （一）当生产企业销售的出口卷烟在国内有同类产品销售价格时： 出口卷烟含税金额＝出口销售数量×销售价格 公式中的“销售价格”为同类产品生产企业国内实际调拨价格。如果实际调拨价格低于税务机关公示的计税价格，公式中的“销售价格”为税务机关公示的计税价格；高于税务机关公示的计税价格，公式中的销售价格为实际调拨价格。 （二）当生产企业销售的出口卷烟在国内没有同类产品销售价格时： 出口卷烟含税金额＝出口销售额÷（1－消费税比例税率）＋出口销售数量×消费税定额税率 公式中的“出口销售额”以出口发票计算的出口货物离岸价格为准。出口发票不能如实反映实际离岸价的，企业必须按照实际离岸价向主管税务机关进行申报，同时主管税务机关有权依照《中华人民共和国税收征收管理法》《中华人民共和国增值税暂行条例》等有关规定予以核定。 公式中的“消费税比例税率”，是指卷烟生产企业销售卷烟的实际价格或核定的计税价格所适用的比例税率。	对生产企业销售出口卷烟在国内没有同类产品销售价格时出口卷烟含税金额的计算公式作了调整。

续表

财税〔2012〕39号	以前相关规定	比较结果
除出口卷烟外，适用增值税免税政策的其他出口货物劳务的计算，按照增值税免税政策的统一规定执行。其中，如果涉及销售额，除来料加工复出口货物为其加工费收入外，其他均为出口离岸价或销售额。		新增规定，与以前做法相同。

2. 出口货物适用免征增值税的相关会计处理

（1）出口货物直接适用免税政策的处理

增值税一般纳税人出口货物直接免税的，不计提销项税额，依照规定将出口货物相应的进项税额作转出处理，借记“营业成本”等科目，贷记“应交税费——应交增值税（进项税额转出）”科目。

增值税小规模纳税人出口货物直接免税的，不计提应纳增值税额。

出口货物直接免征消费税的，不计算缴纳消费税。

（2）生产企业已申报退（免）税的出口货物当年度适用免税政策冲减免抵退税申报数据的处理

生产企业当年出口货物当年度已申报免抵退税的，如须实行免税办法，在当期用负数冲减原免抵退税申报数据，但必须进行相关调整的会计处理。

1）出口货物未计算办理免抵退税。

由于单证不齐或信息不齐，出口货物未计算办理免抵退税，但是已经按照规定计算免抵退税不得免征和抵扣税额。如果出口货物依照规定适用免税采取冲减的方式进行免抵退税申报，那么其原来计算转出的征退税之差即免抵退税不得免征和抵扣税额就通过冲减申报的方式作了转回处理，在这种情况下，一方面，生产企业就应当将冲回的免抵退税不得免征和抵扣税额作转出处理，借记“营业成本”等科目，贷记“应交税费——应交增值税（进项税额转出）”科目；另一方面还应当依照规定计算转出出口货物相应的进项税额，借记“营业成本”等科目，贷记“应交税费——应交增值税（进项税额转出）”科目。

2）出口货物已计算办理免抵退税。

生产企业已申报办理免抵退税的出口货物当年度内依照规定适用出口免税的，应当冲减免抵退税申报，那么冲减的免抵退税额冲减“应交税费——应交增值税（出口退税）”科目贷方，从而间接地列作了生产企业的进项税额处理，这不符合免税货物不得抵扣进项税额的基本原则。同时，冲减免抵退税申报相应冲减免抵退税不得免征和抵扣税额，从而将出口货物已经转出的进项税额重新转回，这样也不符合免税货物不得抵扣进项税额的基本原则。

因此，在按照调整后免抵退税申报数据进行会计处理的前提下，首先要对冲回的免抵退税不得免征和抵扣税额作转出处理，即借记“营业成本”等科目，贷记“应交税费——应交增值税（进项税额转出）”科目；然后将生产企业冲减申报相应冲减的免抵退税额，应当记入“营业成本”等科目的借方，记入“应交税费——应交增值税（出口退税）”贷方。

（3）生产企业已办理退（免）税的出口货物适用免税政策补缴免抵退税额的处理

生产企业已申报办理出口退（免）税的货物跨年度按照规定可以适用出口免税的，对于补缴的免抵退税额应当如何处理？

第一种办法，生产企业应当将补缴的免抵退税额红字贷记“应交税费——应交增值税（出口退税）”科目，贷记“银行存款”等科目；同时按照当期免税出口销售额计算划分转出相应进项税额，虽然补缴免抵退税额符合哪里来哪里去的会计处理要求，但是免抵退税额红字记入“应交增值税（出口退税）”科目贷方，实质上就列作了进项税额予以抵扣，这不符合出口免税不得抵扣进项税额的原则，同时当期出口货物相应进项税额（即补缴的免抵退税额）不属于不可划分的进项税额，不应当适用计算划分转出进项税额办法。

第二种办法，生产企业应当将补缴的免抵退税额红字贷记“应交税费——应交增值税（出口退税）”科目，贷记“银行存款”等科目，这属于出口免税货物直接可区分的进项税额，应当直接作进项转出处理，借记“以前年度损益调整”科目，贷记“应交税费——应交增值税（进项税额转出）”科目。因而从简便出发，生产企业出口货物适用免税，其补缴的免抵退税额应当直接计入成本，不得红字贷记“应交税费——应交增值税（出口退税）”科目。

笔者赞同第二种办法。

（4）生产企业已申报退（免）税未计算免抵退税的出口货物适用免税政策的处理

生产企业出口货物如果只进行单证不齐或单证齐全申报未计算办理免抵退税额的，那么依照规定应当适用免税的计算转出进项税额有三个问题：以前转出的免抵退税不得免征和抵扣税额如何处理？是按照适用免税月份还是按照出口销售月份计算转出不可划分进项税额？进料加工贸易方式出口货物免税的，其计算转出进项税额使用的销售额是否扣减出口货物耗用的保税进口料件金额？

关于第一个问题，第一种办法，将以前转出的免抵退税不得免征和抵扣税额重新转回，合并在当月计算划分不可区分的进项税额作转出处理，这样将以前原本与出口货物直接对应的进项税额作为计算划分进项税额转出，明显混淆计算划分进项税额的前提条件；第二种办法，以前转出的免抵退税不得免征和抵扣税额原来已经作进项税额转出处理，目前出口货物免税，不宜作调整。笔者赞同第二种办法。

关于第二个问题，第一种办法是可以把出口货物劳务免税确认当月不可划分的进项税额依照增值税的有关规定计算转出进项税额，这样虽然符合增值税免税进项税额划分的相关规定，但是，由于出口货物劳务销售确认和免税确认间隔时间太长，从而使免税出口货物劳务耗用的进项税额与免税销售额之间匹配性太差，从而有悖增值税免税进项税额转出的精神实质。第二种办法是可以把出口货物劳务确认销售当月不可划分的进项税额依照增值税的有关规定进行计算，这样虽然不符合增值税关于免税确认当月不可划分进项税额的相关规定，但是这却使进项税额转出与出口销售更匹配，从而更接近免税进项税额转出的精神实质。笔者赞同第二种办法。

关于第三个问题，第一种办法是扣减出口货物耗用的保税进口料件金额后的余额作为免税出口销售额用于计算转出进项税额，其理由是保税进口料件金额没有进项税额，不得计算分摊进项税额转出金额，这种办法虽然合情合理，但是没有政策依据；第二种办法是不得扣减出口货物耗用的保税进口料件金额，而是直接使用出口货物报关离岸价格计算转出进项税额。对此，笔者赞同第二种办法。

（5）外贸企业已办理退税的出口货物适用免税政策补缴出口退税的处理

外贸企业已办理退（免）税的出口货物依照规定适用免税政策的，应当补缴出口退税，将其直接计入营业成本相关科目，借记“营业成本”、“以前年度损益调整”等相关科目，贷记“银行存款”等科目；出口货物的征退税差额以前已经转入成本的，不再作调整。

（6）外贸企业未办理退税的出口货物适用免税政策的处理

外贸企业未办理退（免）税的出口货物依照规定适用免税政策的，按照出口货物相应的进项税额，借记“营业成本”、“以前年度损益调整”等相关科目，贷记“应交税费——应交增值税（进项税额转出）”科目。

（7）追溯适用调整后的出口免税政策

出口企业按以前征税政策追溯适用出口免税政策的，应当冲减以前计提的销项税额或应纳税额，再依照免税的规定转出出口货物相应的进项税额。

冲减以前计提的销项税额，应当贷记“以前年度损益调整”等相关科目，红字贷记“应交税费——应交增值税（销项税额）”科目；转出出口货物相应的进项税额，应当借记“以前年度损益调整”等相关科目，贷记“应交税费——应交增值税（进项税额转出）”科目。

冲减以前以进料加工贸易方式出口货物按征收率计算的应纳增值税额，应当贷记“以前年度损益调整”等相关科目，红字贷记“应交税费——未交增值税”

科目贷方，以前转出的进项税额不予调整。

增值税小规模纳税人冲减以前计算的应纳增值税额，应当贷记“以前年度损益调整”等相关科目，红字贷记“应交税费——未交增值税”科目。

冲减以前计提的消费税，应当贷记“以前年度损益调整”等相关科目，红字贷记“应交税费——应交消费税”科目。

注意要点

外贸企业已申报退（免）税的出口货物适用免征增值税政策的处理不同于外贸企业出口货物直接适用免征增值税政策的处理。

十五、原用于出口的货物转作内销≠不能申报抵扣进项税额

常见案例

A 公司是具有增值税一般纳税人资格的兼营内外销业务的外贸企业。由于与外国客户有一些分歧，A 公司将以前准备用于出口的货物改成内销，出口货物以前已认证增值税进项税额并填在增值税纳税申报表附表二第 24 栏（本期认证相符且本期未申报抵扣），2012 年 7 月 6 日，A 公司办税员就出口货物转作内销时进项税额申报抵扣问题向主管税务机关咨询，得到答复：已过抵扣期限的进项不得抵扣，原则上企业须提前确定内外销业务，以免造成不必要的经济损失。

政策规定

外贸企业应单独设账核算出口货物的购进金额和进项税额，若购进货物时不能确定是用于出口的，先记入出口库存账，用于其他用途时应从出口库存账转出。

政策依据：《财政部国家税务总局关于出口货物劳务增值税和消费税政策的通知》（财税〔2012〕39 号）

执行日期：2012 年 7 月 1 日

外贸企业发生原记入出口库存账的出口货物转内销或视同内销货物征税的，以及已申报退（免）税的出口货物发生退运并转内销的，外贸企业应于发生内销或视同内销货物的当月向主管税务机关申请开具出口货物转内销证明。

外贸企业应在取得出口货物转内销证明的下一个增值税纳税申报期内申报纳税时，以此作为进项税额的抵扣凭证使用。

政策依据：《国家税务总局关于发布〈出口货物劳务增值税和消费税管理办法〉的公告》（国家税务总局公告2012年第24号）

执行日期：2012年7月1日

分析诊断

外贸企业发生原记入出口库存账的出口货物转内销或视同内销货物征税的，以及已申报退（免）税的出口货物发生退运并转内销的，外贸企业应于发生内销或视同内销货物的当月向主管税务机关申请开具出口货物转内销证明。外贸企业应在取得出口货物转内销证明的下一个增值税纳税申报期内申报纳税时，以此作为进项税额的抵扣凭证使用。结合上述案例，A公司将原用于出口的货物转作内销，主管税务机关却答复企业对已过抵扣期限的进项不得抵扣。由此可见，主管税务机关的答复明显是错误的。

触类旁通

外贸企业原用于内销货物转作出口的处理

外贸企业原用于内销货物，其增值税专用发票已经申报抵扣进项税额，如果要转作出口，外贸企业会计处理和增值税纳税申报方面应当依照规定进行相应处理。

（1）会计核算方面

外贸企业将原用于内销的货物转作出口的，应当将内销货物的购进金额和进项金额分别由内销转作外销进行核算。

1）将库存商品由内销库存转入外销核算，借记“库存商品——外销”科目，贷记“库存商品——内销”。

2）将出口货物扣税凭证注明的进项税额由内销转入外销核算，借记“应交税费——应交增值税——出口（进项税额）”科目，贷记“应交税费——应交增值税——内销（进项税额转出）”科目。

3）将出口货物耗用其他材料和应税劳务应负担的进项税额由内销核算转入外销核算，借记“应交税费——应交增值税——出口（进项税额）”科目，贷记“应交税费——应交增值税——内销（进项税额转出）”科目。

（2）增值税纳税申报表相关栏目

1）将原来内销货物相应的进项税额（包括增值税扣税凭证注明的进项税额和耗用其他材料应税劳务应负担的进项税额）填入“增值税纳税申报表”（适用于增值税一般纳税人）第14栏“进项税额转出”，同时填列入“增值税纳税申报表附列资料”（表二本期进项税额明细）第14栏“免税货物用”，作为本期进项税转出额的明细进行申报。

2）应当将原来内销货物转用于出口货物的进项税额填列在“增值税纳税申报表附列资料”（表二本期进项税额明细）第24栏“本期认证相符且本期未申报抵扣”和第25栏“期末已认证相符但未申报抵扣”以及第26栏“其中：按照税法规定不允许抵扣”，而不得填列在“增值税纳税申报表”（适用于增值税一般纳税人）第12栏“进项税额”，也不得填列在“增值税纳税申报表附列资料”（表二本期进项税额明细）第3栏“前期认证相符且本期申报抵扣”，不得作为本期申报抵扣的进项税额明细进行申报。

（3）原用于内销货物转作出口销售后依照规定进行会计核算和增值税纳税申报处理。

注意要点

外贸企业发生原记入出口库存账的出口货物转内销或视同内销货物征税的，以及已申报退（免）税的出口货物发生退运并转内销的，外贸企业应于发生内销或视同内销货物的当月向主管税务机关申请开具出口货物转内销证明。

十六、外贸企业出口退消费税的会计处理≠外贸企业出口退增值税的会计处理

常见案例

某汽车销售公司属于具有增值税一般纳税人资格的外贸企业，2012年7月从汽车生产厂购买一批汽车出口，汽车生产厂家已经按照规定缴纳消费税，并按照规定向汽车销售公司提供出口货物消费税专用缴款书和增值税专用发票。公司购进汽车时，会计人员凭消费税专用缴款书将出口货物应退的消费税记入“其他应收款——应收出口退消费税”科目借方，公司依照规定申报办理出口退消费税后，会计人员直接按出口已退消费税金额记入“其他应收款——应收出口退消费税”科目贷方。

政策规定

2221 应交税费

一、本科目核算企业按照税法等规定计算应交纳的各种税费，包括增值税、

消费税、营业税、所得税、资源税、土地增值税、城市维护建设税、房产税、土地使用税、车船使用税、教育费附加、矿产资源补偿费等。

企业代扣代交的个人所得税等，也通过本科目核算。

二、本科目可按应交的税费项目进行明细核算。应交增值税还应分别对“进项税额”、“销项税额”、“出口退税”、“进项税额转出”、“已交税金”等设置专栏。

三、应交税费的主要账务处理

（一）应交增值税

1. 企业采购物资等，按应计入采购成本的金额，借记“材料采购”、“在途物资”或“原材料”、“库存商品”等科目，按可抵扣的增值税额，借记本科目（应交增值税——进项税额），按应付或实际支付的金额，贷记“应付账款”“应付票据”“银行存款”等科目。购入物资发生退货做相反的会计分录。

2. 销售物资或提供应税劳务，按营业收入和应收取的增值税额，借记“应收账款”、“应收票据”、“银行存款”等科目，按专用发票上注明的增值税额，贷记本科目（应交增值税——销项税额），按确认的营业收入，贷记“主营业务收入”、“其他业务收入”等科目。发生销售退回做相反的会计分录。

3. 出口产品按规定退税的，借记“其他应收款”科目，贷记本科目（应交增值税——出口退税）。

4. 交纳的增值税，借记本科目（应交增值税——已交税金），贷记“银行存款”科目。

企业（小规模纳税人）以及购入材料不能抵扣增值税的，发生的增值税计入材料成本，借记“材料采购”、“在途物资”等科目，贷记本科目。

（二）应交消费税、营业税、资源税和城市维护建设税

1. 企业按规定计算应交的消费税、营业税、资源税、城市维护建设税，借记“营业税金及附加”等科目，贷记本科目（应交消费税、营业税、资源税、城市维护建设税）。

2. 出售不动产，计算应交的营业税，借记“固定资产清理”等科目，贷记本科目（应交营业税）。

3. 交纳的消费税、营业税、资源税、城市维护建设税，借记本科目（应交消费税、营业税、资源税、城市维护建设税），贷记“银行存款”等科目。

政策依据：《财政部关于印发〈企业会计准则——应用指南〉的通知》（财会〔2006〕18号）

执行日期：2007年1月1日

分析诊断

外贸企业出口退消费税的会计处理不同于外贸企业出口退增值税的会计处理。外贸企业购进出口货物时，其进项税额应当记入“应交税费——应交增值税（进项税额）”借方；外贸企业出口货物申报办理应退增值税的，应当记入“应交税费——应交增值税（出口退税）”科目贷方，同时记入“其他应收款——应收出口退增值税”科目借方。外贸企业购进应税消费品，应当将生产企业已缴纳的消费税列入出口货物成本进行核算；外贸企业出口货物申报办理退消费税时，应当按应退的消费税额冲减“营业税金及附加”科目，同时记入“其他应收款——应收出口退消费税”科目借方。结合上述案例，汽车销售公司购进应征消费税的汽车，对供货企业已经缴纳的消费税未列入出口货物销售成本，却凭消费税专用缴款书将出口货物应退的消费税记入“其他应收款——应收出口退消费税”科目借方；依照规定申报办理出口应退消费税后，该公司未冲减“营业税金及附加”科目，却直接按出口已退消费税金额记入“其他应收款——应收出口退消费税”科目贷方。由此可见，汽车销售公司的做法是错误的。

触类旁通

1. 出口货物退消费税的会计处理

依照财税〔2012〕39 号规定，出口企业出口或视同出口适用增值税退（免）税的货物，免征消费税，如果属于购进出口的货物，退还前一环节对其已征的消费税。因此，外贸企业购进应税消费品，应当将生产企业已缴纳的消费税列入出口货物成本进行核算，借记“库存商品——出口”科目，贷记“银行存款”等相关科目；外贸企业出口申报办理应税消费品退消费税，应当按应退的消费税额，借记“其他应收款——应收出口退消费税”科目，贷记“营业税金及附加”、“以前年度损益调整”等相关科目。

2. 出口货物免征消费税的会计处理

依照财税〔2012〕39 号规定，出口企业出口或视同出口适用增值税免税政策的货物，免征消费税，但不退还其以前环节已征的消费税，且不允许在内销应税消费品应纳消费税款中抵扣。

（1）出口货物直接免征消费税

出口企业出口应税消费品直接免征消费的，出口企业购进应税品时，应当将生产企业已缴纳的消费税列入出口货物成本进行核算，借记“库存商品——出口”科目，贷记“银行存款”等相关科目；出口企业出口申报办理免征消费税时不作会计处理。

（2）已申报办理退（免）税的出口货物适用免征增值税政策的处理

外贸企业出口应税消费品如果适用免征增值税政策的，其购进应税消费品已经缴纳的消费税，不能退还，且不允许在内销应税消费品应纳消费税款中抵扣。因而出口应税消费品时不作相关会计处理。

对外贸企业已经申报办理增值税免退税的出口应税消费品，如果按照规定应当适用免征增值税政策的，其已退的消费税应当予以追缴，并将追缴的已退消费税计入损益，借记“营业税金及附加”、“以前年度损益调整”等相关科目，贷记“银行存款”等相关科目。

3. 出口货物征收消费税的会计处理

依照财税〔2012〕39号的规定，出口企业出口或视同出口适用增值税征税政策的货物，应按规定缴纳消费税，不退还其以前环节已征的消费税，且不允许在内销应税消费品应纳消费税款中抵扣。

（1）出口货物直接适用征收增值税政策

出口企业出口货物直接适用征收增值税政策的，其出口货物属于应税消费品的，应当依照规定征收消费税。

（2）已申报办理退（免）税的出口货物适用征收增值税政策的处理

对外贸企业已经申报办理增值税免退税的出口应税消费品，如果按照规定应当适用征收增值税政策的，其已退的消费税应当予以追缴，并将追缴的已退消费税计入损益，借记“营业税金及附加”、“以前年度损益调整”等相关科目，贷记“银行存款”等相关科目。同时依照规定计算缴纳出口货物的消费税，借记“营业税金及附加”、“以前年度损益调整”等相关科目，贷记“应交税费——应交消费税”等相关科目。

注意要点

外贸企业出口退消费税的会计处理不同于外贸企业出口退增值税的会计处理。

第五章 出口退（免）税日常管理

第一节 规范经营

一、出口业务实质上不是由本企业操作完成≠能申报办理出口退（免）税

常见案例

A公司是具有增值税一般纳税人资格的外贸企业，出口退（免）税实行免退税办法。A公司2006年以来的出口业务均由外地与该公司具有同一投资主体的B公司办理，如签订购销合同、提单确认等均以B公司名义办理，A公司负责办理收汇、结汇、出口退税，并承担出口风险。这种操作模式能否申报办理出口退（免）税？A公司办税员以序列号1000001393咨询国家税务总局2006年10月26日得到答复：根据国家税务总局、商务部《关于进一步规范外贸出口经营秩序切实加强出口货物退（免）税管理的通知》（国税发〔2006〕24号）第二条第二款的规定：出口企业以自营名义出口，其出口业务实质上是由本企业及其投资的企业以外的其他经营者（或企业、个体经营者及其他个人）假借该出口企业名义操作完成的，不得将该业务向税务机关申报办理出口货物退（免）税。因此，A公司的此种业务操作模式不得申报办理出口退（免）税。

政策规定

为确保我国外贸出口的持续健康稳定发展，进一步规范外贸出口经营秩序，严禁出口企业从事“四自三不见”等不规范的出口业务，严格出口货物退（免）税管理，防范和打击骗取出口退税的违法犯罪活动，现将有关问题通知如下：

一、出口企业要规范出口经营行为，进一步建立和完善内部管理制度，加强对业务人员的素质教育，严格按照正常的贸易程序开展出口业务。出口企业要实质参与出口交易活动，确保出口业务的真实性，严格遵守国家有关出口退税法律法规。

二、为维护我国正常外贸经营秩序，确保国家出口退税机制的平稳运行，避免国家财产损失，凡自营或委托出口业务具有以下情况之一者，出口企业不得将该业务向税务机关申报办理出口货物退（免）税：

（一）出口企业将空白的出口货物报关单、出口收汇核销单等出口退（免）税单证交由除签有委托合同的货代公司、报关行，或由国外进口方指定的货代公司（提供合同约定或者其他相关证明）以外的其他单位或个人使用的。

（二）出口企业以自营名义出口，其出口业务实质上是由本企业及其投资的企业以外的其他经营者（或企业、个体经营者及其他个人）假借该出口企业名义操作完成的。

（三）出口企业以自营名义出口，其出口的同一批货物既签订购货合同，又签订代理出口合同（或协议）的。

（四）出口货物在海关验放后，出口企业自己或委托货代承运人对该笔货物的海运提单（其他运输方式的，以承运人交给发货人的运输单据为准，下同）上的品名、规格等进行修改，造成出口货物报关单与海运提单有关内容不符的。

（五）出口企业以自营名义出口，但不承担出口货物的质量、结汇或退税风险的，即出口货物发生质量问题不承担外方的索赔责任（合同中有约定质量责任承担者除外）；不承担未按期结汇导致不能核销的责任（合同中有约定结汇责任承担者除外）；不承担因申报出口退税的资料、单证等出现问题造成不退税责任的。

（六）出口企业未实质参与出口经营活动、接受并从事由中间人介绍的其他出口业务，但仍以自营名义出口的。

（七）其他违反国家有关出口退税法律法规的行为。

三、出口企业凡从事本通知第二条所述业务之一并申报退（免）税的，一经发现，该业务已退（免）税款予以追回，未退（免）税款不再办理。骗取出口退税款的，由税务机关追缴其骗取的退税款，并处骗取退税款一倍以上五倍以下罚款；并由省级以上（含省级）税务机关批准，停止其半年以上出口退税权。在停止出口退税权期间，对该企业自营、委托或代理出口的货物，一律不予办理出口退（免）税。涉嫌构成犯罪的，移送司法机关依法追究刑事责任。

四、各级税务机关、商务主管部门要进一步加强协作，做好政策宣传工作，积极引导出口企业从事正常的出口贸易，规范外贸经营程序，加强出口货物退（免）税管理。主管出口退（免）税的税务机关继续按现行规定的申报、审核、审批要求，做好出口企业正常出口货物的退（免）税申报、审核、审批管理。同时，税务机关和商务主管部门要加强信息沟通与交流，密切注意骗税新动向，对已发现的违法、违规行为，要严肃处理，不得以任何理由姑息、纵容出口企业从事违反国家有关规定、违背正常出口经营程序的出口业务。

政策依据：《国家税务总局、商务部关于进一步规范外贸出口经营秩序切实加强出口货物退（免）税管理的通知》（国税发〔2006〕24 号）

执行日期：2006 年 3 月 1 日

分析诊断

出口企业要实质参与出口交易活动，确保出口业务的真实性。凡自营或委托出口业务具有国税发〔2006〕24 号第二条规定的七种情形之一的，出口企业不得将该业务向税务机关申报办理出口货物退（免）税。结合上述案例，A 公司 2006 年以来的出口业务均由外地与该公司具有同一投资主体的 B 公司办理，如签订购销合同，提单确认等均以 B 公司名义办理，A 公司负责办理收汇、结汇、出口退税，并承担出口风险。这不符合国税发〔2006〕24 号第二条第二款的规定：即出口企业以自营名义出口，其出口业务实质上是由本企业及其投资的企业以外的其他经营者（或企业、个体经营者及其他个人）假借该出口企业名义操作完成的，不得将该业务向税务机关申报办理出口货物退（免）税。因此，A 公司的做法是错误的，国家税务总局的答复明显是正确的。

触类旁通

1. “四自三不见”模式出口货物不得申报办理出口退（免）税

《国家税务局经贸部关于出口企业以“四自、三不见”方式成交出口的产品不予退税的通知》（国税发〔1992〕156 号）文件指出，在已发现的骗税案件中，除个别出口企业与不法分子勾结骗取退税外，不少出口企业是因急功近利，违反外贸经营的正常程序，在“客商”或中间人自带客户、自带货源、自带汇票、自行报关和出口企业不见出口产品、不见供货货主、不见外商（以下简称“四自三不见”）的情况下进行交易的。这种交易并无商品，发票和报关单等凭证均是伪造的，从而为不法分子骗取退税提供了便利条件，给国家和企业造成严重损失。因此文件要求，税务机关对出口企业成交的“四自三不见”业务，一律不予办理退税。

2. 七种不规范的出口经营行为不得申报办理出口退（免）税

凡自营或委托出口业务具有以下情况之一者，出口企业不得将该业务向税务机关申报办理出口货物退（免）税：

1）出口企业将空白的出口货物报关单、出口收汇核销单等出口退（免）税单证交由除签有委托合同的货代公司、报关行，或由国外进口方指定的货代公司（提供合同约定或者其他相关证明）以外的其他单位或个人使用的。

2）出口企业以自营名义出口，其出口业务实质上是由本企业及其投资的企业以外的其他经营者（或企业、个体经营者及其他个人）假借该出口企业名义操作完成的。

3）出口企业以自营名义出口，其出口的同一批货物既签订购货合同，又签订代理出口合同（或协议）的。

4）出口货物在海关验放后，出口企业自己或委托货代承运人对该笔货物的海运提单（其他运输方式的，以承运人交给发货人的运输单据为准，下同）上的品名、规格等进行修改，造成出口货物报关单与海运提单有关内容不符的。

5）出口企业以自营名义出口，但不承担出口货物的质量、结汇或退税风险的，即出口货物发生质量问题不承担外方的索赔责任（合同中有约定质量责任承担者除外）；不承担未按期结汇导致不能核销的责任（合同中有约定结汇责任承担者除外）；不承担因申报出口退税的资料、单证等出现问题造成不退税责任的。

6）出口企业未实质参与出口经营活动、接受并从事由中间人介绍的其他出口业务，但仍以自营名义出口的。

7）其他违反国家有关出口退税法律法规的行为。

3. 境内两个公司之间的直接交易通过保税物流园区的不能享受出口退税

例如，某公司是具有增值税一般纳税人资格的生产企业，2008 年 1 月通过张家港保税物流园区进出口货物，货物出口到保税物流园区，获得出口退税后，再由国内买家进口。这个过程是可以由国内买家直接付汇的。但从税务上讲，在保税物流园区流转的货物，进出口报关时有一个“第三方”；而在上述的收付汇过程中，该公司跟国内买家之间肯定又有票据和手续。这是两条不同的流程。对于这种操作模式出口货物能否申报办理出口退（免）税，主管税务机关答复该公司：对于境内两个公司之间的直接交易通过保税物流园区的，不能享受出口退税。

注意要点

出口企业要实质参与出口交易活动，确保出口业务的真实性。

二、假自营真代理≠能申报办理出口退（免）税

常见案例

2010年10月，某市国税局通过运用自行开发的预警系统发现某纺织品进出口公司出口商品变动分析指标异常。经核查，该公司存在出口的同一批货物既签订购货合同，又签订代理出口合同（或协议）的“真代理、假自营”行为，责令主管税务机关追缴其违规退税58.26万元。

政策规定

为确保我国外贸出口的持续健康稳定发展，进一步规范外贸出口经营秩序，严禁出口企业从事“四自三不见”等不规范的出口业务，严格出口货物退（免）税管理，防范和打击骗取出口退税的违法犯罪活动，现将有关问题通知如下：

一、出口企业要规范出口经营行为，进一步建立和完善内部管理制度，加强对业务人员的素质教育，严格按照正常的贸易程序开展出口业务。出口企业要实质参与出口交易活动，确保出口业务的真实性，严格遵守国家有关出口退税法律法规。

二、为维护我国正常外贸经营秩序，确保国家出口退税机制的平稳运行，避免国家财产损失，凡自营或委托出口业务具有以下情况之一者，出口企业不得将该业务向税务机关申报办理出口货物退（免）税：

（一）出口企业将空白的出口货物报关单、出口收汇核销单等出口退（免）税单证交由除签有委托合同的货代公司、报关行，或由国外进口方指定的货代公司（提供合同约定或者其他相关证明）以外的其他单位或个人使用的；

（二）出口企业以自营名义出口，其出口业务实质上是由本企业及其投资的企业以外的其他经营者（或企业、个体经营者及其他个人）假借该出口企业名义操作完成的；

（三）出口企业以自营名义出口，其出口的同一批货物既签订购货合同，又签订代理出口合同（或协议）的；

（四）出口货物在海关验放后，出口企业自己或委托货代承运人对该笔货物的海运提单（其他运输方式的，以承运人交给发货人的运输单据为准，下同）上的品名、规格等进行修改，造成出口货物报关单与海运提单有关内容不符的；

（五）出口企业以自营名义出口，但不承担出口货物的质量、结汇或退税风险的，即出口货物发生质量问题不承担外方的索赔责任（合同中有约定质量责任承担者除外）；不承担未按期结汇导致不能核销的责任（合同中有约定结汇责任承担者除外）；不承担因申报出口退税的资料、单证等出现问题造成不退税责任的；

（六）出口企业未实质参与出口经营活动、接受并从事由中间人介绍的其他出口业务，但仍以自营名义出口的；

（七）其他违反国家有关出口退税法律法规的行为。

三、出口企业凡从事本通知第二条所述业务之一并申报退（免）税的，一经发现，该业务已退（免）税款予以追回，未退（免）税款不再办理。骗取出口退税款的，由税务机关追缴其骗取的退税款，并处骗取退税款一倍以上五倍以下罚款；并由省级以上（含省级）税务机关批准，停止其半年以上出口退税权。在停止出口退税权期间，对该企业自营、委托或代理出口的货物，一律不予办理出口退（免）税。涉嫌构成犯罪的，移送司法机关依法追究刑事责任。

四、各级税务机关、商务主管部门要进一步加强协作，做好政策宣传工作，积极引导出口企业从事正常的出口贸易，规范外贸经营程序，加强出口货物退（免）税管理。主管出口退（免）税的税务机关继续按现行规定的申报、审核、审批要求，做好出口企业正常出口货物的退（免）税申报、审核、审批管理。同时，税务机关和商务主管部门要加强信息沟通与交流，密切注意骗税新动向，对已发现的违法、违规行为，要严肃处理，不得以任何理由姑息、纵容出口企业从事违反国家有关规定、违背正常出口经营程序的出口业务。

政策依据：《国家税务总局 商务部关于进一步规范外贸出口经营秩序切实加强出口货物退（免）税管理的通知》（国税发〔2006〕24号）

执行日期：2006年3月1日

分析诊断

出口企业以自营名义出口，其出口的同一批货物既签订购货合同，又签订代理出口合同（或协议）的，一律不得申报办理出口退（免）税；已经办理退（免）税的应当依照规定予以追缴。结合上述案例，该纺织品进出口公司出口的同一批货物既签订购货合同，又签订代理出口合同（或协议），属于典型的“真代理、假自营”行为，因而市国税局责令主管税务机关追缴其违规退税。

触类旁通

企业委托代理出口货物是否必须实质参与出口经营活动辨析

（1）对外贸易代理制度规定

对外贸易代理制的基本含义是，受托人应委托人的委托，代委托人办理涉外交易合同的订立及履行事项，因交易而产生的盈亏应由委托人承担。

虽然《关于对外贸易代理制的暂行规定》（1991年8月29日经贸部发布）已经废止，但是其对外贸代理制度作了基本规定：

1）委托人的权利义务：委托人应及时向受托人详细说明委托进口或出口商品的有关情况。经受托人同意，委托人可参加对外谈判，但不得自行对外询价或进行商务谈判，不得自行就合同条款对外作任何形式的承诺。委托人不得自行与外商变更或修改进出口合同。委托人与外商擅自达成的补充或修改进出口合同的协议无效。委托人须按委托协议和进出口合同的规定履行义务，包括及时向受托人提供进口所需要的资金或委托出口的商品。委托人有义务按照委托协议的规定，向受托人支付约定的手续费，并偿付受托人为其垫付的费用、税金及利息。委托人支付的进出口手续费以合同总价为计算基数，乘以约定的手续费率。

2）受托人的权利义务：受托人根据委托协议以自己的名义与外商签订进出口合同，并应及时将合同的副本送交委托人。委托人与外商修改或变更进出口合同时不得违背委托协议。受托人对外商承担合同义务，享有合同权利。受托人应向委托人提供受托商品的国际市场行情，并应及时报告对外开展业务的进度及履行受托人义务的情况。受托人有义务办理履行进出口合同所需的各种手续。

（2）《中华人民共和国合同法》明确规定

《中华人民共和国合同法》（以下简称《合同法》）第四百零二条规定，受托人以自己的名义，在委托人的授权范围内与第三人订立的合同，第三人在订立合同时知道受托人与委托人之间的代理关系的，该合同直接约束委托人和第三人，但有确切证据证明该合同只约束受托人和第三人的除外。第四百零三条规定，受托人以自己的名义与第三人订立合同时，第三人不知道受托人与委托人之间的代理关系的，受托人因第三人的原因对委托人不履行义务，受托人应当向委托人披露第三人，委托人因此可以行使受托人对第三人的权利，但第三人与受托人订立合同时如果知道该委托人就不会订立合同的除外。第四百零四条规定，受托人处理委托事务取得的财产，应当转交给委托人。

《合同法》第四百一十四条规定，行纪合同是行纪人以自己的名义为委托人从事贸易活动，委托人支付报酬的合同。第四百一十八条规定，行纪人低于委托人指定的价格卖出或者高于委托人指定的价格买入的，应当经委托人同意。未经委托人同意，行纪人补偿其差额的，该买卖对委托人发生效力。行纪人高于委托人指定的价格卖出或者低于委托人指定的价格买入的，可以按照约定增加报酬。没有约定或者约定不明确，依照本法第六十一条的规定仍不能确定的，该利益属于委托人。委托人对价格有特别指示的，行纪人不得违背该指示卖出或者买入。

由上述可见，企业委托代理出口货物，委托方可以不参与出口合同的谈判，可以不参与出口合同的履行，因此委托方可以不实质参与出口业务经营活动。

虽然出口企业可以不实质参与出口业务的经营活动，但是出口业务的盈亏全部由委托企业承担，因此出口企业应当并且必须了解出口经营活动，应当清楚出口经营活动的关键环节和关键内容。当然，对于委托代理出口业务如何判断和把握出口业务的真实性，尚需国家税务总局作出明确的规定。

注意要点

出口企业以自营名义出口，其出口的同一批货物既签订购货合同，又签订代理出口合同（或协议）的，不得申报办理出口退（免）税。

第二节　委托代理

一、政策调整后申请开具“代理出口货物证明”的范围≠政策调整前申请开具“代理出口货物证明”的范围

常见案例

A公司是一家农副产品（水产品）的加工企业，工商营业执照的经营范围：冷冻、加工生鲜水产品（不含干制、腌制河豚鱼）；货物自营和代理出口、技术进出口业务，具有增值税一般纳税人资格，出口退（免）税实行免抵退税管理办法。2012年8月受托另一家没有进出口经营权的外贸企业代理出口其加

工生产的冻猪肉，A公司凭出口货物报关单（出口退税专用）和代理出口协议到主管税务机关申请开具“代理出口货物证明”。主管税务机关在2012年9月10日审核后通知A公司：生产企业受托代理出口货物不得开具“代理出口货物证明”。

政策规定

委托出口的货物，受托方须自货物报关出口之日起至次年4月15日前，向主管税务机关申请开具“代理出口货物证明”，并将其及时转交委托方，逾期的，受托方不得申报开具“代理出口货物证明”。

政策依据：《国家税务总局关于发布〈出口货物劳务增值税和消费税管理办法〉的公告》（国家税务总局公告2012年第24号）

执行日期：2012年7月1日

分析诊断

出口退税政策调整后申请开具“代理出口货物证明”的范围不同于出口退税政策调整前申请开具“代理出口货物证明”的范围。2012年7月1日国家税务总局公告2012年第24号实施以前，只有外贸企业受托代理出口货物才能申请开具“代理出口货物证明”，而生产企业受托代理出口货物却不能申请开具“代理出口货物证明”。国家税务总局公告2012年第24号实施以后，无论生产企业还是外贸企业，其代理出口货物均能依照规定申请开具“代理出口货物证明”。结合上述案例，A公司属于具有增值税一般纳税人资格的生产企业，其2012年8月受托代理外贸企业货物出口，主管税务机关却混淆出口退税政策调整前后申请开具“代理出口货物证明”的范围，错误答复不能申请开具“代理出口货物证明”。由此可见，A公司的做法是正确的，主管税务机关的答复是错误的。

触类旁通

国家税务总局公告2012年第24号对“代理出口货物证明”的开具范围、申请开具期限、提供资料都作了重大调整，现逐项比较，详见表5－1。

表5－1 开具“代理出口货物证明”的新旧政策比较

<table>
<tr><th>国家税务总局公告2012年第24号规定</th><th>以前规定</th><th>比较结果</th></tr>
<tr><td rowspan="2">委托出口的货物，受托方须自货物报关出口之日起至次年4月15日前，向主管税务机关申请开具“代理出口货物证明”，并将其及时转交委托方，逾期的，受托方不得申报开具“代理出口货物证明”。</td><td>《国家税务总局关于出口货物退（免）税若干问题的通知》（国税发〔2006〕102号）第四条规定：出口企业代理其他企业出口后，除另有规定者外，须在自货物报关出口之日起60天内凭出口货物报关单（出口退税专用）、代理出口协议，向主管税务机关申请开具“代理出口货物证明”，并及时转给委托出口企业。如因资料不齐等特殊原因，代理出口企业无法在60天内申请开具代理出口证明的，代理出口企业应在60天内提出书面合理理由，经地市及以上税务机关核准后，可延期30天申请开具代理出口证明。
代理出口企业须在货物报关之日（以出口货物报关单〈出口退税专用〉上注明的出口日期为准）起180天内，向签发代理出口证明的税务机关提供出口收汇核销单（远期收汇除外）。签发代理出口证明的税务机关，对代理出口企业未按期提供出口收汇核销单的及出口收汇核销单审核有误的，一经发现应及时函告委托企业所在地税务机关。委托企业所在地税务机关对该批货物按内销征税。</td><td rowspan="2">调整四项：一是将申请开具“代理出口货物证明”的期限由货物报关出口之日起60天调整为自货物报关出口之日起至次年4月15日前；二是取消延期申请代理出口证明的审批；三是明确逾期不得申报开具“代理出口货物证明”；四是取消代理出口企业向签发代理出口证明的税务机关提供出口收汇核销单（远期收汇除外）及其相关处理的规定。</td></tr>
<tr><td>《国家税务总局关于代理出口货物相关税收问题的公告》（国家税务总局公告2011年第12号）第一条规定：出口企业未在规定期限内申报开具“代理出口货物证明”的货物，凡委托方已按现行税收政策规定计提增值税销项税额或申报缴纳增值税的，不属于国税发〔2006〕102号文件第一条第四项规定的情形。
第二条规定：税务机关对属于本公告第一条列明的情形，须向委托方所在地税务机关发函调查。委托方所在地税务机关应及时回函。凡委托方所在地税务机关的回函确认委托方已就上述货物计提增值税销项税额或申报缴纳增值税的，不予征税；回函没有确认委托方就上述货物计提增值税销项税额或申报缴纳增值税的，按国税发〔2006〕102号文件执行。
第三条规定：税务机关履行上述程序后，可根据出口企业的申请向出口企业补开“代理出口货物证明”。</td></tr>
</table>

续表

国家税务总局公告2012年第24号规定	以前规定	比较结果
申请开具代理出口货物证明时应填报“代理出口货物证明申请表”，提供正式申报电子数据及下列资料： 1. 代理出口协议原件及复印件； 2. 出口货物报关单； 3. 委托方税务登记证副本复印件； 4. 主管税务机关要求报送的其他资料。	《国家税务总局关于清理简并纳税人报送涉税资料有关问题的通知》（国税函〔2007〕1077 号）规定：纳税人办理代理出口货物证明（出口退税证明）应提供下列资料： （一）纳税人应提供主表、份数 “代理出口货物证明申请表”，1 份 （二）纳税人应提供资料 1. 出口货物报关单（出口退税专用）原件及复印件； 2. 出口收汇核销单（出口退税专用）原件及复印件（代理出口企业须在货物报关之日起 210 天内，向签发代理出口证明的税务机关提供出口收汇核销单〈远期收汇除外〉），协议规定由委托方收汇核销的除外； 3. 出口发票复印件； 4. 代理出口协议（合同）原件、复印件； 5. 委托方税务登记证复印件； 6. 载有“代理出口货物证明申请表”有关信息的电子数据。	删除提供出口收汇核销单和出口发票二项资料。
受托方被停止退（免）税资格的，不得申请开具“代理出口货物证明”。	《国家税务总局关于停止为骗取出口退税企业办理出口退税有关问题的通知》（国税发〔2008〕32 号）第三条规定：在税务机关停止为其办理出口退税期间，出口企业代理其他单位出口的货物，不得向税务机关申请开具“代理出口货物证明”。	与以前规定基本相同。

注意要点

出口退税政策调整后申请开具“代理出口货物证明”的范围不同于出口退税政策调整前申请开具“代理出口货物证明”的范围。

二、开具“代理出口货物证明”≠真实的代理出口业务

常见案例

A 公司是四川的一家外贸公司，拥有进出口经营权，成立于 2005 年 6 月，

A公司从开业至2008年10月累计出口额为500万美元左右（其中主要为代理出口）。从2008年11月起，A公司开始为深圳市B公司代理出口商品，在一个月之内，累计出口了89笔业务（以报关单为依据），出口金额高达1 500万美元，且代理出口的商品种类多达几十种。该公司在规定期限内到主管税务局申报开具代理出口货物证明，提供的纸质资料齐全（未提供核销单，按规定可于报关出口之日起在210天内提供），与系统内的电子信息核对无误，但在审核资料时主管税务机关发现B公司本身也是一家外贸公司，且报关出口的口岸就在深圳。这不免让人产生疑问，既然B公司自身就有进出口经营权，出口口岸就在深圳，为什么会舍近求远委托四川的A公司为其代理出口商品？主管税务机关调查得知：该出口业务实际是由B公司一手办理（包括购进货物、联系外商、报关出口等）。由于两家公司的关系较好，经协商，B公司将一部分出口业务以A公司名义代理出口，帮助A公司完成市商务局下达的创汇任务。具体操作模式如下：A公司将空白核销单寄往深圳，B公司将货物报关出口，外商将货款直接打到A公司的账上（该账户实际由B公司控制），然后B公司将代理出口合同以及报关单和核销单寄给A公司，由A公司在当地开具代理出口证明。据了解，由于B公司并没有在深圳税务机关办理退税，不需要代理出口货物证明，因此开具代理出口货物证明后，A公司并没有拿给B公司。整单业务A公司不仅没有收取代理手续费，反而会支付给对方一部分介绍费，共同承担汇率差。因此A公司帮B公司代理出口，不仅没有钱赚，还要承担介绍费和汇率差的亏损，这部分亏损是靠A公司完成创汇任务后商务局的奖励来弥补的，这样基本能保本。A公司表示，做代理出口业务公司并没有利润，纯粹只是帮商务局完成创汇任务。因此，主管税务局不予开具代理出口货物证明。

政策规定

四、出口企业代理其他企业出口后，除另有规定者外，须在自货物报关出口之日起60天内凭出口货物报关单（出口退税专用）、代理出口协议，向主管税务机关申请开具“代理出口货物证明”，并及时转给委托出口企业。如因资料不齐等特殊原因，代理出口企业无法在60天内申请开具代理出口证明的，代理出口企业应在60天内提出书面合理理由，经地市及以上税务机关核准后，可延期30天申请开具代理出口证明。

因代理出口证明推迟开具，导致委托出口企业不能在规定的申报期限内正常申报出口退税而提出延期申报的，委托出口企业和主管税务机关退税部门应按照《国家税务总局关于出口企业未在规定期限内申报出口货物退（免）税有关问题的通知》（国税发〔2005〕68 号）第四条规定办理。

政策依据：《国家税务总局关于出口货物退（免）税若干问题的通知》（国税发〔2006〕102 号）

执行日期：2006 年 7 月 1 日

分析诊断

出口企业申请开具“代理出口货物证明”的前提条件是出口企业代理出口业务真实存在。如果代理出口业务是虚假的，则不应当申请开具“代理出口货物证明”。结合上述案例，A 公司与委托方虽然签有委托代理出口协议，但实质上并不是委托代理出口货物，而是为了完成当地创汇指标任务而采取委托代理出口的虚假形式，主管税务局调查核实后不予开具“代理出口货物证明”。由此可见，A 公司的做法是极其错误的，主管税务局的做法无疑是正确的。

触类旁通

1. 出口货物不能申报退（免）税通过办理虚假“代理出口货物证明”逃避视同内销征税

例如，2009 年 5 月，某县国税局核查某企业开具的“代理出口货物证明”。县国税局发函到委托方税务部门核实委托企业得知，委托企业无代理出口业务。经调查得知，该企业货物出口后由于未取得相关退税凭证不能办理退税申报，按照当时适用的出口退税政策规定还应视同内销征税，因此企业按代理出口货物申报办理虚假“代理出口货物证明”，从而逃避视同内销征税。经过县国税局核实，确认为“真自营假代理”，对该企业出口商品补征增值税及滞纳金 31 295. 80 元。

2. 出口不予退（免）税货物通过办理虚假代理证明逃避视同内销征税

例如，2005 年 6 月，某市国税局稽查局结合总局取消一次性筷子生产企业出口退税的政策，选取了生产规模较大并具代表性的某木制品有限公司（以下简称 M 公司）进行检查。在销售经理的电脑中，检查人员发现了该公司与辽宁 T 国际贸易有限公司（以下简称 T 公司）签订的代理出口协议和近期开具的代理出口发票。这一异常情况引起检查人员高度警觉，M 公司是加工型外商投资企业，具有自营出口权，为什么会存在委托代理出口业务？经调查核实，M 公司通过 T 公司虚假代理出口其自营出口的产品，2004 年出口销售收入为 1 091 万元（含税）；2005 年 1 月至 8 月出口销售收入 857 万元（含税）。根据《中华人民共和国增值税暂行条例》和《中华人民共和国税收征收管理法》的规定，稽查局对该公司少列销售收入，进行虚假纳税申报，少缴税款的行为，定性为偷税，追缴增值税税款 283 万元，并处少缴税款一倍的罚款；少缴的税款从滞纳之日起，按日加收滞纳金；同时此案被移送公安机关进行处理。

3. 借权代理出口货物

某鞋业有限公司（以下简称 A 公司）是一家生产雨靴的企业，因资料不齐尚未办理出口退（免）税资格认定。2009 年 6 月在国家税务总局下发的核查数据中，提示 A 公司委托成都某鞋业贸易有限公司（以下简称 B 公司）代理出口产品。经实地调查得知，A 公司 2008 年 12 月至 2009 年 3 月委托成都 B 公司出口货物共计 5 笔，出口产品均为塑料制靴子，出口额为 466 418.1 美元（其中，A 公司属小规模纳税人期间出口 233 097.6 美元，一般纳税人期间出口 233 320.5 美元）。据 A 公司介绍，该产品并不是自己生产的货物，而是由深圳市某鞋业公司（以下简称 C 公司）生产的。因 A、C 两家公司存在某种联系，而深圳 C 公司在深圳已属注销户，仍在正常生产但没有户头，因此 C 公司就用 A 公司的名义委托 B 公司代理出口产品，合同和其他相关手续是由 A 公司和 B 公司签订的，A 公司完全清楚相关事宜。而 A 公司认为，该出口业务实际的供货方是 C 公司，出口方是 B 公司，只是用自己公司的名义签订了合同，与自己没有太大关系，更不需要到国税机关申报。主管税务机关认为，虽然实际的供货方和出口方是 C、B 公司，但签订合同的是 A、C 公司，A 公司是清楚具体情况并同意的，按规定应由 A 公司承担相应的法律责任。因此，A 公司应在规定的时间内到主管税务机关办理退（免）税申报，而 A 公司却超期未申报，因而应转入内销处理按规定计提增值税销项税，应补增值税 321 802.72 元并按规定加收滞纳金。

注意要点

出口企业申请开具“代理出口货物证明”的前提条件是出口企业代理出口业务真实存在。

第三节　证明开具

一、出口货物退运≠不办理退运证明

常见案例

A 公司是具有增值税一般纳税人资格的外贸企业。2012 年 7 月发生一笔出口货物退运，由于海关无须税务机关退运证明就可办理退运，因而 A 公司未到税务机关办理“出口商品退运已补税证明”。2012 年 8 月，主管税务机关发现 A 公司以前出口的货物已经退回，前期已经办理免退税，A 公司未及时补缴出口退税额。因此主管税务机关责令其依照规定补缴已办理的出口退税。

政策规定

出口货物发生退运的，出口企业应先向主管税务机关申请开具“出口货物退运已补税（未退税）证明”，并携其到海关申请办理出口货物退运手续。委托出口的货物发生退运的，由委托方申请开具出口货物退运已补税（未退税）证明并转交受托方。

政策依据：《国家税务总局关于发布〈出口货物劳务增值税和消费税管理办法〉的公告》（国家税务总局公告 2012 年第 24 号）

执行日期：2012 年 7 月 1 日

分析诊断

出口货物发生退运的，出口企业应先向主管税务机关申请开具“出口货物退运已补税（未退税）证明”，并携其到海关申请办理出口货物退运手续。委托出口的货物发生退运的，由委托方申请开具“出口货物退运已补税（未退税）证明”并转交受托方。结合上述案例，A 公司出口货物退运未到税务机关办理“出口货物退运已补税（未退税）证明”，未依照规定补缴已办理的出口退税，其做法是错误的，主管税务机关的做法是正确的。

触类旁通

国家税务总局公告2012年第24号将以前生产企业出口货物退运使用的“出口货物退运已办结税务证明”和外贸企业出口货物退运使用的“出口商品退运已补税证明”统一成“出口货物退运已补税（未退税）证明”，现逐项比较，详见表5－2。

表5－2　开具“出口货物退运已补税（未退税）证明”的新旧比较

国家税务总局公告2012年第24号规定	以前规定	比较结果
出口货物发生退运的，出口企业应先向主管税务机关申请开具“出口货物退运已补税（未退税）证明”，并携其到海关申请办理出口货物退运手续。委托出口的货物发生退运的，由委托方申请开具出口货物退运已补税（未退税）证明并转交受托方。	《国家税务总局关于印发〈生产企业出口货物“免、抵、退”税管理操作规程〉（试行）的通知》（国税发〔2002〕11号）规定：生产企业在出口货物报关离境、因故发生退运、且海关已签发出口货物报关单（出口退税专用）的，须凭其主管退税部门出具的“出口货物退运已办结税务证明”，向海关申请办理退运手续。	将生产企业使用的“出口货物退运已办结税务证明”和外贸企业使用的“出口商品退运已补税证明”合并统一成“出口货物退运已补税（未退税）证明”。
	《海关总署国家税务总局关于加强协调配合严格出口退税报关单管理和加强防伪鉴别措施的联合通知》（署监〔1996〕32号）第六条规定：出口企业将货物报关实际离境出口后，因故发生退运情况，凡海关已签发出口退税报关单的，出口企业须出具主管其出口退税的地（市）国家税务局签发的“出口商品退运已补税证明”，海关方能办理退运手续。	

续表

国家税务总局公告2012年第24号规定	以前规定	比较结果
申请开具“出口货物退运已补税（未退税）证明”时应填报“退运已补税（未退税）证明申请表”，提供正式申报电子数据及下列资料： 1. 出口货物报关单（退运发生时已申报退税的，不需提供）； 2. 出口发票（外贸企业不需提供）； 3. 税收通用缴款书原件及复印件（退运发生时未申报退税的，以及生产企业本年度发生退运的不需提供）； 4. 主管税务机关要求报送的其他资料。	《国家税务总局关于清理简并纳税人报送涉税资料有关问题的通知》（国税函〔2007〕1077号）规定：纳税人办理出口货物退运已办结税务证明（出口退税证明）应提供下列资料： （一）纳税人应提供主表、份数 “关于申请出具（出口货物退运已办结税务证明）的报告”，1份。 （二）纳税人应提供资料 1. 出口货物报关单（出口退税专用）原件及复印件； 2. 出口收汇核销单（出口退税专用）原件及复印件（未收汇核销的以及试行免于提供纸质出口收汇核销单的出口企业不需提供）； 3. 出口发票复印件； 4. 载有“关于申请出具（出口货物退运已办结税务证明）的报告”有关信息的电子数据。 《国家税务总局关于清理简并纳税人报送涉税资料有关问题的通知》（国税函〔2007〕1077号）规定：纳税人办理出口商品退运已补税证明应提供下列资料： （一）纳税人应提供主表、份数 “关于申请出具出口商品退运已补税证明的报告”，1份。 （二）纳税人应提供资料 1. 出口货物报关单（出口退税专用）原件及复印件（已申报退税的提供复印件）； 2. 出口收汇核销单（出口退税专用）原件及复印件（准予在210天内提交出口收汇核销单的，可在规定的时间内提交）或远期收汇证明（进行外汇管理改革的试点地区企业申报时不需提供纸质核销单）； 3. 税收通用缴款书（已补税的提供）； 4. 出口发票复印件； 5. 载有“关于申请出具出口商品退运已补税证明的报告”有关信息的电子数据。	统一生产企业和外贸企业申请开具“出口货物退运已补税（未退税）证明”时应提供的资料。

注意要点

出口货物发生退运的，出口企业应先向主管税务机关申请开具“出口货物退运已补税（未退税）证明”，并携其到海关申请办理出口货物退运手续。

二、政策调整后出口货物视同内销征税进项税额抵扣证明≠政策调整前出口货物视同内销征税进项税额抵扣证明

常见案例

A 公司是具有增值税一般纳税人资格的外贸企业，属于出口退（免）税申报时可不提供出口收汇核销单的出口企业。2011 年 12 月 23 日 A 公司报关出口一批货物，2012 年 3 月已经依照规定申报办理出口退（免）税。2012 年 7 月逾期未收汇核销，2012 年 8 月 A 公司办税员未认真学习出口退税调整政策，未办理出口货物适用免征增值税政策申报。2012 年 8 月 20 日 A 公司依照规定补缴已办理的出口退税，向主管退税的税务机关填具“进项发票明细表”（包括进项增值税专用发票代码、号码、开具日期、金额、税额等），主管退税的税务机关审核后即时开具“外贸企业出口视同内销征税货物进项税额抵扣证明”。

政策规定

外贸企业发生原记入出口库存账的出口货物转内销或视同内销货物征税的，以及已申报退（免）税的出口货物发生退运并转内销的，外贸企业应于发生内销或视同内销货物的当月向主管税务机关申请开具出口货物转内销证明。

政策依据：《国家税务总局关于发布〈出口货物劳务增值税和消费税管理办法〉的公告》（国家税务总局公告 2012 年第 24 号）

执行日期：2012 年 7 月 1 日

分析诊断

政策调整后出口货物视同内销征税进项税额抵扣证明不同于政策调整前出口货物视同内销征税进项税额抵扣证明。2012 年 6 月 30 日出口退税政策调整以前，外贸企业已报关出口的货物发生退关退运并已补税需要转内销的，同一份增值税

专用发票中的购进货物部分出口部分内销的，审核不予退税的，应当依照规定申请办理“出口货物转内销证明”抵扣进项税额；外贸企业出口货物凡未在规定期限内申报退（免）税或虽已申报退（免）税但未在规定期限内向税务机关补齐有关凭证，以及未在规定期限内申报开具“代理出口货物证明”的，应当申请开具“外贸企业出口视同内销征税货物进项税额抵扣证明”抵扣进项税额。2012 年 7 月 1 日出口退税政策调整以后，外贸企业发生原记入出口库存账的出口货物转内销或视同内销货物征税的，以及已申报退（免）税的出口货物发生退运并转内销的，应当申请开具出口货物转内销证明抵扣进项税额。结合上述案例，A 公司 2012 年 8 月出口货物视同内销征税，却申请开具“外贸企业出口视同内销征税货物进项税额抵扣证明”，主管税务机关混淆出口退税政策调整前后的区别，错误地开具“外贸企业出口视同内销征税货物进项税额抵扣证明”。由此可见，A 公司和主管税务机关的做法都是错误的。

触类旁通

国家税务总局公告 2012 年第 24 号将以前外贸企业出口货物视同内销征税使用的“外贸企业出口视同内销征税货物进项税额抵扣证明”和外贸企业出口货物转内销使用的“出口货物转内销证明”统一合并成“出口货物转内销证明”，现逐项比较，详见表 5－3。

表 5－3　开具“出口货物转内销证明”的新旧政策比较

国家税务总局公告 2012 年第 24 号规定	以前相关规定	比较结果
外贸企业发生原记入出口库存账的出口货物转内销或视同内销货物征税的，以及已申报退（免）税的出口货物发生退运并转内销的，外贸企业应于发生内销或视同内销货物的当月向主管税务机关申请开具出口货物转内销证明。	《国家税务总局关于清理简并纳税人报送涉税资料有关问题的通知》（国税函〔2007〕1077 号）规定：出口企业已报关出口的货物发生退关退运并已补税需要转内销的，同一份增值税专用发票中的购进货物部分出口部分内销的，审核不予退税的，可持相关资料到主管税务机关退税部门申请办理“出口货物转内销证明”（根据出口退税管理系统生成），主管税务机关征税部门凭该批货物的“出口货物转内销证明”予以办理进项税额抵扣，冲减当期应纳税额。	调整二项：一是将原来的“出口货物转内销证明”和“外贸企业出口视同内销征税货物进项税额抵扣证明”合并统一成“出口货物转内销证明”；二是将申请开具“出口货物转内销证明”的期限统一调整为发生内销或视同内销货物的当月。

续表

国家税务总局公告2012年第24号规定	以前相关规定	比较结果
	《国家税务总局关于外贸企业出口视同内销货物进项税额抵扣有关问题的通知》（国税函〔2008〕265号）第二条规定：外贸企业出口货物，凡未在规定期限内申报退（免）税或虽已申报退（免）税但未在规定期限内向税务机关补齐有关凭证，以及未在规定期限内申报开具“代理出口货物证明”的，自规定期限截止之日的次日起30天内，由外贸企业根据应征税货物相应的未办理过退税或抵扣的进项增值税专用发票情况，填具进项发票明细表（包括进项增值税专用发票代码、号码、开具日期、金额、税额等），向主管退税的税务机关申请开具“外贸企业出口视同内销征税货物进项税额抵扣证明”。	
申请开具出口货物转内销证明时，应填报“出口货物转内销证明申报表”（见附件39），提供正式申报电子数据及下列资料： 1. 增值税专用发票（抵扣联）、海关进口增值税专用缴款书、进货分批申报单、出口货物退运已补税（未退税）证明原件及复印件； 2. 内销货物发票（记账联）原件及复印件； 3. 主管税务机关要求报送的其他资料。 外贸企业应在取出口货物转内销证明的下一个增值税纳税申报期内申报纳税时，以此作为进项税额的抵扣凭证使用。	《国家税务总局关于清理简并纳税人报送涉税资料有关问题的通知》（国税函〔2007〕1077号）规定：纳税人办理出口货物转内销证明应提供下列资料： （一）纳税人应提供主表、份数 “出口货物转内销证明申请表”，1份 （二）纳税人应提供资料 1. 出口货物退运已补税证明； 2. 增值税专用发票（抵扣联）或复印件和分批单； 3. 载有“出口货物转内销证明申请表”有关信息的电子数据。 《国家税务总局关于外贸企业出口视同内销货物进项税额抵扣有关问题的通知》（国税函〔2008〕265号）第二条规定：外贸企业出口货物，凡未在规定期限内申报退（免）税或虽已申报退（免）税但未在规定期限内向税务机关补齐有关凭证，以及未在规定期限内申报开具“代理出口货物证明”的，自规定期限截止之日的次日起30天内，由外贸企业根据应征税货物相应的未办理过退税或抵扣的进项增值税专用发票情况，填具进项发票明细表（包括进项增值税专用发票代码、号码、开具日期、金额、税额等），向主管退税的税务机关申请开具“外贸企业出口视同内销征税货物进项税额抵扣证明”。	调整三项：一是将原来申请开具“出口货物转内销证明”和“外贸企业出口视同内销征税货物进项税额抵扣证明”提供的资料统一成申请开具“出口货物转内销证明”提供的资料；二是增加提供三项资料，即海关进口增值税专用缴款书、进货分批申报单和将内销货物发票（记账联）原件及复印件；三是将出口货物转内销证明申报抵扣的期限规定为“取得出口货物转内销证明的下一个增值税纳税申报期内申报纳税时，以此作为进项税额的抵扣凭证使用”。

注意要点

政策调整后出口货物视同内销征税进项税额抵扣证明不同于政策调整前出口货物视同内销征税进项税额抵扣证明。

三、分批申报增值税退税≠分批申报消费税退税

常见案例

A 公司是具有增值税一般纳税人资格的外贸企业。2012 年 6 月 20 日 A 公司购进 20 吨粮食白酒，按规定取得增值税专用发票和“出口货物消费税专用缴款书”，2012 年 7 月 10 日报关出口销售 10 吨粮食白酒，依照规定取得出口货物报关单。2012 年 8 月，A 公司凭增值税专用发票向主管税务机关申请开具增值税的“出口退税进货分批申报单”，凭“出口货物消费税专用缴款书”向主管税务机关申请开具消费税的“出口退税进货分批申报单”，并凭出口货物报关单（出口退税专用）、增值税专用发票原件、“出口货物消费税专用缴款书”原件向主管税务机关申报办理出口 10 吨白酒的退（免）增值税和退消费税，主管税务机关依照规定受理审核办理出口退增值税和消费税。

政策规定

外贸企业免退税申报应当提供下列原始凭证：

（1）出口货物报关单；

（2）增值税专用发票（抵扣联）、出口退税进货分批申报单、海关进口增值税专用缴款书（提供海关进口增值税专用缴款书的，还需同时提供进口货物报关单，下同）；

（3）出口收汇核销单；

（4）委托出口的货物，还应提供受托方主管税务机关签发的代理出口货物证明，以及代理出口协议副本；

（5）属应税消费品的，还应提供消费税专用缴款书或分割单、海关进口消费税专用缴款书（提供海关进口消费税专用缴款书的，还需同时提供进口货物报关单，下同）；

（6）主管税务机关要求提供的其他资料。

政策依据：《国家税务总局关于发布〈出口货物劳务增值税和消费税管理办

法〉的公告》（国家税务总局公告 2012 年第 24 号）

执行日期：2012 年 7 月 1 日

外贸企业购进货物需分批申报退（免）税的及生产企业购进非自产应税消费品需分批申报消费税退税的，出口企业应凭下列资料填报并向主管税务机关申请出具“出口退税进货分批申报单”：

1. 增值税专用发票（抵扣联）、消费税专用缴款书、已开具过的进货分批申报单；

2. 增值税专用发票清单复印件；

3. 主管税务机关要求提供的其他资料及正式申报电子数据。

政策依据：《国家税务总局关于发布〈出口货物劳务增值税和消费税管理办法〉的公告》（国家税务总局公告 2012 年第 24 号）

执行日期：2012 年 7 月 1 日

分析诊断

外贸企业分批申报增值税退税不同于分批申报消费税退税。外贸企业购进应税消费品一次不能全部出口需分批申报消费税退税的，应当依照规定申请开具专用税票分割单，以后货物出口后凭专用税票分割单和其他凭证申报办理退消费税。外贸企业购进货物一次不能全部出口需分批申报增值税退税的，应当依照规定申请开具“出口退税进货分批申报单”，以后货物出口后凭“出口退税进货分批申报单”申报办理退消费税。结合上述案例，A 公司 2012 年 7 月出口粮食白酒，未将购买的粮食白酒一次出口销售完需分批申报退增值税和消费税，就应当依照规定分别申报开具“出口退税进货分批申报单”和专用税票分割单，而 A 公司和主管税务机关却混淆增值税分批申报和消费税分批申报的区别，对消费税分批申报却开具消费税的“出口退税进货分批申报单”。由此可见，A 公司和主管税务机关的做法都是错误的。

触类旁通

国家税务总局公告 2012 年第 24 号对开具“出口退税进货分批申报单”作了较大调整，现逐项比较，详见表 5－4。

表 5－4 开具“出口退税进货分批申报单”的新旧政策比较

国家税务总局公告 2012 年第 24 号规定	以前相关规定	比较结果
外贸企业购进货物需分批申报退（免）税的及生产企业购进非自产应税消费品需分批申报消费税退税的，出口企业应凭下列资料填报并向主管税务机关申请出具“出口退税进货分批申报单”： 1. 增值税专用发票（抵扣联）、消费税专用缴款书、已开具过的进货分批申报单； 2. 增值税专用发票清单复印件； 3. 主管税务机关要求提供的其他资料及正式申报电子数据。	无	新增规定，与以前做法基本相同，首次在外贸企业使用“出口退税进货分批申报单”的基础上增加生产企业购进非自产应税消费品分批申报消费税退税使用。

注意要点

外贸企业分批申报增值税退税不同于分批申报消费税退税。

第四节 单证备案

一、简化单证备案≠按规定备案单证

常见案例

在 2012 年 8 月某市国税局组织的出口退税检查工作中发现，某具有增值税一般纳税人资格的外贸企业在 2011 年度已申报办理退（免）税的出口货物备案单证中无装货单和海运提单，市国税局责令该企业限期整改，并由主管税务机关依照规定予以处罚。

政策规定

出口企业应在申报出口退（免）税后15日内，将所申报退（免）税货物的下列单证，按申报退（免）税的出口货物顺序，填写《出口货物备案单证目录》，注明备案单证存放地点，以备主管税务机关核查。

1. 外贸企业购货合同、生产企业收购非自产货物出口的购货合同，包括一笔购销合同下签订的补充合同等；

2. 出口货物装货单；

3. 出口货物运输单据（包括：海运提单、航空运单、铁路运单、货物承运单据、邮政收据等承运人出具的货物单据，以及出口企业承付运费的国内运输单证）。

若有无法取得上述原始单证情况的，出口企业可用具有相似内容或作用的其他单证进行单证备案。除另有规定外，备案单证由出口企业存放和保管，不得擅自损毁，保存期为5年。

视同出口货物及对外提供修理修配劳务不实行备案单证管理。

政策依据：《国家税务总局关于发布〈出口货物劳务增值税和消费税管理办法〉的公告》（国家税务总局公告2012年第24号）

执行日期：2012年7月1日

分析诊断

出口企业自营或委托出口属于退（免）增值税或消费税的货物，最迟应在申报出口货物退（免）税后15天内，将所申报退（免）税的出口货物的规定单证进行备案，以备税务机关核查。结合上述案例，该外贸企业已申报办理退（免）税的出口货物未按规定备案装货单和海运提单，市国税局责令其限期整改，并由主管税务机关依照规定予以处罚。由此可见，外贸企业的做法是错误的，主管税务机关的处理无疑是正确的。

触类旁通

1. 出口货物备案单证的含义

1）外贸企业购货合同、生产企业收购非自产货物出口的购货合同，包括一笔购销合同下签订的补充合同等。

该合同是指国内出卖人转移标的物的所有权于国内买受人，买受人支付价款的合同。

2）出口货物装货单。

装货单是出口货物托运中的一张重要单据，它既是托运人向船方（或陆路运输单位）交货的凭证，也是海关凭以验关放行的证件。只有经海关签章后的装货单，船方（或陆路运输单位）才能收货装船、装车等。因此，实际业务中，装货单又称为“关单”。

考虑到出口企业难以取得签章的“出口货物装货单”，在实际工作中只要出口企业备案的“出口货物装货单”是上述的含义，可不需要海关签章。

3）出口货物运输单据（包括：海运提单、航空运单、铁路运单、货物承运收据、邮政收据等承运人出具的货物收据）。

“海运提单”、“运单”或收据都属于运输单据。除海上运输称作“海运提单”外，其他运输方式，称作“运单”或收据。

海运提单是承运人或其代理人收到货物后签发给托运人的，允诺将该批货物运至指定目的港交付给收货人的一张书面凭证。每份正本提单的效力是同等的，只要其中一份凭以提货，其他各份立即失效。它是国际运输中十分重要的单据，也是买卖双方货物交接、货款结算最基本的单据。

航空运单是托运人和承运人之间就航空运输货物运输所订立的运输契约，是承运人出具的货物收据，不是货物所有权的凭证，不能转让流通。

铁路运单是铁路部门与货主之间缔结的运输契约，不代表货物所有权，不能流通转让，不能凭以提取货物；其中的“货物交付单”随同货物至到站，并留存到达站；其中的“运单正本”、“货物到达通知单”联次随同货物至到站，和货物一同交给收货人；该单上面载出口合同号。

货物承运收据也是托运人和承运人之间订立的运输契约，是我国内地运往港澳地区货物所使用的一种运输单据，是承运人出具的货物收据，上面载有出口发票号、出口合同号；其中的“收货人签收”由收货人在提货时签收，表明已收到货物。

邮政收据是货物收据，是收件人凭以提取邮件的凭证。

2. 出口货物单证备案的新旧比较

国家税务总局公告2012年第24号对出口货物单证备案管理制度作了较大调整，现逐项比较，详见表5－5。

表5－5 出口货物单证备案的新旧政策比较

国家税务总局公告2012年第24号规定	以前相关规定	比较结果
出口企业应在申报出口退（免）税后15日内，将所申报退（免）税货物的下列单证，按申报退（免）税的出口货物顺序，填写“出口货物备案单证目录”，注明备案单证存放地点，以备主管税务机关核查。 1. 外贸企业购货合同、生产企业收购非自产货物出口的购货合同，包括一笔购销合同下签订的补充合同等； 2. 出口货物装货单； 3. 出口货物运输单据（包括：海运提单、航空运单、铁路运单、货物承运单据、邮政收据等承运人出具的货物单据，以及出口企业承付运费的国内运输单证）。 若有无法取得上述原始单证情况的，出口企业可用具有相似内容或作用的其他单证进行单证备案。除另有规定外，备案单证由出口企业存放和保管，不得擅自损毁，保存期为5年。 视同出口货物及对外提供修理修配劳务不实行备案单证管理。	《国家税务总局关于出口货物退（免）税实行有关单证备案管理制度（暂行）的通知》（国税发〔2005〕199号）第一条规定：出口企业自营或委托出口属于退（免）增值税或消费税的货物，最迟应在申报出口货物退（免）税后15天内，将下列出口货物单证在企业财务部门备案，以备税务机关核查。 （一）外贸企业购货合同、生产企业收购非自产货物出口的购货合同，包括一笔购销合同下签订的补充合同等； （二）出口货物明细单； （三）出口货物装货单； （四）出口货物运输单据（包括：海运提单、航空运单、铁路运单、货物承运收据、邮政收据等承运人出具的货物收据）。 二、备案要求 （一）备案可采取两种方式： 第一种方式：由出口企业按出口货物退（免）税申报顺序，将备案单证对应装订成册，统一编号，并填写“出口货物备案单证目录”。 （二）备案单证应是原件，如无法备案原件，可备案有经办人签字声明与原件相符，并加盖企业公章的复印件。 对于第一条所述购销合同，属于一笔购销合同项下多次出口的货物，可在第一次出口货物时予以备案，其余出口的可在《出口货物备案单证目录》“备案单证存放处”中注明第一次购销合同备案的地点。 （三）除另有规定外，备案单证由出口企业存放和保管，不得擅自损毁。保存期5年。 《国家税务总局关于出口货物退（免）税实行有关单证备案管理制度的补充通知》（国税函〔2006〕904号）第一条规定：《通知》第一条所列应当备案的单证，主要是按《合同法》要求或出口贸易行业主管部门规定的单证。考虑到有些企业备案单证名称等可能与《通知》规定的不尽一致，因此《通知》附件《出口货物退（免）税有关单证备案说明》描述了有关备案单证的含义、功能、作用等，各地可按此原则进行备案单证管理。对于出口企业如确实无法提供与《通知》规定一致备案单证的，可以提供具有相似内容或作用的单证作为备案单证，但出口企业在进行首次单证备案前，应向主管税务机关提出书面理由并提供有关单证的样式。各省、自治区、直辖市和计划单列市国家税务局也可根据本地区出口企业实际情况，按照《通知》的原则制定备案单证管理的具体规定。 第四条规定：对于外商投资企业采购国产设备退税、中标机电产品退税、出口加工区水电气退税等没有货物出口的特殊退税政策业务，暂不实行备案单证管理制度。	调整三项：一是在单证备案的种类中删除出口货物明细单；二是将无法取得原始单证的处理办法调整为出口企业可用具有相似内容或作用的其他单证进行单证备案；三是将不实行单证备案的范围由外商投资企业采购国产设备退税、中标机电产品退税、出口加工区水电气退税等没有货物出口的特殊退税政策业务扩大到视同出口货物及对外提供修理修配劳务。

续表

国家税务总局公告 2012 年第 24 号规定	以前相关规定	比较结果
	《国家税务总局关于简化出口货物退（免）税单证备案管理制度的通知》（国税函〔2009〕104 号）第一条规定：自 2009 年 4 月 1 日起，出口企业申报出口货物退（免）税后，一律按照《国家税务总局关于出口货物退（免）税实行有关单证备案管理制度（暂行）的通知》（国税发〔2005〕199 号）第二条规定的第二种方式进行单证备案，即在《出口货物备案单证目录》的“备案单证存放处”栏内注明备案单证存放地点即可，不再按照第二条规定的第一种方式进行单证备案，不必将备案单证统一编号装订成册。	

注意要点

出口企业自营或委托出口属于退（免）增值税或消费税的货物，最迟应在申报出口货物退（免）税后 15 天内，将所申报退（免）税的出口货物的规定单证进行备案，以备税务机关核查。

二、出口货物无纸化报关≠不按规定备案单证

常见案例

A 公司是具有增值税一般纳税人资格的外贸企业，从 2007 年 1 月起通过青岛海关出口的货物不能取得装货单，因而出口退（免）税货物备案单证没有提供装货单。主管税务机关在 2008 年 10 月开展出口退（免）税检查时发现 A 公司未按规定备案装货单，经过仔细了解，原来青岛海关从 2007 年起实行无纸化办公管理，所有从该海关报关出口的货物均无纸质通关凭证，所以出口货物代理公司在报关时就不能提供纸质的装货单，同时青岛港口某场站也给主管税务机关发来情况说明。主管税务机关经过调查认为，企业无纸化通关出口货物，无法提供纸质装货单，因此对此问题不作处理。

政策规定

三、对于出口企业备案的单证是电子数据或无纸化的，可以采取以下两种方

式其中之一进行备案：

（一）对于出口企业没有签订书面购销合同，而订立的是电子合同、口头合同等无纸化合同，凡符合我国《合同法》规定的，出口企业将电子合同打印、口头合同由出口企业经办人书面记录口头合同内容并签字声明记录内容与事实相符，加盖企业公章后备案。

对于其他单证的备案，如为国家有关行政部门采取了无纸化管理办法使出口企业无法取得纸质单证或企业自制电子单证等情况，出口企业可采取将有关电子数据打印成纸质单证加盖企业公章并签字声明打印单证与原电子数据一致的方式予以备案。

（二）除口头合同外，对于出口企业订立的电子购销合同、国家有关行政部门采取无纸化管理的单证以及企业自制电子单证等，出口企业可提出书面申请并经主管税务机关批准后，可以采用电子单证备案管理，即以电子数据的方式备案有关单证。出口企业应保证电子单证备案的真实性，定期将有关电子数据进行备份，在税务机关按规定调取备案单证时，应按税务机关要求如实提供电子数据或将电子数据打印并加盖企业公章的纸制单证。

政策依据：《国家税务总局关于出口货物退（免）税实行有关单证备案管理制度的补充通知》（国税函〔2006〕904 号）

执行日期：2006 年 9 月 30 日

分析诊断

对于除购销合同以外的其他单证的备案，如果是国家有关行政部门采取了无纸化管理办法使出口企业无法取得纸质单证或企业自制电子单证等情况，出口企业可采取将有关电子数据打印成纸质单证加盖企业公章并签字声明打印单证与原电子数据一致的方式予以备案。结合上述案例，A 公司采取无纸化通关出口货物，却以无纸质装货单为由未按规定备案装货单，主管税务机关对此问题未作处理。由此可见，A 公司的做法是错误的，主管税务机关的做法也是错误的。

触类旁通

出口货物单证备案管理未调整的规定

虽然国家税务总局公告 2012 年第 24 号废止了《国家税务总局关于出口货物退（免）税实行有关单证备案管理制度（暂行）的通知》（国税发〔2005〕199 号）的第一、二、四、五、六条和《国家税务总局关于出口货物退（免）税实行有关单证备案管理制度的补充通知》（国税函〔2006〕904 号）的第一条以及

《国家税务总局关于简化出口货物退（免）税单证备案管理制度的通知》（国税函〔2009〕104 号）全文，但下列规定仍然有效。

1）国税发〔2005〕199 号附件《出口货物退（免）税有关单证备案说明》中对“出口货物装货单”的解释要求有海关签章。但考虑到出口企业难以取得签章的“出口货物装货单”，在实际工作中只要出口企业备案的“出口货物装货单”是国税发〔2005〕199 号规定的含义，可不需要海关签章。

2）对于出口企业备案的单证是电子数据或无纸化的，可以采取以下两种方式其中之一进行备案：

①对于出口企业没有签订书面购销合同，而订立的是电子合同、口头合同等无纸化合同，凡符合我国《合同法》规定的，出口企业将电子合同打印、口头合同由出口企业经办人书面记录口头合同内容并签字声明记录内容与事实相符，加盖企业公章后备案。

对于其他单证的备案，如果是国家有关行政部门采取了无纸化管理办法使出口企业无法取得纸质单证或企业自制电子单证等情况，出口企业可采取将有关电子数据打印成纸质单证加盖企业公章并签字声明打印单证与原电子数据一致的方式予以备案。

②除口头合同外，对于出口企业订立的电子购销合同、国家有关行政部门采取无纸化管理的单证以及企业自制电子单证等，出口企业可提出书面申请并经主管税务机关批准后，可以采用电子单证备案管理，即以电子数据的方式备案有关单证。出口企业应保证电子单证备案的真实性，定期将有关电子数据进行备份，在税务机关按规定调取备案单证时，应按税务机关要求如实提供电子数据或将电子数据打印并加盖企业公章的纸制单证。

3）税务机关应督促出口企业建立备案单证的档案管理制度，加强对备案单证的日常管理和核查，并将备案单证管理纳入税收管理员的职责范围。在进行退税审核、退税评估、退税日常检查时，可向出口企业调取备案单证，进行检查。同时，各地税务机关退税部门应在内部设置专职岗位，负责出口企业备案单证的日常检查工作。

注意要点

对于除购销合同以外的其他单证的备案，如果是国家有关行政部门采取了无纸化管理办法使出口企业无法取得纸质单证或企业自制电子单证等情况，出口企业可采取将有关电子数据打印成纸质单证加盖企业公章并签字声明打印单证与原电子数据一致的方式予以备案。

三、不能提供备案单证≠追缴已办退（免）税

常见案例

某市国税局2012年7月组织的出口退税检查中，检查组发现某外贸公司2011年10月份已办理退（免）税的一笔出口货物，出口报关FOB价399.18万元，未提供规定的装货单和海运提单。检查组当即要求该公司补缴已办出口退税额52万余元，并要求企业视同内销征税计提销项税额58万余元，还要求主管税务机关对其依照规定予以处罚。

政策规定

适用增值税征税政策的出口货物劳务，是指：

……

4. 出口企业或其他单位提供虚假备案单证的货物。

政策依据：《财政部国家税务总局关于出口货物劳务增值税和消费税政策的通知》（财税〔2012〕39号）

执行日期：2012年7月1日

发生增值税、消费税不应退税或免税但已实际退税或免税的，出口企业和其他单位应当补缴已退或已免税款。

政策依据：《财政部国家税务总局关于出口货物劳务增值税和消费税政策的通知》（财税〔2012〕39号）

执行日期：2012年7月1日

分析诊断

2012年6月30日出口退税政策调整以前，出口企业提供虚假备案单证、不如实反映情况，或者不能提供备案单证的，税务机关除按照《中华人民共和国税收征收管理法》第六十四条、第七十条的规定处罚外，应及时追回已退（免）税款，未办理退（免）税的，不再办理退（免）税，并视同内销货物征税。2012年7月1日出口退税政策调整以后，出口企业提供虚假备案单证的出口货物应当适用征收增值税政策，并应当追缴已办理的出口退（免）税，而且还应当依照规定进行处罚。结合上述案例，该外贸公司已办理退（免）税的出口货物只是未按

照规定备案出口货物的单证，检查组在出口退税政策调整以后却要求追缴已办理的退（免）税，视同内销征税计提销项税额，并要求主管税务机关给予处罚。由此可见，某市国税局检查组的处理是错误的。

触类旁通

财税〔2012〕39 号和国家税务总局公告 2012 年第 24 号对未按规定备案退（免）税出口货物单证处理规定作了较大调整，现逐项比较，详见表 5－6。

表 5－6　对未按规定备案退（免）税出口货物单证处理的新旧政策比较

财税〔2012〕39 号和国家税务总局公告 2012 年第 24 号	以前相关规定	比较结果
出口企业或其他单位提供虚假备案单证的货物适用征收增值税政策。	《国家税务总局关于出口货物退（免）税实行有关单证备案管理制度（暂行）的通知》（国税发〔2005〕199 号）第六规定：出口企业提供虚假备案单证、不如实反映情况，或者不能提供备案单证的，税务机关除按照《中华人民共和国税收征收管理法》第六十四条、第七十条的规定处罚外，应及时追回已退（免）税款，未办理退（免）税的，不再办理退（免）税，并视同内销货物征税。	调整内容：删除出口企业不如实反映情况，或者不能提供备案单证应视同内销征税的规定。
出口企业和其他单位有下列行为之一的，主管税务机关应按照《中华人民共和国税收征收管理法》第六十条规定予以处罚： 2. 未按规定装订、存放和保管备案单证的。	《国家税务总局关于出口货物退（免）税实行有关单证备案管理制度（暂行）的通知》（国税发〔2005〕199 号）第五条规定：出口企业未按本通知第二条要求进行装订、存放和保管备案单证的，税务机关应依照《中华人民共和国税收征收管理法》第六十条的规定处罚。	处罚对象在出口企业的基础上增加其他单位。

续表

财税〔2012〕39 号和国家税务总局公告 2012 年第 24 号	以前相关规定	比较结果
出口企业提供虚假备案单证的，主管税务机关应按照《中华人民共和国税收征收管理法》第七十条的规定处罚。	《国家税务总局关于出口货物退（免）税实行有关单证备案管理制度（暂行）的通知》（国税发〔2005〕199 号）第六条规定：出口企业提供虚假备案单证、不如实反映情况，或者不能提供备案单证的，税务机关除按照《中华人民共和国税收征收管理法》第六十四条、第七十条的规定处罚外，应及时追回已退（免）税款，未办理退（免）税的，不再办理退（免）税，并视同内销货物征税。	仅对出口企业提供虚假备案单证按征管法第七十条规定处罚；对不如实反映情况和不能提供备案单证的，不予处罚；删除按照征管法第六十四条进行处罚的规定。

注意要点

出口企业提供虚假备案单证的，税务机关除按照《中华人民共和国税收征收管理法》第七十条规定处罚外，应及时追回已退（免）税款，未办理退（免）税的，不再办理退（免）税，并视同内销货物征税。

第五节　退关退运

一、出口货物部分退运≠出口货物全部申报办理退（免）税

常见案例

2007 年 11 月，某市国税局退税部门在审核某外贸公司申报的出口退（免）税资料时发现，海关在其中一份出口货物报关单上标注了进口货物报关单号及退运具体情况（商品代码、数量、价格等）。审核人员立即约谈该公司办税人员，并核实该公司提供的进口货物报关单是否与出口货物报关单中海关注明的情况相符。经调查了解，原来是该公司出口的护舷产品中部分产品质量不合格，国外客户将不合格产品退回。由于报关出口后未收齐单证前发生部分货物退运，公司凭

出口货物报关单（出口退税专用）向海关办理退运进口手续。但该公司凭原出口货物报关单全额申报退（免）税，从而多申报出口额 191 551.3 元，多申报出口退税 32 563.72 元。因而审核人员要求其按退运后的实际出口货物申报办理退（免）税。

政策规定

六、出口企业将货物报关实际离境出口后，因故发生退运情况，凡海关已签发出口退税报关单的，出口企业须出具主管其出口退税的地（市）国家税务局签发的“出口商品退运已补税证明”，海关方能办理退运手续。

政策依据：《海关总署、国家税务总局关于加强协调配合严格出口退税报关单管理和加强防伪鉴别措施的联合通知》（署监〔1996〕32 号）

执行日期：1996 年 1 月 10 日

分析诊断

发生退运的出口货物不得申报办理出口退（免）税，如果出口货物部分退运的，那么退运部分的出口货物不得申报办理出口退（免）税，未退运部分的出口货物可以按照规定办理出口退（免）税。结合上述案例，该公司出口货物发生部分退运，却按全额申报办理出口退（免）税，市国税局退税审核发现后要求其按照退运后的实际出口货物申报办理退（免）税。由此可见，该公司的做法明显是错误的，市国税局退税部门的处理完全是正确的。

触类旁通

1. 生产企业已申报退（免）税的出口货物退运的处理

生产企业出口货物已办理单证不齐或单证齐全的免抵退税申报的，企业应当作退运出口货物单证不齐或单证齐全的免抵退税冲减申报，冲减退运出口货物部分免抵退税不得免征和抵扣税额。

生产企业出口货物已办理单证信息齐全的免抵退税申报的，如果当年度发生退运的，企业应当作退运出口货物单证信息齐全免抵退税的冲减申报，相应冲减退运出口货物部分的免抵退税额和免抵退税不得免征和抵扣税额。

生产企业出口货物已办理单证信息齐全的免抵退税申报的，如果跨年度发生退运的，企业应当补缴已办理的免抵退税额，并将补缴的免抵退税额红字记入“应交税费——应交增值税（出口退税）”科目贷方；将免抵退税额和免抵退税不得免征和抵扣税额红字记入“应交税费——应交增值税（进项税额转出）”科目贷方。

2. 外贸企业已申报办理退（免）税的出口货物退运的处理

外贸企业已申报办理退（免）税的出口货物退运的，应当追缴已办理的出口退税，将补缴的出口退税额红字记入“应交税费——应交增值税（出口退税）”科目贷方；将出口货物不予退税的进项税额红字记入“应交税费——应交增值税（进项税额转出）”科目贷方。

外贸企业退运的货物如果用于内销的，则应当申请开具“出口货物转内销证明”用于申报抵扣进项税额；如果退运货物仍然用于出口的，则不需开具“出口货物转内销证明”。

3. 出口货物部分退运要防止超过申报期限

例如，某公司在2009年8月报关出口一批产品，货运到国外，客户发现产品不合格，要求全部退货。经过该公司确认后同意退货，当时账务未做销售核算，这批货直至2010年2月份才报关进口，属于部分退货。如果该公司未及时申报办理出口退（免）税则可能超过规定的退（免）税申报期限。

4. 退运的货物再次出口重新申报的处理

生产企业出口货物退运后再次出口或者另行出口补货的，对于再次出口货物或另行出口补货的，凭出口货物报关单（出口退税专用）并依照现行规定重新申报办理出口退（免）税申报。

注意要点

发生退运的出口货物不得申报办理出口退（免）税。

二、出口货物退运复出口的处理≠出口货物退运不出口的处理

常见案例

A公司是具有增值税一般纳税人资格的外贸企业，2011年1月出口一批货物，已申报办理出口退（免）税。因该批出口货物存在质量问题需要退货修理后再出口，2011年6月A公司补缴出口退税后，主管税务机关开具“出口商品退运已补税证明”，A公司到海关办理退运货物进口手续，进口报关单注明监管方式“修理物品（代码1300）”。2011年9月A公司将修理后的货物重新报关出口，出口报关单注明监管方式“修理物品（代码1300）”，由于修理物品进出境不需收付汇，因而报关出口也不需要提供收汇核销单，退运货物报关出口也不能取得出

口收汇核销单。A公司退运货物时补缴出口退税，退运货物复出口理当办理免退税申报，但主管税务机关审核后通知A公司：退运复出口货物未取得出口收汇核销单，不得申报办理出口退（免）税。

政策规定

出口企业向税务机关主管出口退税的部门（以下简称退税部门）申报出口货物退（免）税时，在提供有关出口货物退（免）税申报表及相关资料时，应同时附送下列纸质凭证：

（一）实行“免、抵、退”税管理办法的生产企业提供出口货物的出口发票，外贸企业提供购进出口货物的增值税专用发票或普通发票。

凡外贸企业购进的出口货物，外贸企业应在购进货物后按规定及时要求供货企业开具增值税专用发票或普通发票；其购进货物开具的增值税专用发票属增值税防伪税控系统开具的，退税部门应要求外贸企业自开票之日起30日内办理认证手续。

（二）出口货物报关单（出口退税专用）。

（三）出口收汇核销单。

对外贸企业自一般纳税人购进出口的货物，外贸企业向退税部门申报出口货物退（免）税时，不再提供“税收（出口货物专用）缴款书”或“出口货物完税分割单”（具体规定另行通知）；但对外贸企业购进出口的消费税应税货物和自小规模纳税人购进出口的货物等其他尚未纳入增值税防伪税控系统管理的货物，还须提供“税收（出口货物专用）缴款书”或“出口货物完税分割单”。

对出口企业以委托出口、援外出口、对外承包工程、境外带料加工装配业务等特殊方式出口的货物，出口企业向退税部门申报上述出口货物的退（免）税时，还须提供现行有关出口货物退（免）税规定要求的其他相关凭证。

政策依据：《国家税务总局关于出口货物退（免）税管理有关问题的通知》（国税发〔2004〕64号）

执行日期：2004年6月1日

分析诊断

出口货物退运复出口的处理不同于出口货物退运不出口的处理。出口货物退运不出口，外贸企业只需依照规定补缴出口退税就行了。出口货物退运复出口，外贸企业在补缴出口退税后，货物复出口就应当再次申报办理退（免）税。按照实施货物贸易外汇管理制度改革以前的规定，外贸企业出口货物申报退（免）税一般应当提供出口货物报关单（出口退税专用）、出口收汇核销单和增值税专用发票。如果出口货物报关单（出口退税专用）或出口收汇核销单不齐，那么出口货物就不得申报办理退（免）税。结合上述案例，A公司的出口货物退运复出口，货物以修理物品贸易方式出口，不能提供收汇核销单，因而对退运复出口货物，不得申报退（免）税。由此可见，A公司的做法是错误的，主管税务机关的做法是正确的。

触类旁通

1. 海关对出口货物退运复出口的不同处理

（1）以“退运货物”进口正常出口方式

出口货物因残损、短少、品质不良或者规格不符、延误交货或其他原因退运进境的，贸易方式申报为退运货物（代码4561）。退运货物进口，应交验原出口货物报关单证，原出口货物报关单号填报在“关联报关单”栏目。

退运货物出口，海关按正常出口进行管理，并按照规定签发出口货物报关单（出口退税专用）。

海关采取退运货物进口正常出口方式处理，企业能够取得出口货物报关单（出口退税专用）和出口收汇核销单，对退运复出口货物可以依照规定办理出口退（免）税。

（2）以修理物品进出境方式

出口货物因质量问题需要返修后再出口，海关如果采取“修理物品（代码1300）”方式办理进出口手续。那么，退运复出口货物不能提供收汇核销单，按照实施货物贸易外汇管理制度改革以前的规定，不得申报办理出口退（免）税。

因而，出口货物因质量需要返修后再出口的，退货进口时可以采取“退运货物”的监管方式，复出口时按照正常出口办理，企业复出口货物就能申报办理出口退（免）税。

（3）以无代价抵偿方式进出境货物

出口企业出口货物因质量问题需退回换货复出口的，如果海关采取无代价抵偿（代码31C0）方式办理进出口手续，那么对无代价抵偿（代码3100）方式出口货物，出口企业不得申报办理出口退（免）税。

因而出口企业出口货物因质量需要退回换货复出口的，退货进口时可以采取“退运货物”的监管方式，复出口时按照正常出口办理，企业复出口货物就能申报办理出口退（免）税。

2. 以进料成品退换方式出口货物退（免）税

由于企业进料加工复出口货物退运和再出口，海关均采取进料成品退换（代码4600）办理进出口手续。以“进料成品退换”贸易方式复出口的货物，外汇管理部门不签发出口收汇核销单。目前对以进料成品退换方式出口货物如何办理退（免）税，国家税务总局尚没有明确规定。笔者认为，对以“进料成品退换”贸易方式复出口的货物，出口企业可凭贸易方式为“进料成品退换”的出口货物报关单（出口退税专用）、原出口货物报关单（出口退税专用）复印件、退运货物的进口货物报关单复印件、原出口收汇核销单复印件以及其他规定的退税凭证，办理出口退（免）税申报。退税部门在严格审核，确保企业出口收汇总额无误的前提下，给予办理出口退（免）税。

注意要点

出口货物退运复出口的处理不同于出口货物退运不出口的处理。

第六节　出口货物视同内销征税

一、出口货物逾期未申报退（免）税≠视同内销征税

常见案例

某公司是具有增值税一般纳税人资格的外贸公司，属于出口退（免）税申报时必须提供出口收汇核销单的出口企业。2011年12月，该公司以一般贸易方式出口货物7单，重量187吨，货值178 881.7美元（人民币1 222 806.09元），因逾期未取得出口收汇核销单，因而逾期未申报退（免）税，主管税务机关在2012年8月10日通知该公司不得申报出口退（免）税，应当依照规定视同内销征收增值税177 672.67元。

政策规定

适用增值税免税政策的出口货物劳务，是指：

……

3. 出口企业或其他单位未按规定申报或未补齐增值税退（免）税凭证的出口货物劳务。具体是指：

（1）未在国家税务总局规定的期限内申报增值税退（免）税的出口货物劳务。

（2）未在规定期限内申报开具“代理出口货物证明”的出口货物劳务。

（3）已申报增值税退（免）税，却未在国家税务总局规定的期限内向税务机关补齐增值税退（免）税凭证的出口货物劳务。

政策依据：《财政部国家税务总局关于出口货物劳务增值税和消费税政策的通知》（财税〔2012〕39号）

执行日期：2012年7月1日

十一、本通知除第一条第（二）项关于国内航空供应公司生产销售给国内和国外航空公司国际航班的航空食品适用增值税退（免）税政策，第六条第（一）项关于国家批准设立的免税店销售的免税货物、出口企业或其他单位未按规定申报或未补齐增值税退（免）税凭证的出口货物劳务、第九条第（二）项关于国家批准的免税品经营企业销售给免税店的进口免税货物适用增值税免税政策的有关规定自2011年1月1日起执行外，其他规定均自2012年7月1日起实施。《废止的文件和条款目录》（见附件10）所列的相应文件同时废止。

政策依据：《财政部国家税务总局关于出口货物劳务增值税和消费税政策的通知》（财税〔2012〕39号）

执行日期：2012年7月1日

分析诊断

政策调整后出口货物逾期未申报退（免）税的处理不同于政策调整前出口货物逾期未申报退（免）税的处理。2012年6月30日出口退税政策调整前出口货物逾期未申报退（免）税的，应当依照规定视同内销征税处理。2012年7月1日出口退税政策调整以后，2011年以后报关出口货物逾期未申报退（免）税的，适用免征增值税政策，逾期未申报免税的再适用征收增值税政策。结合上述案例，该公司2011年12月出口货物逾期未申报退（免）税，应当适用免征增值税政策，而主管税务机关却混淆政策调整前后对出口货物逾期未申报退（免）税的处理区别，错误地通知视同内销征税。由此可见，主管税务机关的做法明显是错误的。

触类旁通

财税〔2012〕39号将以前十五项视同内销征税的出口货物调整为出口免税，现逐项比较，详见表5-7。

表 5-7 视同内销征税的出口货物调整为出口免税后的逐项政策比较

财税〔2012〕39 号	以前相关规定	比较结果
增值税小规模纳税人出口的货物免征增值税。	《国家税务总局关于印发〈增值税小规模纳税人出口货物免税管理办法（暂行）〉的通知》（国税发〔2007〕123 号）第十条规定：小规模纳税人出口下列货物，除另有规定者外，应征收增值税。下列货物为应税消费品的，若小规模纳税人为生产企业，还应征收消费税。 （一）国家规定不予退（免）增值税、消费税的货物； （二）未进行免税申报的货物； （三）未在规定期限内办理免税核销申报的货物； （四）虽已办理免税核销申报，但未按规定向税务机关提供有关凭证的货物； （五）经主管税务机关审核不批准免税核销的出口货物； （六）未在规定期限内申报开具“代理出口货物证明”的货物。	取消国税发〔2007〕123 号增值税小规模纳税人出口货物视同内销征税的规定。
非出口企业委托出口的货物免征增值税。	《财政部国家税务总局关于印发〈出口货物退（免）税若干问题规定〉的通知》（财税字〔1995〕92 号）第七条规定：委托外贸企业代理出口货物准予在委托方办理退税的，包括生产企业的自产货物、有出口经营权的商业、物资、供销、外贸、工贸等企业收购的按规定准予退税的货物。对于无出口经营权的流通性公司经营的货物及生产企业的外购货物委托出口企业代理出口的不予办理出口退税。	将以前非出口企业委托出口货物不予退税并视同内销征税调整为出口免税。
非列名生产企业出口的非视同自产货物免征增值税。	《国家税务总局关于出口货物退（免）税若干问题的通知》（国税发〔2006〕102 号）第一条规定：出口企业出口的下列货物，除另有规定者外，视同内销货物计提销项税额或征收增值税。 （五）生产企业出口的除四类视同自产产品以外的其他外购货物。	将非列名生产企业出口的非视同自产货物由视同内销征税调整为免税。

续表

财税〔2012〕39号	以前相关规定	比较结果
外贸企业取得普通发票、废旧物资收购凭证、农产品收购发票、政府非税收入票据的货物免征增值税。	《国家税务总局关于出口货物退（免）税若干问题的通知》（国税发〔2006〕102号）第一条规定：出口企业出口的下列货物，除另有规定者外，视同内销货物计提销项税额或征收增值税。 （一）国家明确规定不予退（免）增值税的货物； （二）出口企业未在规定期限内申报退（免）税的货物。	将外贸企业未按规定取得增值税专用发票不予出口退（免）税视同内销征税调整为出口免税。
来料加工复出口的货物免征增值税。	《国家税务总局关于印发〈出口货物退（免）税管理办法〉的通知》（国税发〔1994〕31号）规定，出口企业以“来料加工”贸易方式免税进口原材料、零部件后，凭海关核签的来料加工进口货物报关单和来料加工登记手册向主管其出口退税的税务机关办理“来料加工免税证明”，持此证明向主管其征税的税务机关申报办理免征其加工或委托加工货物及其工缴费的增值税、消费税。货物出口后，出口企业应凭来料加工出口货物报关单和海关已核销的来料加工登记手册、收汇凭证向主管出口退税的税务机关办理核销手续。逾期未核销的，主管出口退税的税务机关将会同海关和主管征税的税务机关及时予以补税和处罚。	取消逾期未核销视同内销补税的规定。
以人民币现金作为结算方式的边境地区出口企业从所在省（自治区）的边境口岸出口到接壤国家的一般贸易和边境小额贸易出口货物免征增值税。	《财政部 国家税务总局关于边境地区一般贸易和边境小额贸易出口货物以人民币结算准予退（免）税试点的通知》（财税〔2010〕26号）规定：凡在内蒙古、辽宁、吉林、黑龙江、广西、新疆、西藏、云南省（自治区）行政区域内登记注册的出口企业，以一般贸易或边境小额贸易方式从陆地指定口岸出口到接壤毗邻国家的货物，并采取银行转账人民币结算方式的，可享受应退税额全额出口退税政策。外汇管理部门对上述货物出具出口收汇核销单。企业在向海关报关时，应提供出口收汇核销单，对未及时提供出口收汇核销单而影响企业收汇核销和出口退税的，由企业自行负责。以人民币现金结算方式出口的货物，不享受出口退税政策。	将以人民币结算的边境贸易出口货物因不能申报出口退税视同内销征税调整为出口免税。

续表

财税〔2012〕39 号	以前相关规定	比较结果
以旅游购物贸易方式报关出口的货物免征增值税。	《国家外汇管理局 海关总署关于旅游购物商品出口退出外汇核销管理有关问题的通知》（汇发〔2005〕91 号）规定：将“旅游购物商品”海关监管方式（代码为0139）列入“不需要使用出口收汇核销单的监管方式”。出口单位以该贸易方式出口报关的，海关不再验凭出口收汇核销单，国家外汇管理局及其分支局（以下简称外汇局）不再办理出口收汇核销。	将旅游购物贸易方式报关出口货物没有收汇核销单不能申报退（免）税视同内销征税调整为出口免税。
国家批准设立的免税店销售的免税货物［包括进口免税货物和已实现退（免）税的货物］免征增值税。	《财政部 国家税务总局关于部分货物适用增值税低税率和简易办法征收增值税政策的通知》（财税〔2009〕9 号）规定，一般纳税人销售货物属于下列情形之一的，暂按简易办法依照 4% 征收率计算缴纳增值税： 3. 经国务院或国务院授权机关批准的免税商店零售的免税品。 《国家税务总局关于出境口岸免税店有关增值税政策问题的通知》（国税函〔2008〕81 号）规定：对于海关隔离区内免税店销售免税品以及市内免税店销售但在海关隔离区内提取免税品的行为，不征收增值税。对于免税店销售其他不属于免税品的货物，应照章征收增值税。所称免税品具体是指免征关税、进口环节税的进口商品和实行退（免）增值税、消费税进入免税店销售的国产商品。	将国家批准设立免税店销售的免税货物由按简易办法依照 4% 征收率计算缴纳增值税调整为免税。
未在国家税务总局规定的期限内申报增值税退（免）税的出口货物劳务免征增值税。	《国家税务总局关于出口货物退（免）税若干问题的通知》（国税发〔2006〕102 号）第一条规定：出口企业出口的下列货物，除另有规定者外，视同内销货物计提销项税额或征收增值税。 （二）出口企业未在规定期限内申报退（免）税的货物。	将未按期申报出口退（免）税货物视同内销征税调整为出口免税。

续表

财税〔2012〕39 号	以前相关规定	比较结果
未在规定期限内申报开具“代理出口货物证明”的出口货物劳务免征增值税。	《国家税务总局关于出口货物退（免）税若干问题的通知》（国税发〔2006〕102 号）第一条规定：出口企业出口的下列货物，除另有规定者外，视同内销货物计提销项税额或征收增值税。 （四）出口企业未在规定期限内申报开具“代理出口货物证明”的货物。	将未按期申报开具“代理出口货物证明”的货物视同内销征税调整为出口免税。
已申报增值税退（免）税，却未在国家税务总局规定的期限内向税务机关补齐增值税退（免）税凭证的出口货物劳务免征增值税。	《国家税务总局关于出口货物退（免）税若干问题的通知》（国税发〔2006〕102 号）第一条规定：出口企业出口的下列货物，除另有规定者外，视同内销货物计提销项税额或征收增值税。 （三）出口企业虽已申报退（免）税但未在规定期限内向税务机关补齐有关凭证的货物。 《国家税务总局 国家外汇管理局关于远期收汇出口货物出口退税有关问题的通知》（国税发〔2006〕168 号）规定，出口企业报关出口货物属于远期收汇而未超过在外汇管理部门远期收汇备案的预计收汇日期的，出口企业向税务机关申报出口货物退（免）税时，可提供其所在地外汇局出具的“远期收汇备案证明”，无须提供出口收汇核销单出口退税专用联（以下简称核销单退税专用联）。税务机关受理后，按现行出口退税规定审核、审批出口货物退（免）税。对于出口企业超过预计收汇日期 30 天仍未向税务机关提供核销单退税专用联的（对于试行出口企业申报出口退税免于提供核销单退税专用联的，以税务机关收到外汇局传输的收汇核销电子数据的“核销日期”为准），税务机关不再办理相关出口货物的退（免）税，已办理退（免）税的由税务机关按有关规定追回已退（免）税款，并视同内销补税。	将虽已申报退（免）税但未在规定期限内向税务机关补齐有关凭证的货物视同内销征税调整为出口免税。

续表

财税〔2012〕39号	以前相关规定	比较结果
	《国家税务总局、国家外汇管理局关于试行申报出口退税免予提供纸质出口收汇核销单的通知》（国税函〔2005〕1051号）、《国家税务总局、国家外汇管理局关于山东省等五地试行申报出口退税免予提供纸质出口收汇核销单的通知》（国税发〔2006〕188号）、《国家税务总局关于出口企业提供出口收汇核销单期限有关问题的通知》（国税发〔2008〕47号）规定，试点企业未在规定期限内提供"核销证明"或"核销证明"内容不符的，主管税务机关不予办理相关出口货物的退（免）税，已办理的予以追回，同时按有关视同内销货物征税的规定处理。但试点企业在货物报关出口之日（出口货物报关单〈出口退税专用〉上注明的出口日期为准）起210天内仍没有出口收汇核销电子数据的（远期收汇除外），主管税务机关不予办理相关出口货物的退（免）税，已办理的予以追回，并按有关视同内销货物征税的规定处理。	
	《国家税务总局关于出口货物退（免）税若干问题的通知》（国税发〔2006〕102号）规定，代理出口企业须在货物报关之日（以出口货物报关单〈出口退税专用〉上注明的出口日期为准）起210天内，向签发代理出口证明的税务机关提供出口收汇核销单（远期收汇除外）。签发代理出口证明的税务机关，对代理出口企业未按期提供出口收汇核销单的及出口收汇核销单审核有误的，一经发现应及时函告委托企业所在地税务机关。委托企业所在地税务机关对该批货物按内销征税。	

注意要点

财税〔2012〕39号将以前视同内销征税的十五项出口货物调整为出口免税。

二、追缴已办理的退（免）税≠视同内销征税

常见案例

某外贸公司是具有增值税一般纳税人资格的外贸企业，属于可以退（免）税申报后提供出口收汇核销单的出口企业。2011年11月该公司报关出口一批货物FOB价500万元，取得的增值税专用发票注明进项税额70万元，2012年4月该公司已经依照规定申报办理出口退税50万元，将不予退税的进项税额20万元作进项税额转出处理。2012年7月该公司逾期未取得出口收汇核销单。主管税务机关通知其依照规定补缴已办理的出口退税50万元，并依照规定视同内销征税。

政策规定

5. 发生增值税、消费税不应退税或免税但已实际退税或免税的，出口企业和其他单位应当补缴已退或已免税款。

政策依据：《财政部国家税务总局关于出口货物劳务增值税和消费税政策的通知》（财税〔2012〕39号）

执行日期：2012年7月1日

出口企业或其他单位未按规定申报或未补齐增值税退（免）税凭证的出口货物劳务免征增值税。具体是指：

（1）未在国家税务总局规定的期限内申报增值税退（免）税的出口货物劳务。

（2）未在规定期限内申报开具“代理出口货物证明”的出口货物劳务。

（3）已申报增值税退（免）税，却未在国家税务总局规定的期限内向税务机关补齐增值税退（免）税凭证的出口货物劳务。

政策依据：《财政部国家税务总局关于出口货物劳务增值税和消费税政策的通知》（财税〔2012〕39号）

执行日期：2012年7月1日

分析诊断

出口企业的出口货物发生增值税、消费税不应退税或免税但已实际退税或免税的，出口企业和其他单位应当补缴已退或已免税款。这里应当补缴出口货物退（免）税的有三种情形：第一种是已办理退（免）税的出口货物适用免征增值税政策；第二种是已办理退（免）税的出口货物适用征收增值税政策；第三种是已办理退（免）税的出口货物退关退运。已办理退（免）税的出口货物适用免征增值税政策的，只有未依照规定申报出口货物免税，才能依照规定适用征收增值税政策。结合上述案例，该公司已办理退（免）税的出口货物，由于未收齐出口收汇核销单补缴已办的出口退税，应当适用免征增值税政策，而主管税务机关却通知该公司追缴已办退（免）税，同时适用征收增值税政策视同内销征税。由此可见，主管税务机关的做法是错误的。

触类旁通

1. 追缴已办理退（免）税同时适用免征增值税政策的出口货物

1）依照财税〔2012〕39 号的规定，出口企业已申报增值税退（免）税却未在国家税务总局规定的期限内向税务机关补齐增值税退（免）税凭证的出口货物劳务，税务机关既要追缴已办理退（免）税，同时还可适用免征增值税政策。

2）依照财税〔2012〕39 号的规定，符合条件的生产企业已签订出口合同的交通运输工具和机器设备，在其退税凭证尚未收集齐全的情况下，可凭出口合同、销售明细账等，向主管税务机关申报免抵退税。在货物向海关报关出口后，应按规定申报退（免）税，并办理已退（免）税的核销手续。多退（免）的税款，应予追回。

3）根据《国家税务总局关于出口货物退（免）税管理有关问题的通知》（国税发〔2004〕64 号）的规定，退税部门受理出口退（免）税申报时可暂不提供收汇核销单的外贸企业出口退税申报后，在审核时应使用增值税专用发票稽核、协查信息审核出口退（免）税，未收到增值税专用发票稽核、协查信息的，退税部门可先使用专用发票认证信息审核办理出口企业的出口货物退（免）税，但必须及时用相关稽核、协查信息进行复核；对复核有误的，要及时追回已退（免）税款。

2. 追缴已办理退（免）税同时适用征收增值税政策的出口货物

1）依照财税〔2012〕39 号的规定，出口企业或其他单位已办理退（免）税的出口货物劳务适用免税政策的，如果未按规定申报免税，应视同内销货物和加工修理修配劳务征收增值税、消费税。出口企业应当补缴已办理的退（免）税，并视同内销征税。

2）依照财税〔2012〕39 号的规定，已办理退（免）税的出口货物劳务适用免税政策的，如果出口企业或其他单位按规定放弃免税的，出口企业应当补缴已办理的退（免）税，并视同内销征税。

3）依照财税〔2012〕39 号的规定，出口企业或其他单位已办理退（免）税的出口货物的备案单证虚假的，出口企业应当补缴已办理的退（免）税，并视同内销征税。

4）依照财税〔2012〕39 号的规定，出口企业或其他单位已办理退（免）税出口货物的凭证有伪造或内容不实的，出口企业或其他单位应当补缴已办理的退（免）税，并视同内销征税。

5）依照财税〔2012〕39 号的规定，出口企业或其他单位已办理退（免）税的出口货物劳务具有以下情形之一的，应当补缴已办理的退（免）税，并视同内销征税。

①将空白的出口货物报关单、出口收汇核销单等退（免）税凭证交由除签有委托合同的货代公司、报关行，或由境外进口方指定的货代公司（提供合同约定或者其他相关证明）以外的其他单位或个人使用的。

②以自营名义出口，其出口业务实质上是由本企业及其投资的企业以外的单位或个人借该出口企业名义操作完成的。

③以自营名义出口，其出口的同一批货物既签订购货合同，又签订代理出口合同（或协议）的。

④出口货物在海关验放后，自己或委托货代承运人对该笔货物的海运提单或其他运输单据等上的品名、规格等进行修改，造成出口货物报关单与海运提单或其他运输单据有关内容不符的。

⑤以自营名义出口，但不承担出口货物的质量、收款或退税风险之一的，即出口货物发生质量问题不承担购买方的索赔责任（合同中有约定质量责任承担者除外）；不承担未按期收款导致不能核销的责任（合同中有约定收款责任承担者除外）；不承担因申报出口退（免）税的资料、单证等出现问题造成不退税责任的。

⑥未实质参与出口经营活动、接受并从事由中间人介绍的其他出口业务，但仍以自营名义出口的。

注意要点

追缴已办理退（免）税的出口货物不等同于视同内销征税。

三、出口货物逾期无电子信息≠视同内销征税

常见案例

某公司是具有增值税一般纳税人资格的外贸企业，属于出口退（免）税申报时可暂不提供收汇核销单的出口企业。2010 年 2 月该公司出口货物三批，销售收入 281 605.5 元，在规定期限内向主管税务机关办理单证齐全的免退税申报，由于出口货物报关单信息不齐，一直未审核办理免退税。2011 年 6 月该公司接到主管税务机关通知，逾期单证信息不齐的出口货物，应当视同内销货物计提销项税额。

政策规定

对出口企业提供的退（免）税申报资料准确、纸质凭证齐全的，在申报期结束前，退税部门不得以没有相关电子信息或电子信息核对不符等原因，拒不受理出口企业的退（免）税申报。

政策依据：《国家税务总局关于出口货物退（免）税管理有关问题的通知》（国税发〔2004〕64 号）

执行日期：2004 年 6 月 1 日

第十条出口商报送的出口货物退（免）税申报资料及纸质凭证齐全的，除另有规定者外，在规定申报期限结束前，税务机关不得以无相关电子信息或电子信息核对不符等原因，拒不受理出口商的出口货物退（免）税申报。

政策依据：《国家税务总局关于印发〈出口货物退（免）税管理办法（试行）〉的通知》（国税发〔2005〕51 号）

执行日期：2005 年 5 月 1 日

一、出口企业出口的下列货物，除另有规定者外，视同内销货物计提销项税额或征收增值税。

（一）国家明确规定不予退（免）增值税的货物；

（二）出口企业未在规定期限内申报退（免）税的货物；

（三）出口企业虽已申报退（免）税但未在规定期限内向税务机关补齐有关凭证的货物；

（四）出口企业未在规定期限内申报开具“代理出口货物证明”的货物；

（五）生产企业出口的除四类视同自产产品以外的其他外购货物。

政策依据：《国家税务总局关于出口货物退（免）税若干问题的通知》（国税发〔2006〕102号）

执行日期：2006年7月1日

分析诊断

出口退（免）税申报分为单证齐全的申报和单证信息齐全的申报。根据国税发〔2004〕64号和国税发〔2005〕51号文件的规定，出口企业报送的出口货物退（免）税申报资料及纸质凭证齐全的，除另有规定者外，在规定申报期限结束前，税务机关不得以无相关电子信息或电子信息核对不符等原因，拒不受理出口商的出口货物退（免）税申报。由此可见，出口企业在规定期限内履行出口退（免）税申报义务的应当是单证齐全的出口退（免）税申报，而不是单证信息齐全的出口退（免）税申报。一般情况下，出口企业出口退（免）税申报单证信息齐全，税务机关应当审核办理退（免）税。结合上述案例，该公司在规定退（免）税申报期限内办理单证齐全的免退税申报，就已经在规定期限内履行了出口退（免）税申报义务，而主管税务机关却以电子信息不齐为由要求视同内销征税。由此可见，主管税务机关的做法明显是错误的。

触类旁通

出口货物单证齐全申报但信息不齐≠未按规定期限申报出口退（免）税

国家税务总局公告2012年第24号规定，出口企业或其他单位对本年度的出口货物劳务，剔除已申报增值税退（免）税、免税，已按内销征收增值税、消费税，以及已开具代理出口证明的出口货物劳务后的余额，除内销免税货物按规定执行外，须在次年6月份的增值税纳税申报期内申报缴纳增值税、消费税。因此，有人就错误地认为：出口企业上一年度单证齐全已办理单证齐全的退（免）税申报，但由于相关电子信息不齐未能计算办理出口退（免）税的出口货物，应当按规定申报缴纳增值税。

其实，出口企业退（免）税申报有三种：单证不齐申报、单证齐全申报、单证信息齐全申报。单证不齐申报仅限于生产企业，是指出口企业出口货物销售实现后单证未收集齐全办理的退（免）税申报，其仅用于企业计算免抵退税不得免征和抵扣税额，税务机关不能受理审核审批企业的出口退（免）税。单证齐全的申报是指出口企业收集齐全出口货物相关单证办理的退（免）税申报，其标志着出口企业完成出口退（免）税申报事宜，履行出口退（免）税法定申报义务，出口企业没有在规定期限内办理单证齐全申报的出口货物，税务机关逾期不再受理。单证信息齐全申报是指出口企业收集齐全出口货物相关单证和相关电子信息办理的退（免）税申报，这是出口货物电子信息参与出口退（免）税计算的前提，也是税务机关审核审批出口退（免）税的前提条件。对于出口企业来讲，办理单证齐全的申报有法定期限的限制，办理信息齐全的申报则没有法定期限的限制。

因此，对于出口企业已经办理单证齐全退（免）税申报的出口货物，如果仅由于电子信息不齐而未办理出口退（免）税的，不得适用未按规定期限申报出口退（免）税的政策，不得适用出口货物免征增值税或征收增值税的政策。

注意要点

对于出口企业已经办理单证齐全退（免）税申报的出口货物，如果仅由于电子信息不齐而未办理出口退（免）税的，不得适用未按规定期限申报出口退（免）税的政策，也不得适用出口货物免征增值税或征收增值税的政策。

四、出口退（免）税申报操作错误≠视同内销征税

常见案例

2011 年，在某省国税局组织的出口退税检查工作中，检查组发现某具有增值税一般纳税人资格的外贸公司有大量的小额视同内销征税的信息，每一笔征收增值税的税额大多只有 1 至 2 元，共 104 笔。经询问，产生该问题的原因是由于主管税务机关在企业申报前需先通过开发的比对软件把企业申报的纸质资料相关信息进行录入并与企业申报电子信息进行对比，但对比软件在设计时对企业出口产品的数量以及单价等信息自动进行了四舍五入，造成了录入信息与企业实际申报信息对比不符的情况。对于所产生的差异部分，主管税务机关要求该公司视同内销征税处理。

政策规定

一、出口企业出口的下列货物，除另有规定者外，视同内销货物计提销项税额或征收增值税。

（一）国家明确规定不予退（免）增值税的货物；

（二）出口企业未在规定期限内申报退（免）税的货物；

（三）出口企业虽已申报退（免）税但未在规定期限内向税务机关补齐有关凭证的货物；

（四）出口企业未在规定期限内申报开具“代理出口货物证明”的货物；

（五）生产企业出口的除四类视同自产产品以外的其他外购货物。

政策依据：《国家税务总局关于出口货物退（免）税若干问题的通知》（国税发〔2006〕102 号）

执行日期：2006 年 7 月 1 日

分析诊断

出口企业退（免）税申报操作错误不同于出口企业逾期未办理出口退（免）税申报。出口货物超过退（免）税申报期限的，不得申报办理出口退（免）税，按当时适用的政策应当依照规定视同内销征税。而对出口企业前期申报操作错误的，当期可进行调整。结合上述案例，该公司在申报时出口销售金额与纸质报关单金额存在微小差异，这属于出口退（免）税申报时录入金额的操作错误，按照规定出口企业可以进行调整，而主管税务机关却要求公司视同内销征税。由此可见，主管税务机关的做法是错误的。

触类旁通

1. 出口退（免）税申报操作错误的范围

按照国税发〔2002〕11 号文件的规定，出口退（免）税申报操作错误仅限于以下三种情形：

1）出口额申报错误；

2）出口货物征税率、退税率申报错误；

3）运费、保险费和佣金申报错误。

2. 其他错误不得按出口退（免）税申报操作错误进行处理

（1）未依照规定作单证齐全申报

例如，某生产企业 201i 年 9 月出口一批货物，2011 年 11 月收齐出口货物报关单和出口收汇核销单，企业在出口退税申报系统未作单证齐全的免抵退税申报，却将单证交到主管税务机关，主管税务机关也未发现申报操作错误。2012 年 3 月该企业才发现这个问题。由于单证齐全申报不仅是纸质单证齐全，而且还应当通过免抵退税申报系统进行操作处理，因而主管税务机关通知其逾期未申报办理出口退（免）税，应当视同内销征税。

（2）出口货物报关单录入错误

如果出口企业出口货物报关单上的出口货物报关单号码、出口货物商品代码、出口日期等录入错误，企业又未在规定申报期限内更正的，不属于出口退（免）税申报操作错误，企业应当视同内销征税。

注意要点

出口企业退（免）税申报操作错误的处理不同于出口企业逾期未办理出口退（免）税申报的处理。

五、出口货物差额收汇≠差额视同内销征税

常见案例

A 公司是一家具有增值税一般纳税人资格的外贸出口企业。2007 年 12 月，该公司出口一票货物，货值 3 万美元，但报关时误报为 7 万美元，结汇时也实际接到 3 万美元（出口发票金额是 3 万美元）。A 公司办理出口差额收汇核销，公司申报退（免）税时也按 3 万美元申报，对于这 4 万美元（7 万美元 - 3 万美元）需要视同内销补缴增值税吗？A 公司办税员咨询市国税局退税部门，2008 年 4 月 16 日得到答复：未结汇的 4 万美元按《中华人民共和国增值税暂行条例》规定视同内销货物缴纳增值税。

政策规定

四、国外客户推迟支付货款或不能支付货款的出口货物，及出口企业以差额结汇方式进行结汇的进料加工出口货物，凡外汇管理部门出具出口收汇核销单（出口退税专用）的，出口企业可按现行有关规定申报办理退（免）税手续。

政策依据：《财政部国家税务总局关于出口货物退（免）税若干具体问题的通知》（财税〔2004〕116 号）

执行日期：2004 年 1 月 1 日

一、出口企业出口的下列货物，除另有规定者外，视同内销货物计提销项税额或征收增值税。

（一）国家明确规定不予退（免）增值税的货物；

（二）出口企业未在规定期限内申报退（免）税的货物；

（三）出口企业虽已申报退（免）税但未在规定期限内向税务机关补齐有关凭证的货物；

（四）出口企业未在规定期限内申报开具“代理出口货物证明”的货物；

（五）生产企业出口的除四类视同自产产品以外的其他外购货物。

政策依据：《国家税务总局关于出口货物退（免）税若干问题的通知》（国税发〔2006〕102号）

执行日期：2006年7月1日

分析诊断

出口货物报关金额并不是确定出口货物离岸价的唯一依据。外贸企业出口货物离岸价（FOB）以出口发票上的离岸价为准，若出口发票不能如实反映离岸价的，企业应按实际离岸价申报“免退”税。结合上述案例，A公司出口货物误报出口金额，但开具出口发票反映实际出口金额，同时收汇金额也反映了实际出口金额，因而应当按照实际出口货物离岸价申报办理免退税。对于多报的出口金额不属于未按期申报退（免）税的金额，因而不得视同内销货物征税。由此可见，市国税局退税部门的答复明显是错误的。

触类旁通

取消出口收汇核销单≠出口收汇金额变化不调整生产企业出口销售额

国家外汇管理局公告2012年第1号规定，自2012年8月1日起，全国取消出口收汇核销单，企业不再办理出口收汇核销手续。出口企业申报出口退税时，不再提供核销单。因而有的人错误地认为：没有出口收汇核销单，那么出口收汇金额与出口报关单上的金额不一致，也不需要调整生产企业出口销售额。

其实，财税〔2012〕39号文件规定，生产企业出口货物劳务（进料加工复出口货物除外）增值税退（免）税的计税依据，为出口货物劳务的实际离岸价（FOB）。实际离岸价应以出口发票上的离岸价为准，但如果出口发票不能反映实际离岸价，主管税务机关有权予以核定。

财税〔2012〕39号文件还规定，生产企业进料加工复出口货物增值税退（免）税的计税依据，按出口货物的离岸价（FOB）扣除出口货物所含的海关保税进口料件的金额后确定。

也就是说，生产企业出口货物的计算免抵退税额的依据是出口货物的实际离岸价，如果出口收汇核销金额与出口货物报关单上注明的价格不一致，或者出口货物报关单上注明的价格与出口发票的价格不一致，或者出口货物报关单、出口发票、出口收汇金额三者不一致，不能如实反映出口货物实际离岸价的，应当按照实际离岸价调整确认出口销售额。因此，即使取消出口收汇核销的管理制度，但是出口收汇核销金额与出口报关金额不一致的，也应当依照规定调整出口销售金额。

值得注意的是，出口企业出口货物由于国外客户原因发生坏账损失，不得冲减出口销售金额，仍应当依照现行规定申报办理出口退（免）税。

注意要点

出口货物报关金额并不是确定出口货物离岸价的唯一依据。

六、同批出口货物未全部申报退（免）税≠不视同内销征税

常见案例

某进出口公司是具有增值税一般纳税人资格的外贸公司。2009年10月，该公司报关出口遥控器数量115 140个，2009年12月办理出口退税申报，供货企业是新成立企业，只能开具万元版发票，共开具了600张增值税发票，其中遥控器的数量为111 000个。这样，出口数量与进货数量不符。经主管税务机关核查，由于遥控器属于易耗品，出口时赠送了4 140个作为备用。在进货数据录入时，为了使出口数量和进货数量匹配，从而顺利生成申报数据，该公司将遥控器的进货数量录入115 140个，实际上进货的是111 000个遥控器的金额和税额，故按111 000个遥控器的数量计算退税。主管税务机关审核办理了该公司的出口退税申报。

政策规定

一、出口企业出口的下列货物，除另有规定者外，视同内销货物计提销项税额或征收增值税。

（一）国家明确规定不予退（免）增值税的货物；

（二）出口企业未在规定期限内申报退（免）税的货物；

（三）出口企业虽已申报退（免）税但未在规定期限内向税务机关补齐有关

凭证的货物；

（四）出口企业未在规定期限内申报开具“代理出口货物证明”的货物；

（五）生产企业出口的除四类视同自产产品以外的其他外购货物。

政策依据：《国家税务总局关于出口货物退（免）税若干问题的通知》（国税发〔2006〕102号）

执行日期：2006年7月1日

分析诊断

同批出口货物未全部申报办理出口退（免）税，不能等同全部出口货物申报办理退（免）税。同批出口货物中逾期未申报办理出口退（免）税的货物，依照当时适用的出口退（免）税政策应当依照规定视同内销征税。结合上述案例，同批出口货物中有部分属于赠送货物，该公司却未依照规定申报办理出口退（免）税，主管税务机关也未依照规定审核办理出口退（免）税，还未依照规定要求对逾期未办理退（免）税申报的出口货物视同内销征税。由此可见，该公司的做法是错误的，主管税务机关的做法也是错误的。

触类旁通

1. 保修期间出口免费部件

某公司是电梯生产企业，整部电梯出口以后，国外客户在保修期内发现问题，该公司提供免费部件，将另行出口报关。2010年1月22日主管税务机关通知该公司，对保修期间出口的免费部件，由于未收汇核销所以不能申报办理免抵退税，应当视同内销征税。

2. 同批出口货物中部分赠送的筹划

如同上述常见案例，同批出口货物中要赠送部分货物，要达到能够依照规定申报办理出口退（免）税的目的，出口企业可以在出口货物销售总金额不变的前提下，降低出口货物单价，增加出口货物销售数量，避免出口货物部分赠送不作销售不能申报办理出口退（免）税的风险；同时在购进货物总金额不变的前提下，降低单位价格，在增值税专用发票上增加出口货物数量，避免部分赠送的出口货物没有增值税专用发票不能申报办理出口退（免）税的风险。

注意要点

同批出口货物未全部申报办理出口退（免）税，不能等同全部出口货物申报办理退（免）税。

七、出口应税消费品视同内销征增值税≠不视同内销征消费税

常见案例

某市国税局开发预警评估系统，对出口货物进行增值税与消费税的立体评估。通过对全市出口的未申报退（免）增值税的应税消费品进行评估，某市国税局发现某具有增值税一般纳税人资格的外贸公司（认定为金银首饰消费税纳税人）出口的金银首饰，虽已按照规定计提增值税销项税额，但却未按规定计提缴纳消费税。因而市国税局责令主管税务机关依法追缴该公司出口的金银首饰应交纳的消费税。

政策规定

一、改为零售环节征收消费税的金银首饰范围

这次改为零售环节征收消费税的金银首饰范围仅限于：金、银和金基、银基合金首饰，以及金、银和金基、银基合金的镶嵌首饰（以下简称金银首饰）。

不属亍上述范围的应征消费税的首饰（以下简称非金银首饰），仍在生产销售环节征收消费税。

对既销售金银首饰，又销售非金银首饰的生产、经营单位，应将两类商品划分清楚，分别核算销售额。凡划分不清楚或不能分别核算的，在生产环节销售的，一律从高适用税率征收消费税；在零售环节销售的，一律按金银首饰征收消费税。

金银首饰与其他产品组成成套消费品销售的，应按销售额全额征收消费税。

二、税率

金银首饰消费税税率为5%。

三、纳税义务人在中华人民共和国境内从事金银首饰零售业务的单位和个人，为金银首饰消费税的纳税义务人（以下简称纳税人），应按本通知的规定缴

纳消费税。委托加工（另有规定者除外），委托代销金银首饰的，受托方也是纳税人。

四、纳税环节纳税人销售（指零售，下同）的金银首饰（含以旧换新），于销售时纳税；用于馈赠、赞助、集资、广告、样品、职工福利、奖励等方面的金银首饰，于移送时纳税；带料加工，翻新改制的金银首饰，于受托方交货时纳税。

五、纳税义务发生时间

纳税人销售金银首饰，其纳税义务发生时间为收讫销货款或取得索取销货凭据的当天；用于馈赠、赞助、集资、广告、样品、职工福利、奖励等方面的金银首饰，其纳税义务发生时间为移送的当天；带料加工，翻新改制的金银首饰，其纳税义务发生时间为受托方交货的当天。

六、金银首饰消费税改变征税环节后，经营单位进口金银首饰的消费税，由进口环节征收改为在零售环节征收；出口金银首饰由出口退税改为出口不退消费税。

政策依据：《财政部国家税务总局关于调整金银首饰消费税纳税环节有关问题的通知》（财税字〔1994〕095号）

执行日期：1995年1月1日

一、出口企业出口的下列货物，除另有规定者外，视同内销货物计提销项税额或征收增值税。

（一）国家明确规定不予退（免）增值税的货物；

（二）出口企业未在规定期限内申报退（免）税的货物；

（三）出口企业虽已申报退（免）税但未在规定期限内向税务机关补齐有关凭证的货物；

（四）出口企业未在规定期限内申报开具“代理出口货物证明”的货物；

（五）生产企业出口的除四类视同自产产品以外的其他外购货物。

出口企业出口的上述货物若为应税消费品，除另有规定者外，出口企业为生产企业的，须按现行有关税收政策规定计算缴纳消费税；出口企业为外贸企业的，不退还消费税。

政策依据：《国家税务总局关于出口货物退（免）税若干问题的通知》（国税发〔2006〕102号）

执行日期：2006年7月1日

分析诊断

出口企业出口的应税消费品应当依照规定视同内销征收增值税的，除另有规定者外，生产出口企业须按现行有关税收政策规定计算缴纳消费税；外贸企业不退还消费税。结合上述案例，该公司属于金银首饰消费税纳税人，其出口金银首饰实行免征消费税。但是该公司未依照规定申报退（免）增值税，则应当依照规定视同内销货物征收增值税和消费税，而该公司仅视同内销计提缴纳增值税，未计提缴纳消费税。由此可见，该公司的做法是错误的，主管税务机关的做法无疑是正确的。

触类旁通

出口应税消费品视同内销征收消费税

财税〔2012〕39 号文件规定，出口企业出口或视同出口适用增值税征税政策的货物，应按规定缴纳消费税，不退还其以前环节已征的消费税，且不允许在内销应税消费品应纳消费税款中抵扣。具体来说，出口应税消费品视同内销征消费税有以下四种情形。

（1）生产企业出口应税消费品视同内销征税

生产企业出口适用征收增值税政策的应税消费品，应当视同内销征收消费税；如果已经退还以前环节已征的消费税，那么也应当按规定追缴已退的消费税。

（2）外贸企业出口应税消费品视同内销征税

外贸企业出口适用征收增值税政策的应税消费品，如果应税消费品在内销环节应当缴纳消费税的，其出口货物应当依照规定征收消费税，如零售金银首饰缴纳消费税，卷烟在生产环节以外还要在批发环节缴纳消费税等；如果应税消费品只在生产环节缴纳消费税的，其出口货物就不应当征收消费税，但出口货物已办理的退消费税应当依照规定予以追缴。

（3）出口货物视同内销免税

出口企业出口适用征收增值税政策的应税消费品，应当视同内销征收消费税；但该货物内销依照规定应当免征增值税、消费税的，税务机关仍然依照内销的规定给予免征增值税、消费税处理。

（4）以来料加工贸易方式出口不予退（免）税的应税消费品

根据财税〔2012〕39 号文件规定，出口企业出口或视同出口适用增值税免税政策的货物，免征消费税，但不退还其以前环节已征的消费税，且不允许在内销应税消费品应纳消费税款中抵扣。因此，出口企业如果以来料加工贸易方式出口不予退（免）税的应税消费品，仍然免征增值税和消费税。

注意要点

出口企业出口或视同出口适用增值税征税政策的货物，应按规定缴纳消费税。

八、政策调整后进料加工贸易方式出口货物视同内销征税的处理≠政策调整前进料加工贸易方式出口货物视同内销征税的处理

常见案例

A公司是具有增值税一般纳税人资格的外贸企业，2011年12月，该公司以进料加工贸易方式出口土耳其公司一批货物458 500美元，价值人民币3 794 107.99元，出口货物耗用进口料件200万元，耗用国内原材料50万元，支付委托加工费用100万元，出口货物和原材料的征税率均为17%，退税率均为13%，2012年3月已经申报办理出口退税19.5万元（50×13%+100×13%）。2012年7月A公司未收汇核销，2012年8月未依照规定申报出口免税，所以视同内销征税。因而A公司在2012年9月补缴已办理的出口退税19.5万元，申报销售额1 794 107.99元（3 794 107.99－2 000 000），申报销项税额260 682.36元（1 794 107.99÷1.17×17%），申请开具出口货物转内销证明申报抵扣进项税额25.5万元（50×17%+100×17%），申报缴纳增值税5682.36元（260 682.36－255 000）。

政策规定

一、出口企业出口的下列货物，除另有规定者外，视同内销货物计提销项税额或征收增值税。

（一）国家明确规定不予退（免）增值税的货物；

（二）出口企业未在规定期限内申报退（免）税的货物；

（三）出口企业虽已申报退（免）税但未在规定期限内向税务机关补齐有关凭证的货物；

（四）出口企业未在规定期限内申报开具“代理出口货物证明”的货物；

（五）生产企业出口的除四类视同自产产品以外的其他外购货物。

一般纳税人以一般贸易方式出口上述货物计算销项税额公式：

销项税额＝出口货物离岸价格×外汇人民币牌价÷（1＋法定增值税税率）×法定增值税税率

一般纳税人以进料加工复出口贸易方式出口上述货物以及小规模纳税人出口上述货物计算应纳税额公式：

应纳税额＝（出口货物离岸价格×外汇人民币牌价）÷（1＋征收率）×征收率

对上述应计提销项税额的出口货物，生产企业如已按规定计算免抵退税不得免征和抵扣税额并已转入成本科目的，可从成本科目转入进项税额科目；外贸企业如已按规定计算征税率与退税率之差并已转入成本科目的，可将征税率与退税率之差及转入应收出口退税的金额转入进项税额科目。

出口企业出口的上述货物若为应税消费品，除另有规定者外，出口企业为生产企业的，须按现行有关税收政策规定计算缴纳消费税；出口企业为外贸企业的，不退还消费税。

二、对出口企业按本通知第一条规定计算缴纳增值税、消费税的出口货物，不再办理退税。对已计算免抵退税的，生产企业应在申报纳税当月冲减调整免抵退税额；对已办理出口退税的，外贸企业应在申报纳税当月向税务机关补缴已退税款。

政策依据：《国家税务总局关于出口货物退（免）税若干问题的通知》（国税发〔2006〕102号）

执行日期：2006年7月1日

适用增值税征税政策的出口货物劳务，其应纳增值税按下列办法计算：

1. 一般纳税人出口货物

销项税额＝（出口货物离岸价－出口货物耗用的进料加工保税进口料件金额）÷（1＋适用税率）×适用税率

出口货物若已按征退税率之差计算不得免征和抵扣税额并已经转入成本的，相应的税额应转回进项税额。

（1）出口货物耗用的进料加工保税进口料件金额＝主营业务成本×（投入的保税进口料件金额÷生产成本）

主营业务成本、生产成本均为不予退（免）税的进料加工出口货物的主营业务成本、生产成本。当耗用的保税进口料件金额大于不予退（免）税的进料加工出口货物金额时，耗用的保税进口料件金额为不予退（免）税的进料加工出口货物金额。

（2）出口企业应分别核算内销货物和增值税征税的出口货物的生产成本、主营业务成本。未分别核算的，其相应的生产成本、主营业务成本由主管税务机关核定。

进料加工手册海关核销后，出口企业应对出口货物耗用的保税进口料件金额进行清算。清算公式为：

清算耗用的保税进口料件总额＝实际保税进口料件总额－退（免）税出口货物耗用的保税进口料件总额－进料加工副产品耗用的保税进口料件总额

若耗用的保税进口料件总额与各纳税期扣减的保税进口料件金额之和存在差额时，应在清算的当期相应调整销项税额。当耗用的保税进口料件总额大于出口货物离岸金额时，其差额部分不得扣减其他出口货物金额。

2. 小规模纳税人出口货物

应纳税额＝出口货物离岸价÷（1＋征收率）×征收率

政策依据：《财政部国家税务总局关于出口货物劳务增值税和消费税政策的通知》（财税〔2012〕39号）

执行日期：2012年7月1日

分析诊断

政策调整后进料加工贸易方式出口货物视同内销征税的处理不同于政策调整前进料加工贸易方式出口货物视同内销征税的处理。2012年6月30日政策调整前进料加工贸易方式出口货物视同内销征税的，应当按出口货物离岸价依照征收率计算缴纳增值税。2012年7月1日政策调整后进料加工贸易方式出口货物视同内销征税的，应当按出口货物离岸价扣除耗用的保税进口料件的余额后依照规定税率计提销项税额。结合上述案例，A公司2011年12月以进料加工贸易方式报关出口货物，依照规定适用征收增值税政策，由于2011年适用征收增值税政策的出口货物不能追溯适用调整后的政策规定，因而A公司以进料加工贸易方式出口货物视同内销征税，应当适用政策调整前的视同内销征税规定，而A公司却错误地适用政策调整后的视同内销征税的规定。由此可见，A公司的做法是错误的，主管税务机关按政策调整后视同内销征税的规定征收增值税也是错误的。

触类旁通

财税〔2012〕39号对进料加工贸易方式出口货物视同内销征税的计算作了重大调整，现逐项比较，详见表5－8。

表 5-8　出口货物视同内销征税计算的新旧政策比较

财税〔2012〕39 号	以前相关规定	比较结果
适用增值税征税政策的出口货物劳务，其应纳增值税按下列办法计算： 1. 一般纳税人出口货物 销项税额 =（出口货物离岸价 - 出口货物耗用的进料加工保税进口料件金额）÷（1 + 适用税率）×适用税率 出口货物若已按征退税率之差计算不得免征和抵扣税额并已经转入成本的，相应的税额应转回进项税额。 （1）出口货物耗用的进料加工保税进口料件金额 = 主营业务成本 ×（投入的保税进口料件金额 ÷ 生产成本） 主营业务成本、生产成本均为不予退（免）税的进料加工出口货物的主营业务成本、生产成本。当耗用的保税进口料件金额大于不予退（免）税的进料加工出口货物金额时，耗用的保税进口料件金额为不予退（免）税的进料加工出口货物金额。 （2）出口企业应分别核算内销货物和增值税征税的出口货物的生产成本、主营业务成本。未分别核算的，其相应的生产成本、主营业务成本由主管税务机关核定。 进料加工手册海关核销后，出口企业应对出口货物耗用的保税进口料件金额进行清算。清算公式为： 清算耗用的保税进口料件总额 = 实际保税进口料件总额 - 退（免）税出口货物耗用的保税进口料件总额 - 进料加工副产品耗用的保税进口料件总额 若耗用的保税进口料件总额与各纳税期扣减的保税进口料件金额之和存在差额时，应在清算的当期相应调整销项税额。当耗用的保税进口料件总额大于出口货物离岸金额时，其差额部分不得扣减其他出口货物金额。	《国家税务总局关于出口货物退（免）税若干问题的通知》（国税发〔2006〕102 号）第一条规定： 一般纳税人以一般贸易方式出口上述货物计算销项税额公式： 销项税额 = 出口货物离岸价格 × 外汇人民币牌价 ÷（1 + 法定增值税税率）× 法定增值税税率 一般纳税人以进料加工复出口贸易方式出口上述货物以及小规模纳税人出口上述货物计算应纳税额公式： 应纳税额 =（出口货物离岸价格 × 外汇人民币牌价）÷（1 + 征收率）× 征收率 对上述应计提销项税额的出口货物，生产企业如已按规定计算免抵退税不得免征和抵扣税额并已转入成本科目的，可从成本科目转入进项税额科目；外贸企业如已按规定计算征税率与退税率之差并已转入成本科目的，可将征税率与退税率之差及转入应收出口退税的金额转入进项税额科目。	调整内容：一是将一般纳税人以进料加工贸易方式出口货物征收增值税的方法由以前的按征收率计算增值税调整为按出口销售额扣除出口货物耗用进口料件金额后余额计算销项税额的方法；二是全面详细地规定了出口货物耗用进口料件金额的计算和管理要求。

续表

财税〔2012〕39号	以前相关规定	比较结果
2. 小规模纳税人出口货物 应纳税额 = 出口货物离岸价 ÷（1 + 征收率）× 征收率	《国家税务总局关于出口货物退（免）税若干问题的通知》（国税发〔2006〕102号）第一条规定： 小规模纳税人出口上述货物计算应纳税额公式： 应纳税额 =（出口货物离岸价格 × 外汇人民币牌价）÷（1 + 征收率）× 征收率	与以前规定相同。

进料加工贸易出口货物视同内销征税政策问题

（1）执行时间问题

新政策对进料加工贸易方式出口货物视同内销征税采取用出口货物离岸价扣减耗用的保税进口料件的余额后再计算销项税额的方法，而以前却采取按照征收率计算应纳增值税的方法，不同的方法将使出口企业承担不同的税收负担。

首先需要明确的是，出口企业2011年以进料加工贸易方式出口货物如果未依照规定申报免税应当视同内销征税的，那么依照规定其不属于追溯适用调整后新政策的范围。如果允许适用新政策规定，那么出口企业2011年度出口货物未按期申报出口退（免）税如果已经视同内销征税的，就将会按新政策规定进行调整，这样对同笔出口业务同样视同内销征税就会采取不同的计算方法，就必然违反追溯适用政策的规定。

由于财税〔2012〕39号文件从7月1日起执行，同时国家税务总局2012年第24号公告对执行起始日期的确定标准作了明确规定。据此，出口企业2012年6月30日以前以进料加工贸易方式报关出口货物，如果未依照规定申报免税，应当按照以前视同内销征税的规定执行；只有2012年7月1日以后报关出口货物，如果未依照规定申报免税，才应当按照目前视同内销征税的规定执行。

（2）执行范围问题

虽然生产企业能够准确分别核算内销货物和增值税征税的出口货物的生产成本、主营业务成本，但并不是说，以进料加工贸易方式出口货物视同内销征税的范围就仅限于生产企业。外贸企业以进料加工贸易方式出口货物，其报关出口的离岸价均包括保税进口料件的金额，因此财税〔2012〕39号文件规定进料加工贸易方式出口货物视同内销征税的适用范围是一般纳税人，就包括生产企业和外贸企业。与生产企业不同的是，外贸企业未分别核算内销货物和增值税征税的出口货物的生产成本、主营业务成本的，其相应的生产成本、主营业务成本应当由主管税务机关核定。

（3）耗用国内购进无进项税额且不计提进项税额的免税原材料生产的出口货物视同内销征税的处理

财税〔2012〕39号文件规定，生产企业国内购进无进项税额且不计提进项税额的免税原材料加工后出口的货物计算免抵退税额的依据，按出口货物的离岸价（FOB）扣除出口货物所含的国内购进免税原材料的金额后确定。那么出口货物适用征收增值税政策是否应当从离岸价中扣除耗用的国内购进无进项税额且不计提进项税额的免税原材料金额呢？

对此，财税〔2012〕39号文件没有明确规定，但是按照内销货物征收增值税的规定，生产企业国内购进无进项税额且不计提进项税额的免税原材料，不能计提申报抵扣进项税额，同时也不得从内销货物的销售额中扣减国内购进免税原材料的金额。因此，生产企业出口货物如果适用征收增值税政策，那么不得从离岸价中扣除耗用的国内购进无进项税额且不计提进项税额的免税原材料金额。

注意要点

政策调整后进料加工贸易方式出口货物视同内销征税的处理不同于政策调整前进料加工贸易方式出口货物视同内销征税的处理。

九、出口货物视同内销征税的计税依据≠内销货物计提销项税额的依据

常见案例

某公司是具有增值税一般纳税人资格的外贸企业，2012年7月1日起，该公司出口货物全部取消退（免）税适用征收增值税政策。由于出口货物采取CIF价格，因而该公司办税员按照价外费用征收增值税的政策，将出口货物CIF价格包括向客户收取的运费、保险费等全部金额依照税率计提销项税额，并依照规定申报缴纳增值税额。

政策规定

适用增值税征税政策的出口货物劳务，其应纳增值税按下列办法计算：

1. 一般纳税人出口货物

销项税额 =（出口货物离岸价 - 出口货物耗用的进料加工保税进口料件金额）÷（1 + 适用税率）×适用税率

出口货物若已按征退税率之差计算不得免征和抵扣税额并已经转入成本的，相应的税额应转回进项税额。

（1）出口货物耗用的进料加工保税进口料件金额 = 主营业务成本 ×（投入的保税进口料件金额 ÷ 生产成本）

主营业务成本、生产成本均为不予退（免）税的进料加工出口货物的主营业务成本、生产成本。当耗用的保税进口料件金额大于不予退（免）税的进料加工出口货物金额时，耗用的保税进口料件金额为不予退（免）税的进料加工出口货物金额。

（2）出口企业应分别核算内销货物和增值税征税的出口货物的生产成本、主营业务成本。未分别核算的，其相应的生产成本、主营业务成本由主管税务机关核定。

进料加工手册海关核销后，出口企业应对出口货物耗用的保税进口料件金额进行清算。清算公式为：

清算耗用的保税进口料件总额 = 实际保税进口料件总额 - 退（免）税出口货物耗用的保税进口料件总额 - 进料加工副产品耗用的保税进口料件总额

若耗用的保税进口料件总额与各纳税期扣减的保税进口料件金额之和存在差额时，应在清算的当期相应调整销项税额。当耗用的保税进口料件总额大于出口货物离岸金额时，其差额部分不得扣减其他出口货物金额。

2. 小规模纳税人出口货物

应纳税额 = 出口货物离岸价 ÷（1 + 征收率）×征收率

政策依据：《财政部国家税务总局关于出口货物劳务增值税和消费税政策的通知》（财税〔2012〕39 号）

执行日期：2012 年 7 月 1 日

分析诊断

出口货物视同内销征税的计税依据不同于内销货物销项税额的计税依据。内销货物向购货方收取价外费用的，应当依照规定计算缴纳增值税。而出口货物视同内销征税的计税依据，与内销货物销项税额的计税依据不同，是按照出口货物的离岸价来计算的。结合上述案例，该公司出口不予退（免）税货物适用征收增值税政策的，其计算增值税销项税额的依据应当是出口货物离岸价，而不应当是出口货物到岸价。由此可见，该公司的做法明显是错误的。

触类旁通

1. 以 FOB 价格以外其他方式成交货物视同内销征税问题

出口企业如果以 FOB 价格成交货物依照规定视同内销征税的，那么就直接按照 FOB 价格计算缴纳增值税额。出口企业如果以 FOB 以外其他方式成交货物视同内销征税的，那么就应当依照规定扣减运费、保险费、佣金和其他费用以后，按照相当于 FOB 价的金额计算缴纳增值税。

2. 缴纳关税的出口货物视同内销征税问题

例如，某公司是具有增值税一般纳税人资格的生产企业，出口高纯硅铁，2006 年国家取消出口退税后应当视同内销征收增值税。该公司产品出口时海关要加征关税 10%，关税的计算公式是：关税 =（离岸价 × 汇率/1 + 关税税率）× 关税税率。由于《中华人民共和国进出口关税条例》明确规定“出口关税不计入完税价格”，该公司办税员认为按此规定，关税是不纳入完税价格的，应在离岸价中扣减后再进行价税分离计算增值税。那么计算增值税的公式就是：销项税额 =（离岸价 × 汇率 - 关税/1 + 增值税税率）× 增值税税率。

其实，关税和增值税是完全不同的两个税种。关税是按照完税价格计算确定的，视同内销征税货物的增值税是按出口货物离岸价格计算确定的。同时，关税是出口企业向海关缴纳的，不是直接向国外进口商收取的，因而出口货物视同内销征税计提销项税额时，不得扣除出口企业向海关缴纳的关税。

注意要点

出口货物视同内销征税的计税依据不同于内销货物销项税额的计税依据。

十、视同内销征税出口货物报关的离岸价格≠视同内销征税出口货物真实的离岸价格

常见案例

A 公司是具有增值税一般纳税人资格的外贸企业，2012 年 7 月，该公司报关出口不予退（免）税的货物，以 CIF 价成交。由于 A 公司与国外客户之间存在关联业务关系，因而出口货物报关单上注明货物的金额小于运保佣费用（因为包装问题，需支付物流公司空箱费用），从而 CIF 价减去运保佣费用后出口货物离岸

价格是负数，由于出口货物适用征收增值税政策需视同内销征税，A公司办税员咨询某省国税局退税部门，2012年7月13日得到答复：离岸价格是负数不计提销项税额。

政策规定

生产企业出口货物劳务（进料加工复出口货物除外）增值税退（免）税的计税依据，为出口货物劳务的实际离岸价（FOB）。实际离岸价应以出口发票上的离岸价为准，但如果出口发票不能反映实际离岸价，主管税务机关有权予以核定。

政策依据：《财政部国家税务总局关于出口货物劳务增值税和消费税政策的通知》（财税〔2012〕39号）

执行日期：2012年7月1日

适用增值税征税政策的出口货物劳务，其应纳增值税按下列办法计算：

1. 一般纳税人出口货物

销项税额 =（出口货物离岸价 - 出口货物耗用的进料加工保税进口料件金额）÷（1 + 适用税率）× 适用税率

出口货物若已按征退税率之差计算不得免征和抵扣税额并已经转入成本的，相应的税额应转回进项税额。

（1）出口货物耗用的进料加工保税进口料件金额 = 主营业务成本 ×（投入的保税进口料件金额 ÷ 生产成本）

主营业务成本、生产成本均为不予退（免）税的进料加工出口货物的主营业务成本、生产成本。当耗用的保税进口料件金额大于不予退（免）税的进料加工出口货物金额时，耗用的保税进口料件金额为不予退（免）税的进料加工出口货物金额。

（2）出口企业应分别核算内销货物和增值税征税的出口货物的生产成本、主营业务成本。未分别核算的，其相应的生产成本、主营业务成本由主管税务机关核定。

进料加工手册海关核销后，出口企业应对出口货物耗用的保税进口料件金额进行清算。清算公式为：

清算耗用的保税进口料件总额 = 实际保税进口料件总额 - 退（免）税出口货物耗用的保税进口料件总额 - 进料加工副产品耗用的保税进口料件总额

若耗用的保税进口料件总额与各纳税期扣减的保税进口料件金额之和存在差额时，应在清算的当期相应调整销项税额。当耗用的保税进口料件总额大于出口货物离岸金额时，其差额部分不得扣减其他出口货物金额。

2. 小规模纳税人出口货物

应纳税额 = 出口货物离岸价 ÷ （1 + 征收率） × 征收率

政策依据：《财政部国家税务总局关于出口货物劳务增值税和消费税政策的通知》（财税〔2012〕39 号）

执行日期：2012 年 7 月 1 日

分析诊断

视同内销征税出口货物离岸价格与计算出口货物免抵退税额的离岸价格应当相同。生产企业出口货物劳务（进料加工复出口货物除外）增值税退（免）税的计税依据，为出口货物劳务的实际离岸价（FOB）。实际离岸价应以出口发票上的离岸价为准，但如果出口发票不能反映实际离岸价，主管税务机关有权予以核定。结合上述案例，A 公司低报出口货物 CIF 价格，扣除运保佣费用后出口货物的离岸价格成为负数，明显不能如实反映出口货物离岸价格，在这种情况下，企业应当以真实的离岸价格视同内销征税，否则主管税务机关有权核定出口货物离岸价格。由此可见，A 公司的做法是错误的，某省国税局退税部门的答复也是错误的。

触类旁通

1. 发生折让折扣的出口货物视同内销征税

出口企业出口货物后如果发生折让折扣，但是依照规定应当视同内销征税的，在这种情况下，视同内销征税的出口货物就不能按照报关时的离岸价格计算缴纳增值税，而应当按实际的离岸价格也就是按折让折扣后的离岸价格计算缴纳增值税。

2. 多收货款的出口货物视同内销征税

例如，某单位（外贸）接受国外客户订单提前交货，外商在按合同正常支付货款后，额外支付了一笔提前交货奖励。而某单位出口的产品，国家已取消了出口退税，那么，视同内销征税的出口货物就不能按照报关时的离岸价格计算缴纳增值税，而应当按照实际离岸价格也就是加上交货奖励后的离岸价格计算缴纳增值税。

3. 视同内销出口货物离岸价格明显偏低的

例如，某国贸实业公司在 2008 年至 2010 年有视同内销征税的情况，其原因为企业随同货物出口海报、广告、展架等，由于是赠品未收汇，因此出口货物计提了销项税额。同时，由于企业购进时部分取得了增值税专用发票，所以又申报抵扣了进项税额。由于出口金额很小，只有几美元至200美元不等，从而按出口金额计提销项税额时折算的金额很小，三年计提销项税额只有909.58元。而企业购进时的成本相对较高，仅取得了增值税专用发票的金额就有35 897.43元，申报抵扣进项税额6 255.14元，还不包括未取得专用发票的金额31 597元。因此主管税务机关认为视同内销征税出口货物的销售价格明显偏低，根据《中华人民共和国税收征收管理法》及《中华人民共和国增值税暂行条例》的规定，对企业出口货物的销售额进行重新核定，从而补计提销项税额。

注意要点

视同内销征税出口货物离岸价格与计算出口货物免抵退税额的离岸价格应当相同。

十一、出口货物视同内销征税≠不能重新办理出口退（免）税

常见案例

某公司是具有增值税一般纳税人资格的外贸企业，出口退（免）税实行免退税办法，属于出口退（免）税申报时可暂不提供收汇核销单的出口企业。该公司于2008年12月2日出口一批货物价值913 843元，已经按规定申报办理免退税。2009年8月，该公司逾期收汇核销，主管税务机关依照规定追缴已办理的出口退税，并视同内销征税。2010年4月，该公司要求重新办理这笔逾期收汇核销出口货物的免退税，主管税务机关以出口货物已视同内销征税不得重新办理出口退（免）税为由不同意重新办理。

政策规定

近据一些地区反映，受国际金融危机影响，部分出口企业出现逾期收汇核销的问题，为缓解企业资金压力，帮助企业解决实际困难，经研究，现将有关事项通知如下：

一、对出口企业受2008年以来国际金融危机影响，逾期取得出口收汇核销单的，税务机关可在对出口企业其他退税单证、信息审核无误后予以办理出口货物退（免）税。

二、试行申报出口退税免予提供纸质出口收汇核销单的出口企业，因网上核

销系统、信息传输等原因致使出口企业逾期收汇核销的，税务机关经审核无误后可按有关规定办理出口货物退（免）税。

政策依据：《国家税务总局关于出口企业延期提供出口收汇核销单有关问题的通知》（国税函〔2010〕89 号）

执行日期：2008 年 1 月 1 日

分析诊断

对出口企业受 2008 年以来国际金融危机影响，逾期取得出口收汇核销单的，税务机关可在对出口企业其他退税单证、信息审核无误后予以办理出口货物退（免）税。虽然国税函〔2010〕89 号文件是 2010 年 3 月 2 日下发的，但是对于 2008 年以来逾期收汇核销取得出口收汇核销单的，国家税务总局明确可办理出口退（免）税。结合上述案例，该公司 2009 年 8 月逾期收汇核销，在国税函〔2010〕89 号文件未下发以前，主管税务机关要求追缴已办理的出口退（免）税，并依照规定视同内销征税，这无疑是正确的。但是，2010 年 4 月公司要求重新办理这笔逾期收汇核销出口货物的免退税，主管税务机关应当冲减视同内销征税计提的销项税额，并依照规定重新办理出口货物退（免）税，而主管税务机关却拒绝重新办理出口退（免）税。由此可见，该公司的做法是正确的，主管税务机关的做法无疑是错误的。

触类旁通

1. 视同内销征税出口货物逾期收汇核销重新办理出口退（免）税的处理

（1）范围

出口货物视同内销征税的原因仅由于逾期未收汇核销，按规定视同内销征税和冲减免抵退税额的，出口企业逾期收汇核销才能重新办理出口退（免）税。

出口货物如果由于其他原因视同内销征税，无论是否逾期收汇核销，均不得重新办理出口退（免）税。

（2）一般贸易方式出口货物视同内销征税后重新办理出口退（免）税

1）出口退（免）税申报时必须提供收汇核销单的出口企业重新办理出口退（免）税。

出口退（免）税申报时必须提供收汇核销单的出口企业，由于逾期未收汇，不得办理出口退（免）税，而应当依照规定视同内销征税，已计入成本的征退税率之差应当转回。这些出口企业逾期收汇核销，应当冲减计提的销项税额，同时应当冲减视同内销征税时转回的征退税率之差，依照规定申报办理出口退（免）税，并按照正常出口退（免）税进行会计处理。

2）出口退（免）税申报时可暂不提供收汇核销单的出口企业重新办理出口退（免）税。

出口退（免）税申报时可暂不提供收汇核销单的出口企业，报关单信息齐全时已经申报办理出口退（免）税，征退税率之差已经计入成本；由于逾期未收汇，应当追缴或冲减出口退（免）税，并计提销项税额，已计入成本的征退税率之差应当转回。这些出口企业逾期收汇核销，应当冲减计提的销项税额，同时应当冲减视同内销征税时转回的征退税率之差，依照规定申报办理出口退（免）税，并按照正常出口退（免）税进行会计处理。

(3) 生产企业进料加工贸易方式出口货物视同内销征税后重新办理出口退（免）税

1）出口退（免）税申报时必须提供收汇核销单的出口企业重新办理出口退（免）税。

出口退（免）税申报时必须提供收汇核销单的出口企业，由于逾期未收汇，不得办理出口退（免）税，而应当依照规定视同内销征税计提应纳增值税额，已计入成本的出口货物部分的征退税率之差应当转回，出口货物耗用进口料件的免抵退税额抵减额和不得免征和抵扣税额抵减额应当通过进口料件冲减申报进行处理，出口货物耗用国内材料的进项税额应当进行转出。这些出口企业逾期收汇核销，应当冲减计提的应纳增值税额，同时应当冲减视同内销征税时转回的征退税率之差，同时应当冲减出口货物耗用国内材料的进项税额转出，通过申报系统申报出口货物耗用进口料件，依照规定申报办理出口退（免）税，并按照正常出口退（免）税进行会计处理。

2）出口退（免）税申报时可暂不提供收汇核销单的出口企业重新办理出口退（免）税。

出口退（免）税申报时可暂不提供收汇核销单的出口企业，报关单信息齐全时已经申报办理出口退（免）税，征退税率之差已经计入成本；由于逾期未收汇，应当冲减出口退（免）税，并计提应纳增值税额，已计入成本的出口货物部分的征退税率之差应当转回，出口货物耗用进口料件的免抵退税额抵减额和不得免征和抵扣税额抵减额应当通过进口料件冲减申报进行处理，出口货物耗用国内材料的进项税额应当进行转出。这些出口企业逾期收汇核销，应当冲减已计提的应纳增值税额，同时应当冲减视同内销征税时转回的征退税率之差，同时应当冲减出口货物耗用国内材料的进项税额转出，通过申报系统申报出口货物耗用进口料件，依照规定申报办理出口退（免）税，并按照正常出口退（免）税进行会计处理。

（4）外贸企业进料加工贸易方式出口货物视同内销征税后重新办理出口退（免）税

外贸企业进料加工贸易方式出口货物视同内销征税后，应当依照规定冲减已计提的应纳增值税额，将出口货物的进项税额从内销货物中转入出口货物，依照货物报关出口时的政策规定申报办理出口退（免）税。

（5）增值税小规模纳税人视同内销征税后重新办理出口货物免税

增值税小规模纳税人由于逾期未收汇核销按规定视同内销征税后重新办理出口货物免税的，应当冲减或退还视同内销征税的增值税额，依照规定重新申报办理出口货物免税。

（6）视同内销征税后重新办理出口货物消费税

如果出口货物是应税消费品，那么出口货物由于逾期未收汇核销依照规定视同内销征税时应当依照规定征收消费税。如果出口货物逾期收汇核销，应当冲减或退还视同内销征税的消费税，并依照规定重新申报办理出口货物免征消费税。

2. 追溯适用调整后出口退（免）税政策的处理

按照财税〔2012〕39 号文件第十一条和国家税务总局公告 2012 年第 24 号第十四条的规定，部分出口货物追溯适用调整后的出口退（免）税政策，2011 年出口货物适用调整后的出口退（免）税申报期限，出口企业应当把 2011 年以来出口货物劳务适用的增值税政策进行全面清理，重点清理 2011 年以来至 2012 年 6 月 30 日出口货物劳务未适用退（免）税的货物，对以前适用征税政策但追溯适用调整后退税政策的货物劳务，如国内航空供应公司生产销售给国内航空公司国际航班的航空食品，要及时申报退（免）税；对以前适用征税政策调整后适用免税政策的货物，如国家批准设立的免税店销售的货物，出口企业或其他单位未按规定申报或未补齐增值税退（免）税凭证的出口货物劳务；国家批准的免税品经营企业销售给免税店的进口免税货物，要及时申报出口货物免税；对按照以前规定超过出口退（免）税申报期限或申请开具代理出口货物证明期限未能申报出口退（免）税或开具代理出口货物证明的货物劳务，出口企业应当进行全面清理，按照追溯适用的规定，在调整后的出口退（免）税申报期限内或申请开具代理证明期限内及时向主管税务机关申报办理出口退（免）税申报或出口免税申报或开具代理出口货物证明，避免遭受不必要的经济损失。具体详见本书第一章案例十五“收回已办理的出口退（免）税≠不能再次申报办理出口退（免）税”。

注意要点

对出口企业受2008年以来国际金融危机影响，逾期取得出口收汇核销单的，税务机关可在对出口企业其他退税单证、信息审核无误后予以办理出口货物退（免）税。

第七节　其他案例

一、开具使用出口商品专用发票≠开具使用普通发票

常见案例

在某市国税局2011年11月组织的出口退（免）税检查中，检查组发现某具有增值税一般纳税人资格的外贸企业2011年出口的货物按CIF价格成交，出口发票按CIF价格开具，却未在出口发票上注明出口货物的FOB价格，经仔细核查，该企业已按FOB价格申报办理出口货物退（免）税。虽然已按规定申报办理出口退（免）税，但却未依照规定开具出口货物发票，因此，检查组要求该企业限期改正，并责令主管税务机关按照发票管理办法进行处罚。

政策规定

目前，各地税务机关管理出口发票的方式不统一，有的执行《国家税务总局关于外商投资企业和外国企业出口商品使用发票问题的通知》（国税发〔1994〕84号），不套印发票监制章，有的则根据发票管理的需要，套印发票监制章。

为了统一全国出口发票管理方式，加强对企业的财务监督，如实反映企业的进出口业务，经研究，总局决定从2000年1月1日起，对外商投资企业和外国企业出口商品所使用的发票由税务机关统一印制，套印发票监制章，并在发票右上角标明“出口专用”字样。国家税务总局国税发〔1994〕84号文，到2000年1月1日停止执行。

政策依据：《国家税务总局关于出口商品使用发票有关问题的通知》（国税发〔1999〕200号）

执行日期：2000年1月1日

生产企业出口货物“免、抵、退税额”应根据出口货物离岸价、出口货物退税率计算。出口货物离岸价（FOB）以出口发票上的离岸价为准（委托代理出口的，出口发票可以是委托方开具的或受托方开具的），若以其他价格条件成交的，应扣除按会计制度规定允许冲减出口销售收入的运费、保险费、佣金等。若申报数与实际支付数有差额的，在下次申报退税时调整（或年终清算时一并调整）。若出口发票不能如实反映离岸价，企业应按实际离岸价申报“免、抵、退”税，税务机关有权按照《中华人民共和国税收征收管理法》《中华人民共和国增值税暂行条例》等有关规定予以核定。

政策依据：《生产企业出口货物“免、抵、退”税管理操作规程》（国税发〔2002〕11 号）

执行日期：2002 年 1 月 1 日

第三十五条　违反本办法的规定，有下列情形之一的，由税务机关责令改正，可以处 1 万元以下的罚款；有违法所得的予以没收：

（一）应当开具而未开具发票，或者未按照规定的时限、顺序、栏目，全部联次一次性开具发票，或者未加盖发票专用章的；

（二）使用税控装置开具发票，未按期向主管税务机关报送开具发票的数据的；

（三）使用非税控电子器具开具发票，未将非税控电子器具使用的软件程序说明资料报主管税务机关备案，或者未按照规定保存、报送开具发票的数据的；

（四）拆本使用发票的；

（五）扩大发票使用范围的；

（六）以其他凭证代替发票使用的；

（七）跨规定区域开具发票的；

（八）未按照规定缴销发票的；

（九）未按照规定存放和保管发票的。

政策依据：《中华人民共和国发票管理办法》（2010 年 12 月 20 日《国务院关于修改〈中华人民共和国发票管理办法〉的决定》修订，国务院令第 587 号发布）

执行日期：2011 年 2 月 1 日

分析诊断

开具使用出口商品专用发票不能等同于开具使用普通发票。出口商品专用发票虽然是普通发票的范围，应当按照《中华人民共和国发票管理办法》和《中华人民共和国发票管理办法实施细则》的规定进行管理。但是，出口商品专用发票又不完全等同于普通发票，出口商品专用发票是申报办理出口退（免）税的重要凭证，因而就应当符合出口退（免）税的特殊管理规定。结合上述案例，该企业出口货物使用CIF价格成交，出口发票按CIF价格开具，却未在出口发票上注明出口货物的FOB价格。虽然该企业按规定申报办理出口退（免）税，但却未依照规定开具出口货物发票，因此，检查组要求企业限期改正，并责令主管税务机关按照发票管理办法进行处罚。由此可见，该企业的做法明显是错误的，税务机关检查组的做法无疑是正确的。

触类旁通

1. 出口商品专用发票管理应当适用《中华人民共和国发票管理办法》和《中华人民共和国发票管理办法实施细则》

出口商品专用发票是普通发票的一种，其印制、领购、开具、取得、保管、缴销、检查和处罚，必然要适用《中华人民共和国发票管理办法》和《中华人民共和国发票管理办法实施细则》，不能以出口商品专用发票是申报办理出口退（免）税的凭证为由就不适用发票管理的一般规定和要求。

例如，某出口企业领取出口商品专用发票后，开具发票的日期没有在领购发票的日期之后，而是在领购发票日期之前，主管税务机关依照《中华人民共和国发票管理办法》对出口企业未依照规定开具发票的行为予以处罚。

2. 开具出口商品专用发票的注意事项

（1）无论出口退（免）税申报是否需要提供出口发票，只要出口销售就应当依照规定开具出口发票

出口企业退（免）税申报必须提供出口发票的，如生产企业出口货物申报办理免抵退税、增值税小规模纳税人出口货物申报免税核销等，出口企业均应当依照规定开具出口发票。

出口企业退（免）税申报时不需提供出口发票的，如外贸企业出口货物申报免退税等，按照发票管理办法的规定，出口企业仍然应当依照规定开具使用出口发票。

（2）按FOB价格开具出口发票

出口企业按FOB价格开具出口发票，这是出口发票开具与普通发票开具的最大不同。这是因为生产企业退（免）税申报须提供出口发票，同时还以FOB价格作为计算出口货物免抵退税额的依据；虽然外贸企业出口退（免）税申报不需提供出口发票，但是外贸企业申报的出口销售额也是按FOB价格计算的。因此，出口发票应当按FOB价格开具，如果以其他价格开具出口发票的，出口企业应当在

发票上注明出口货物的 FOB 价格。

（3）应当使用中文开具发票

出口企业的进口商名称和地址等栏目往往都是英文或者其他文种，从而使用英文开具这些栏目。但是按照发票管理办法实施细则的规定，发票应当使用中文开具。出口发票作为发票的一种，当然也应当遵守这一规定。为了既遵守发票管理办法的规定，也满足出口业务管理需要，出口企业可以使用中文和英文等外文同时开具出口发票。

（4）出口发票开具的特殊规定

值得注意的是，对未报关出口的视同销售货物国家规定特准退（免）税的，发票管理也有特殊规定，出口企业仍然应当遵守。例如，销售给外轮、远洋国轮的货物，应提供列明销售货物名称、数量、销售金额并经外轮、远洋国轮船长签名的出口发票。

注意要点

开具使用出口商品专用发票不能等同于开具使用普通发票。

二、出口企业保管出口退（免）税凭证资料≠税务机关保管出口退（免）税凭证资料

常见案例

在某市国税局 2011 年 11 月组织的出口退税检查工作中，检查组核查某公司在 2010 年办理的出口退（免）税认定事项是否符合规定，出口退（免）税认定事项是否发生变化，要求该公司提供主管税务机关已审核确认的出口退（免）税认定表。该公司办税员一直未能找到出口退（免）税认定表。于是检查组责令主管税务机关以出口企业未依照规定保管出口退（免）税凭证资料为由对出口企业进行税务行政处罚。该公司办税员 为：主管税务机关保存有出口退（免）税认定表，出口退（免）税申报审核系统也有出口退（免）税认定内容，出口企业没有保存出口退（免）税认定表有什么影响，而且还要进行税务处罚？主管税务机关对出口企业保管出口退（免）税凭证资料的义务进行详细讲解，该公司终于理解出口退（免）税管理的内容，依照规定接受税务机关的行政处罚。

政策规定

第二十二条 税务机关应建立出口货物退（免）税凭证、资料的档案管理制度。出口货物退（免）税凭证、资料应当保存10年。但是，法律、行政法规另有规定的除外。具体管理办法由各省级国家税务局制定。

第二十三条 出口商有下列行为之一的，税务机关应按照《中华人民共和国税收征收管理法》第六十条规定予以处罚：

（一）未按规定办理出口货物退（免）税认定、变更或注销认定手续的；

（二）未按规定设置、使用和保管有关出口货物退（免）税账簿、凭证、资料的。

政策依据：《国家税务总局关于印发〈出口货物退（免）税管理办法（试行）〉的通知》（国税发〔2005〕51号）

执行日期：2005年5月1日

分析诊断

出口企业保管出口退（免）税凭证资料不等同于税务机关保管出口退（免）税凭证资料。有的出口退（免）税凭证资料，出口企业通过退（免）税申报交给税务机关，那么税务机关应当依照规定保管企业申报的退（免）税凭证资料；有的出口退（免）税凭证资料，出口企业通过税务机关审核确认后返还的，税务机关和出口企业均应当依照规定保管；有的出口退（免）税凭证资料，出口企业不需提交给税务机关的，出口企业自身应当依照规定保管。结合上述案例，该公司未依照规定保管税务机关审核确认的出口退（免）税认定表，即使主管税务机关保管有出口退（免）税认定表，即使出口退（免）税申报审核系统有退（免）税认定内容，但是这都不能取代出口企业保管出口退（免）税凭证的义务，因此检查组责令主管税务机关对该公司进行税务行政处罚。由此可见，该公司的做法是错误的，检查组和主管税务机关的做法无疑是正确的。

触类旁通

1. 出口企业保管退（免）税凭证资料的种类

1）出口退（免）税认定表、变更底定表、注销认定表。

2）出口企业退（免）税账簿凭证资料。

3）申请和开具出口退（免）税的证明资料。

4）申报审批退（免）税资料：

①税务机关受理出口退（免）税申报的回执；

②税务机关审核审批后的出口退（免）税申报表；

③税务机关出具的出口退（免）税审批通知单；

④出口企业办理出口退（免）税申请书；

⑤出口企业办理出口退（免）税的收入退还书。

5）加工贸易手册。

6）出口发票。

7）出口退（免）税货物备案资料。

8）其他出口退（免）税资料，如视同内销征税通知书等其他凭证资料。

2. 出口企业未按规定保管退（免）税凭证资料的法律责任

（1）未按规定保管出口货物备案单证的法律责任

根据《国家税务总局关于出口货物退（免）税实行有关单证备案管理制度（暂行）的通知》（国税发〔2005〕199 号）的规定，除另有规定外，备案单证由出口企业存放和保管，不得擅自损毁，保存期 5 年。出口企业未按依照规定要求进行装订、存放和保管备案单证的，税务机关应依照《中华人民共和国税收征收管理法》第六十条的规定处罚，即由税务机关责令限期改正，可以处 2 000 元以下的罚款；情节严重的，处 2 000 元以上 1 万元以下的罚款。

（2）未按规定保管出口发票的法律责任

按照《中华人民共和国发票管理办法》第二十九条的规定，开具发票的单位和个人应当按照税务机关的规定存放和保管发票，不得擅自损毁。已经开具的发票存根联和发票登记簿，应当保存 5 年。保存期满，报经税务机关查验后销毁。因此，出口企业未按照规定缴销出口发票或者未按照规定存放和保管出口发票的由税务机关责令改正，可以处 1 万元以下的罚款；有违法所得的予以没收。

（3）未按规定保管出口退（免）税账簿、凭证和其他资料的法律责任

按照《国家税务总局关于印发〈出口货物退（免）税管理办法（试行）〉的通知》（国税发〔2005〕51 号）的规定，出口货物退（免）税凭证、资料应当保存 10 年。出口企业未按规定保管出口退（免）税账簿、凭证和其他资料的，税务机关应依照《中华人民共和国税收征收管理法》第六十条的规定处罚，即由税务机关责令限期改正，可以处 2 000 元以下的罚款；情节严重的，处 2 000 元以上 1 万元以下的罚款。

3. 出口企业未按规定保管出口企业退（免）税申报资料

某公司在 2008 年 12 月 25 日将所属期为 2007 年 12 月的拟报送给税务机关的出口退（免）税申报资料装订成册，但是后来该册全套资料遗失，里面含有出口

收汇核销单、出口货物报关单、出口发票等税务机关需要报送的资料全套。在这种情况下，出口企业可以依照规定补办出口收汇核销单和出口货物报关单，重新开具出口发票，并重新申报办理出口退（免）税。如果出口企业逾期不能申报办理出口退（免）税的，则应当依照规定视同内销征税。

注意要点

出口企业保管出口退（免）税凭证资料不等同于税务机关保管出口退（免）税凭证资料。

参考书目

1. 周朝勇编著:《生产企业出口退（免）税常见错误解析115例》，中国海关出版社，2013年第1版。

2. 周朝勇编著:《出口企业退（免）税账务处理与操作实务》，人民邮电出版社，2010年第1版。

3. 周朝勇编著:《出口企业退（免）税办税与维权实务》，人民邮电出版社，2010年第1版。

4. 张久慧编著:《出口货物退（免）税政策详解与操作实务》，大连出版社，2009年第2版。

5. 王文清主编:《最新出口货物退（免）税政策解析与操作实务大全》，中信出版社，2009年第1版。

6. 中国出口退税咨询网编著:《生产企业免抵退税从入门到精通》，中国海关出版社，2010年第1版。

7. 徐玉树著:《生产企业免抵退税实务—经验、技巧分享》，中国海关出版社，2011年第1版。

8. 编写组编:《纳税安全服务手册》，中国税务出版社，2010年第1版。

9. 国家税务总局教材编写组编:《出口退（免）税实务》，中国财政经济出版社，2012年第1版。

10. 庄粉荣著:《纳税筹划实战精选百例》，机械工业出版社，2012年第4版。

书目介绍

乐 贸 系 列

外贸操作实务子系列

书名	作者	定价	书号	出版时间
1. 出口营销实战(第三版)	黄泰山	45.00 元	978-7-80165-932-3	2013 年 1 月第 3 版
2. 外贸实务疑难解惑 220 例	张浩清	38.00 元	978-7-80165-853-1	2012 年 1 月第 1 版
3. 外贸高手客户成交技巧	毅 冰	35.00 元	978-7-80165-841-8	2012 年 1 月第 1 版
4. 外贸纠纷处理实务——案例与技巧	熊志坚	35.00 元	978-7-80165-789-3	2011 年 1 月第 1 版
5. 报检七日通	徐荣才 朱瑾瑜	22.00 元	978-7-80165-715-2	2010 年 8 月第 1 版
6. 实用外贸技巧助你轻松拿订单	王陶(波锅涅)	25.00 元	978-7-80165-724-4	2010 年 4 月第 1 版
7. 外贸业务经理人手册(第 2 版)	陈文培	39.00 元	978-7-80165-671-1	2010 年 1 月第 1 版
8. 外贸会计实务精要	疏 影	28.00 元	978-7-80165-633-9	2009 年 5 月第 1 版
9. 外贸实用工具手册	本书编委会	32.00 元	978-7-80165-558-5	2009 年 1 月第 1 版
10. 外贸实务经验分享 33 例	沱沱网中文站	28.00 元	978-7-80165-560-8	2009 年 1 月第 1 版
11. 外贸实务案例精华 80 篇	刘德标 吴珊红	29.80 元	978-7-80165-561-5	2009 年 1 月第 1 版
12. 快乐外贸七讲	朱芷萱	22.00 元	978-7-80165-373-4	2009 年 1 月第 1 版
13. 危机生存——十位经理人谈金融危机下的经营之道	本书编委会	22.00 元	978-7-80165-586-8	2009 年 1 月第 1 版
14. 外贸七日通(最新修订版)	黄海涛(深海鱿鱼)	22.00 元	978-7-80165-397-0	2008 年 8 月第 3 版
15. 金牌外贸业务员找客户——17 种方法·案例·评析	陈念祥 张思羽	35.00 元	978-7-80165-543-1	2008 年 8 月第 2 版
16. 出口营销策略(《出口营销实战》升级版)	黄泰山 冯斌	35.00 元	978-7-80165-459-5	2008 年 5 月第 1 版
17. 进口实务操作指南——步骤·实例·经验技巧	中国进口网	55.00 元	978-7-80165-493-9	2008 年 5 月第 1 版

出口风险管理子系列

书名	作者	定价	书号	出版时间
1. 轻松应对出口法律风险	韩宝庆	39.80 元	978-7-80165-822-7	2011 年 9 月第 1 版
2. 出口风险管理实务(第二版)	冯 斌	48.00 元	978-7-80165-725-1	2010 年 4 月第 2 版
3. 50 种出口风险防范	王新华 陈丹凤	35.00 元	978-7-80165-647-6	2009 年 8 月第 1 版

外贸单证操作子系列

书名	作者	定价	书号	出版时间
1. 跟单信用证一本通	何源	35.00 元	978-7-80165-849-4	2012 年 1 月第 1 版
2. 信用证审单有问有答 280 例	李一平　徐珺	37.00 元	978-7-80165-761-9	2010 年 8 月第 1 版
3. 外贸单证经理的成长日记	曹顺祥	38.00 元	978-7-80165-716-9	2010 年 3 月第 1 版
4. 外贸单证解惑 280 例	龚玉和　齐朝阳	38.00 元	978-7-80165-638-4	2009 年 7 月第 1 版
5. 信用证 6 小时教程	黄海涛（深海鱿鱼）	25.00 元	978-7-80165-624-7	2009 年 4 月第 2 版
6. 跟单高手教你做跟单	汪　德	32.00 元	978-7-80165-623-0	2009 年 4 月第 1 版
7. 外贸单证处理技巧（第 3 版）	屈　韬	42.00 元	978-7-80165-516-5	2008 年 5 月第 1 版
8. 进出口单证实务案例评析	袁永友　柏望生	33.00 元	978-7-80165-371-8	2006 年 8 月第 1 版

福步外贸高手子系列

书名	作者	定价	书号	出版时间
1. 小小开发信　订单滚滚来——外贸开发信写作技巧及实用案例分析	薄如骢	26.00 元	978-7-80165-551-6	2008 年 8 月第 1 版
2. 外贸技巧与邮件实战	刘　云	28.00 元	978-7-80165-536-3	2008 年 7 月第 1 版

国际物流操作子系列

书名	作者	定价	书号	出版时间
1. 货代高手教你做货代——优秀货代笔记	何银星	25.00 元	978-7-80165-696-4	2010 年 1 月第 1 版
2. 国际物流操作风险防范——技巧·案例分析	孙家庆	32.00 元	978-7-80165-577-6	2009 年 4 月第 1 版
3. 集装箱运输与海关监管	赵　宏	23.00 元	978-7-80165-559-2	2009 年 1 月第 1 版

通关实务子系列

书名	作者	定价	书号	出版时间
1. 外贸企业轻松应对海关估价	熊　斌　赖　芸　王卫宁	35.00 元	978-7-80165-895-1	2012 年 9 月第 1 版
2. 报关实务一本通（第 2 版）	苏州工业园区海关	35.00 元	978-7-80165-889-0	2012 年 8 月第 2 版
3. 如何通过原产地证尽享关税优惠	南京出入境检验检疫局	50.00 元	978-7-80165-614-8	2009 年 4 月第 3 版
4. 海关进出口商品归类基础与训练	温朝柱	36.00 元	978-7-80165-496-0	2009 年 1 月第 1 版
5. 最新报关单填制实用辅导	盛新阳　彭飞	38.00 元	978-7-80165-497-7	2008 年 10 月第 1 版
6. 最新商品归类技巧	赵　宏	38.00 元	978-7-80165-520-2	2008 年 9 月第 1 版

书名	作者	定价	书号	出版时间

彻底搞懂子系列

1. 彻底搞懂信用证(第二版)	王腾　曹红波	35.00 元	978-7-80165-840-1	2011 年 11 月第 2 版
2. 彻底搞懂中国自由贸易区优惠	刘德标　祖月	34.00 元	978-7-80165-762-6	2010 年 8 月第 1 版
3. 彻底搞懂贸易术语	陈　岩	33.00 元	978-7-80165-719-0	2010 年 2 月第 1 版
4. 彻底搞懂海运航线	唐丽敏	25.00 元	978-7-80165-644-5	2009 年 7 月第 1 版
5. 彻底搞懂提单	张敏　赵通	29.80 元	978-7-80165-602-5	2009 年 6 月第 1 版
6. 彻底搞懂关税	孙金彦	29.00 元	978-7-80165-618-6	2009 年 6 月第 1 版

外贸英语实战子系列

1. 十天搞定外贸函电	毅　冰	38.00 元	978-7-80165-898-2	2012 年 10 月第 1 版
2. 外贸高手的口语秘籍	李　凤	35.00 元	978-7-80165-838-8	2012 年 2 月第 1 版
3. 外贸英语函电实战	梁金水	25.00 元	978-7-80165-705-3	2010 年 1 月第 1 版
4. 外贸英语口语一本通	刘新法	29.00 元	978-7-80165-537-0	2008 年 8 月第 1 版
5. 英汉物流词汇精析——结合实务操作	应海新	68.00 元	978-7-80165-517-2	2008 年 5 月第 1 版

外贸谈判子系列

1. 外贸英语谈判实战	王慧　吴旻　张海军　蒋晓杰　仲颖	32.00 元	978-7-80165-767-1	2010 年 9 月第 1 版
2. 外贸谈判策略与技巧	赵立民	26.00 元	978-7-80165-645-2	2009 年 7 月第 1 版

国际商务往来子系列

国际商务礼仪大讲堂	李嘉珊	26.00 元	978-7-80165-640-7	2009 年 12 月第 1 版

贸易展会子系列

外贸参展全攻略——如何有效参加 B2B 贸易商展(第二版)	钟景松	33.00 元	978-7-80165-779-4	2010 年 10 月第 2 版

区域市场开发子系列

中东市场开发实战	刘军　沈一强	28.00 元	978-7-80165-650-6	2009 年 9 月第 1 版

国际结算子系列

1. 国际结算函电实务	周红军　阎之大	40.00 元	978-7-80165-732-9	2010 年 5 月第 1 版
2. 出口商如何保障安全收汇——L/C、D/P、D/A、O/A 精讲	庄乐梅	85.00 元	978-7-80165-491-5	2008 年 5 月第 1 版

书名	作者	定价	书号	出版时间

国际贸易金融工具子系列

1. 出口信用保险——操作流程与案例	中国出口信用保险公司	35.00 元	978-7-80165-522-6	2008 年 5 月第 1 版
2. 福费廷	周红军	26.00 元	978-7-80165-451-9	2008 年 1 月第 1 版

加工贸易操作子系列

1. 加工贸易达人速成——操作案例与技巧	陈秋霞	28.00 元	978-7-80165-891-3	2012 年 7 月第 1 版
2. 加工贸易实务操作与技巧	熊　斌	35.00 元	978-7-80165-809-8	2011 年 4 月第 1 版
3. 加工贸易企业关务作业统筹	熊　斌	29.80 元	978-7-80165-423-6	2009 年 3 月第 1 版

乐税子系列

1. 外贸企业出口退（免）税常见错误解析 100 例	周朝勇	49.80 元	978-7-80165-933-0	2013 年 2 月第 1 版
2. 生产企业出口退（免）税常见错误解析 115 例	周朝勇	49.80 元	978-7-80165-901-9	2013 年 1 月第 1 版
3. 外汇核销指南	陈文培等	22.00 元	978-7-80165-824-1	2011 年 8 月第 1 版
4. 外贸企业出口退税操作手册	中国出口退税咨询网	42.00 元	978-7-80165-818-0	2011 年 5 月第 1 版
5. 生产企业免抵退税实务——经验、技巧分享	徐玉树	35.00 元	978-7-80165-780-0	2011 年 1 月第 1 版
6. 生产企业免抵退税从入门到精通	中国出口退税咨询网	98.00 元	978-7-80165-695-7	2010 年 1 月第 1 版
7. 出口涉税会计实务精要（《外贸会计实务精要》第 2 版）	龙博客工作室	32.00 元	978-7-80165-660-5	2009 年 9 月第 2 版

专业报告子系列

1. 国际工程风险管理	张　燎	1980.00 元	978-7-80165-708-4	2010 年 1 月第 1 版
2. 涉外型企业海关事务风险管理报告	《涉外型企业海关事务风险管理报告》研究小组	1980.00 元	978-7-80165-666-7	2009 年 10 月第 1 版

外贸企业管理子系列

小企业做大外贸的四项修炼	胡伟锋	26.00 元	978-7-80165-673-5	2010 年 1 月第 1 版

国际贸易金融子系列

1. 国际贸易金融服务全程通（第二版）	郭党怀 张丽君 张贝	43.00 元	978-7-80165-864-7	2012 年 1 月第 2 版
2. 国际结算与贸易融资实务	李华根	42.00 元	978-7-80165-847-0	2011 年 12 月第 1 版

书名	作者	定价	书号	出版时间

“实用型”报关与国际货运专业教材

1. 进出口商品归类实务(2012修订版)	林　青	45.00 元	978-7-80165-902-6	2013 年 1 月第 2 版
2. 现代关税实务(第 2 版)	李　齐	35.00 元	978-7-80165-862-3	2012 年 1 月第 2 版
3. 国际贸易单证实务(第 2 版)	丁行政	45.00 元	978-7-80165-855-5	2012 年 1 月第 2 版
4. 报关实务(第 3 版)	杨鹏强	45.00 元	978-7-80165-825-8	2011 年 9 月第 3 版
5. 海关概论(第 2 版)	王意家	36.00 元	978-7-80165-805-0	2011 年 4 月第 2 版
6. 电子口岸实务	杨鹏强　林青	30.00 元	978-7-80165-771-8	2010 年 9 月第 1 版
7. 国际集装箱班轮运输实务	林益松　郑海棠	43.00 元	978-7-80165-770-1	2010 年 9 月第 1 版
8. 报检实务	孔德民	30.50 元	978-7-80165-717-6	2010 年 5 月第 1 版
9. 国际货运代理操作实务	杨鹏强	45.00 元	978-7-80165-709-1	2010 年 1 月第 1 版
10. 航空货运代理实务	杨鹏强	37.00 元	978-7-80165-707-7	2010 年 1 月第 1 版
11. 进出口商品归类实务——实训题参考答案	林　青	12.00 元	978-7-80165-692-6	2009 年 12 月第 1 版

待出：

供应链管理实务

“精讲型”国际贸易核心课程教材

1. 国际结算实务精讲	庄乐梅　李　菁	49.80 元	978-7-80165-929-3	2013 年 1 月第 1 版
2. 报关实务精讲	孔德民	48.00 元	978-7-80165-886-9	2012 年 6 月第 1 版
3. 国际电子商务实务精讲	冯晓宁	45.00 元	978-7-80165-874-6	2012 年 5 月第 1 版
4. 国际贸易实务精讲(第 5 版)	田运银	45.00 元	978-7-80165-863-0	2012 年 2 月第 5 版
5. 国际贸易单证精讲(第 3 版)	田运银	45.00 元	978-7-80165-852-4	2012 年 1 月第 3 版
6. 国际商务谈判实务精讲	王　慧　唐力忻	26.00 元	978-7-80165-826-5	2011 年 9 月第 1 版
7. 国际贸易操作实训精讲	田运银　胡少甫　史　理　朱东红	49.80 元	978-7-80165-823-4	2011 年 8 月第 1 版
8. 国际会展实务精讲	王重和	38.00 元	978-7-80165-807-4	2011 年 5 月第 1 版
9. 国际贸易实务疑难解答	田运银	20.00 元	978-7-80165-718-3	2010 年 9 月第 1 版
10. 集装箱运输系统与操作实务精讲	田聿新　杨永志　汤　玮	38.00 元	978-7-80165-642-1	2009 年 7 月第 1 版

“关务通”品牌图书

“关务通”致力于：关企零距离，通关零障碍，关务零风险！

“关务通”由一线关务专家执笔，从企业角度出发，通过权威政策解读，实用操作指引，经典案例分析，帮助企业解决迫在眉睫的关务问题。

书名	作者	定价	书号	出版时间
关务通·监管通关系列				
1.《监管通关政策实用指导手册》	“关务通·监管通关系列”编委会	78.00元	978-7-80165-907-1	2012年10月第1版
2.《通关实务操作与技巧——货物、运输工具篇》	“关务通·监管通关系列”编委会	48.00元	978-7-80165-909-5	2012年10月第1版
3.《通关实务操作与技巧——进出境物品篇》	“关务通·监管通关系列”编委会	26.00元	978-7-80165-905-7	2012年10月第1版
4.《通关疑难解惑720例》	“关务通·监管通关系列”编委会	48.00元	978-7-80165-903-3	2012年10月第1版
关务通·电子口岸系列				
1.《电子口岸实用功能》	“关务通·电子口岸系列”编委会	32.00元	978-7-80165-904-0	2012年11月第1版
2.《电子口岸实务操作与技巧——通关篇》	“关务通·电子口岸系列”编委会	55.00元	978-7-80165-906-4	2012年11月第1版
3.《电子口岸实务操作与技巧——加贸篇》	“关务通·电子口岸系列”编委会	55.00元	978-7-80165-908-8	2012年11月第1版
4.《电子口岸疑难解惑400例》	“关务通·电子口岸系列”编委会	38.00元	978-7-80165-910-1	2012年11月第1版
关务通·双语系列				
《国际海关新视野》	上海海关	60.00元	978-7-80165-918-7	2012年12月第1版

待出系列

书名	作者	定价	书号	出版时间
关务通·加贸系列				
1.《加工贸易实务操作与技巧》	“关务通·加贸系列”编委会	60.00元	978-7-80165-927-9	
2.《海关特殊监管区域和保税监管场所实务操作与技巧》	“关务通·加贸系列”编委会	60.00元	978-7-80165-926-2	
3.《加工贸易疑难解惑280例》	“关务通·加贸系列”编委会	60.00元	978-7-80165-928-6	
关务通·稽查系列				
《小王在海关稽查的日子——企业如何配合海关稽查》	“关务通·稽查系列”编委会	70.00元	978-7-80165-925-5	
关务通·企管系列				
《AA类企业关务秘笈》	“关务通·企管系列”编委会			